D1735428

ИСТОРИЯ КАЗАЧЕСТВА

О.О. АНТРОПОВ

АСТРАХАНСКОЕ КАЗАЧЕСТВО

НА ПЕРЕЛОМЕ ЭПОХ

МОСКВА
«ВЕЧЕ»
2008

ББК 63.3(2)
А72

Антропов О.О.

А72   Астраханское казачество. На переломе эпох / О.О. Антропов. — М.: Вече, 2008. — 416 с. : ил. — (История казачества).

ISBN 978-5-9533-2584-4

Книга рассказывает о полной драматизма судьбе Астраханского казачества. Прослеживая его историю от начала XX века и до нашего времени, автор, на основе уникальных архивных материалов, впервые освещает неизвестные страницы Гражданской войны на Юге России; он подробно останавливается на истории возникшего в период революции союза казаков и калмыков антибольшевистской Астраханской армии, а также рассказывает о судьбах ее участников в эмиграции. Отдельное место в книге посвящено современным попыткам возрождения Астраханского казачьего войска.

ББК 63.3(2)

ISBN 978-5-9533-2584-4

Предисловие

Площадь перед станичным правлением была полна народом. Царила тишина... Зычный голос старшего конвоира, который нарушил февральское утро командой «Стой!». Арестованные остановились. Толпа подходила к подводам. Хмурые лица, тяжелые тревожные взгляды. Старший конвоя стал громко говорить: «Товарищи казаки! От лица Военно-революционного трибунала благодарю вас за то, что вы задержали главарей и насильников против пролетариата. Много положено жертв и пролито народной крови, чтобы отстоять народное право. Главари теперь в наших руках, и они понесут должное возмездие».

Настала опять тишина. Жуткие были минуты... Уже собирались тронуться в путь, когда атаман попросил разрешения у старшего конвоира сказать последнее слово станичникам. Конвоир разрешил, бросив: «Только поскорей!». Жалко было смотреть на старика атамана в эти длительные минуты. Он встал на подводе, окинул взглядом столпившихся казаков и дрожащим голосом произнес: «Станичники! Всю жизнь свою положил на службу родному войску. Вы это знаете. У меня чиста совесть по отношению к вам. Ваши нужды, ваша печаль были близки моему сердцу, и вы не можете меня упрекнуть ни в чем. Как я, так мои дети и другие офицеры, следующие сейчас под конвоем, все мы служили только интересам вашим и родного войска. Не думал я, что кончится все так печально. Может быть, я вас вижу последний раз, то прошу вас простить меня. Моя последняя просьба к вам: дайте двух, трех казаков, которые сопровождали бы нас до следующей станицы. Вы видите, они чужды и злобны против нас».

Сопроваждающих не дали... Двинулись медленно в путь... Восток горел зарей[1].

Утром 3 февраля 1918 года[2] казаки станицы Замьяновской выдали организатора январского антибольшевистского восстания в Астрахани атамана Астраханского войска Ивана Алексеевича Бирюкова представителям Военно-революционного комитета.

Вспоминал ли атаман эту сцену сентябрьским утром 1919 года в саратовской тюрьме за несколько минут до расстрела?..

В те дни большинство астраханских станиц, переживших эпопею создания красного Астраханского войска, прелести большевистского режима, взаимное ожесточение и раскол, влачили жалкое существование, лишившись большинства взрослого мужского населения, мобилизованного в Красную Армию, бежавшего в стан белых, ставшего жертвой большевистских репрессий. В калмыцких степях и на побережье Каспия в составе антибольшевистских армий шли в решающий бой белые астраханские полки, ведомые прежними сподвижниками атамана.

Позади были и мирные будни станиц, щемящие сердце воспоминаниями о счастливом старорежимном быте, и грозные годы войны, и пожар двух революций, и, наконец, бессмысленная и беспощадная братоубийственная гражданская война, и гибель родного войска — трагедия и позор захваченного неудержимым потоком русской смуты казачества, многократно пережитые старым атаманом, талантливым исследователем казачьей истории и летописцем Астраханского войска И.А. Бирюковым за долгие месяцы тюремного заключения.

Гражданская война в России достигла своей драматической кульминации. На Юге, Востоке, Севере, Северо-Западе страны протянулись тысячеверстные фронты. Земля стонала от канонады сотен орудий, бешеных атак конных корпусов и дивизий... Считанные недели оставались до разгрома и бег-

ства белых армий и ухода остатков белого астраханского казачества в изгнание, к рассеянию и растворению в заполнившей города Европы и Дальнего Востока эмигрантской массе...

В России, в станицах, ставших селами, казакам, влившимся в созидаемую большевиками «новую историческую общность» — советский народ, выпали на долю «строительство социализма в одной отдельно взятой стране» и Великая Отечественная война, и не многим суждено было пережить эту великую и кровавую эпоху... И те и другие были обречены судьбой на еще более тяжелую участь — на забвение.

Пройдут годы, и лидеры Белого движения, создавая в эмиграции объемистые тома воспоминаний о русской смуте, практически не удостоят своим вниманием астраханское казачество, а если и упомянут его, то вскользь, уничижительно и небрежно. С высоты генеральского Олимпа, руководя грандиозными баталиями и верша судьбы сотен тысяч и миллионов, на такие мелочи, как сорокатысячное казачье войско, обращать свой взор было недосуг.

Обошли вниманием казаков-астраханцев и советские историки, добросовестно творившие одномерную, упрощенную версию поступательного развития России от первобытности к социализму.

Настали 1990-е годы. Распад социалистической системы, перипетии становления новой постсоветской России сделали чрезвычайно актуальным все, что можно было назвать иной, альтернативной, Россией. Средства массовой информации и освобожденная от идеологических цепей наука упоенно лепили пряничный домик николаевского режима. Многочисленные потомки дворян, казаков, подлинных и мнимых героев и жертв борьбы с большевизмом, воспевали все более излучавшее святость белое воинство, кадили портретам белых вождей, возвращали в родную гавань летучий голландец русского зарубежья.

Однако, несмотря на все эти замечательные перемены, история астраханского казачества возвращаться из небытия не

торопилась. И любители старины, и историки-профессионалы столкнулись с главной проблемой — нехваткой источников.

Тогда же, в 1990-е годы, на руинах советской системы заявило о себе движение возрождения казачества. Потомки казаков и активисты казачьего движения появились и в Астраханской области. На протяжении полутора десятилетий при поддержке местных властей развивались общественные и государственные казачьи организации. Средства массовой информации заговорили о новом рождении Астраханского войска. Но автору этих строк пришлось столкнуться с парадоксальной ситуацией, когда и чиновникам центральных государственных структур, отвечавших за работу с казачеством, и местным обывателям о современных астраханских казаках было известно, пожалуй, даже меньше, чем об историческом Астраханском казачьем войске. То есть почти ничего неизвестно, кроме того, что казаки в Астрахани есть и что они периодически что-то отмечают.

Современные казаки проводили свои съезды (круги), выбирали атаманов, подтверждали, что «казачьему роду нет переводу», что «казачество возрождается», что «слава тебе, Господи, что мы казаки» и т.д. Пытались заниматься хозяйственной деятельностью и государственной службой. Хотя наиболее громкими, заметными стороннему наблюдателю событиями стали многочисленные внутриказачьи расколы, конфликты и скандалы.

Официально участники движения возрождения казачества в Астраханской области заявляли о том, что они возрождают историческое астраханское казачество. Но насколько лозунги были адекватны реальности? Какова степень преемственности и взаимосвязи исторического и современного астраханского казачества?

После событий, приведших к гибели Астраханского войска, уже минуло 90 лет. Прекратила свое существование и самостоятельная реестровая организация современного астраханского казачества. Бесстрастные богини судьбы — мойры — дважды оборвали свою нить... Пожалуй, пора собрать воедино свидетельства о прошлом астраханского казачества и постараться объективно изучить и осветить основные вехи его истории в минувшем столетии.

Разговор о судьбах казачества в XX веке, выдвинутого Гражданской войной на передний край противостояния старой и новой России, не укладывается в рамки сухого научного исследования. Вместе с тем история астраханских казаков по-прежнему изобилует белыми пятнами и требует серьезной исследовательской работы.

Ставшие доступными в 1990-е годы материалы спецхранов центральных и областных архивов, мемуары деятелей Белого движения, периодические издания антибольшевистского лагеря и русского зарубежья существенно дополнили имевшуюся в распоряжении отечественных историков источниковую базу и позволили автору провести ряд исследований по истории астраханского казачества[3], которые положены в основу данной книги.

Выражаю особую благодарность моему учителю С.В. Карпенко, пробудившему во мне интерес к истории астраханского казачества, без постоянной поддержки которого не было бы написано это исследование.

Книга не состоялась бы без ценных советов и рекомендаций коллег-историков, специалистов по истории Гражданской войны и эмиграции — А.В. Ганина, А.И. Дерябина, С.И. Дробязко, А.С. Кручинина, которым хотелось бы выразить искреннюю признательность.

Кроме того, хотелось бы отдельно поблагодарить директора Государственного архива Астраханской области Т.Н. Просянову и заведующую филиалом «Кремль» Астраханского государственного объединенного историко-архитектурного музея-заповедника Г.Г. Карнаухову за предоставленные фотоматериалы.

Глава I

АСТРАХАНСКОЕ КАЗАЧЬЕ ВОЙСКО В НАЧАЛЕ XX ВЕКА

> Собирайтесь, астраханцы,
> Дружно песню запоем,
> Как в Керки — город, далеко,
> На границу мы пойдем.
> Горные вершины,
> Мы вас видим вновь.
> Бухарские долины
> Встречайте казаков!»
> *Из казачьей песни про первый*
> *поход в Керки в 1887 г.*

«Дела войскового архива показали... что попытки дать сведения о прошлом войска возникали неоднократно, но имели значение лишь официальных справок, не подлежавших выпуску в свет», — написал в вышедшей в 1911 году трехтомной Истории Астраханского казачьего войска выдающийся деятель астраханского казачества, автор этого исследования И.А. Бирюков. Но сам труд астраханского атамана и его сыновей стал уникальным исчерпывающим рассказом об истории войска в XVIII—XIX веках, источником вдохновения и компиляций для множества современных любителей старины, поэтому, говоря о зарождении и

становлении астраханского казачества, ограничимся лишь самым кратким экскурсом.

Астраханское казачье войско относилось к числу «указных», созданных государством. Во второй половине XVI—XVII века, в период складывания на Дону, Днепре, Тереке, Урале и в Сибири «старших» казачьих войск, в Нижнем Поволжье — южном пограничье России — отсутствовали условия для возникновения крупных устойчивых общин «вольных» казаков. В низовьях Волги после присоединения в 1556 году Иваном IV Астраханского ханства в силу геополитической значимости региона относительно скоро появляется сеть городков, крепостей, форпостов, кордонов со значительными воинскими контингентами, начинается колонизация края. Но, как и в других, вновь присоединяемых регионах, значительную роль в обороне и освоении пограничья здесь играли так называемые служилые городовые казаки. Наряду со стрельцами и «ружниками» они стали гарнизонами и первым населением поволжских городов и крепостей, ведущими борьбу с кочевниками и воровскими казаками, периодически перекрывавшими Волжский торговый путь.

В XVII — начале XVIII века Нижняя Волга, притягивавшая к себе массу «гулящих», непокорных Москве пассионариев, не раз становилась местом антиправительственных выступлений, активными участниками и инициаторами которых были волжские служилые люди и воровские казаки. После подавления Петром I Астраханского восстания в 1705 году волжские городовые казаки и стрельцы были отправлены на войну со Швецией и с Персией. Их место заняли регулярные армейские части. Однако это не решало проблемы защиты, «замирения» многонационального окраинного региона и создания благоприятных условий для его колонизации. Серьезной проблемой были периодические набеги, столкновения, междоусобицы кочевников — калмыков, киргиз-кайсаков, каракалпаков и т.д. Служилому казачеству суждено было пережить второе рождение.

Уже в 1721 году несколько сотен бывших волжских стрельцов и казаков снова были взяты на гарнизонную службу по городам и крепостям Нижнего Поволжья. В 1732 году между Царицыным и Саратовом для охраны кордонных линий было учреждено правительством «Волгское казачье войско» из части бывших волжских и переселенной сюда группы донских казаков (около тысячи семей). Не менее остро стояла проблема обеспечения безопасности почтового и торгового сообщения между Астраханью и Царицыным.

В 1736—1737 годах частые вооруженные конфликты между каракалпаками и калмыками стали источником постоянной угрозы безопасности населения региона. В этих условиях один из вернувшихся со Шведской войны потомственных астраханских городовых казаков — полковник А.Н. Слободчиков выступил с инициативой создания в Астрахани казачьей части. Губернская администрация поддержала инициативу, решив использовать для сторожевой службы и защиты калмыцких улусов крещеных калмыков. В феврале 1737 года последовал указ Правительствующего Сената о сформировании трехсотенной казачьей команды[4]. Командиром городовой казачьей команды, расквартированной в Астрахани, стал полковник Слободчиков; офицерский состав был набран из астраханских городовых казаков.

Однако непривыкшие к регулярной службе калмыки быстро разбежались, и вскоре в команде осталось не более ста человек. В 1741 году полковник Слободчиков, с разрешения астраханского губернатора В.Н. Татищева, сделал новый набор в команду, на этот раз уже из «детей казачьих», выразивших желание идти на службу. В 1742 году В.Н. Татищев обратился с ходатайством в Правительствующий Сенат о создании в Астрахани казачьего полка.

28 марта 1750 года, по правительственному указу, из собранных по Нижней Волге казачьих и стрелецких детей был учрежден для охраны края пятисотенный Астраханский казачий конный полк и создана под Астраханью первая каза-

чья станица — Казачебугровская, куда казаки и их семьи были переведены из города[5]. Первым командиром полка стал также полковник Слободчиков. В XIX веке было установлено «старшинство» Астраханского войска (войсковой праздник — 19 августа (1 сентября), в честь иконы Донской Божьей матери, был установлен в 1890 году). Как бы подчеркивая преемственность полка с частями астраханского гарнизона, первыми знаменами астраханских казаков стали врученные полку при основании шесть знамен Астраханского стрелецкого Зажарского полка, ликвидированного Петром I[6].

В апреле 1750 года в полку числились: сотня астраханских, две сотни донских, полсотни городовых, полсотни волжских, около десятка уральских и терских казаков, четыре десятка крещеных калмыков и сотня «вольных русских людей»[7]. В дальнейшем полк пополнялся как за счет вольных «охотников» из русских людей, так и за счет донских, уральских, волжских, городовых казаков. По мере роста численности полка астраханских казаков расселяли станицами по правому берегу Волги, вдоль Московского тракта, от Астрахани до Царицына. Кроме того, процесс формирования Астраханского войска в 1750—1817 годах шел за счет присоединения к полку нижневолжских казачьих городовых команд (Красноярской, Черноярской и др.).

В 1776 году в административном отношении казачье население Поволжья и Северного Кавказа было объединено в Астраханское казачье войско[8]. Но уже в 1799 году эта во многом искусственная административная единица была упразднена. В Нижнем Поволжье восстановили отдельный Астраханский казачий полк.

Важную роль в формировании войска сыграло присоединение к полку трех станиц волжских казаков. Из-за неспособности выполнять свою основную функцию — охрану Поволжья (от Царицына до Саратова) и за массовое участие казаков в Пугачевском бунте Волжское казачье войско в 70-е годы

XVIII века было расформировано, большинство волжских казаков выселено на Терек, а остатки их в начале XIX века присоединены к Астраханскому полку.

К началу XIX века Астраханский полк насчитывал 1600 человек. К 1817 году общая численность казачьего населения в Поволжье составляла уже около 9 тысяч человек обоего пола, проживавших в 18 поселениях и станицах вдоль Волги, от Астрахани до Саратова[9].

7 мая 1817 года, по утвержденному императором Александром I «Положению», из Астраханского полка было создано Астраханское казачье войско в составе трех пятисотенных полков и конно-артиллерийской полуроты[10]. На следующий год астраханские казаки избрали своего первого войскового атамана — войскового старшину В.Ф. Скворцова, родовитого казака. После него, вплоть до 1917 года, все атаманы войска были «наказными», из неказаков, совмещавшими эту должность с должностью астраханского губернатора[11].

После 1817 года рост численности войска в течение XIX века происходил в основном за счет естественного прироста. В 1837 году войсковое население состояло из 12 500 человек обоего пола и 426 иногородних; в 1880-м — из 23 084 казаков и 1459 иногородних[12]. Административным центром и столицей войска изначально и до конца его существования являлся город Астрахань. В 1869 году в административном отношении войско было разделено на два отдела: 1-й — от Красного Яра до Черного Яра (низовые станицы) и 2-й — от Царицына до Саратова (верховые станицы).

Малочисленное Астраханское войско, разбросанное небольшими островками на огромных малообжитых пространствах, находилось в отношении службы в тяжелых условиях. Содержание большого количества воинских частей вызывало перенапряжение населения, негативно влияло на его и без того слабое развитие. В 60-х годах XIX века войсковая артиллерия и два полка были упразднены. По новому положению о войске (1868 г.) на действительной службе оказался оставлен лишь один 1-й Астраханский казачий конный полк из казаков-строевиков[13]. В случае войны мобилизации подлежали находящиеся на льготе казаки старших возрастов, составляющие льготные 2-й и 3-й Астраханские казачьи полки.

Главная заслуга исторического Астраханского войска перед Россией — долговременная внутренняя служба. Войско изначально создавалось с целью обеспечения колонизации и внутренней охраны Нижнего Поволжья. Внутренняя служба астраханских казаков длилась 150 лет (с 1737 по 1887 г.) и состояла в основном в охране оседлого русского населения Волги от нападений кочевников, обеспечении мирных условий жизни русского населения края, его освоении. Функционально астраханские казаки представляли из себя краевую стражу и использовались в основном для «содержания форпостов по берегам Волги... конвоирования... содержания кордонов против киргиз-кайсаков, содержания воинских команд по калмыцким улусам и в ставке хана внутренней киргизской орды... полицейских функций в Астрахани и Саратове и уездных городах», охране рыбных и соляных промыслов и т.д.[14].

На становление астраханских казаков как самобытной субэтнической группы оказала влияние выполнявшаяся войском в XIX веке морская служба — охрана рыбных и тюленьих промыслов в заливах, устьях рек, прибрежной полосе на севере и востоке Каспия (прежде всего — охрана рыбопромышленников в устье реки Эмбы), сопровождение экспедиций, казенных грузов по Каспию из Астрахани на Кавказ (например, на каждом парусном судне, перевозившем провиант и боеприпасы для снабжения Кавказской армии, размещалась команда до 10 человек астраханских казаков).

В устье Эмбы, где орудовали казахские банды, численностью от нескольких десятков до нескольких сотен человек, казаки несли службу небольшими командами (от взвода до полусотни, максимум — сотни), патрулируя промысловые районы на лодках. Лодки, вмещавшие в среднем отделение в

15 казаков (но не более 20) с урядником или младшим офицером, ходили как на веслах, так и под парусом. Иногда на лодках размещались пушки. В схватках с юркими разбойными лодочными флотилиями это давало большое преимущество.

К 1887 году необходимость во внутренней службе казаков практически отпала — Нижнее Поволжье находилось далеко от внешних границ империи и относилось к числу высокоразвитых регионов. Астраханский казачий полк вывели из края на службу в Туркестанский военный округ. Однако и до 1887 года астраханские казаки, хотя и в относительно незначительных масштабах (небольшими казачьими командами), несли с начала XIX века так называемую «внешнюю службу»: участвовали в войнах на Кавказе и границах Афганистана, в Средней Азии, с Персией и Турцией. Несколько десятков астраханских казаков, хорошо знающих калмыцкий язык, в качестве офицеров в составе калмыцких конных полков Тундутова и Тюменя приняли участие в Отечественной войне 1812 года (в 1812—1814 годах пройдя в авангарде русской армии боевой путь от Москвы до Парижа). Яркой страницей истории Астраханского войска стало участие 2-го и 3-го Астраханских казачьих полков в Русско-турецкой войне 1877—1878 годов (на «азиатском» театре военных действий — в Закавказье). Астраханские полки особенно отличились в деле у Кизил-Гула, в сражениях при Аладжинских высотах, ночном походе и захвате города Гасан-Кала, штурме позиций Деве-Бойну, осаде и штурме Карса, в боях под Эрзерумом (за что полкам был пожалован специальный знак на головные уборы «За отличие в Турецкую войну 1877 и 1878 годов»). «Оказывается турки очень легки на ногах и на глазах атакующих очень быстро бежали вперед», — вспоминал герой войны хорунжий К.Ф. Сережников[15].

Что касается участия в боевых действиях на Северном Кавказе, то наиболее значительными для астраханцев событиями стали — кордонная служба сборного полка в 1820-х 30-х годах (в основном в Кабарде, на линии кордонных постов между Моздоком и крепостью Георгиевск), участие в кордонной службе и рейдах вглубь Кавказских гор сборных казачьих команд (от 100 до 500 человек) в 1850—1860-х годах[16].

В начале XX века общая площадь земель Астраханского войска составляла около 774 тысяч десятин. Они не образовывали сплошной территории, а были разбросаны небольшими участками (по берегам Волги на протяжении 800 верст от Астрахани до Саратова)[17]. 72 процента казачьих земель находились в Астраханской губернии, 22 — в Саратовской, 6 — в Новоузенском уезде Самарской губернии. Только половина земель считалась пригодной для хозяйствования. Пай служилого казака составлял 41,9 десятины (пригодной для хозяйства — 21,9)[18]. По сравнению с паями донцов и кубанцев — цифра впечатляющая. Но необходимо принять во внимание, что ниже Царицына плодородные земли тянутся узкой полосой вдоль берегов Волги и ее протоков (рукавов). Остальное — выжженная солнцем полупустыня, пески... Казаки первого отдела испытывали особый недостаток лесных угодий и пахотных земельных участков, часто находящихся весьма далеко от станиц (что дополнительно усложняло хозяйственную деятельность станичников). После революции 1917 года крестьянство, жаждавшее прибрать к рукам казачьи угодья, было немало разочаровано...

В административном отношении войско было разделено на два отдела: в I отдел входили станицы, расположенные в Астраханской губернии (центр — г. Енотаевск), во II — расположенные в Саратовской губернии (центр — г. Камышин). В военном отношении войско входило в состав Казанского военного округа. Во главе Астраханского войска стоял астраханский губернатор, являвшийся одновременно наказным атаманом (с правами начальника дивизии).

В 1900 году общее население войска составляло около 34 тысяч человек (из них около 4,4 тысячи (13 процентов) иногородние)[19]. Казаки составляли около одного процента населения Астраханской и Саратовской губерний. Около двух третей казачьего населения и станиц находились в I отделе. Большинство казаков было этническими великороссами православного вероисповедания: из 29 800 человек — около 700 крещеных калмыков, около 300 — татар магометан, и около 700 — старообрядцев («приемлющих священство», субботников и молокан)[20].

Население войска проживало в 59 населенных пунктах, расположенных вдоль течения Волги от Астрахани до Саратова (в основном на правом берегу): 14 сельских станичных поселений, 4 городских (в городах Саратов, Царицын, Черный Яр, Красный Яр), 41 земледельческий хутор и рыболовецкий поселок[21]. Значительная часть станичников проживала вблизи крупных поволжских городов или непосредственно в городах. Средняя величина населения станицы составляла 1900 человек (в том числе 1650 казаков)[22]. Перечень основных населенных пунктов Астраханского войска, сложившихся к концу XIX века, оставался практически неизменным вплоть до революции 1917 года[23].

Основную часть войсковых и станичных доходов астраханские казаки получали от сдачи в аренду земель и «рыбных вод». Доходы, получаемые от аренды, во многих станицах составляли основу личных доходов казаков. Денежные доходы астраханских казаков в среднем были выше, чем в других европейских войсках, и играли важную роль в казачьем хозяйстве. Основу хозяйства казаков станиц I отдела составляло рыболовство и скотоводство, II отдела — земледелие (вспомогательную роль играли рыболовство и скотоводство, в незначительной степени были также распространены огородничество, садоводство и бахчеводство). Казачье хозяйство и весь казачий уклад жизни подвергался сильному внешнему воздействию, неуклонно разлагался под влиянием развития капиталистических отношений в регионе. Однако на фоне динамично развивающегося Поволжья личное казачье хозяйство носило достаточно примитивный натуральный характер.

Товарное рыболовство, скотоводство и земледелие не получили развития у казаков из-за высокой конкуренции крупных капиталистических предприятий. Астраханское казачество вплоть до 1917 года практически не имело своих промышленных предприятий, не занималось торговлей. Из-за переизбытка на рынке труда дешевой рабочей силы и развитого речного и железнодорожного транспорта отхожие промыслы также не получили распространения и охватывали не более 3—4 процентов населения войска (мужчины в основном нанимались сезонными рабочими на рыбные промыслы и в полицейскую стражу, женщины — прислугой в города)[24].

Казачье хозяйство в начале века балансировало на грани кризиса и едва могло обеспечить «казачью службу». Возникла необходимость в постоянной государственной поддержке войска для обеспечения нормальных условий его развития и необходимой степени боеготовности казаков. В Главном управлении казачьих войск, анализируя состояние Астраханского казачьего войска в 1901 году, сделали общий вывод, что государственная необходимость существования казачьего войска в Нижнем Поволжье невелика и, вероятно, в скором времени придется либо упразднить войско, либо переселить казаков в другой регион.

Однако системный кризис, поразивший Россию в начале ХХ века и приведший к резкому обострению социально-политической ситуации в стране, к революционным потрясениям 1905—1907 годов, актуализировал государственную потребность во внутренней (во многом — полицейской) службе Астраханского войска.

В период с 1907 по 1914 год под контролем Военного министерства был проведен целый комплекс мероприятий, направленных на укрепление казачьего хозяйства и рост благосостояния станичников. Но, несмотря на активную государственную поддержку, заметных положительных изменений в социально-экономическом развитии войска не произошло.

В 1914 году общая площадь земель войска составила 808 224 десятины[25]. Общая численность войскового населения (без иногородних) достигла 39 401 человек (мужчин — 19 391, женщин — 20 010), проживавших в 20 станицах и 36 хуторах (на месте двух больших хуторов были основаны две новые сельские станицы (в 1909 г. хутор Николаевский (Субботин) станицы Александровской преобразован в станицу Николаевскую; в 1914 г. хутор Новолебяжий станицы Лебяжинской преобразован в станицу Астраханскую); общее число поселений сократилось на три)[26]. Процент иногородних, проживающих на войсковых землях, по сравнению с Доном, Кубанью и Тереком, был относительно невысок. Накануне революции 1917 года их общая численность не превышала 10 тысяч человек.

Казаков служилого разряда насчитывалось: 7 штаб-офицеров, 63 обер-офицера, 46 чиновников, 391 унтер-офицер и урядник, 3286 казаков и 322 человек, готовых к выходу на службу малолеток; отставного разряда — 6 генералов, 10 штаб-офицеров, 8 обер-офицеров, 22 чиновника, 485 унтер-офицеров и урядников и 5201 казак[27].

Быстрый рост казачьего населения, значительная доля годной к службе молодежи позволяли войску, несмотря на трудности экономического характера, к 1914 году в случае войны поставить в строй полнокровную конную дивизию.

Распределение мужского населения войска по возрастным категориям выглядело следующим образом.

Казаки служилого возраста:
· приготовительного разряда (18—21 год) — 1003 человека,
· строевого и запасного разряда (21—38 лет) — 4402 человека,
· офицеров и чиновников — 162 человека.

Отставники:
· от 38 до 60 лет — 3820 человек,
· свыше 60 лет — 1227 человек.

Малолетки:
· до 7 лет — 3910 человек,

· от 7 до 14 лет — 3172 человек,
· от 14 до 18 лет — 1757 человек[28].

Естественный прирост войскового населения ежегодно убавлял средний земельный надел казака; в войске образовалось малоземелье. Реальный средний душевой надел станичников сократился до 14 десятин[29]. Большинство станиц не могло обеспечивать себя самостоятельно. Широкое распространение среди казаков получила аренда (у частных владельцев) и субаренда (у частных арендаторов) земель и вод. Самым разорительным, но часто единственным способом добывания средств к существованию для обнищавших казаков являлась субаренда (ставшая источником закабаления казаков-бедняков), при которой улов или урожай сдавался по самым низким ценам первому арендатору[30]. Социально-имущественная дифференциация, обнищание части станичников приводили к возникновению в казачьей среде таких явлений, как кулачество и батрачество[31]. Одной из самых распространенных причин, по которой станичники входили в долги, лишались собственных хозяйств, пополняя ряды батраков, были тяготы по снаряжению «очередников» на действительную службу. Например, снаряжение одного казака (с конем) в 1911—1913 годы обходилось в 400 рублей, тогда как средний годовой бюджет казачьей семьи составлял 200 рублей[32]. Зависимость казачества от государственной поддержки продолжала возрастать.

Отбывание воинской повинности у астраханских казаков определялось «Общим Уставом о воинской повинности казачества» 1897 года и «Положением о воинской службе казаков Астраханского Казачьего Войска» 1881 года.

По штатам мирного времени в указанное время Астраханское войско обязано было содержать на службе один четырехсотенный конный полк 32 офицера и 656 нижних чинов[33], а в военное время — три четырехсотенных конных полка и одну запасную конную сотню общей численностью в

2 228 казаков[34]. Казаков, готовых к призыву по мобилизации, в 1901 году насчитывалось: 2130 строевиков и 879 запасников[35]. На действительную службу ежегодно отправлялись в среднем 166 человек (в 1913—1914 гг. — около 200 человек). С формальной точки зрения все соответствовало норме, даже с избытком. На практике — казачья система отбывания воинской повинности все менее соответствовала реалиям новой России, стремительно меняющей свой облик под влиянием развития капитализма.

Первоочередной Астраханский полк комплектовался призывниками без различия местности проживания, но сотни льготных полков формировались только из казаков определенных станиц (например, первые сотни комплектовались только казаками Саратовской, Александро-Невской, Александровской и Царицынской станиц; третьи — казаками станиц Енотаевского уезда Астраханской губернии)[36].

Кроме воинской повинности казаки исполняли так называемую натуральную земскую повинность, дополнительным бременем ложившуюся на станичников, — исправление дорог и мостов, содержание караулов у церквей, общественных зданий и перевозов через реку и т.д. и т.п.

В конце XIX — начале XX века войсковое правительство ходатайствовало о снижении воинской повинности для астраханских казаков, как обременительной для казачьих хозяйств. Большинство казаков для обеспечения службы вынуждено было брать разорительные ссуды, около 4 процентов казачьих хозяйств было отобрано в пользу станичных обществ за долги[37].

В 1901 году Главное управление казачьих войск провело обследование состояния Астраханского казачьего войска, констатировав, что (при относительно большей зажиточности) астраханские казаки имели уровень военной подготовки и боеготовности ниже, чем казаки Донского, Кубанского и Терского войск: большинство казаков имело плохих коней, плохую военную выучку (особенно шашечную рубку и обращение с лошадью), неумелый состав офицеров и урядников (при нехватке офицерского состава против полагающегося по штатам военного времени в 9 человек)[38].

Инспектор ГУКВ нарисовал в своем отчете некий «фельетонный» тип астраханского казака: добродушного, эмоционального, вспыльчивого, иногда скандального, склонного к сутяжничеству, поздно формирующегося физически, выбирающего род занятий, не способствующий развитию физической силы и смелости, плохого наездника и воина, зажиточного, образованного, не носящего в повседневной жизни казачьей формы, предпочитающего ходить в сельском или городском платье, безынициативного в хозяйственном плане, живущего в основном за счет сдачи в аренду своей части общественной станичной собственности.

С 1887 года, когда Астраханское казачье войско было переведено на внешнюю службу, по 1910 год (до начала военных реформ В.А. Сухомлинова) 1-й Астраханский казачий полк в отношении службы был разделен на две части: 1-я и 3-я сотни проходили службу в Закаспийской области Туркестанского военного округа, а 2-я и 4-я сотни — в Астрахани, при штабе полка. Находясь в Туркестанском округе, 1-я и 3-я сотни несли охранную службу в качестве дополнительно приданных различным частям боевых подразделений (1-я, причисленная к 5-му Оренбургскому казачьему полку, находилась в Ташкенте, 3-я, приданная 3-му Туркестанскому стрелковому батальону, в Петро-Александровске, затем в Нукусе; с 1907 года сотни объединили в дивизион, служивший в составе Закаспийской казачьей бригады и Туркестанской казачьей дивизии)[39]. 2-я и 4-я сотни выполняли аналогичную охранную работу в Астраханской губернии.

Несколько казаков и офицеров Астраханского войска как добровольцы принимали участие в Русско-японской войне 1904—1905 годов в составе различных казачьих частей (например, один из них — полковой музыкант Даниил Дондуков — в начале 1905 года самовольно бежал на театр боевых действий, тайно пробрался в Китай, где был принят в 1-й Аргунский казачий полк).

В 1906 году при создании лейб-гвардии Сводно-казачьего полка, в составе 3-й Сводной сотни полка был сформирован Астраханский лейб-гвардии казачий взвод (два обер-офицера и 45 казаков)[40]. В 1908 году, в дополнение к учрежденной в конце XIX века Астраханской запасной сотне, было создано отделение конского запаса.

В 1910 году 1-й Астраханский казачий полк был выведен из Туркестанского военного округа (сотни полка вновь объединены) и причислен к 5-й кавалерийской дивизии 16-го армейского корпуса, дислоцировавшейся в Поволжье. Штаб полка перевели в Саратов, а сотни расквартировали по Саратовской губернии, где они и оставались до 1914 года.

В период революции 1905—1907 годов в России 2-й и 3-й Астраханские казачьи полки были мобилизованы для несения полицейской службы в Астраханской и Саратовской губерниях. Находясь в распоряжении астраханского губернатора и атамана Б.Л. Гронбчевского и саратовского губернатора П.А. Столыпина, сотни полков использовались для разгона демонстраций в городах, подавления крестьянских выступлений.

Вопреки распространявшимся демократической прессой и социалистическими агитаторами легендам о многочисленных зарубленных, застреленных и затоптанных лютующими над мужичьем станичниками, необходимо признать, что казаки действовали в основном нагайками, по необходимости, демонстрируя намерение применить средства посерьезнее. Оружие (в том числе сабли) активно пускала в ход жандармерия и полиция, и тогда действительно не обходилось без многочисленных жертв.

Хотя в Саратовской губернии, прославившейся яростными крестьянскими бунтами, полку под командованием полковника И.А. Бирюкова, порой, приходилось участвовать в настоящих баталиях. Как, например, описанный Бирюковым «бой» у хутора Раковский.

В октябре 1905 года 1-я полусотня 1-й сотни была направлена в хутор Раковский, чтобы «прекратить его разгром» крестьянами окрестных сел. 22 октября около 4 утра полусотня была на месте. Хутор, подожженный крестьянами, озарял темноту далеко вокруг. Сотни крестьян (свыше 200 подвод), окружив помещичьи амбары, наполняли свои мешки хлебом. Увидев казаков, крестьяне открыли по ним стрельбу из револьверов и дробовиков, не имевшие огнестрельного оружия бросились на станичников с вилами, топорами и лопатами. Казаки взяли к бою пики и лавой атаковали крестьян; «пики сделали свое дело — крестьяне стали разбегаться»[41].

Бывали и курьезные случаи, как, например, известное «действо» с участием саратовского губернатора П.А. Столыпина и известного земского и думского деятеля, одного из основателей «Союза освобождения», партий мирнообновленцев и прогрессистов Н.Н. Львова. Событие произошло в г. Балашове в июле 1905 года, на знаменитой Ильинской ярмарке. Балашовский уездный предводитель Н.Н. Львов в ярмарочный день организовал в гостинице с группой соратников (несколько зубных врачей, фельдшеров, земских служащих) некое демократическое мероприятие с закуской и пением революционных песен. Торговый люд, обмывающий барыши на первом этаже гостиницы-трактира, попытался устроить самосуд над заседавшими на втором этаже интеллигентами. Им на помощь с портретом Николая II и пением гимна «Боже, царя храни» двинулись из окрестных лавок патриотически настроенные купцы-лабазники. Будущий российский премьер П.А. Столыпин, находившийся в этот неспокойный момент в Балашове, пробрался сквозь толпу в гостиницу, вызвал сотню астраханских казаков, приказал оцепить здание и успел предотвратить кровопролитие. По прибытии казаков Столыпин приказал арестовать Львова и его сотоварищей и под конвоем вывезти их на подводах из города. Но во время следования эскорта сквозь не на шутку разошедшуюся толпу часть торговцев внезапно проскочила через казачий строй и кинулась с кулаками на конвоируемых; казаки, отгоняя нападавших, пустили в ход нагайки. В поднявшейся суматохе досталось и торговцам, и Львову, и его соратникам[42]. Демократическая пресса представила этот случай как типичное казачье зверство, неслыханное попирательство прав человека и вообще — международный скандал.

Казакам 1-го полка выпало усмирять революционную Астрахань: разгон митингов и демонстраций, патрулирование русских и татарских окраин. Ответом на казачьи нагайки был не только «булыжник — оружие пролетариата», случались и огнестрельные ранения. «Постреливает золоторота», — гуторили казаки.

«За самоотверженную, неутомимую и верную службу» в период Первой русской революции и в ознаменование «особого Монаршего благоволения» 23 февраля 1906 г. войску была «Высочайше дарована» царская грамота и знаки отличия на форму казаков строевых частей — одиночные белевые петлицы на воротниках и обшлагах мундиров; 6 апреля 1906 г. — грамота, «укреплявшая в вечное владение» войска принадлежавшие астраханцам земли и воды.

Но вся эта нагаечная полицейская служба, в глазах населения Поволжья, легла позорным клеймом на астраханцев («царские собаки», «наемные шкуры», «дармоеды», «желтая сволочь» (по цвету лампас) — неслись оскорбления в адрес станичников), и принесла казакам немало тяжелых переживаний.

Одним из следствий революции стало учреждение Государственной Думы, где получили права представительства и казачьи войска. От Астраханского войска депутатами «русского парламента» стали в 1-й Думе — Х.А. Скворцов, во 2-й — надворный советник А.Г. Поляков, в 3-й — казак М.Г. Лебедев и в 4-й — И.К. Ерымовский.

Культурно-бытовое своеобразие астраханского казачества определялось как его этническим составом (преобладанием православных великороссов), так и регионом проживания, природными условиями Нижнего Поволжья решающим значением рыболовства в хозяйстве низовых казаков), исторически сложившимися традициями (морской службой на Каспии и др.). С одной стороны, казачья культура астраханцев уходила корнями в культуру Донского казачьего войска (через присоединенных к войску переселенцев с Дона; например, значительная часть казачьих песен имела «донское» происхождение) и в культуру русского служилого населения Поволжья, с другой стороны, некоторые традиции в одежде, быте, питании (калмыцкий чай, татарские кайнары и т.д.) были заимствованы у калмыцкого и татарского населения региона. В казачьей речи присутствовали слова, заимствованные из калмыцкого и татарского языков: «строить Джангар», т.е. рассказывать (от калмыцкого эпоса Джангар), «джангарщик» — рассказчик (от калмыцкого «джангарчи»), «башка» — голова (тюрк.) и т.д. Так как в Астраханском войске, созданном государством по образу и подобию старшего Донского войска, значительная часть казаков не имела глубоких собственно казачьих корней, уже с первой половины XIX века (а особенно в начале XX в.) наказные атаманы и войсковые старшины уделяли особое внимание воспитанию, развитию особой казачьей культуры, соблюдению традиций (таких, как повседневное ношение военной формы или ее элементов), созданию специфической системы начального образования (с элементами военной подготовки). Это, в свою очередь, породило еще одну отличительную черту астраханских казаков — достигнутый уже к концу XIX века высокий уровень грамотности казачьего населения.

В начале XX века возникает тенденция к сближению казачьей культуры с культурой русского населения Нижней Волги в целом как благодаря влиянию казачьей культуры на пришлое население из других регионов, так и в результате культурного влияния окружающего населения на казаков. В силу малочисленности и территориальной разрозненности казачье население Нижнего Поволжья подвергалось заметному влиянию окружающего неказачьего населения. В традиционную казачью культуру проникали элементы мещанской (городской) и крестьянской культуры. Среди части войскового населения (особенно в городских станицах) появилась тенденция к саморассказачиванию, перестали быть редкостью случаи выхода из сословия, браки с представителями других сословий.

Под влиянием общих тенденций демографического развития в регионе у астраханских казаков наметилось стремление к посемейному разделу, дроблению хозяйств. Многопоколенная патриархальная большая казачья семья стала постепенно уходить в прошлое. Средняя семья у астраханских казаков к началу Первой мировой войны составляла пять человек. Как правило, взрослые сыновья, отслужившие «действительную», стремились отделиться от отца, обзавестись своей семьей и хозяйством, и при родительском хозяйстве оставался лишь старший сын, непосредственный наследник отцовской усадьбы. Среди зажиточных казаков тенденция к переходу к единоличному хозяйству была еще более заметна.

В станицах, расположенных далеко от городов в земледельческих районах (в основном во II отделе), быт и внешний вид казаков был ближе к крестьянскому; в станицах, расположенных близко к городам, в низовых станицах, быт и внешний вид станичников постепенно сближался с мещанским. Относительно высокий образовательный и имущественный уровень астраханских казаков (выше, чем у донцов, кубанцев и терцев) не способствовал самосохранению казачьего типа, особенно в станицах городских, где не было отдельных казачьих церквей, училищ, изолированных поселений, где среди казачьего населения, живущего в основном в наемных квартирах и предпочитающего не носить в повседневной жизни казачьей формы, начал распространяться совершенно неказачий род занятий — появились портные, сапожники, парикмахеры, прислуга ресторанов и трактиров, извозчики, чернорабочие и т.п.[43] Но в целом под влиянием героической, яркой казачьей традиции, социальной и экономической привилегированности казачьего статуса значительная часть станичников, гордясь своим званием «казака, стремилась к сохранению и поддержанию воинского духа и традиций, соответствующему воспитанию подрастающего поколения, которое с малых лет приучалось смотреть на себя, прежде всего, как на воинов.

Астраханское казачье войско не имело своих высших, средних и военных учебных заведений. Военное образование дети астраханских офицеров и чиновников получали в основном в Оренбургском Неплюевском кадетском корпусе и Оренбургском казачьем юнкерском училище; высшее и среднее образование — либо за собственный счет, либо за счет специальных войсковых, государственных и частных (благотворительных) стипендий в общих гражданских учебных заведениях. Однако в войске к концу XIX — началу XX века сложилась развитая система начального образования, являющаяся предметом особой заботы войска. В начале XX века станичные общества содержали 44 станичных и хуторских училища и церковноприходские школы, где одновременно могли обучаться более 2300 человек. Велась постоянная работа по повышению образовательного уровня казаков старшего поколения: станичные общество содержали 30 общественных библиотек, проводили общественные «народные чтения» (прежде всего — художественной литературы). В результате этого астраханские казаки традиционно отличались высоким уровнем грамотности. Например, среди молодежи к началу XX века грамотность достигала 87 процентов[44].

Медицинское обслуживание казачьего населения было поставлено хуже. Астраханское войско не имело своих лечебных заведений, и казаки пользовались услугами местных больниц военного и гражданского ведомств. Кроме того, каждое станичное общество содержало фельдшера и акушерку, а войсковая администрация — четырех врачей для общего санитарного надзора. При традиционно сложной санитарноэпидемиологической ситуации в Нижнем Поволжье этого было совершенно недостаточно.

Накануне Первой мировой войны в войске складывается (в основном в Астрахани) прослойка казачьей интеллигенции — врачей, учителей, чиновников, отставных офицеров, ведущих работу на общественных началах по изучению, популяризации и развитию самобытной казачьей культуры, принимающих участие в общественной жизни края (И.А. Бирюков, А.А. Догадин, Н.В. Ляхов и другие).

Заметным явлением в культурной жизни войска в начале XX в. стало исследование полковником И.А. Бирюковым истории астраханского казачества, завершившееся изданием в 1911 году трехтомной фундаментальной «Истории Астраханского Казачьего Войска». В 1908—1911 годах благодаря деятельности Комиссии по собиранию казачьих рассказов и песен и, прежде всего, трудам подъесаула А.А. Догадина, были опубликованы уникальные сборники — «Былины и песни Астраханских казаков. Для однородного хора», «Рассказы о службе Астраханских казаков» — бесценные источники по изучению ныне исчезнувшей самобытной культурной традиции.

В заключение хотелось бы вернуться к докладу 1901 года начальника Главного управления казачьих войск генерал-лейтенанта Щербов-Нефедовича[45] и привести ряд занимательных суждений о казаках-астраханцах. Живые, эмоциональные наблюдения современника порой могут рассказать об ушедшей эпохе гораздо больше, чем десятки томов статистических отчетов.

«Астраханское войско располагается на уникально узкой полосе в основном вдоль правого берега Волги небольшими поселениями, — писал инспектор, — и находится в неблагоприятных условиях с точки зрения сохранения своей казачьей самобытности. Станичные атаманы выбираются Станичным сбором. Причем в отличие от других войск астраханцы выбирают лишь одного кандидата, и атаман (войска. — *А.О.*) за неимением выбора всегда вынужден его утверждать, а казаки избирают в атаманы либо лиц со слабым характером, не обладающих инициативой, за спиной которых избравшая партия может вершить общественные дела по собственному усмотрению, либо ловких людей, пользующихся влиянием в станицах и умеющих так вести общественные дела, что и станичники, и начальство ими довольны, но вместе с тем искусно устраивающих и собственные дела... Таким образом в атаманы попадают не всегда лучшие люди станицы. Был случай утверждения лица заведомо неблагонадежного... но атаман отдела ходатайствовал о нем перед войсковым атаманом, так как он "избран обществом и может исправиться"».

При проверке его деятельности обнаружился полный беспорядок, а станичный сбор произвел на инспектора самое неблагоприятное впечатление. «В помещении станичного правления валялся сор и было грязно; в комнате для арестованных спал какой-то казак, про которого станичный атаман доложил, что он больной, но не мог объяснить, почему он попал в арестантскую. На станичном сборе в моем присутствии выяснился полный разлад в станичном обществе... и недовольство атаманом; выборные осыпали друг друга и должностных лиц взаимными обвинениями с такой горячностью и запальчивостью, что разобраться во всем этом... оказалось невозможным... станичные общества не стесняются своими избранниками, и случаи устранения... прежних атаманов без каких-либо уважительных причин нередки; вследствие этого атаманы станиц обыкновенно недолго остаются в этой должности. Большинство станиц — малолюдны и платят мало, поэтому офицеры и чиновники... не идут, все должности станичных атаманов (в отличие от других войск) замещены нижними чинами...

У астраханских казаков, по-видимому, развита наклонность к судебным тяжбам и жалобам, так как число заявлений в суд в большинстве станиц было довольно значительно. Станица же Грачевская даже приобрела в войске известность склонностью своих сограждан судиться из-за всяких пустяков. В этой станице с 1 января по 1 июня сего года было подано 68 жалоб и заявлений в станичный суд, а один казак этой станицы судился в настоящем году уже 4 раза...

Вообще, астраханские казаки, по-видимому, не любят зелени и весьма неохотно занимаются разведением садов: по мнению некоторых лиц, разведение садов способствует размножению комаров и мошек, которых на левом берегу Волги действительно несметные количества, и здесь они иногда прямо нестерпимы...

По внешности астраханские казаки не имеют одного общего типа; большинство из них — великорусского племени, но в некоторых южных станицах имеются крещеные калмыки, причем бывают случаи брака калмыков с русскими женщинами. Вообще астраханские казаки производят впечатление здоровых и выносливых людей, по характеру серьезных, но добродушных; молодые казаки физически формируются поздно, и люди сменных команд производят впечатление подростков...

Чем казачье население ближе к Волге и городам, тем более жители его устраивают свою жизнь на образец мещан и купцов; форменной казачьей одежды не видно, и само казачье население не отличить от горожан...

В смысле поддержания военного духа, казаки I отдела поставлены в более благоприятные условия, чем казаки II отдела. Во многих станицах I отдела главное занятие рыболовство, что... приучивает казаков к перенесению опасностей и закаляет их физически; как всадники они не отличаются особым молодечеством, но на воде на них любо было посмотреть. При посещении мною Дурновской станицы, бывшей в то время под водою, станичное население встретило нас в лодках, образовавших целую флотилию, и приятно было видеть, с какою ловкостью казаки действовали на воде; в Красноярской станице через час после окончания смотра льготных казаков они уже плыли в лодках к своим хуторам через широкие рукава Волги, направив своих коней вплавь». При проведении учений выявилось плохое качество конского состава (строевые лошади в основном покупные, калмыцкой породы), недостаточный уровень подготовки командного состава... «в некоторых станицах I отдела в строю находились кобылы с жеребятами, которые своим ржанием затрудняют выслушивание команд и, путаясь во время построений между строевыми конями, производили беспорядок».

«Астраханское казачество производит вообще довольно благоприятное впечатление. Это народ большею частью здоровый и крепкий; в обращении приветливый, но не всегда достаточно сдержанный...».

Такова в самых общих чертах картина возникновения, становления и развития Астраханского казачьего войска до начала 1910-х годов. Можно сказать, что астраханское казачество — старейшее из созданных государством — верная опора престола и привилегированное сословие, служило и хозяйствовало под опекой властей, в нехудших по сравнению с другими войсками условиях, и ничто не предвещало казакам в грядущем серьезных перемен, тем более катастроф.

С другой стороны, астраханцы накануне Первой мировой войны вместе со всем казачеством переживали ситуацию своего рода распутья, кризиса системы казачьей службы и хозяйства (на фоне общероссийского системного социально-экономического и общественно-политического кризиса). Неясным было будущее российского казачества.

Финал его истории оказался скорым и драматичным.

Глава II

ГИБЕЛЬ АСТРАХАНСКОГО ВОЙСКА

«В одночасье скомканы будни...»

> Но кто возьмется указать,
> почему с началом той войны
> все чаще звучал хватающий
> за душу марш
> «Прощание славянки»?
> *Н. Яковлев «1 августа 1914»*

20 июля 1914 года по станицам и хуторам Астраханского войска пронеслись всадники с красными флагами на пиках. Это означало объявление всеобщей мобилизации. Мирные будни казачьих станиц и русских сел были в одночасье скомканы, взорваны тревожным известием. 19 июля (1 августа по новому стилю) 1914 года Германия объявила войну России. Станичники ждали войны, но она пришла как всегда неожиданно, смешав воедино в казачьем сердце патриотический порыв, горечь разлуки, жажду славы и смертную тоску и затерев все это в предпоходной суете.

Астраханское войско направило на фронты «Великой войны», как ее назвали современники, 1-й и 2-й казачьи полки, прошедшие в составе Западного и Юго-Западного фронтов и великие битвы 1914 года — Галицийскую, Варшавско-

Ивангородскую и Лодзинскую, и кровавые дороги отступления 1915 года, и мясорубку позиционной войны.

И Антанта, и Тройственный союз, опираясь на предыдущий опыт, готовились к краткой маневренной войне. Но борьба затянулась на четыре с лишним года, и ее маневренный период — когда кавалерийские части играли в боевых действиях важную роль — ограничился 1914 годом, а вся дальнейшая грандиозная битва великих держав проходила в основном как позиционная. И, увы, казачьи части не имели возможности во всей полноте проявить свои блестящие боевые качества, лихость и отвагу. На долю кавалерии досталось до обидного мало конных атак и шашечных рубок, а большая часть войны прошла вместе с пехотой в окопах или на тыловой службе. Невысокими, по сравнению с пехотой, оказались и потери казачьих частей.

1-й Астраханский казачий полк июль 1914 года проводил, как обычно, в летних военных лагерях в Саратовской губернии. Предвоенный политический кризис, вызванный убийством наследника австро-венгерского престола, был уже в самом разгаре; русская армия, в соответствии с планами Генерального штаба, готовилась к развертыванию фронтов, и Астраханский полк под командованием полковника графа А.А. Келлера[46] (16 офицеров, 576 казаков) 18 июля выступил в поход на театр боевых действий, для участия в организации прикрытия приграничных рубежей, образования своеобразной завесы для обеспечения планомерного развертывания основных сил армии.

25 июля полк прибыл на Северо-западный фронт и был придан Гвардейскому корпусу, вместе с которым должен был участвовать в наступлении в Восточной Пруссии[47]. 27—29 июля полк вел разведку на фронте Дембова-Буда — Мариамполь — Кальвария. Но уже 1 августа вместе с Гвардейским корпусом и 5-й кавдивизией он был переведен по железной дороге в Варшаву (в состав вновь формируемого Западного фронта для прикрытия развертывания на левом берегу Вислы перебрасываемых сюда частей).

8 августа с прикомандированной 5-й сотней лейб-гвардии Атаманского полка казаки выступили походным порядком в Волоцлавск, где начали вести разведку на фронте Гвардейской казачьей бригады.

Боевое крещение полк принял 14 августа в Польше. Ведя усиленную разведку на станции Александрово, казаки обнаружили, что город Нешава занят пехотой противника, увлеченной реквизициями материальных ценностей у «благодарного населения». В спешенном строю полк атаковал противника и выбил его из города, захватив двух офицеров и десять солдат в плен, взяв трофеи (два пулемета и десятки винтовок), зарубив 66 немецких пехотинцев (особенно отличились есаул Коваленков и подъесаул Свешников)[48].

Однако столкновения отдельных разъездов астраханцев с германцами начались значительно раньше. 27 июля прапорщик Аулов с пятью казаками, находясь в разъезде, столкнулся с разъездом противника (18 человек), бросился в атаку и обратил противника в бегство (зарубив шесть кавалеристов неприятеля); при этом сам прапорщик погиб. 28 июля есаул П.П. Свешников, командир 1-й сотни, с 35 казаками, проводя разведку, столкнулся у деревни Земновода с эскадроном 8-го гусарского полка 9-й германской кавалерийской дивизии. Видя свое многократное численное превосходство, немцы кинулись в атаку, но астраханцы, развернутым строем, нанесли встречный удар, в короткой жестокой схватке зарубив 30 человек и захватив в плен офицера (в качестве языка), обратили немецких кавалеристов в бегство, сами не понеся никаких потерь. За эти отважные атаки есаул П.П. Свешников и прапорщик И.И. Аулов (посмертно) были награждены георгиевским оружием[49].

В сентябре-октябре полк придавался, поочередно, Кавказской кавалерийской дивизии и Гвардейской казачьей бригаде для прикрытия отходов соединений и ведения разведки. В конце октября полк был передан в 5-й Сибирский армейский корпус и занимался подобной же боевой работой на фронте Волоцлавск — Брест-Куявский — Избица.

Весь 1914-й год для казаков прошел в упорных боях. Выполняя роль армейской и корпусной конницы, полк перебрасывался с участка на участок, придавался различным армейским соединениям, постоянно выступал как их авангард или арьергард, вел разведку противника (служа «глазами» армии). Казаки вписали немало личных и коллективных подвигов в историю своего войска.

Один из таких ярких боев — шашечная рубка с превосходящими силами противника в период немецкого наступления под Варшавой и общего боя 5-го корпуса 29—30 октября 1914 года. Граф Келлер лично повел в бой казачью лаву. Ранним утром 30 октября, во время немецкого натиска под Избицей, Астраханский полк, охраняя левый фланг корпуса у деревни Ходен, вступил во встречный бой с 13-м драгунским немецким полком. Астраханцы приняли в шашки наступающих немецких кавалеристов и после короткой ожесточенной схватки обратили их в бегство, уничтожив до половины состава полка драгун. Затем в спешенном строю казаки заняли оборонительную позицию и до утра 31 октября отбивали атаки противника, прикрывая отход своего корпуса[50].

При отступлении 5-го корпуса от Варшавы полк в течение недели прикрывал его отход на фронте в 20 верст (иногда в спешенном строю) против значительно превосходящих сил противника, отбивая непрерывные удары[51] . К середине ноября русские части откатились к Висле. А к началу января постепенно отошли под немецким натиском к реке Бузре, где стороны организовали долговременные оборонительные позиции. Астраханцев отвели в тыл на охранную работу (комендантская служба, служба связи) при штабе фронта.

За август — декабрь 1914 года два офицера из личного состава полка были награждены Георгиевским оружием, 275 казаков — Георгиевскими крестами и медалями. Полк потерял двоих офицеров и 24 казака убитыми, троих офицеров и 67 казаков ранеными, контуженными и пропавшими без вести[52]. Граф Келлер командовал полком до 3 марта

1915 года. За отличие в боях он был произведен в генерал-майоры и назначен командиром 4-й донской казачьей дивизии. В командование полком вступил полковник Михонский.

В январе — апреле 1915 года, в период стабилизации фронтов и развертывания позиционной войны, полк использовался в основном на так называемой тыловой работе (охрана, разъезды, летучая почта, конвоирование и т.п.) при штабах Северо-Западного, Западного фронтов, штабах армейских корпусов; иногда для ведения разведки.

Ситуация изменилась с началом весеннего немецкого наступления 1915 года, вошедшего в историю как одна из самых трагичных страниц для русской армии. Немцы часто использовали отравляющие газы, «выжигали» целые участки фронта. Астраханцев непрерывно перебрасывали с одного направления на другое для сдерживания рвущегося врага и ликвидации прорывов, сажали на несколько дней в окопы в ожидании подхода резервов армейской пехоты (как, например, 30 мая на участке Кунов — Бискупы, у деревни Закржев).

Прекрасно проявили себя казаки в тяжелых боях 24—26 июля под Варшавой, обороняя переправы на Висле с приданной им батареей и двумя Оренбургскими отдельными казачьими сотнями. Полк в течение трех дней удерживал позиции, прикрывая отход корпуса, и далее две его сотни отступали в арьергарде, сдерживая наступление девяти эскадронов противника, усиленных пехотой и артиллерией; другие две сотни несли службу при штабе корпуса, по нарядам. В сентябре 1915 года немецкий натиск стал ослабевать. Астраханцы были вновь отведены в тыл.

В мае 1916 года полк из четырехсотенного был преобразован в шестисотенный (25 офицеров, 844 шашки) и включен во вновь сформированную 2-ю Туркестанскую казачью дивизию (во 2-ю бригаду, вместе со 2-м Уральским казачьим полком). В командование полком вступил казак-астраханец полковник И.П. Востряков, в прошлом офицер лейб-гвардии Сводно-казачьего полка[53]. Дивизия входила в состав 4-й армии Западного фронта.

1916-й год, по большому счету, мало чем отличался для астраханцев от предыдущего. Западный фронт, как гигантская мясорубка, неумолимо перемалывал эшелоны пехоты. Казакам, природным конникам, пришлось спешиться и хлебнуть изнурительной окопной войны. Станичники сидели в окопах по очереди. Сначала вверенный участок фронта занимал полк уральцев, затем по истечении определенного срока кормить вшей в окопы лезли астраханцы. Немецкая артиллерия работала бесперебойно. Тяжелые снаряды — «чемоданы», как их называли наши бойцы, изматывающе монотонно перепахивали русские позиции — немцы были пунктуальны и методичны. Полковые писари испещряли дневники боевых действий однообразными строчками: сегодня два чемодана, завтра пять чемоданов и так далее, тупо и уныло. Изредка фронтовые будни нарушались появлением своего или вражеского аэроплана. Тогда окопы оживали. Если летчик свой — напряженно следили и подбадривали криками, если немец — все кто мог, позабыв про обстрел, упоенно участвовали в охоте на «летуна», развлекаясь беспорядочной пальбой. Потом смена. Часть времени — в тылу, на отдыхе. Время бежит веселее: учения, занятия, смотры, состязания, тыловая служба. Наиболее активной напряженной боевой жизнью жили организованные при полку из казаков-добровольцев партизанская и пулеметная команды. Применяясь к особенностям позиционной войны, штаб походного атамана всех казачьих войск еще осенью 15-го года принял решение об организации при казачьих частях партизанских отрядов для действий в тылу немецкой и австрийской армий. Партизаны-«охотники» вели разведку, пробирались далеко за линию фронта для дезорганизации тылов противника, совершали дерзкие налеты и диверсии, громя гарнизоны, штабы, обозы, склады неприятеля. В отношении боевых качеств, по сравнению с предвоенным периодом, казаки и офицеры достигли весьма вы-

соких показателей, что неоднократно подтверждалось и боевыми успехами, и победами на дивизионных состязаниях в скачках, рубке, стрельбе (например, в рубке шашками особенно отличалась 4-я сотня сотника Догадина, в скачках — подъесаул Пигин, в джигитовке — казак Ф. Потапов; обычно астраханцы занимали второе место по общим итогам в дивизионных соревнованиях). Осенью 1916 года 2-я Туркестанская дивизия была выведена с фронта в резерв.

В полковых документах значилось, что с августа 1914 года по февраль 1917-го, находясь в основном на Западном фронте, полк потерял убитыми и ранеными, контуженными и пропавшими безвести около 120 офицеров и казаков; около 300 казаков были награждены Георгиевскими крестами и медалями, каждый офицер — в среднем четырьмя орденами; в течение 1915—1916 годов в полк было прислано 9 офицеров и 538 казаков пополнения[54].

2-й Астраханский казачий полк под командованием полковника В. Сарычева — цвет войска (мужчины 25—30 лет[55]) — выступил на театр военных действий (Юго-Западный фронт) 7 августа 1914 года в составе 15 офицеров и 609 казаков[56]. 25 августа, в разгар Галицийской битвы, прибыл в расположение 25-го армейского корпуса 5-й армии в город Красностав Холмской губернии (юго-западнее Брест-Литовска) и уже 26 августа был брошен с корпусом в наступление на австрийцев[57].

Служба казаков 2-го полка была во многом такой же, что и у 1-го Астраханского: его прикрепляли (посотенно) к пехотным частям для ведения разведки, бросали на ликвидацию прорывов, использовали в качестве авангарда и арьергарда армейских корпусов и на тыловой службе. Только служба 2-го полка была еще более тяжелой из-за подвижности Юго-Западного фронта, частых наступлений и отходов. Ему намного чаще приходилось участвовать в горячих тяжелых боях с австрийцами, особенно на берегах Вислы (под Краковом), оборонять укрепленные пункты.

Но наиболее тяжелые бои приходилось выдерживать при столкновении с немецкими частями, особенно в 1915 году, в период, когда при бездействии наших союзников Германия и Австро-Венгрия всей своей мощью навалились на Россию, и русская армия, испытывая недостаток вооружения и боеприпасов, вынуждена была отступать под натиском превосходящего противника.

Высокие боевые качества и стойкость казачьих частей хорошо были известны и своим, и противнику. Полковые летописи сохранили массу тому примеров (приведем лишь два характерных эпизода).

30 июня 1915 года первая сотня полка несла охранную службу в окопах, расположенных в девятистах шагах от австрийской позиции, в болотистой местности (Ломжинская губерния, поселок Новогрод), закрывая собой значительное пространство, образовавшееся между расположениями Витебского и Могилевского пехотных полков, имея задачу в случае наступления противника оповестить штабы полков и продержаться до подхода пехоты. В действительности охранную службу несла лишь полусотня (остальная часть казаков находилась в служебных командировках по поручению штабов).

Глубокой ночью 30 июня полусотня отошла в тыл, оставив в окопах наблюдателей с телефонами. Как раз в этот момент немецкие части на данном участке фронта сменили австрийцев и перешли в наступление. Одновременно с началом жестокого артиллерийского обстрела полурота немецкой пехоты, под прикрытием темноты и густой высокой травы пробравшаяся на десяток шагов к русским окопам, бросилась на казачье охранение. Казаки встретили противника ружейным огнем и сообщили о наступлении в штабы полков, но «при фразе "немцы" пехотные телефонисты бросили аппараты и разбежались», и на сообщение откликнулся лишь штаб 2-го Астраханского полка. После жестокого боя в первой и второй линиях окопов трое оставшихся в живых казаков вынуждены были отойти с передовой. Немцы заняли позиции, получили подкрепление, окопались, установили пулеметы. В этот момент к наблюдателям подошла остальная часть полусотни, и на рассвете 70 казаков под проливным дождем, через болото, под ураганным огнем противника атаковали немецкий отряд, выбили его из окопов, потеряв убитыми и ранеными около половины состава подразделения, и продолжали удерживать участок до вечера следующего дня (так как обещанная на смену пехота не поднималась из окопов) [58].

29 апреля 1915 года приказный третьей сотни В. Вереин был послан с донесением от походной заставы на главную. Выезжая из леса, он наткнулся на немецкий разъезд из пяти человек. Станичник не растерялся, выхватил шашку и с диким криком кинулся в атаку. Немцы бросились спасаться бегством. Вереин вовремя прибыл в штаб полка и сообщил о начале наступления противника[59].

В 1914—1915 годах, находясь в основном в составе Особой армии, 2-й полк потерял убитыми и ранеными около 100 казаков и офицеров; более 260 казаков были награждены Георгиевскими крестами и медалями, каждый офицер в среднем получил по пять наград; полк взял в плен около 250 австрийских и немецких солдат и офицеров и богатые трофеи[60]. В 1914 году в полк поступило 335 казаков пополнения, а 205 казаков с 10 офицерами прибыли в 1916 году, при переформировании полка в шестисотенный[61].

Астраханские полки были на хорошем счету у командования. С августа 1914 года и до Февральской революции 1917 года в полках не было ни одного попавшего в плен или преданного суду казака, не случалось и серьезных нареканий. Что касается плена, то здесь играла роль и особая казачья спайка, и стремление во что бы то ни стало выручить одностаничников, и то, что немцы, например, на первых порах предпочитали не брать казаков в плен. Германская пропаганда на все лады трубила о казаках как жутких изуверах и людоедах, жаждущих немецкой крови. Попавших в плен зачастую ждала самая жестокая судьба. Одним из излюбленных способов пыток было вырезывание на ногах казаков полос кожи или глубоких разрезов — это называлось «делать лампасы».

В 1917 году ситуация стала меняться: в 1-м полку один казак был предан суду за пьяное буйство, во 2-м — казака расстреляли за мародерство. Появились первые пленные. Моральное разложение затронуло и офицеров.

Таким образом, в августе 1914 — феврале 1917 года Астраханское казачье войско выставило в полки действующей армии два шестисотенных конных полка, через службу в которых прошло в общей сложности около двух тысяч казаков. За период боевых действий полки приобрели высокие боевые качества и отличились в боях. Общие потери обоих полков не превышали 240 человек, из которых безвозвратные (убитыми, пропавшими безвести) — менее 30 процентов.

Астраханский гвардейский взвод прошел войну в составе лейб-гвардии Сводно-казачьего полка, входившего в состав Гвардейского корпуса. Под командованием генерал-майора графа М.Н. Грабе (в 1914 г.), генерал-майора А.П. Богаевского (в 1915 г.) и полковника Н.Н. Бородина (в 1916—1917 гг.) полк прошел многотрудный и славный боевой путь: в 1914 году он принимал участие в Варшавско-Иваргородской и Лодзинской операциях, в 1915 году — в Праснышненской операции, боевых действиях в районе города Холм, в 1916 году — в Ковельской операции и в боях на реке Стоход.

Лейб-гвардии Сводно-казачий полк прибыл на Северо-Западный фронт в первых числах августа 1914 года и был включен (вместе с лейб-гвардии Атаманским полком) в 3-ю бригаду 1-й Гвардейской казачьей дивизии. В августе Гвардейская казачья бригада в составе конного отряда участвовала в рейдах по тылам противника, включалась для организации прикрытия развертывания войск и действия на стыке между армиями в 1-й, 2-й и 19-й армиями. В сентябре—октябре 1914 года бригада вместе с приданными 6-й лейб-гвардейской Донской казачьей батареей и 1-м Астраханским казачьим полком отметилась лихими атаками, действуя в конном отряде генерала Шарпантье. При расформировании отряда его командир писал в приказе: «Расставаясь с доблестными частями, не смогу не вспомнить дело... лейб-гвардии Сводно-казачьего полка под Пассали, 1-го Астраханского полка под Лущевском, составившие славные страницы в боевой истории полков и батарей»[62]. Участвуя в Лодзинской операции в ноябре 1914 года, бригада выдержала особо тяжелые оборонительные бои на реке Граббовка, в течение 12 дней обеспечивая завесу для перегруппировки сил 4-й армии.

В 1915—1916 годах гвардейцам также пришлось хлебнуть окопной войны, участвовать в боях в пешем строю. Так, летом 1916 года Гвардейский кавалерийский корпус был переброшен на Юго-Западный фронт для участия в Брусиловском наступлении. С июля по октябрь 1916 года Гвардейская казачья бригада вела боевые действия на позициях у реки Стоход в районе Михайловки и Марьяновки, действуя в непривычном для себя пешем строю в условиях болотистой местности. Особенно отличился Сводно-казачий полк. Сотни полка занимали позиции по берегу и островам на протяжении полутора километров. Ежедневно на сторону противника уходили добровольцы-разведчики. Младшие офицеры и урядники полка организовали более десяти смелых вылазок в тыл противника подразделениями от взвода до сотни[63]. Однако осуществить прорыв обороны противника на своем участке в ходе летнего наступления бригаде так и не удалось.

Оценивая службу строевых казачьих частей в годы войны, сотрудники штаба Походного атамана казачьих войск с сожалением отмечали в своих докладах, что в 1914—1915 годах казаки не смогли в полной мере проявить свою боевую мощь[64]. Большая часть казачьей конницы была распылена, превращена в дивизионную конницу. Полки этой конницы, распылялись посотенно по полкам и дивизиям пехотных корпусов, где казаки превращались в конвоиров, ординарцев, вестовых и т.п. и редко принимали участие в боевых действиях в конном строю. В мировой войне — войне техники, огромных людских масс и тысячеверстных фронтов — конница, бывшая раньше серьезной ударной силой, потеряла свое стратегическое значение и за редким исключением участия в крупных наступлениях, бездействовала. В казачьих полках процент потерь (особенно среди офицеров) оказался низким не только по сравнению с пехотой, но даже с регулярной кавалерией.

Впрочем, регулярная кавалерия, по тем же причинам, так же не могла похвастать особыми достижениями. Самым крупным кавалерийским столкновением войны стал знаменитый бой 8 августа 1914 года частей 10-й кавалерийской дивизии под командованием графа Ф.А. Келлера (прикрывавшей развертывание 3-й армии), сошедшихся во время глубокой разведки с 4-й австрийской кавалерийской дивизией (лучшей в австро-венгерской армии).

Было около 11 часов дня. Выехав вперед, граф Келлер с возвышенности лично увидел батареи и правее их — красно-голубую стену австрийской конницы.

Он принял решение атаковать противника всеми имевшимися в этот момент в его распоряжении семью эскадронами. Остальные были в отделе. Силы были неравны, но вера в свои полки позволила Келлеру без колебания принять это решение. Он дал команду трубить «Поход» и «Все». Эскадроны галопом стали строить фронт для атаки: на правом фланге два эскадрона новгородцев, в центре — три эскадрона одессцев, уступом за левым флангом — два эскадрона ингерманландцев.

Двинулись в атаку... Неожиданно из-за гребня вырос сомкнутый строй австрийцев: два полка развернутым строем, два — в резервной колонне сзади первых. Раздались звуки сигналов. Дивизион «Трани» улан налетел на поднимавшихся по скату новгородцев. Генерал Заремба со штабом лично повел «белых» улан Франца Иосифа в лоб одесским уланам. Закипел рукопашный бой...

«Враг был многочисленнее нас. Австрийцы охватывали левый фланг Одессцев. Один эскадрон австрийцев врубился между Новгородцами и Одессцами и почти прорвался к бугру, на котором была видна фигура начальника дивизии. Граф бросает на них свой единственный резерв — взвод казаков конвоя и штаб дивизии. Эскадрон не выдержал и повернул назад... Нажим австрийцев все усиливался. Фронт наших эскадронов стал медленно осаживать. Катастрофа казалась близкой... В этот момент русское "ура!" раздается слева. Это атакуют два эскадрона Ингерманландских гусар, бывших на уступе. С развивающимся штандартом они ударили во фланг и тыл австрийским драгунам. "Белые" драгуны повернули, смятение быстро перенеслось по всему их фронту. Через несколько минут мы уже рубили спины спасающихся в бегстве австрийцев»[65].

Этот бой сделал генерала Келлера самым популярным кавалерийским военачальником русской армии.

В начале 1916 года военное командование произвело реорганизацию казачьей конницы. Сотни собрали в единые части, а из 40 полков сформировали 10 казачьих дивизий. Во главе казачьих полков и дивизий начали ставить преимущественно казачьих офицеров. Но основная мысль реорганизации — создать при армиях стратегическую конницу для активных наступательных действий (расширения прорывов, рейдов по тылам) — не была воспринята военным командованием и получила применение лишь в годы Гражданской войны, хотя казачье офицерство в 1917 году достаточно активно пыталось реализовать эту идею. Зато казачьи части активно использовали для тыловой работы, ловли дезертиров, охраны и конвоирования, чем дополнительно подрывали и без того пошатнувшийся в 1905 году престиж казачества в глазах служившей в пехоте и несущей громадные потери крестьянской массы, подпитывали озлобление.

В связи с постоянной необходимостью вести боевые действия в спешенном строю командование даже решило в конце 1916 года провести еще одну реорганизацию — оставить в казачьих полках по четыре конные сотни, а 5-е и 6-е сотни спешить, образуя при полках дивизионы по образу пластунских частей, но до реализации этой меры в астраханских полках дело уже не дошло.

Помимо полков, воевавших в действующей армии, в период войны астраханцы сформировали несколько тыловых частей, несших так называемую внутреннюю государственную (полицейскую) службу — 3-й казачий полк (конный), Особую (пешую) и Отдельную (конную) сотни — из казаков старших возрастов (от 30 до 50 лет).

3-й Астраханский казачий полк четырехсотенного состава (командир полка — войсковой старшина Лисунов, затем полковник П.С. Стрелков) был сформирован в июле 1914 года из льготников 3-й очереди и запасников. Всю войну полк находился в Астрахани, подчиняясь астраханскому губернатору и наказному атаману генерал-лейтенанту И.Н. Соколовскому[66]. Служба полка протекала спокойно и за весь период была омрачена лишь одним инцидентом — нападением на урядника, несшего охранную службу (обошлось ранением)[67].

В 1916 году из казаков и офицеров отставного разряда (от 38 до 50 лет) для несения охранной и гарнизонной службы были сформированы особая пешая и отдельная конная сотни.

1-я Особая Астраханская казачья сотня (пешая; 150 казаков и офицеров) была сформирована в феврале 1916 года для службы при 2-м Казачьем полку, но использовалась на тыловой охранной службе[68]. Отдельная Астраханская казачья сотня (конная) была сформирована в конце 1916 года и отправлена в Туркестан для несения охранной службы на Ташкентской железной дороге и участия в подавлении киргизского восстания в Тургайской области[69]. Сотни эти, составленные из пожилых запасников и отставников, плохо снабженные и вооруженные (за неимением у войска средств), не представляли из себя серьезной боевой силы, как и все подобные казачьи части вообще[70]. Кроме того, это вызвало значительный некомплект казаков и офицеров в 3-м полку и запасной сотне, и первая была расформирована еще весной, а вторая — осенью 1917 года.

Для пополнения убыли в частях действующей армии и подготовки личного состава полков в 1914 году создали Запасную конную сотню с отделением конского запаса (численностью в полк), всю войну дислоцировавшуюся в Астрахани.

Важным событием в истории войска в годы войны стало создание 1-й Астраханской казачьей батареи (четырехорудийного состава, штат — 4 офицера, 142 казака и 30 нестроевых чинов).

В феврале 1916 года «для пополнения убыли в казачьей артиллерии» штаб походного атамана всех казачьих войск великого князя Бориса Владимировича занялся формированием новых казачьих артиллерийских частей. В частности, с подобным предложением начальник штаба А.П. Богаевский обратился к астраханскому атаману И.Н. Соколовскому. Астраханская старшина горячо поддержала эту инициативу, желая вновь обзавестись своей артиллерией (упраздненной еще в середине XIX века)[71]. Заскрипела бюрократическая машина, завязалась длительная переписка между Астраханью, штабом походного атамана, ставкой Верховного Главнокомандования и другими военными учреждениями.

Выяснилось, что у войска есть желание, но нет ни людских, ни материальных ресурсов для создания батареи. Кроме того, командование Казанского военного округа вскоре потребовало от Соколовского сформировать из астраханцев Отдельную конную сотню. Однако ресурсы войска были таковы, что при организации двух шеститысячных, одного четырехсотенного полка, запасной сотни, 1-й Особой сотни и 1-й Казачьей батареи они исчерпывались полностью, и в случае боевых потерь войско было бы не в состоянии поддерживать их штатную численность[72]. Более того, по мнению военного и казачьего руководства, в будущем, в мирное время, войско по-прежнему (с напряжением) смогло бы содержать лишь один четырехсотенный полк. Атаман Соколовский открыто признавал, что уже в начале 1916 года у войска едва хватало сил и средств для поддержания численности и боеготовности существующих частей, а для организации новых их не было и не предвиделось, поэтому формирование таковых представлялось возможным только за счет казны. То есть администрация войска находилась перед дилеммой — формировать отдельную конную сотню или батарею. В конечном счете было сформировано и то и другое, хотя все это ложилось на станицы дополнительным бременем, усугубляя и без того кризисное состояние казачьих хозяйств, вызывало некомплект в казачьих частях.

К началу 1916 года в Астраханском войске были только два офицера-артиллериста: сотник лейб-гвардии Сводно-казачьего полка Г.В. Рябов-Решетин[73], служивший старшим адъютантом в штабе походного атамана, и сотник 1-го казачьего полка В.В. Бирюков (оба окончили артиллерийское училище на собственные средства). Именно благодаря их упорству и горячему желанию, несмотря на огромные трудности, батарея была все-таки создана. Еще двоих офицеров для батареи специально отобрали из состава строевых офицеров 3-го полка и обучили в Оренбургской запасной батарее — хорунжих Н. Китаева и А. Скворцова.

Живо отреагировав на инициативу, астраханцы набрали из состава 1-го и 2-го полков предполагаемый штат батареи (причем командиры полков всячески препятствовали откомандированию в батарею казаков и офицеров, так как уже к началу 1916 года полки испытывали нехватку кадров, особенно офицеров) и направили его на обучение в ту же Оренбургскую запасную батарею, курс обучения в которой казаки успешно закончили через несколько месяцев. Кроме того, из 1-го полка в батарею перевели делопроизводителя — губернского секретаря Иванова.

Однако в августе 1916 года выяснилось, что у войска нет необходимых средств, и военное командование отказало астраханцам в формировании батареи. Астраханцы-артиллеристы приняли это известие весьма болезненно. «Мне сообщили, что дело с формированием Астраханской казачьей батареи пролетело в трубу. Я очень огорчен. Я стремился к этому всю жизнь. Это моя заветная мечта и вот теперь... пробыв в батарее 3 месяца, я должен буду возвращаться в полк и тянуть чуждую, почти незнакомую лямку»[74], — писал В.В. Бирюков, один из главных радетелей создания астраханской артиллерии.

Лишь 26 ноября, уступая настойчивым просьбам астраханцев и штаба походного атамана, решение о сформировании батареи в Брянске (в тылу Западного фронта) было все же принято, и 27 ноября подписан соответствующий приказ[75]. Командиром батареи назначили донского артиллериста лейб-гвардейца войскового старшину Н.В. Суворова.

Условия, поставленные астраханцам военным ведомством, были таковы: командование отпускает Астраханскому войску необходимое количество орудий, зарядных ящиков и прочего, субсидирует 55 000 рублей из военного фонда для обзаведения амуницией, а обоз и снаряжение должно поставить само войско[76]. Бюрократическая неразбериха, длительное выяснение отношений между учреждениями, нехватка средств привели к тому, что батарею реально начали формировать только в начале января 1917 года, и в Астрахани, а не в Брянске. К концу февраля батарея (трудом и энтузиазмом Суворова и Бирюкова) была сформирована, но деньги для ее окончательного снаряжения так и не поступили, и батарея без конского состава, без обоза простояла безвыходно в Астрахани до начала Гражданской войны. Ее первым и последним боем стал бой с астраханскими большевиками 12—25 января 1918 года.

Сложность создания новых астраханских частей и поддержания уже существовавших, уход на службу большинства здоровых мужчин от 20 до 50 лет поставили экономику Астраханского войска на грань катастрофы. Казачье хозяйство, сильно пострадавшее в годы Русско-японской войны и внутренней смуты и едва оправившееся к 1914 году, не выдерживало испытания многолетней мировой войной. Уже в 1916 году обнищание казаков достигло угрожающих размеров. В станицах разрасталась эпидемия пьянства. По выражению астраханского журналиста (современника событий), подрастающее поколение казачат «развращалось, дичало, хулиганило» без присмотра старших[77].

Государство, стремясь несколько улучшить экономическую ситуацию в казачьих войсках, взяло на себя значительную часть войсковых расходов по содержанию частей, увеличило число и размер выплат служащим казакам. Для работы в казачьих хозяйствах было разрешено использовать военнопленных, беженцев, нижних чинов тыловых частей. Был решен вопрос о прирезке новых земель к войсковым и станичным юртам (из земель калмыцких кочевий и казахской Букеевской внутренней орды). Но эти меры были далеко не достаточны.

В сентябре 1916 года наказной атаман губернатор И.Н. Соколовский впервые столкнулся с массовым неповиновением казаков. В Астрахани, как и во многих других городах, экономический кризис, сопровождавшийся инфляцией, ростом цен, безудержной спекуляцией, привел к так называемым продовольственным бунтам, столкновениям с полицией, потасовками городских низов с торговцами на астраханских базарах. Запасной полк в полном составе (около 700 казаков) отказался повиноваться приказам Соколовского и применять холодное и огнестрельное оружие против толпы, за что казакам пришлось поплатиться. Разъяренный Соколовский расквартировал «мятежные» сотни по окружающим деревням, держал казаков на голодном пайке, приказал нещадно гонять и за малейшую провинность отправлять в карцер.

На этом фоне произошел нашумевший (дошедший до Петрограда как казачий бунт) инцидент с участием казаков полка А.И. Ежова и А.П. Сережникова. В позднейшем изложении сослуживцев ситуация выглядела следующим образом:

«В каком-то вертепе два казака встретились с губернаторским чиновником. И чиновник, и казаки были навеселе. Чиновник вломился в амбицию, поднял шум, потребовал чуть ли не составления протокола. Казаки спокойно схватили чиновника за руки и выбросили в окно... Тот вызвал полицию. Казаки бросились наутек и совсем было скрылись от преследования, но в дороге один из них вспомнил, что оставил в притоне фуражку и вернулся за ней.

Совсем как Тарас Бульба: "Не хочу щоб люлька доставалась проклятым ляхам".

Того казака задержали, а вскоре отыскали и другого. Генерал Соколовский приказал снарядить военный суд. Казаков признали виновными и приговорили к смертной казни. Обоих расстреляли.

Наконец генерал задумал сделать казакам публичное внушение. Все семь сотен казаков были выстроены пешими на городской площади. На всякий случай им было приказано все оружие оставить в казармах.

К полку подъехал на лошади сам Соколовский и скомандовал: "Смирно!" Смысл его речи был таков, что казаки должны и обязаны усмирять бунтовщиков, особенно если начальство приказывает...»[78].

Бесконечно затянувшаяся, утрачивающая и подобие всякого смысла кровавая война, разрушала возникшее было хлипкое патриотическое единство тыла, подтачивала незыблемые прежде устои казачьей патриархальной общинности. Но вскоре астраханцев ждали новые, еще большие испытания. В феврале 1917 года в России грянула «великая бескровная» революция. Она была долгожданна и желанна для многих. Отрицательное отношение к прогнившему режиму оказалось практически всеобщим. И почти праздничное, почти бескровное начало новой русской смуты ослепляло людей энтузиазмом и надеждами и не давало еще увидеть ее подлинное жестокое лицо.

Весну 1917 года астраханские полки в основном провели в тылу, на отдыхе и занятиях. Демократические нововведения (отмена наказаний, введение «революционной дисциплины» и т.п.) и перемену в государственном строе казаки восприняли сдержанно, внешне спокойно. В середине мая в полках прошли выборы в полковые и сотенные комитеты, причем в них активное участие приняли и будущие большевики, и будущие белогвардейцы, и рядовые казаки, и офицеры. В целом, весной — летом 1917 года в комитетах соблюдались паритет и согласие между офицерством и казаками.

Начиная с весны 1917 года казачьи полки через своих делегатов принимали участие в бурной политической жизни революционной России — в войсковых кругах, фронтовых съездах. Выделились пробольшевистски настроенные элементы (даже среди офицерства). Активную деятельность развернул бывший командир 2-й сотни 2-го полка (переведенный в 1-й полк начальником команды связи) подъесаул М.Л. Аристов (член РСДРП(б)), избранный сначала депутатом, а потом членом Исполкома Совета депутатов Западного фронта. Видную роль в полковом и дивизионном комитетах начал играть командир партизанского отряда 1-го полка хорунжий С.П. Буров (левый эсер).

14 мая 1917 года генерал Абрамов провел инспекторский осмотр 1-го полка и нашел полк в крайне неутешительном состоянии, худшем в дивизии: штат неполный (27 офицеров, 669 казаков), обмундирование и шинели поношенные, требуют замены, обозу необходим ремонт, во всем нехватка, лошади в крайне плохом состоянии. Такая же ситуация была и во 2-м Астраханском полку. Однако, отметил инспектор, — моральное состояние, боевой дух казаков по-прежнему высоки[79].

Командир 1-го полка И.П. Востряков в мае 1917 года по состоянию здоровья вышел в отставку и отправился в Астрахань. 13 июня 1915 года он, будучи есаулом лейб-гвардии Сводно-казачьего полка, командуя астраханским взводом, был тяжело контужен разрывом снаряда в окопах под деревней Боровица; от эвакуации отказался и остался со своими казаками на позициях. Последствия контузии давали о себе знать, и медицинская комиссия рекомендовала ему оставить службу.

В июне 1917 года в полках появились первые случаи «беспорядков», конфликтов между офицерами и казаками, неповиновения, слишком «вольных» взаимоотношений между чинами. Так, 7 июля за отказ ехать с командой на пастбище и нецензурную брань в адрес начальства был предан суду хорунжий 1-й сотни 1-го полка Петр Десенвенсанов[80].

С 3 июня в командование 1-м Астраханским полком вступил полковник Н.И. Аратовский, переведенный из лейб-гвардии Сводно-казачьего полка, где он командовал астраханским гвардейским взводом (кстати, один из немногих офицеров-астраханцев, добровольцем прошедших Русско-японскую войну); помощником командира полка стал войсковой старшина Свешников; затем войсковой старшина Коваленков.

В середине июня 1-й полк перебросили под Молодечно для участия в «прорыве» (печально известном последнем неудачном наступлении русской армии), который планировалось начать 19 июня. Однако с началом наступательных действий полку была поставлена совершенно иная задача — окружить и разоружить 707-й Сурамский пехотный полк и занять его фронт[81]. В условиях развала армии казачьи полки, как наиболее стойкие, начали использовать в качестве своеобразных «заградительных отрядов».

1 июля 1-му полку придали 23-ю донскую батарею и 5-ю учебную команду 1-го Сибирского корпуса и создали из них Отряд особого назначения при штабе корпуса под командо-

ванием полковника Аратовского. Наступление корпуса провалилось. Солдаты отказывались выходить из окопов, уходили в тыл. Отряд был развернут в тылу корпуса на задержание и возвращение дезертиров. Только за 10—11 июля казаками было поймано около 2000 дезертиров[82].

12 июля астраханский полк и батальон Сибирского полка были брошены на оголенный дезертирами участок фронта: 62-й пехотный полк, отказавшись идти в наступление, целиком спрятался в лесу. Рассыпав Астраханский полк лавой, полковник Аратовский приказал дезертирам вернуться на позиции, пригрозив в противном случае начать атаку. После переговоров и призывных речей комиссара полк согласился выйти на позиции, но после ухода казаков солдаты подняли комиссара на штыки и в наступление не пошли. Призывы продолжать бойню теперь уже «под красными знаменами революции» вызывали всеобщее озлобление.

Русская армия, один из главных участников революции, как организованная воинская сила агонизировала. В августе 1917 года астраханские полки выполняли уже только сугубо полицейские функции.

К концу лета командование осознало бессмысленность попыток остановить развал армии. Общее крушение фронта, необходимость противостоять и внешнему, и внутреннему противнику привели генералитет к решению отвести казачьи полки как последние надежные устойчивые части в тыл и создать из них крупные боеспособные конные соединения, с помощью которых затем можно было бы подавить ожидаемые выступления большевиков.

Но общий настрой российского воинства все больше влиял и на казаков. 2-я Туркестанская дивизия, направленная на разоружение 703-го Орловского и 704-го Рионского пехотных полков 2-й Кавказской гренадерской дивизии, в полном составе отказалась участвовать в усмирении солдат. Дивизионный комитет казачьей дивизии устроил совместное заседание с комитетом гренадерской дивизии. Казачьи представители заявили начальству: «усмирять и разоружать пехотные части казаки не будут, так как память о 1905 годе, положившем пятно на казаков, должна изгладиться раз и навсегда и забыться солдатами»[83].

Демобилизация «старших возрастов», по настойчивым требованиям станичников начатая еще весной 1917 года, осенью приняла широкий характер. Войсковой штаб уже был не в состоянии высылать требуемые армейскими частями замены (так, например, из присланных в 1-й полк 16 июля 1917 года 30 человек пополнения 16 были вольноопределяющимися). Для поддержания штатной численности в полки принимали вольноопределяющихся из неказаков, добровольцев из других казачьих войск, переводили обозников. Получила распространение практика приема в части амнистированных уголовников[84]. В начале октября 1917 года атаман И.А. Бирюков, по собственной инициативе, вопреки требованиям командования, уволил от службы всех запасников старше 32 лет[85].

В начале сентября 1917 года оба астраханских полка отвели с фронта (к ставке верховного главнокомандующего) для создания Астраханской казачьей бригады. Командиром бригады был назначен бывший командир 2-го полка генерал-майор В. Сарычев (офицер армейской кавалерии; принятый в казаки станицы Казачебугровской в годы мировой войны с зачислением по войску; за отличие в боях награжденный Георгиевским оружием)[86]; начальником штаба стал лейб-гвардии есаул Рябов-Решетин[87]. Штаб бригады формировали в Камышине. Когда к концу октября бригада была все-таки сформирована, командование бригадой принял полковник Н.И. Аратовский. Исполком Совета бригады возглавил пользовавшийся большим авторитетом среди казаков сотник С.П. Буров.

Однако ни в каких боях бригаде участвовать уже не довелось. В ноябре она была отозвана войсковым атаманом генерал-майором И.А. Бирюковым в Астрахань для борьбы с большевиками и в конце декабря застряла на железнодорожной станции Кайсацкая (в 400 верстах от города), где казаки замитинговали, решая, «что делать и кто виноват».

До начала Астраханского восстания и Гражданской войны в Нижнем Поволжье оставалось несколько недель...

Таким образом, астраханское казачество в течение Первой мировой войны мобилизовало на службу два шестисотенных, один четырехсотенный конные полки, особую пешую сотню, отдельную конную сотню, лейб-гвардейский взвод, запасную сотню с отделением конского запаса (численностью в четырехсотенный полк) и конную артиллерийскую батарею, общей численностью около 3000 человек. Общие потери астраханцев составили около 250 человек (из них безвозвратные — около 30 процентов (включая девять человек, попавших в плен). Если учесть, что в начале войны в войске насчитывалось около 4000 годных к службе казаков (а полкам действующей армии необходимо было возмещать людские потери, производить замену «стариков» молодыми, и, по требованию военного ведомства, войско формировало новые части), к отбыванию воинской повинности были привлечены практически все способные к службе мужчины в возрасте до 50 лет.

Первая мировая война вызвала огромное напряжение сил всего русского народа и особенно казачества. 11 казачьих войск, насчитывавших к 1914 году около 4,5 млн человек казачьего сословья (обоего пола), уже к концу 1916 года выставили в полки действующей армии 216 тысяч шашек, 38 тысяч штыков, 10 тысяч артиллеристов, а всего — 264 тысяч бойцов — более 16 процентов своего мужского населения[88]. Казачьи части в этот период составляли основу русской кавалерии (две трети всей кавалерии русской армии), одну из самых крепких, боеспособных и надежных частей армии. Они продолжали сохранять превосходные боевые качества даже в атмосфере всеобщего развала и анархии 1917 года. Вплоть до осени 1917 года казачьи войска продолжали посылать в полки действующей армии все новые и новые пополнения, и именно казачьи полки были последней надеждой верховного главнокомандования накануне октябрьской катастрофы.

Казаки и революция

С Россией кончено... На последях
Ее мы прогалдели, проболтали,
Пролузгали, пропили, проплевали,
Замызгали на грязных площадях,
Распродали на улицах: не надо ль
Кому земли, республик, да свобод,
Гражданских прав? И родину народ
Сам выволок на гноище, как падаль...
М. Волошин

Февральская революция 1917 года, начавшаяся неожиданно даже для тех, кто всеми силами стремился к ее приближению, с восстания в конце месяца в Петрограде, была поддержана абсолютным большинством населения страны, в том числе и казачеством. Россия была беременна революцией. Сказались усталость от бесславной войны, неспособность правительства справиться с трудностями тыла... Режим Николая II вызывал всеобщее отторжение. Но никто не предполагал, что трехсотлетняя монархия рухнет в одночасье и мощная доселе держава станет распадаться буквально на глазах как карточный домик.

Первые известия о революционных событиях в Петрограде были получены в Астрахани 1 марта 1917 года. 2 марта газеты разнесли эти новости по городу. Толпы народа запрудили улицы. Революционно настроенные обыватели, портовые маргиналы, солдаты гарнизона устремились к городской думе, стихийно осознаваемой как новый центр власти. Вечером 2 марта на публичном заседании городской думы, превратившемся в общественное собрание, был образован Временный Исполнительный комитет «из представителей земства, народа и группы граждан»[89]. Председателем Астраханского Городского Исполнительного комитета, объявившего о взятии власти в городе в свои руки, стал городской голова, присяжный поверенный Н.В. Ляхов[90]. Городская буржуазия и земство, объединенные вокруг городской думы во главе с Ляховым, и казачья старшина в одночасье превратились в вершителей судеб страны вместе со своими собратьями по духу и классу в столице и губерниях.

Старая власть в лице астраханского губернатора и наказного атамана Астраханского войска И.Н. Соколовского и его подчиненных растерялась и не предприняла никаких ответных действий. Части гарнизона (в том числе казачьи) заявили о поддержке новой власти, приняли участие в разоружении полиции, заменив ее своими патрулями. Губернатор и чиновники губернской и войсковой администрации были арестованы. Весь переворот совершился быстро, легко и бескровно, и, надо заметить, достаточно организованно, будто разыгранный опытной труппой актеров по готовому сценарию.

Казачья интеллигенция, офицеры и чиновники поддержали революцию, приняли активное участие в организации новой войсковой и губернской власти.

Комендантом города и временным наказным атаманом Астраханского войска стал командир 3-го Астраханского казачьего полка полковник П.С. Стрелков; временным гражданским губернатором — генерал-майор И.А. Бирюков; председателем новообразованного Губернского исполкома и обновленной городской думы — Н.В. Ляхов; в президиум исполкома вошли И.А. Бирюков, генерал-майор К.Ф. Сережников; членами исполкома стали А.А. Догадин, М.Г. Лебедев, Ф.Г. Лебедев, Г.С. Милованов, Я.Х. Второв, старший урядник А.И. Попов, подъесаул Н.К. Сережников[91]. Конечно, казачьи лидеры вошли и в состав городской думы. Во главе 156-го запасного

пехотного полка Астраханского гарнизона также встал казачий офицер — войсковой старшина Алексеев. 12 марта Временное правительство утвердило И.А. Бирюкова в должности губернского комиссара[92].

3 марта собралось на свое первое заседание новое войсковое правление: войсковой атаман Т.А. Соколов; старший член правления К.Ф. Сережников; советники А.А. Догадин, Т.А. Тутаринов, Н.С. Ченцов; атаман 1-го отдела подъесаул Н.К. Сережников[92а]; атаман 2-го отдела В.И. Носов[93].

Первым делом казаки зафиксировали в протоколе итоги революции: прежнее правление упразднено, его члены уволены; деятели, запятнавшие себя сотрудничеством с царским режимом, исключены из казачьего сословия; должность наказного атамана упразднена, вместо нее введена должность выборного войскового атамана. Вторым шагом стало утверждение положения по созыву экстренного войскового круга.

На перемены в Астрахани быстро откликнулись станицы: казаки упраздняли станичные правления и организовывали станичные исполкомы (в станице Астраханской исполком был образован уже 4 марта), переизбирали станичных атаманов.

4 марта 1917 года в здании войскового правления состоялось заседание Экстренного казачьего круга. От каждой станицы и 3-го казачьего полка на круг было избрано по одному представителю.

Делегаты избрали войсковым атаманом войскового старшину Т.А. Соколова; высказали поддержку Временному правительству; утвердили сделанное войсковым правлением и решили в ближайшем будущем созвать полноценный демократический «большой» казачий круг, а текущие дела и заботу по его созыву возложить на войсковое правление. Войсковой круг как казачий парламент должен был взять на себя роль высшей законодательной и исполнительной власти по войску.

Разработанное правлением положение о выборах делегатов на войсковой круг отвечало духу времени. Выборы были объявлены всеобщими и равными; возрастной ценз делегатов — 21 год. Нормы представительства: для станиц — один делегат на каждые 100 казаков; для трех полков — по два офицера от полка и по одному представителю от урядников и казаков каждой сотни. Другим частям — один представитель от офицеров и три — от урядников и казаков. Отдельная конная сотня, находившаяся на станции Эмба Ташкентской железной дороги, и лейб-гвардейская полусотня избирали по одному представителю от урядников и казаков[94].

В это же время, как и в других губернских городах, в Астрахани заявил о себе еще один центр власти — Совет рабочих и солдатских депутатов. Хотя кадровых рабочих в губернии было не более 15 тысяч, Совет стал выразителем интересов стотысячной массы сезонных рабочих, и с его позицией нельзя было не считаться.

Февральская революция, поставив казачество в небывалые доселе и во многом непонятные еще условия, способствовала пробуждению казачьего самосознания, активизации особой казачьей общественно-политической жизни. В середине марта 1917 года в Петрограде инициативная группа представителей казачьей интеллигенции (студентов и преподавателей, депутатов Государственной думы) основала «Общеказачью организацию», которая выступила с предложением созыва в столице общеказачьего съезда. Идея нашла горячий отклик и в тылу, и на фронте. С другой стороны, в первые недели революции и на фронте, и в тылу среди казаков неожиданно получили распространение настроения в пользу упразднения казачества.

Председатель Временного правительства князь Г.В. Львов дал разрешение на проведение общеказачьего съезда «для выяснения нужд казачества», его политической позиции, обеспечения поддержки казачьими войсками Временного правительства.

Первый съезд прошел в Петрограде 23—29 марта. От Астраханского войска на нем присутствовали шесть делегатов.

На съезде были представлены только шесть войск: донцы, кубанцы, терцы, астраханцы, оренбургцы и уральцы — не всем успели вовремя разослать телеграммы.

Съезд принял решение создать Союз казачьих войск, избрал Временный совет Союза для созыва второго полноценного общеказачьего съезда (от астраханцев вошли два представителя — А.И. Попов и М.Г. Лебедев)[95]. Позднее в состав совета был также кооптирован казак П.В. Николаев.

Делегаты съезда выступили за войну до победного конца и поддержку Временного правительства, автономию и самоуправление казачьих войск, неприкосновенность казачьих земель, снятие с казачества полицейских функций, за уравнение казаков в отношении воинской повинности с остальным населением империи. Съезд в своих заявлениях показал стремление казачества всячески отмежеваться от прошлых отношений с «подлой» царской властью. «Мы предъявляем иск к старому режиму!» — выкрикнул один из делегатов, будущий оренбургский атаман А.И. Дутов[96]. Казаки приветствовали Совет рабочих и солдатских депутатов, заявив, что казачество считает Советы истинным представителем революционного пролетариата и армии.

Параллельно, в противовес Союзу казачьих войск, при Петроградском Совете рабочих и солдатских депутатов казаками-строевиками была организована казачья секция, на основе которой впоследствии образовался казачий отдел ВЦИК. Выдвиженцы фронтовой молодежи, беднейших слоев казачества также претендовали на выражение подлинных интересов населения казачьих войск и заняли отрицательную позицию по отношению к Совету как к органу, поющему с голоса офицерства и бюрократии.

Первый Большой войсковой круг Астраханского войска, открывшийся 7 апреля 1917 года, возглавил войсковой атаман Т.А. Соколов. Его товарищами были избраны врач В.И. Бирюков (представитель 2-го полка) и подъесаул Н.К. Сережников (представитель 3-го полка)[97].

Кроме хозяйственных проблем и резолюции по текущему моменту, съезд обсуждал вопросы организации казачьего самоуправления (переизбрания станичной администрации, утверждения основ местного самоуправления станиц, сроков созывов съездов и службы выборных лиц на войсковых должностях и т.п.), отношения к иногородним. Но главными в повестке были земельный вопрос и отношение к войне.

Казаки единодушно поддержали резолюцию о войне до победного конца. Представитель 1-го казачьего полка Н.И. Аратовский привез от 2-й и 3-й сотен в дар Временному правительству, «нуждающемуся в благородных металлах для победы», все казачьи кресты и медали. Постановили все земли Астраханского войска считать его неотъемлемой собственностью; добиваться возвращения войску частновладельческих, государственных, церковных земель, соглашаясь оставить неприкосновенными только земли крестьян — иногородних; любыми путями стремиться увеличить земли войска.

22 мая в Астрахани с большой помпой было отпраздновано столетие войска. Все на этом торжестве по замыслу организаторов символизировало начало новой, свободной эпохи в жизни астраханского казачества. До этого (9 апреля) не менее помпезно, при стечении тысяч горожан, с участием всех воинских частей Астрахани, с музыкой и салютом было проведено перезахоронение «жертв павшего режима» — казаков А.И. Ежова и А.П. Сережникова, казненных в сентябре 1916 года наказным атаманом Соколовским[98]. Газеты пели дифирамбы революционному единению казачества и народа.

Весна 1917 года. Время надежд и иллюзий... Но «проклятые» вопросы революции — вопрос о земле, вопрос о власти — по мере углубления революционной ситуации, нарастания экономических трудностей становились предметом все более острых противоречий между казаками и неказачьим населением Поволжья.

Еще в мае 1917 года возник конфликт между исполкомом поселка Архиерейский (несколько тысяч жителей) и стани-

цы Атаманской (800 казаков и значительное количество иногородних), составлявшими «Форпост» — правобережный пригород Астрахани. Поначалу казаки и местный совет сосуществовали вполне мирно. В апреле 1917 года станичники объединились с жителями поселка в Форпостинский союз торговцев для успешной конкуренции с пришлым элементом. Но в мае Архиерейский исполком заявил, что все жители станицы Атаманской должны подчиниться форпостинскому исполкому, и призвал иногородних отмежеваться от казаков.

Атаман станицы А.В. Соколов выразил возмущение по поводу того, что «исполкомовцы, да и все жители поселка дышат такой злобой на казаков, ведь форпостинцы давно согласились на самоопределение каждой части», и обнародовал свой отрицательный ответ в печати[99]. Иногородние, отчасти опасаясь негативных последствий, отчасти надеясь извлечь из этого выгоду, в конце концов отмежевались от Форпоста и присоединились к Атаманской. Конфликт затих, но далеко не исчерпал себя. Благодаря дополнительному обеспечению из войсковых запасов, казаки имели гораздо лучшее снабжение хлебом, а продовольственные трудности давали о себе знать все более остро. Раздраженные форпостинцы жаждали справедливости.

4—12 июня на состоявшемся в Астрахани первом Губернском крестьянском съезде в резолюции по земельному вопросу делегаты настаивали на «полном уравнении пользования землями и водами»[100], уравнении крестьянских и казачьих наделов. Средний душевой надел в Астраханском войске в 1917 году благодаря государственным мерам увеличился и составляет 41,1 десятины (из них удобной было 20,8 десятины), а средний крестьянский надел все время сокращался и несравнимо меньше казачьего возмущались народные избранники.

По мере левения политических настроений широких масс населения взаимное отчуждение углублялось.

В июне 1917 года в Астрахани прошли новые выборы в городскую думу, в результате которых абсолютное большинство мест в органе городского самоуправления получил социалистический блок. Кадеты имели 14 мест, а за «казачий список» (в котором были представлены офицеры и урядники казачьих частей) проголосовало только 216 человек, и казакам было предоставлено право лишь на одно место в думе[101].

В том же июне Временное правительство законодательно закрепило разделение губернии на четыре самоуправляемые административные единицы: Астраханская губерния, Астраханское войско, Область калмыков и Область казахов Букеевской орды.

Во многом сохранявшие феодальные порядки, кочевой образ жизни казахи и калмыки держались особняком от остального населения губернии. Но если казахи Букеевской орды, тяготеющие к обособлению от России, никоим образом не проявили себя в общественно-политической жизни края, то калмыкам в лице своей знати и интеллигенции, активно участвующим в формировании новых демократических органов власти, в организации национального самоуправления, выстраивающим союзные отношения с казачеством, суждено было сыграть в истории Гражданской войны в Нижнем Поволжье заметную роль.

1—13 июня в Петрограде, в здании Собрания армии и флота, прошел 2-й Всероссийский казачий съезд, на котором присутствовало около 600 делегатов 13 казачьих войск (вместе с новообразованными Енисейским и Красноярским войсками) и делегаты от строевых частей. Съезд проходил под лозунгами войны до победного конца и поддержки Временного правительства.

Позиция казаков по земельному вопросу была однозначна — неприкосновенность войскового пая; возвращение государственных и частных земель казакам; иногородние должны остаться при своем — аренде.

Впечатление общественности от съезда осталось двойственным. Казаки не примкнули ни к правым, ни к левым, но и не высказали какой-либо своей четкой политической позиции (если не считать общих рассуждений о своей особой казачьей партийности)[102]. Обнаружилось отсутствие единодушия между фронтовой молодежью и более консервативными казаками старших возрастов. Горячие споры развернулись вокруг вопроса о месте и роли Союза в казачьей жизни: должен ли он являться простым координационным центром или особой казачьей партией, выражающей интересы казаков как отдельного народа.

Съезд избрал Постоянный совет Союза, во главе которого встал А.И. Дутов. Астраханская делегация избрала в Совет трех членов: старшего урядника А.И. Попова, подъесаула астраханской лейб-гвардии полусотни Б.Д. Самсонова и П.Г. Колоколова[103]. Астраханцы принимали активное участие в деятельности Совета. Б.Д. Самсонов работал в редакции печатного органа Совета газеты «Вольность казачья»[104]; А.И. Попов участвовал в переговорах с Керенским во время корниловского мятежа[105]; благодаря их усилиям в августе 1917 г. удалось добиться от Совета материальной помощи Астраханскому войску как пострадавшему от неурожая[106].

Таким образом, астраханское казачество в целом положительно приняло Февральскую революцию как изменение, отвечавшее его собственным потребностям. Ожидало решения своих наболевших проблем — облегчение службы, увеличение земель, ликвидация сословных ограничений, при расширении прав и привилегий; решительно выступило за демократизацию страны, расширение самоуправления, отказ от полицейских функций; проявило себя последовательным сторонником буржуазно-демократического лагеря. Казаки заявили себя как сторонники демократической федеративной республики при широкой автономии казачьих войск в составе России. Необходимость сохранения обновленных казачьих войск как особых автономий в составе России поддерживалась всеми однозначно.

Вместе с тем астраханцы, ощущая себя частью особой привилегированной этно-сословной группы, с первых же шагов приняли активное участие в организации общеказачьей общественно-политической жизни, участвовали во всех общеказачьих съездах, создании Совета Союза казачьих войск; поддерживали идеи создания особой казачьей государственности, казачьей армии. Проявилась тенденция к осознанию себя в качестве особого народа, или особой этнической группы в составе русского народа со своими отличными от других народов России интересами, а не просто сословия.

Уже летом казачья старшина дистанцировалась от неказачьих проблем, сосредоточившись, прежде всего, на внутривойсковой и общероссийской казачьей жизни. В казачьей среде в целом возобладало стремление к сословной замкнутости, обособлению, консолидации с представителями других казачьих войск, недопущению вмешательства в свою жизнь неказачьих органов власти. Казаки стремились к освобождению от тяготящих обязанностей и функций служилого сословия, но при сохранении всех преимуществ и привилегий, увеличении земельных владений.

И при всем при этом современники отмечали, что наряду с растущими противоречиями между казаками и крестьянским населением региона с первых этапов революции стали проявляться и внутрисословные противоречия — между консервативной старшиной, казаками старших возрастов и радикально настроенными фронтовиками, молодежью, между зажиточными и беднейшими слоями казачества.

15—22 июня в здании войскового правления Астраханского войска прошла 2-я сессия Большого войскового круга, на которой присутствовало более 100 делегатов от всех станиц и частей войска, большая часть которых исполняла свои обязанности с апреля. Председателем круга был избран И.А. Бирюков, его помощником — К.Ф. Сережников[107]; в состав войскового правления (советником правления) был введен Г.М. Астахов.

Разбирая ситуацию, сложившуюся в станице Атаманской, делегаты выразили решительный протест против попыток объединения казачьих и неказачьих органов власти, заявив, что казачье население относится к ведению Военного министерства, а не Губисполкома[108].

Еще более негативно казаки отреагировали на заявления крестьянского съезда, высказав требование — земельный вопрос в войске решать самостоятельно, «без позднейших насельников», и вновь заявив о необходимости всемерно увеличивать войсковые земли путем покупки на средства войсковой казны частновладельческих земель. Но, следуя в русле решений общеказачьего съезда, астраханцы постановили, что, хотя все земли войска считаются его неотъемлемой собственностью, земли, занимаемые крестьянами, и впредь останутся в распоряжении последних.

Заявления заявлениями, а реальная расстановка сил в Саратовской губернии (да и в Астраханской) была не в пользу казачества. Поэтому не удивительно, что в ответ на сообщение о начавшемся захвате земель верховых станиц крестьянами и иногородними съезд постановил решить дело миролюбиво, стараясь не обострять конфликт[109].

По вопросу войны круг, выслушав патриотическую речь генерала К.Ф. Сережникова, принял осудившую пораженчество резолюцию. Делегаты 1-й Астраханской казачьей батареи и 3-го казачьего полка выразили желание немедленно отправиться на фронт (и в течение июля в полки действующей армии действительно было отправлено два эшелона пополнений)[110]. Казаки единодушно приняли решение о принятии в Астраханское войско командира 2-го полка генерал-майора Сарычева.

Заканчивая работу, круг избрал из состава делегатов Совет войскового круга (председатель И.А. Бирюков), который отныне должен был выполнять высшие законодательные, распорядительные и контрольные функции в период между сессиями казачьего парламента.

На июньском круге имело место еще одно интересное событие. Казаки II отдела высказали желание о переименовании Астраханского войска в Волжское и предложили кругу ходатайствовать об этом перед Временным правительством[111]. Однако под влиянием войсковой старшины было решено названия не менять «ввиду исторических заслуг».

Демонстрируя разрыв с ненавистным прошлым, астраханцы в первые же дни после Февральской революции решительно отказались от выполнения полицейских функций и даже прекратили конное патрулирование собственных станиц, отчего разгул воровства и общая анархия летом 1917 года все больше затрагивали и казачество. Старики требовали восстановления патрулей, молодежь отказывалась. В июне, когда вышли из повиновения офицеров более двух тысяч собравшихся в Астрахани перед отправкой на фронт солдат-отпускников, 3-й казачий полк, так же как 156-й пехотный полк, наотрез отказался усмирять взбунтовавшуюся солдатскую массу (уставшие от войны, хлебнувшие анархии солдаты, побывав дома на посевной, ни в какую не желали возвращаться в окопы, тем более накануне общего наступления). Отправка отпускников под каким-то формальным благовидным предлогом была задержана на неопределенное время.

В июле 1917 года в Астрахани обострился продовольственный кризис. Губернский исполком объявил населению, что с 26 июля хлеб будет продаваться только по талонам. В уездах участился захват крестьянами частновладельческих земель, обострились взаимоотношения иногородних и станичников.

Как уже было сказано, казаки, и без того более зажиточные, чем крестьяне, помимо общего, губернского, хлебного довольствия дополнительно снабжались хлебом из войсковых запасов. Это возмущало иногородних, требовавших разделить войсковые запасы поровну. В ряде районов, выражая настроение населения, советы выказали даже стремление к насильственному перераспределению хлеба.

Войсковое правление подтвердило свое решение о снабжении войсковыми запасами только станичников. Но мнения станичников разделились: одни целиком и полностью поддерживали войсковое правление, другие склонялись к уравнению в снабжении с крестьянами и иногородним, заявляя, что казаки не в праве отмежевываться от остального населения[112].

Эта тревожная для казачьей старшины тенденция вскоре нашла свое подтверждение и развитие.

В первых числах августа 1917 года разгорелся конфликт между Войсковым правлением и Астраханским Советом. Дело было в следующем. В Астраханском Совете рабочих и солдатских депутатов состояли два казака — представители 3-го казачьего полка Зверев и Забурунов. Оба депутата были настроены пробольшевистски. До поры до времени правление не проявляло недовольство этой ситуацией, но когда донцы отозвали своих делегатов из советов, астраханцы решили поступить так же.

Непосредственным поводом к конфликту послужила поддержка Зверевым и Забуруновым резолюции Астраханского Совета о конфискации частновладельческих земель. 24 июля на расширенном заседании Войскового правления (с участием представителей казачьих частей и Совета войскового круга) была вынесена соответствующая резолюция: «С переворотом государственного строя казаки признали власть только Временного правительства впредь до Учредительного собрания. Никаких других организаций не признают»[113] и постановили отозвать казаков из Совета.

Офицерство и казаки старших возрастов отнеслись к резолюции одобрительно, заявив, что заставят строевую молодежь подчиниться. Но казаки-делегаты ответили, что они не уйдут из Совета и назвали указанное решение «произволом богатой верхушки», тогда как рядовые казаки поддерживают Совет. Казаки 3-го полка, делегировавшие в Совет Зверева и Забурунова, поддержали своих представителей.

Среди астраханцев впервые обозначился раскол. Атаман вынужден был созвать экстренное заседание членов войскового круга, подтвердивших решение правления.

Состоялось взаимное объяснение конфликтующих сторон. Зверев и Забурунов заявили, что если выход из Совета является требованием лишь бюрократической верхушки, то они откажутся подчиняться, но если «это требование будет действительно голосом всего казачества»[114], то есть решением круга, они из Совета выйдут. Их оппоненты заверили, что скоропалительное решение войскового правления было вызвано неосведомленностью о позиции строевиков, делегировавших депутатов в Совет, и что если круг выскажет этому одобрение, правление в свою очередь возражать не будет. Победило «сословное единство»: 3-й полк подчинился; делегаты были отозваны.

Исполком Астраханского Совета гневно отреагировал на действия казаков. Его председатель меньшевик И.Л. Бакарадзе заявлял, что «это нож в спину революции», что «надо сообщить Керенскому» и т.п.[115] Но дальнейшего развития конфликт не получил. Стороны ограничились установлением враждебного нейтралитета.

В начале сентября 1917 года астраханцы пребывали в ошеломленном, растерянном состоянии. Причина этому — события так называемого корниловского мятежа (26—31 августа).

Во время выступления главковерха Л.Г. Корнилова Войсковое правление заняло выжидательную позицию и разослало по станицам гонцов с наказом держаться осторожно. Но одновременно оно отправило в Совет Союза казачьих войск телеграмму в поддержку Корнилова и донского атамана А.М. Каледина. Казаки, строевики, наоборот, вынесли решение о безоговорочной поддержке Временного правительства.

Совет Союза занял двойственную позицию: с одной стороны, отказался осудить Корнилова, с другой — заявил о своем подчинении Временному правительству. Все попытки местных журналистов выяснить позицию астраханской старшины по поводу происходившего оказались безуспешными.

Наконец, когда в Астрахани стало известно, что выступление провалилось, войсковой атаман Т.А. Соколов сделал публичное заявление о своем отношении к событиям, которое заключалось (в духе решений Совета Союза казачьих войск) в безусловной поддержке Временного правительства, но отказе осудить Каледина и Корнилова. На вопрос журналиста «Как отнесется астраханское казачество к аресту Каледина?» атаман дал осторожный и двусмысленный ответ: «Казачество отнесется к аресту спокойно»[116]. Учитывая авторитет Каледина и ту роль знамени, политического ориентира, которую Дон вообще играл для астраханцев, этот ответ не мог не вызвать раздражения консервативно настроенной астраханской верхушки.

Если в Петрограде казачьи общественно-политические деятели занимались лишь обсуждением различных злободневных вопросов, то атаман А.М. Каледин уже летом 1917 года перевел вопрос об объединении казачьих войск и создании своего рода казачьей федерации в практическую плоскость. Дон, Кубань, Терек и Астрахань должны были объединиться в особый военно-политический союз.

Еще с начала июня полным ходом шли налаживание контактов между войсковыми атаманами и правительствами, выработка общей позиции по основным политическим вопросам. 28 июля в Новочеркасске собралась конференция казачьих войск. Делегатами от астраханцев стали начальник штаба 3-го полка есаул Н.К. Сережников и вахмистр 3-го полка П.Н. Макаров.

Атаман Каледин сформулировал перед собравшимися основной вопрос конференции — поиск форм и способов единения казачества перед лицом нарастающей государственной анархии и большевистской угрозы. Делегаты под-

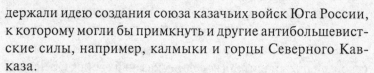

держали идею создания союза казачьих войск Юга России, к которому могли бы примкнуть и другие антибольшевистские силы, например, калмыки и горцы Северного Кавказа.

Для разработки политической платформы и основных документов в сентябре 1917 года в Екатеринодаре состоялись два рабочих совещания представителей донцов, кубанцев, терцев и астраханцев (астраханским делегатом был хорунжий А.М. Скворцов), а в начале октября была созвана официальная конференция во Владикавказе по образованию Юго-Восточного союза.

Официально целью создания союза провозглашались борьба с анархо-большевизмом на территории казачьих войск, взаимная поддержка с целью сохранения порядка и законности и доведения России до Учредительного собрания[117].

20 октября представителями Донского, Кубанского, Терского и Астраханского войск, горцев Северного Кавказа и калмыков был (с официального согласия их войсковых кругов) подписан договор об образовании союза, утвержденный затем правительствами договаривавшихся сторон и ратифицированный войсковыми кругами. Во главе союза было поставлено объединенное правительство (как координационный орган), в состав которого вошли по два представителя от каждого его члена; от Астраханского войска — А.М. Скворцов и Д.Д. Тундутов[118].

Второй Большой войсковой круг Астраханского войска, состоявшийся в конце сентября — начале октября 1917 года, стал важной вехой в истории астраханского казачества, определив его позицию и роль в назревающей междоусобице.

Сентябрьский круг проходил в условиях нарастания анархии и разрухи, распада страны и государственности, нарастания раскола в обществе и по настрою был гораздо консервативнее предыдущих или, как выражалась демократическая пресса, «казакийским»[119]. Председателем круга был избран Н.В. Ляхов, его товарищами — И.А. и В.И. Бирюковы. 3 октября делегаты единогласно избрали нового войскового атамана — генерал-майора И.А. Бирюкова[120].

На заседаниях круга, открывшихся 25 сентября, присутствовали представители соседних казачьих войск Оренбургского (войсковой старшина Рязанов), Терского (присяжный поверенный П.А. Караулов), Уральского (С.Д. Самаркин) и Донского (хорунжий Алексеев и казак Перфилов).

Делегаты сентябрьского круга должны были высказать свое мнение по целому спектру острых политических вопросов, в том числе:

— о конференции казачьих войск в Новочеркасске и образовании Юго-Восточного союза;

— об образовании особой казачьей армии;

— об отзыве делегатов 3-го полка из Астраханского Совета;

— о корниловском мятеже;

— о формировании астраханской казачьей бригады;

— об Учредительном собрании;

— о казачьей секции при ЦИКе Всероссийского Совета рабочих и солдатских депутатов;

— о войсковой типографии и издании общевойсковой газеты;

— о Совете войскового круга и Малом совете (о расширении их функций и полномочий, так как значительная часть делегатов выражала недоверие действующему составу войскового правления);

— о принятии в войско астраханских калмыков[121].

Круг заслушал доклады своих делегатов на Московском Государственном совещании (Н.В. Ляхов), Демократическом совещании (Б.Д. Самсонов), общеказачьих конференциях и представителей Астраханского войска в Союзе казачьих войск.

По докладу о корниловском мятеже круг единодушно выразил полную поддержку атаману Каледину и заявил, что виновность генерала Корнилова может определить лишь суд присяжных и что астраханское казачество в целом впредь будет следовать политическому курсу, взятому Донским войском. Слова Ляхова «предлагаю кругу сказать, что обида, нанесенная атаману Каледину и войску Донскому, есть обида всему казачеству!» потонули в криках «верно!» и аплодисментах.

Также единодушно казаки поддержали идею создания союза казачьих войск Юга России, вхождения астраханцев в Юго-Восточный Союз.

Предложение казачьей интеллигенции — вынести резолюцию о необходимости союза казачества с кадетами — большинство делегатов встретило отрицательно: казаки — в не партий и ни в какие блоки входить не должны; у нас своя партия — казачья.

По вопросу о будущем государственном устройстве России члены круга высказались (в духе Новочеркасской и Екатеринодарской конференций казачьих войск) за федеративную демократическую республику, в которой казачьи войска обладали бы широкой автономией.

По вопросу о выборах в Учредительное собрание неожиданно разгорелись споры. Первоначально казаки постановили, что астраханцам необходимо добиваться своего особого места в «учредилке» и утвердили список кандидатов от Астраханского войска:

— Николай Васильевич Ляхов (казак Черноярской станицы, присяжный поверенный в г. Астрахани);

— Борис Дмитриевич Самсонов (подъесаул лейб-гвардии Сводно-казачьего полка, член Совета Союза казачьих войск и Временного Совета Российской республики от Астраханского войска);

— Владимир Васильевич Скворцов (казак Казачебугровской станицы, присяжный поверенный в г. Саратове);

— Николай Степанович Ченцов (казак Копановской станицы, советник войскового правления);

— Алексей Григорьевич Найденов (казак Саратовской станицы, член саратовской судебной палаты).

Однако затем, по ходу обсуждения вопроса, Ляхов резонно возразил, что по норме представительства в Учредительное собрание избирается один депутат от 200 тысяч человек, для чего не хватит голосов и всего Астраханского войска (40 тысяч человек), поэтому он предложил блокироваться на выборах с Сальским округом Донского войска или с партией кадетов. Большинство выступавших делегатов настаивало на необходимости голосовать именно за свой казачий список, предлагая блокироваться со своими иногородними (что уже по их подсчетам должно было дать 60—70 тысяч голосов) и активно агитировать горожан, выражая полную уверенность, что казакам легко удастся собрать необходимое количество голосов для одного депутата. В конце концов победила вторая точка зрения[122].

Идея создания особой казачьей армии (с которой весной— летом 1917 года носился генерал П.Н. Краснов) на словах имела самую горячую поддержку во всех казачьих парламентах, в Совете Союза и штабе Главковерха. Поддержали и астраханцы. Но никакой практической работы по этому поводу никто не затевал.

Самым неоднозначным вопросом для делегатов стал вопрос об оказачивании калмыков. 29 сентября комиссия круга по выработке проекта объединения доложила кругу о проекте договора: «Калмыки присоединяются к Астраханскому Казачьему Войску только в военном отношении; внутреннее управление калмыцким народом остается в прежнем виде. Военное управление калмыками строится на следующих основаниях. Войсковой атаман Астраханского Казачьего Войска, избираемый на эту должность коренным русским казачьим населением в лице Круга, имеет в своем распоряжении также казаков и калмыков. Войсковой атаман имеет помощника по военной части, избираемого калмыцким народом. Начальник Войскового штаба избирается Войсковым атаманом в согласии с его помощниками из казаков и калмыков.

Калмыцкая степь в виде опыта разделяется на военные округа, во главе которых стоят атаманы. Окружные атаманы назначаются войсковым атаманом в согласии с калмыцким помощником.

Аймачные правления переименовываются в станичные правления, с выборными атаманами (как у казаков).

Калмыцкий народ комплектует исключительно свои конные полки, число и состав которых определяются особым положением. Порядок прохождения службы тот же, что и у казаков, форма обмундирования — казачья. Русские казачьи и калмыцкие части составляют одно Астраханское Казачье Войско.

Общий Войсковой круг созывается из калмыков и казаков на таких основаниях, чтобы число делегатов — калмыков не превышало число делегатов — казаков»[123].

Представители Донского войска — калмык-хорунжий Алексеев и казак Перфилов — обратились к астраханцам с просьбой принять астраханских калмыков в казачью семью.

В ходе обсуждения есаул А.Н. Донсков выразил общие опасения: «В будущем возможны трения между калмыками и казаками; есть сомнения, что калмыки способны нести тяжелую казачью службу; не потонет ли в массе калмыков маленькое Астраханское казачье войско?»

Ему отвечали штаб-ротмистр нойон Тундутов[124] и представители терцев и уральцев. Тундутов отметил, что калмыки с XVIII века несли военную службу на благо России, так что способность к службе подтвердили, особенно в 1812 году. Караулов и Самаркин убеждали, что калмыки сольются с казаками в дружную казачью семью, и не надо забывать, что они принимаются в Астраханское войско на автономных началах и объединяются с казаками только в военном отношении.

Большинством голосов предложение о принятии калмыков было одобрено и избрана комиссия для окончательного урегулирования вопроса.

Заканчивая свою работу, сентябрьский круг на перерыв между сессиями избрал постоянно действующий оперативный орган казачьего парламента — Малый Совет (так сказать, президиум Совета войскового круга), в который вошли наиболее уважаемые и известные деятели войска — И.А. Бирюков, Н.К. Сережников, Н.В. Ляхов, А.Н. Донсков, М.Г. Лебедев, Г.М. Астахов, А.А. Догадин[125].

Сентябрьский круг заседал в действительно тяжелой обстановке. К середине месяца в городе, полном беженцев и эвакуированных из западных областей империи, безработица, жилищный и продовольственный кризисы на фоне паралича местной власти привели к погромам и массовым беспорядкам.

12 сентября в Астрахани началась всеобщая политическая стачка. Командующий Казанским военным округом объявил Астраханскую губернию на военном положении. Беспорядки быстро приняли угрожающие размеры. Губернские и городские власти оказались полностью парализованы. В ночь с 13 на 14 сентября губернский комиссар бежал с семьей в Саратов. В 20-х числах сентября Астрахань погрузилась в атмосферу полной анархии, начались разгром винного склада (длившийся несколько дней), беспорядочная стрельба, погромы, убийства, грабеж. К «веселью» присоединились часть солдат и казаков гарнизона. Астраханский Совет был бессилен повлиять на ситуацию.

На круге стали раздаваться требования прекратить безобразия. Обсудив создавшееся положение, делегаты вынесли решение силами казачьих частей очистить город от «пьяного сброда». В Астрахань вызвали всех казаков-отпускников для усиления 3-го полка и батареи, назначили М.Г. Лебедева председателем губернского продовольственного комитета, приняли ряд других оперативных мер[126]. Казакам удалось быстро навести порядок. Ошарашенные и деморализованные событиями социалисты притихли. В течение октября казачьи части, при молчаливом одобрении населения, поддерживали в городе относительное спокойствие.

Вопрос о принятии калмыков в войско, в общем и целом, не был новым для делегатов сентябрьского круга. Проблема это обсуждалась достаточно долго. Большую роль в подготовке союза казачьей старшины и калмыцкой знати и интеллигенции сыграл донской атаман Каледин, видевший это как часть реализации своего замысла — создания мощного военно-политического союза (Юго-Восточного союза), способного противостоять революционной стихии до успокоения и восстановления страны.

Для калмыков основной целью союза являлось объединение в одно целое астраханских, ставропольских (а в перспективе и донских) калмыков, их оказачивание (как наиболее приемлемая форма национального объединения и самоопределения в условиях революции, как способ повышения своего социального статуса — из непривилегированной сословной группы «инородцев» — в казачье сословие) и совместная борьба с большевиками.

Для казачьей верхушки принятие калмыков в войско было единственной возможностью попытаться укрепить свои позиции в Нижнем Поволжье и Юго-Восточном союзе.

Первые попытки астраханских калмыков перейти в казачье сословие относятся еще к 1914 году. В начале Первой мировой войны, когда поползли слухи о предстоящей мобилизации калмыков, улусные сходы постановили ходатайствовать об оказачивании калмыков. Активную компанию по этому поводу развернул горячий сторонник казачьей идеи нойон Д.Д. Тундутов. Однако астраханский губернатор и наказной атаман Астраханского войска Соколовский ответил калмыкам отказом, так как считал их «неспособными ко всякой службе» (из общего числа калмыков, взятых на тыловые работы (прокладка железных дорог и т.п.), 25 процентов умерли, а 50 процентов заболели ревматизмом)[127].

До начала революции калмыцкими делами ведала астраханская губернская администрация, где существовала должность Главного попечителя калмыцкого народа (или Заведующего калмыцким народом), рабочим органом которого было Управление калмыцким народом. Последним, кто до февральских событий занимал эту должность, оказался Б.Э. Криштафович. Вместе со всем старым аппаратом власти эту должность упразднили. Криштафовича утвердили в статусе комиссара калмыцкой степи.

В марте 1917 года немногочисленная калмыцкая интеллигенция развернула работу по организации национального самоуправления, самоопределению калмыков в условиях новой революционной России.

25—26 марта 1917 года в Астрахани состоялся первый съезд калмыцкого народа, на котором присутствовали представители калмыцкой аристократии, духовенства и интеллигенции. Председателем съезда стал Б.Э. Криштафович. Съезд избрал главный орган управления калмыцкой степью — Калмыцкий исполком, который вошел в подчинение к Губернскому исполкому через двух постоянных делегатов. Председателем Калмыцкого исполкома также стал Б.Э. Криштафович; его членами — присяжный С.Б. Баянов (ведающий делами земледелия), нойон Д.Д. Тундутов (ведающий делами коневодства), Д. Онкоров, Б.А. Шонхоров[128]. Началась работа по введению в калмыцкой степи земского самоуправления.

Уже на первом съезде, среди представителей калмыцкой верхушки обозначились два основных политических течения:

— буржуазно-демократическое, националистическое, представленное калмыцкой интеллигенцией (Баянов, доктор Э. Хара-Даван), представители которого ратовали за объединение астраханских, донских, терских и ставропольских калмыков в рамках национально-государственной автономии или, на худой конец, — национально-культурной (придерживаясь кадетской программы);

— консервативное, «казакийское», организовавшееся вокруг представителей калмыцкой знати и духовенства (нойоны Д.Д. Тундутов и С.Д. Тюмень, Н.О. Очиров, Д. Онкоров, Б.А. Шонхоров, Г.Д. Балзанов), агитирующее за переход калмыков в казачество, в состав Донского войска, в крайнем случае — Астраханского[129].

Наследственный же глава калмыков — князь Тундутов, прибывший в Астрахань с Кавказского фронта 16 марта 1917 г. в связи мероприятиями, посвященными 25-летней годовщине освобождения калмыков от крепостной зависимости, вообще открыто заявлял о своих монархических симпатиях, и даже подвергся аресту за монархическую пропаганду во время съезда[130].

В июне 1917 года на прошедшем в Астрахани общекалмыцком совещании победили сторонники перехода в казачество. Дополнительную актуальность и остроту дискуссии придавало то обстоятельство, что тогда же калмыцкую степь переполошили новые слухи о мобилизации. Калмыцкая верхушка понимала, что служба в пехоте для калмыков — природных наездников — губительна. Чаша весов склонилась на сторону казакийцев. Против выступили только представители ставропольских калмыков, поддерживавших лозунги российских социалистов — Л.К. Карвенов, Е.М. Сайков[131]. Тундутов начал переговоры об оказачивании с Донским и Астраханским атаманами.

В июле того же года состоялся общекалмыцкий съезд, на котором присутствовали представители не только астраханских, но и донских, терских и ставропольских калмыков. Делегаты постановили «возбудить ходатайство о приеме всех калмыков в донское казачество и об образовании в Донском войске национально-территориальной калмыцкой части». Князь Тундутов, в качестве делегата от астраханских калмыков, отправился с этой программой в Новочеркасск к атаману Каледину[132]. Поездка дала положительные результаты. Казачья верхушка поддержала идею принятия калмыков в войсковое сословие. В 20-х числах июля Калмыцкий исполком получил официальную телеграмму из Новочеркасска с приглашением прислать на Конференцию казачьих войск двух делегатов от калмыков.

28 июля конференция рассмотрела обращение Тундутова и Балзанова и высказалась за прием калмыков в казачество, но просьба о вхождении в Донское войско, «в виду сложности поставленных условий», была отклонена[133]. Наиболее удобным сочли принять калмыков в Астраханское войско. Представители астраханских казаков, еще в июне отклонявшие предложения Тундутова, под влиянием А.М. Каледина выразили на это свое принципиальное согласие, и Конференция постановила «признать желательным»[134]. Вопрос о времени и форме присоединения оставили на усмотрение астраханского казачьего круга.

По итогам сентябрьского казачьего круга и работы избранной кругом специальной комиссии астраханцы порешили принять астраханских калмыков на федеративных началах и на условиях раздельного управления: два круга, два правительства под главенством единого войскового атамана (и единого начальника войскового штаба) из коренных казаков, с калмыцким помощником («товарищем» атамана по калмыцкой части войска)[135]. Калмыки, как и астраханцы, обязаны были выставлять в строй три конных полка. Смешивать калмыков и казаков в полках казаки не захотели, согласившись лишь укомплектовывать казаками штабы и офицерский состав калмыцких полков.

В первой половине октября в поселке Яшкуль состоялось совещание представителей улусов, одобрившее условия принятия калмыков в войско и идею присоединения к Юго-Восточному Союзу и избравшее Д. Тундутова помощником атамана Бирюкова по калмыцкой части[136].

К концу октября вопрос об объединении астраханских казаков и калмыков и их вступлении в калединский Союз был решен окончательно и принципиально. Оставалось только завершить формальное, юридическое, оформление всего этого мероприятия и начать работу по подготовке к возможному противостоянию с большевиками.

Астраханское восстание

> Теперь, живя в изгнании, вдали от родных
> и семьи, на досуге хочется подвести итоги
> прошлому — и невольно напрашивается вопрос:
> почему так вышло? и что довело нас до того,
> что мы оказались на чужбине? Ведь, в начале
> большевизма, на нашей стороне
> были все шансы на победу....
>
> *А.Н. Донсков. «Воспоминания»*

25—26 октября 1917 года в Астрахань из разных источников стала поступать противоречивая информация о чрезвычайных событиях в Петрограде. Большевики захватили власть в столице, Временное правительство арестовано.

Атаман И.А. Бирюков, совершавший поездку по станицам войска, был срочно вызван в Астрахань. Войсковое правление приказало в срочном порядке явиться в Астрахань всем казакам-отпускникам, отменило отправку в действующую армию эшелона с пополнениями в астраханские части. Теперь военная сила нужна была в самом городе. В начале ноября атаман отозвал с фронта и Астраханскую казачью бригаду.

Экстренное заседание войскового правления, собравшееся 26 октября под председательством Бирюкова, постановило: «Взять в руки Войскового правительства всю полноту власти по управлению Астраханским войском»[137]. Правление получило статус войскового правительства.

В правительстве и войсковом штабе днем и ночью кипела нервная и напряженная работа по усилению охраны города казачьими патрулями, организации «летучей почты» с другими казачьими войсками. Совместное заседание правительства и Малого совета, обсудив ситуацию в столице, вынесло резолюцию, осуждавшую выступление большевиков, постановило «поддержать Временное правительство и присоединиться к постановлению общеказачьего съезда в Киеве о защите Временного правительства»[138].

Было ускорено создание своего печатного органа — «Вестника Астраханского Казачьего Войска». Создателем и главным редактором газеты стал Г.М. Астахов. Первый номер «Вестника» увидел свет в начале ноября. Главной задачей газеты стали антибольшевистская агитация и пропаганда политики войскового правительства.

В конце октября казачья интеллигенция развернула работу по объединению усилий всех оппозиционных большевикам политических сил (под лозунгом Учредительного собрания). Казаки заявляли, что их главная задача — не допустить анархии, Астраханское войско должно стать «центром, объединяющим все сознательные элементы чуждые увлечения»[139].

Астраханский Совет рабочих и солдатских депутатов на первых порах не проявил особой активности. Получив известия из столицы, в ночь на 26 октября члены совдепа собрались на экстренное заседание. Председатель Совета левый эсер А.С. Перфильев (в Совете лидирующие позиции в этот период занимали левые эсеры и левые меньшевики) в своем выступлении призвал собравшихся «к спокойствию, выдержке, воздержанию от эксцессов»[140]. Совет решил занять выжидательную позицию.

Городская дума 27 октября приняла резолюцию, осуждающую восстание в Петрограде, и заявила о верности Временному правительству.

3 ноября из Петрограда, со II съезда Советов вернулся делегат съезда от Астраханского Совета — большевик И.Е. Лемисов. 4 ноября на специальном собрании Совета он выступил с докладом о событиях в Петрограде и призвал Астраханский Совет последовать примеру столицы, немедленно взять власть в свои руки. После долгих прений Совет предпочел остаться на прежней позиции — выступлений и эксцессов не допускать[141]. Астраханская организация большевиков была еще относительно слаба и предпочла не форсировать события.

В начале ноября председатель Астраханского Совета А.С. Перфильев предложил Исполкому (с целью предотвращения гражданской войны в Астрахани) создать «Комитет Народной Власти», добившись через представительство всех общественно-политических организаций создания самого демократического, самого компромиссного коалиционного органа управления губернией. До Учредительного собрания и решения вопроса о власти все важные вопросы в Астрахани должен был решать комитет. 17 ноября городская дума и Исполком принципиально одобрили эту идею[142].

В состав Комитета вошли три представителя городского общественного самоуправления, по пять представителей от земства, Совета рабочих и солдатских депутатов и Совета крестьянских депутатов, по одному представителю от профсоюзов, социалистических партий (меньшевиков, эсеров, Бунда, Поалей-Цион). Председателем комитета стал Перфильев[143].

Как и все подобные органы власти, появлявшиеся в этот период на российских окраинах, комитет никакой реальной властью не обладал. Большевики и казаки, по сути, игнорировали комитет, но до поры до времени формально считались с его существованием. Деятельность Комитета Народной Власти, казачий фактор (наличие в губернии организованной воинской силы, противостоящей большевикам) сдерживали процесс большевизации губернии. Установление советской власти в Царицыне и Саратове произошло намного раньше, чем в Астрахани.

Однако лидерам антибольшевистского движения очень скоро пришлось осознать несостоятельность своих расчетов на станичников. Когда дело дошло до открытой борьбы, «вдруг оказалось, что все это чистая мистификация, что никакой силы у казачества в это время уже не было»[144]. Эта сдержанная фраза А.И. Деникина скрывает за собой тяжелые переживания по поводу крушения надежд начать под защитой казачьих войск работу по созданию белой армии и «освобождению России».

За пределами крупных городов революционная стихия превращалась в полную анархию. Хлынувшие по домам фронтовики несли с собой экспроприированные для домашнего пользования винтовки и прихваченные на самокрутки большевистские листовки. В уездах Астраханской губернии шел процесс установления советской власти. Вкрапленным в крестьянские районы станицам приходилось все сложнее — все ближе маячил призрак черного передела земель. Особенно острая ситуация сложилась во втором отделе.

Готовясь к еще более худшим временам, каждый как мог решал вопрос об обеспечении топливом и продовольствием. Например, казаки станицы Копановской всем обществом в течение двух месяцев (сентябрь-октябрь) вырубали лес в соседних частных владениях. «Вырубленным лесом завалены не только дворы и хутора станицы Копановской, но и займище»[145], — жаловалось уездное начальство губернскому.

12—15 ноября 1917 года в Астраханской губернии прошли выборы в Учредительное собрание. По разработанным еще при Временном правительстве нормам, Астраханская губерния и Калмыцкая степь имели право делегировать во всероссийский законодательный орган пять депутатов. Выборы проходили по семи спискам: № 1 — кадетский, № 2 — мусульманский, № 3 — казачий, № 4 — РСДРП большевиков, № 5 — РСДРП меньшевиков, № 6 — крестьянско-эсеровский и № 7 — народных социалистов и трудовиков.

Несмотря на агитацию войскового правительства («Казаки — верные слуги Революции!»[146], спасители революционного Отечества и т.д.), «казачий список» в глазах населения губернии олицетворял собой самые правые, консервативные политические силы, и его поддержала лишь незначительная часть избирателей. По результатам выборов он занял одно из последних мест (даже в самом густонаселенном казаками — Енотаевском уезде — лишь второе место[147]).

Общие результаты выборов в Учредительное собрание по Астраханскому избирательному округу были обнародованы в конце ноября 1917 года. Первое место — абсолютное большинство голосов — получили эсеры, второе место — большевики. Соответственно, в Питер отправились четыре депутата эсера и один большевик[148]. В Саратовской губернии картина была аналогичной[149].

Выборы в станицах проходили в сложной обстановке. Социалисты заявляли, что Астраханское войско представляет из себя особую партийную организацию, заинтересованную в выборах, и что Советам нельзя позволить казакам набрать необходимые голоса[150]. Казачье население II отдела (Саратовская губерния) по решению Астраханской окружной и Всероссийской избирательных комиссий (в нарушение прежних особых постановлений) были устранены от голосования по одному с I отделом Астраханскому округу[151]. Протесты астраханского атамана были проигнорированы.

Правые не испытывали никаких иллюзий по поводу «учредилки». Еще до обнародования результатов голосования член Совета Союза Казачьих Войск подъесаул Б.Д. Самсонов откровенно высказал журналистам: «От имени казачества могу заявить — мы не ожидаем никаких существенных решений от Учредительного собрания. По мнению казачества, Учредительное собрание будет разогнано злыми силами вместе с немецкими агентами, а Милюков с Лениным рядом не сядут»[152].

Во время голосования проявилось отличие в настрое станичников и строевиков. Станичники голосовали за казачий список. В полках каждый из семи списков нашел своих сторонников[153].

В целом по войску абсолютное большинство проголосовало за казачий список. Второе место получили эсеры, третье — большевики (и те и другие — по 2—4 процента голосов). Кадеты, меньшевики, народные социалисты и трудовики (вместе взятые) набрали один процент. Наиболее активно за социалистов голосовали фронтовики. В 1-м полку за левых эсеров и большевиков проголосовало более 10 процентов, во 2-м и 3-м — более 5 процентов.

С середины ноября астраханская организация РСДРП(б) развернула работу по завоеванию на свою сторону советов, профсоюзных организаций, воинских частей. Основной опорой большевиков в городе стала солдатская секция Астраханского Совета во главе с большевиком-есаулом М.Л. Аристовым[153а] (наибольшим влиянием РСДРП(б) пользовалась именно среди солдат гарнизона).

Во второй половине ноября большевики организовали перевыборы командования 156-го запасного пехотного полка на том основании, что командир полка — казачий полковник Алексеев — вел тайную подрывную деятельность в пользу войскового правительства, портил оружие, передавал его казакам и т.п. Решением ротных комитетов на эту должность был избран Аристов. Полк полностью перешел под контроль советов. В отрядах Красной гвардии числилось уже более 500 человек. 17 ноября большевизированные профсоюзы создали Центральный стачечный комитет, который провел в городе всеобщую забастовку под экономическим и политическими лозунгами, поддержанную гарнизоном. К казакам стачком специально обратился с заверениями о своих мирных намерениях[154].

3 декабря под давлением солдатской секции и ротных комитетов Астраханский Совет принял решение о создании Военно-революционного комитета. Председателем ВРК стал М.Л. Аристов. 4 декабря Исполком Совета направил своих представителей в Казань за оружием для Красной гвардии[155]. По решению ВРК в городе началась расклейка объявлений, приглашающих рабочих и солдат вооружаться «на случай поползновений контрреволюции» и записываться в Красную гвардию[156]. В лице Аристова астраханские большевики обрели лидера энергичного, честолюбивого и, главное, профессионально знакомого с военным делом.

И казаки, и большевики напряженно готовились к решающей схватке. Набирала обороты организационная работа среди калмыков. 14 ноября в Яшкуле собрался экстренный калмыцкий круг, утвердивший «конституцию калмыцкого войска» и союзные договоры (с астраханцами и членами Юго-Восточного Союза), переход на казачье административное устройство и реорганизацию калмыцкого исполкома в калмыцкое войсковое правительство. В заключение заседания калмыцкий парламент создал свой постоянный рабочий орган — Малый Законодательный Войсковой круг калмыцкой части Астраханского войска[157].

Но надежды войскового правительства на калмыков пока не оправдывались. С созданием обещанных трех калмыцких полков дело не двигалось. К январю была сформирована лишь одна калмыцкая сотня личного конвоя Тундутова из населения ближайших к Астрахани аймаков (Калмыцкий базар, Хошеутово) под командованием прапорщика Дедова.

Затея с Юго-Восточным союзом также оказалась пустым прожектерством. Хотя в связи с октябрьскими событиями в Петрограде собравшаяся во Владикавказе казачья старшина предложила Временному правительству военную помощь против большевиков, но и со своим предложением, и с созданием самого «союза» казаки явно опоздали. Правительство союза все же начало свою деятельность в конце ноября в Екатеринодаре, а в начале декабря переехало в Ростов-на-Дону. Немалый бюрократический опыт, помноженный на революционную школу, позволили представителям казачьей старшины достаточно быстро разработать солидный пакет законодательных и политических документов. В конце 1917 года члены правительства для утверждения разработанных проектов разъехались по своим областям, однако собраться им уже не пришлось. Союз этот развалился, не успев даже толком организационно оформиться и что-либо реально предпринять.

Учитывая общее настроение казаков и калмыков, в Астрахани, как и на Дону, казаки реально могли противопоставить большевикам только добровольческие белогвардейские части. Одной из форм рекрутирования сторонников стало создание так называемого Вольного казачества. Работу по организации «вольноказачьего движения» взяли на себя члены Малого совета А.А. Догадин и М.Д. Скворцов. «Вольное казачество» не было изобретением астраханской старшины, подобная форма организации антибольшевистских вооруженных формирований из местного населения практиковалась в конце 1917 — начале 1918 года во многих регионах России (в частности, астраханцы ориентировались на пример Киева). Кроме того, члены войскового правительства и Малого совета считали необходимым (в целях сплочения и организации антибольшевистски настроенного населения) провести через декабрьский войсковой круг решение о новых, максимально упрощенных нормах и правилах принятия граждан в казачье сословие.

Для проработки «вольноказачьего» вопроса и выработки положения о переходе в казачество «отдельных лиц и организованных групп граждан» при Малом совете была создана специальная комиссия в составе И.А. Бирюкова, Г.М. Астахова, А.А. Догадина и М.Д. Скворцова[158].

Воскресным вечером 26 ноября 1917 года в здании войскового правительства прошло официальное собрание инициативной группы по образованию городской станицы «вольного казачества» под председательством А.А. Догадина. Официальный представитель от войска на этом собрании — товарищ войскового атамана Г.М. Астахов объявил собравшимся, что войсковое правительство поддерживает стремление граждан вступить в ряды Астраханского войска и будет добиваться положительного решения вопроса о приеме в казачество «вольноказачьей станицы» на декабрьском войсковом круге[159]. Листовки, приглашающие граждан выполнить свой долг перед Отечеством и записаться в «вольноказаки», по распоряжению Г.М. Астахова отпечатали в войсковой типографии и расклеили по всему городу[160].

К началу декабря 1917 года все основные организационные мероприятия были завершены (станичное правление, ру-

ководимое Догадиным, расположилось на Луковской площади, в доме Ясырина). Оставался неразрешенным вопрос о
статусе «станицы».

«Положение об учреждении в городе Астрахани казачьей
станицы и о порядке и условиях приема в казаки» было принято «Общим собранием граждан, пожелавших быть казаками» под председательством Догадина, состоявшимся 6 декабря 1917 г.[161] В положении утверждалось, что станица органи-
зуется с политическими, военными и экономическими
целями, создается на средства самих граждан. Основной текущей задачей вольноказачьего полка являлось поддержа-
ние порядка и спокойствия в Астрахани.

Несомненно, организаторы вольноказачьей станицы рассчитывали, что она станет массовой организацией «самообороны», что новая городская станица будет без возражений
причислена к Астраханскому войску, но декабрьский войсковой круг отказал Малому совету в приеме членов городской станицы в казачье сословие — как небоеспособного,
чуждого, монархического элемента[162]. Вольностаничники попали в довольно двусмысленное положение. Казаки фактически открещивались от них, как от контрреволюционеров,
не желая обострять отношения с большевиками.

Тем не менее в течение месяца в «вольные станичники»
записалось от 300 до 400 человек — представители астраханской буржуазии и интеллигенции, студенты, гимназисты,
мещане и даже священники. Вступившим выдавали казачью
форму и оружие, обеспечивали пайком. Воинская служба
вольностаничников заключалась в патрулировании улиц и
охране объектов в Астрахани.

Единственным действительно боеспособным и надежным
союзником войскового правительства стал астраханский
«союз офицеров», который в конце 1917 года возглавил прибывший в Астрахань полковник К.В. Сахаров (его приезд в
Астрахань, по-видимому, был частью единого плана генерала Корнилова и казачьих атаманов организации антиболь-

шевистской борьбы на Юге России). По мере «триумфального шествия советской власти» под крыло войскового правительства собиралось офицерство со всего Нижнего Поволжья. К началу 1918 года Сахарову удалось сколотить две хорошо вооруженные офицерские роты (около 400 человек). Именно офицерские роты в январе 1918 года явились главной ударной силой восставших.

В декабре 1917 года офицеров стали подвергать избиениям и надругательствам на улицах города. Атаман и правительство ограничивались протестами и угрожающими намеками.

12—24 декабря 1917 года в Астрахани прошел экстренный войсковой круг — последний в истории казаков-астраханцев. Наблюдатели отметили его «серый», демократичный состав, ярко выраженные «казакийские» настроения.

Председателем круга вновь единодушно был избран присяжный поверенный Н.В. Ляхов. Товарищами председателя стали врач А.Г. Болдырев, ст. урядники А.И. Попов и И. Пономарев, секретарями — прапорщик С.Н. Андреев, А.Г. Лепилин, урядник А.Л. Аристов (брат лидера астраханских большевиков М.Л. Аристова)[163].

В связи с тревожной, напряженной социально-политической обстановкой делегаты сосредоточили свое внимание на разрешении двух главных вопросов, стоявших на повестке дня: на политическом положении, программе действий; на увеличении своих сил (создание городской станицы, привлечение в казачество населения города и губернии, привлечение союзников).

Выступая перед кругом с докладом о политическом моменте и политической платформе Астраханского войска, атаман подчеркнул, что казачество ни в коем случае не стремится к реставрации монархии и дофевральской системы. Россия должна стать федеративной демократической республикой. Настоящий круг — выразитель воли «трудового демократического казачества», «казаки войско свое от родины не отделяют», поддерживают лозунги: «Единая, Великая, Неделимая» и «Учредительное собрание — хозяин земли Русской»[164]. Однако казачество является твердым сторонником законности и порядка и потому не может мириться с произволом большевиков.

Далее атаман поставил на разрешение круга четыре основных вопроса текущего политического момента:

«1. Утверждает ли Круг решение Войскового правления — принять на себя всю полноту власти впредь до образования законного правительства из недр Учредительного собрания?

2. По дороге ли казачеству с большевиками и их штык-комиссарами?

3. Участвовать ли казачеству в новом органе так называемой краевой власти? (Имеется в виду Комитет Народной Власти. — *О.А.*)

4. Надо ли в этом органе оставлять, хотя бы и для целей только осведомительных, представителей строевых частей?»[165].

По вопросу о принятии в казачье сословие новосозданной станицы «вольных казаков» с пламенной речью выступил А.А. Догадин: «Братья! Русь опозорена. Ею торгуют оптом и в розницу. Отечество гибнет!»

Круг постановил: «Высшая власть по Войску принадлежит Войсковому правительству... с большевиками казакам не по пути... в органе краевой власти казакам участвовать незачем»[166].

Большинством голосов (72 против 8), «за принадлежность к большевизму», был исключен из казачьего сословия казак станицы Замьяновской И.Я. Багаев. Урядника А.Л. Аристова по решению делегатов (ввиду секретности обсуждаемых вопросов) удалили с круга и отправили «под надзором» в командировку на станцию Кайсацкая для сбора хлеба с крестьян-арендаторов[167].

Затем круг приступил к обсуждению самого болезненного вопроса — о вероятном вооруженном конфликте между ка-

заками и большевиками. В своих выступлениях делегаты выражали опасения по поводу нарастания напряженности, агрессивности большевиков, стремящихся к захвату власти в губернии, «вооружения солдат и рабочих». По предложению Н.В. Ляхова круг принял за основу своей политики следующие формулировки: «Мы, казаки, никого не трогаем, и пусть никто не трогает нас, но если тронут, то ответ будет дан твердый»; «в момент опасности... не взваливать всей ответственности на одного атамана, дать ему орган с участием в нем строевых частей, которые и будут играть... главную роль в событиях»[168].

Руководство подготовкой казачьих сил к вероятному вооруженному столкновению было возложено на Малый совет, в состав которого были введены представители от казачьих частей[169]. Оперативная часть целиком легла на атамана Бирюкова и войсковой штаб.

Таким образом, декабрьский экстренный круг поддержал лозунг вооруженной борьбы с большевиками и дал своим исполнительным и распорядительным органам чрезвычайные полномочия. С другой стороны, в атмосферу единодушия под влиянием внутренних противоречий, разжигаемых большевистской пропагандой, вкрадывались негативные ноты, предвестники раскола — недоверие к офицерству и чиновникам. Предложение Догадина — принять в войсковое сословие вольностаничников — круг встретил категорическим отказом.

Сразу после закрытия круга, атаман Бирюков отправился в станицы 1-го отдела. Выступая на сходах, он объяснял казакам сложившуюся в стране и в крае ситуацию, призывал станичников к единению и активным действиям против большевиков[170]. Выступления атамана находили горячий отзыв, одобрение и понимание. Готовность идти за своим лидером, принцип внутрисословного единства сомнению не подвергались[171].

Параллельно с экстренным казачьим кругом в Астрахани был созван первый Большой войсковой круг Калмыцкой части войска (с организацией совместных заседаний делегатов обоих кругов по важнейшим вопросам). Калмыцкий и казачий круги окончательно оформили присоединение калмыков к Астраханскому войску[172]. Помощником войскового атамана И.А. Бирюкова по калмыцкой части был утвержден «гвардии ротмистр нойон Данзан Тундутов с признанием его в чине полковника на время пребывания в этой должности»[173]. Председателем калмыцкого войскового правительства стал Б.Э. Криштафович; «командующим калмыцким войском» (помощником начальника войскового штаба Н.К. Сережникова по калмыцкой части) — нойон Т.Б. Тюмень[174], членами правительства — С.Б. Баянов, Н.О. Очиров, Э.А. Сарангов. Представителем калмыков в Юго-Восточном Союзе был утвержден Баянов[175].

На первом рабочем заседании калмыцкого круга — 15 декабря — были утверждены штаты и расходы по содержанию трех конных калмыцких полков, деление калмыцкой степи на отделы и станицы с атаманами во главе[176].

16 декабря на открытии первого совместного казачье-калмыцкого заседания представители калмыков охарактеризовали свое понимание основной задачи нового военно-политического объединения. Б.Э. Криштафович: «Сейчас совершилось слияние двух кругов для решения основного вопроса, долженствующего объединить нас, именно — в отношении к политическому моменту дня». С.Б. Баянов: «Калмыки и казаки не признают власти большевиков!»[177]

После окончания круга Тундутов, Тюмень и группа казачьих офицеров-инспекторов отправились в поездку по калмыцкой степи для проведения мобилизации и формирования калмыцких полков.

Земля и власть — два основных вопроса, камень преткновения в отношениях между Астраханским войском (владельцем богатого земельного фонда) и крестьянами, иногородними волжского понизовья. Вернувшиеся домой фронтовики брали власть в селах, волостях и уездах в свои руки, органи-

зовывали ревкомы, советы. Сначала все это выглядело как самоуправство и насилие, затем, по мере установления связей с городом и соседями, приобретало более систематический характер и законный вид. К началу 1918 года советская власть была установлена в большинстве уездов Астраханской и во всех уездах Саратовской губерний. Повсюду первым делом мужики принимались делить землицу «по правде», а не по бумагам.

3 декабря 1917 года на станции Кайсацкая вспыхнул конфликт между хозяевами земли — казаками и арендаторами-крестьянами. Казаки, приехав на станцию, устроили с арендаторами совещание с целью «установить более нормальную цену на излишки хлеба, имеющиеся у жителей», которые «платят гроши, пользуясь всеми благами казачьей земли». На это крестьяне «с криком и маханием кулаками» заявили: «Казаков долой... мы здесь хозяева, а этих гостей попросту арестовать». Ответ казаков был адекватен: «Земля эта добыта кровью казацких дедов, и не угодно ли получить ее такою же ценой»[178].

5 декабря произошло очередное столкновение между станицей Атаманской и соседним рабочим поселком Форпост. Форпостинский объединенный стачечный комитет в ультимативной форме потребовал от станичного общества упразднения станичной власти и подчинения Форпостинскому стачкому. В петиции, поданной в станичное правление, говорилось: «Предлагаем вам закрыть немедленно театры, мануфактурные магазины, биллиардные... и прочие развратные заведения, как шинки; дайте ответ... немедленно»[179]. Казаки на станичном сборе категорически отвергли претензии форпостинцев и заявили о своем подчинении только войсковой власти, предложив по всем вопросам подобного рода обращаться непосредственно к войсковому атаману.

Однако малочисленное казачье население опасалось идти поперек настроениям крестьянских масс. Станицы II отдела, расположенные в Саратовской губернии, особенно вблизи крупных городов, уже в декабре стали отмежевываться от политики войскового правительства и искать компромисса с окружающим населением.

2 декабря 1917 года на пленарном собрании Царицынского Совета выступили представители соседних станиц с просьбой организовать у них Советы казачьих депутатов[180].

4 января 1918 года Царицынский комитет большевиков в порядке подготовки к III Всероссийскому Съезду Советов созвал чрезвычайный уездный Крестьянский съезд. Впервые в Нижнем Поволжье съезд было решено сделать казачье-крестьянским. В нем участвовало 93 делегата — казака от станиц II отдела[181].

В I отделе в наиболее тяжелом положении находились станицы Астраханского уезда, Ловецкого, настроенного наиболее радикально, где фронтовики в течение декабря установили советскую власть в большинстве населенных пунктов, организовали ревкомы и красногвардейские отряды и оказывали на казаков постоянное давление. Неудивительно, что казаки ближайших к городу станиц (Казачебугровской и Атаманской), как и все станицы II отдела, в январе 1918 года отказались участвовать в вооруженном восстании в Астрахани.

В середине декабря, пополнившиеся возвращающимися в Астрахань фронтовиками, солдатская секция Исполкома и Астраханский ВРК, опираясь на 156-й полк и отряды Красной гвардии, на фоне углубляющегося продовольственного и топливного кризиса стал вести себя более агрессивно.

По городу поползли слухи, что спекулянты и буржуи прячут продовольствие, поэтому солдатская секция начала аресты и обыски среди населения. Войсковое правительство не реагировало: губерния — сама по себе, войско — само по себе. В начале декабря большевистское руководство Казанского военного округа отдало распоряжение о том, чтобы все военные чины сняли с себя погоны и знаки отличия (кроме ордена св. Георгия). Затем последовало указание о регистрации офицеров (в том числе и принудительной). Опираясь на эти распоряжения, солдатская секция расставила в центре города патрули с ножницами для срезывания погон офицерам. Офицеры останавливались и «разжаловались в присутствии публики». Оказывающие сопротивление арестовывались и заключались под стражу (нередко подвергались избиениям). В ответ на эти оскорбления войсковое правительство лишь протестовало: «Что касается до казачества, то у него есть своя законная власть — Войсковое правительство, которое одно и правомочно сейчас решать вопрос о погонах. Погоны и лампасы у казака говорят о его звании, а не о служебном положении. Погоны и лампасы наши матери нашивают мальчикам в то время, когда они только еще учатся ходить»[182]. С другой стороны, вплоть до января 1918 года казачьих офицеров чаще всего предпочитали не трогать[183].

Военный руководитель астраханских большевиков есаул Аристов понимал, что успех в грядущей схватке во многом зависит от раскола между верхушкой и рядовыми казаками, и очень рассчитывал, по его словам, на «настроение озлобленных разорением и войной казаков-фронтовиков против тыловиков, в большинстве из зажиточного элемента, главным образом — против казачьих верхов»[184]. Рассчитывал Аристов и на собственную популярность как борца за «народную правду».

В начале декабря 1917 года Аристов объехал ближайшие к городу станицы Астраханского, Красноярского и Енотаевского уездов с целью создания в них групп «сочувствующих», которые поддержали бы его во время предстоящего столкновения или удержали станичников от оказания поддержки войсковому правительству. Однако, по оценке самого Мины Львовича, ему не удалось достичь желаемых результатов, так как настроение большинства станичников оставалось в целом «козакоманским», причем «идея казачьего царства была популярна и среди фронтовиков»[185].

Войсковое правительство, хотя и пыталось проводить репрессии против отдельных, замеченных в открытом сотрудничестве с Аристовым казаков[186], но именно из-за своих казакийских установок не смогло организовать серьезного противодействия. Аристов признает, что в декабре 1917 — январе 1918 года имел возможность быть в курсе всех планов противника благодаря помощи своих «сообщников и сочувствующих большевикам казаков в различных отделах и учреждениях казачьего ведомства»[187].

В декабре М.Л. Аристову при поддержке брата — А.Л. Аристова удалось создать в 3-м полку сплоченную подпольную большевистскую организацию, насчитывающую не менее 10 человек (Донской, Багаев, Компаненков, Зверев, Забурунов, Нагибин, Битоцкий, Пономарев, Ткачев, Бесшапошников). Имелись сочувствующие большевизму казаки и в составе Астраханской бригады (Антипов, Буров и др.). В декабре 1917 — январе 1918 года казаки-большевики активно агитировали в казачьих частях, стоявших в Астрахани, в полках бригады[188]. Наиболее податливыми доводам Аристова были казаки II отдела.

В «Очерках русской смуты» А.И. Деникин дал очень емкую характеристику «триумфальному шествию советской власти»: «Мортиролог русских городов, все более растущий, носил характер трагический и однообразный: по получении известия о падении Временного правительства в городе образовывалась обыкновенно общественная власть; подымался гарнизон; после краткой борьбы, иногда жестокого артиллерийского обстрела, власть сдавалась, и в городе начинались повальные обыски, грабежи и истребление буржуазии»[189]. В казачьих областях установление советской власти, как правило, встречало жесткое сопротивление казачьих верхов и казаков-стариков и сопровождалось длительными кровопролитными столкновениями.

К началу января 1918 года в Астрахани царила предгрозовая атмосфера. Противники были готовы начать борьбу и находились в напряженном выжидании. Город патрулировали одновременно красногвардейские и казачьи патрули. Все силы противоборствующих сторон были приведены в полную боевую готовность. «Атмосфера в городе все больше и больше накалялась. Днем — срывание погонов. По ночам — обыски, аресты, патрули. По ночам слышались выстрелы. Предчувствие приближения грозы было у всех. Автомобили носились по городу...»[190], — писал свидетель событий, характеризуя обстановку в городе в последние дни перед восстанием.

Вопреки очевидному Бирюков и Ляхов еще питали надежду на поддержку донцов и Добровольческой армии. В начале января 1918 года в Ростов к генералу Корнилову была направлена делегация «от поволжского купечества и Астраханского соединенного с Калмыцким войска» в составе Н. Киселева, Б.Д. Самсонова и И.А. Добрынского. 16 января состоялась встреча, во время которой генералу было передано подписанное делегатами «Обращение». А.И. Деникин, свидетель события, так характеризует смысл и содержание этого документа: «После дифирамба диктатуре и вождю (оно) звало Корнилова в Астрахань для водворения в губернии законности и порядка, обещало широкую материальную поддержку и заканчивалось такой политически безграмотной тирадой, превращавшей идею добровольчества в своего рода средневековый институт ландскнехтов: купечество произведет милитаризацию своих предприятий, сохранив за военными навсегда их служебное положение, дав обязательство в том, что все назначения в этом смысле будут происходить с согласия генерала Корнилова»[191].

Генерал Корнилов, обладавший к этому моменту чрезвычайно незначительными силами, увязшими в боях с большевиками, никакой помощи обещать не мог. В Астрахань для связи с казаками был откомандирован полковник Голицын, «бывший генералом для поручений при генерале Корнилове».

Однако эта встреча происходила уже тогда, когда в Астрахани шли ожесточенные уличные бои. Полковник Голицин не успел добраться до места. Получив на полпути известие о поражении восстания и считая свою миссию исчерпанной, он изменил маршрут и отправился в Москву[192].

Последний раз к идее сделать Астрахань базой своей армии Корнилов вернулся в период крушения Донского войска и ухода добровольцев из Ростова и Новочеркасска. Адъютант Корнилова, Хан Хаджиев, вспоминает, что 13 февраля, во время знаменитого совещания в Ольгинской, когда решалась судьба Добровольческой армии и выбирался путь ее дальнейшего следования, генерал Корнилов настаивал на необходимости идти в Астрахань[193], где ему была обещана помощь деньгами, людьми и оружием. Однако соратникам удалось убедить командующего, что армии это просто физически не по силам, что она замерзнет в калмыцких степях. 14 февраля, отправив последнего гонца к астраханцам, Корнилов двинулся на Кубань.

Формальным поводом к вооруженному столкновению между казаками и большевиками стал конфликт, разгоревшийся вокруг войсковой казны Астраханского войска (700 тыс. руб.), хранившейся в Губернском казначействе.

Казанский военный округ, руководствуясь указаниями Совнаркома, в декабре 1917 года отказал казакам в денежном и вещевом довольствии, так как Астраханское войско не признало советской власти. На декабрьском круге станичники предложили правительству прекратить все финансовые отношения с центром и все денежные сборы, налоги употребить на собственные нужды[194]. Однако для организации вооруженной борьбы с большевиками необходимо было в самые короткие сроки изыскать достаточно крупные суммы.

В середине декабря войсковое правительство договорилось с руководством Губернского казначейства о получении кредита в 500—600 тыс. руб. и в назначенный день направило в казначейство вооруженный отряд, забрав оговоренную сумму. В этот же день служащие казначейства сообщили о произошедшем в Комитет народной власти и Исполком, добавив, что хранящийся в казначействе войсковой капитал превышает реквизированную сумму. Совет и КНВ вынесли совместное постановление об аресте войскового капитала до возвращения казаками взятой суммы.

Между войсковым правительством, Исполкомом и Комитетом начались длительные переговоры: правительство требовало снять арест с казны, обвиняя совдеп в нарушении права казаков на самоопределение и в стремлении к захвату власти в губернии. Совет требовал возвращения взятой суммы, обвиняя войсковую верхушку в контрреволюционных намерениях. Ни одна из сторон не желала идти на уступки[195].

Войсковое правительство активно использовало этот факт, агитируя казаков накануне восстания, оправдывая необходимость вооруженных действий.

30 декабря 1917 года астраханский комитет РСДРП(б) и Исполком Совета предъявили Комитету народной власти требование «немедленного подавления военных сил контрреволюции, а также ликвидации ее финансовой помощи» и прекращения деятельности не позже середины января 1918 года.

5 января Совет рабочих и солдатских депутатов предъявил ультиматум Комитету, установив окончательную дату для самороспуска и передачи всех дел Совету — 15 января, и назначил на этот же день созыв I Губернского съезда Советов рабочих, солдатских и крестьянских депутатов, который должен был объявить об установлении советской власти в Астраханской губернии и сформировать новые губернские органы власти.

В свою очередь, войсковое правительство также предъявило ультиматум КНВ, потребовав немедленно снять арест с капитала Астраханского войска, находящегося в казначействе, и потребовало от Исполкома немедленного прекращения репрессий против офицерства.

6 января Исполком Астраханского Совета выпустил обращение «Ко всему Астраханскому Трудовому казачеству»[196], в котором обвинил войсковое правительство в развязывании

гражданской войны, в нападках на Комитет народной власти, в стремлении подчинить его своей воле.

Примечательна логика авторов листовки: не выказывая прямо намерения бороться с войсковым правительством, а лишь выражая опасение по поводу того, что «отношение... местных верхов казачества к контрреволюции неопределенно», они предостерегали казаков, что офицеры и буржуи хотят обмануть и закабалить их, сделать нагаечниками и натравить на трудовой народ, тогда как «Рабоче-крестьянское правительство давно уже постановило освободить казачество от несения военной службы и возвратить их к семьям на родные места» и является подлинно общенародной властью. Отсюда вывод: «Товарищи казаки, скиньте с себя власть ваших верхов... Не верьте своим верхам. Откажитесь от них; соединитесь с трудовым народом, с их советами, и у вас будут и деньги, и земля, и вода».

Несмотря на острую ситуацию, войсковое правительство медлило. Бирюков ждал прибытия Астраханской бригады, помощи с Дона и Урала.

Тогда ВРК сам назначил выступление против войскового правительства на 13 января и поставил казаков перед выбором — либо сдаться, либо сделать отчаянную попытку малыми силами, внезапным ударом разгромить большевизированный 156-й полк и Красную гвардию.

7 января ВРК выступил с требованием к Комитету немедленно передать полноту всей власти в губернии Совету, пригрозив в случае неповиновения применить вооруженную силу[197], устроил демонстрацию всех своих боевых частей и в ответ на ультиматумы войскового правительства лишь усилил провоцирующие казаков действия — избиения офицеров, срывание погон и т.п.[198]. Кроме того, ВРК взял под контроль жизненно важные городские объекты — почту, телеграф, электростанцию, мосты.

Важным фактором стал и разгон большевиками Учредительного собрания в Петрограде 5 января 1918 года — последней надежды на мирное развитие событий.

Дальше медлить было невозможно. 7 января 1918 года войсковое правительство выпустило «Воззвание к станичникам Астраханского казачьего войска», подписанное атаманом И.А. Бирюковым, призвавшее казаков к вооруженной борьбе с большевиками, и объявило всеобщую мобилизацию. В воззвании говорилось: «Насильникам, не имеющим своего хозяйства, стремящимся захватить и поделить между собою хозяйства тех, кто всю жизнь работал до пота и крови, понадобилось, чтобы казачьи полки развалились и погибли, после чего кучка насильников уничтожит казачество и захватит его земли и воды»[199]. Необходимость боевых действий войсковое правительство мотивировало прежде всего тем, что большевики вмешиваются во внутреннюю жизнь казачества, посягают на его честь, достоинство, свободу, имущество, привилегии и даже посмели арестовать войсковую казну в Губернском казначействе[200].

II отдел от мобилизации отказался[201]. Более того, 1-я сотня 3-го полка (казаки Саратовской, Александро-Невской, Александровской и Царицынской станиц II отдела) в полном составе, отказавшись повиноваться командованию, разъехалась по домам[202]. Вскоре их примеру последовала 3-я сотня (также состоявшая из казаков II отдела). Казаки-старики I отдела собрали в Казачебугровской четырехсотенный полк неполного состава.

11 января 1918 года войсковое правительство созвало экстренное совещание с участием представителей от станиц (по 5 человек от каждой станицы) и воинских частей (по одному человеку от сотни). Делегатом от 3-й сотни 3-го полка был казак-большевик Забурунов. Открывая совещание, председатель круга Н.В. Ляхов предложил: «Ввиду того, что экстренное совещание будет носить весьма секретный характер... необходимо всех большевиков и причастных к ним... удалить»[203]. Забурунов был взят под арест и отправлен в казармы (правда, уже вечером его отпустили). Совещание приняло решение о немедленном выступлении

против большевиков всеми имеющимися в наличии силами, не дожидаясь подхода подкреплений.

Силы были весьма невелики — две офицерские роты под командованием полковника Сахарова, четырехсотенный полк казаков-добровольцев неполного состава, неполного состава полк, собранный из поддержавших правительство казаков 3-го полка и Запасной сотни, Астраханская четырехорудийная батарея, переукомплектованная офицерами (казаки воевать не желали), и одна-две роты «вольноказаков». Настроение станичников, как и на Дону, было очень неустойчивым, многие добровольцы, несмотря на первоначальный порыв, по пути в Астрахань одумывались и расходились по домам[204]. Астраханская бригада, расположившаяся эшелонами на железнодорожной ветке между станциями Кайсацкая — Баскунчак, митинговала. Между казаками не было единодушия по вопросу вооруженной борьбы.

В результате в распоряжении войскового правительства к началу восстания оказались только добровольческие казачьи и офицерские формирования, общей численностью 1600—1700 человек.

Базой офицерской организации был Покровский монастырь, базой войскового правительства — станица Казачебугровская (расположенные в пригородах).

Главными центрами большевиков являлись астраханский кремль, где находились казармы 156-го полка и ВРК, и порт, где располагался стачком. Отряды солдат 156-го полка и красногвардейцев контролировали подходы к крепости и порту. Было установлено круглосуточное дежурство. В случае неожиданного вооруженного выступления противника все силы большевиков по условному сигналу (длинные позывные гудки порта и заводов) должны были немедленно собраться в кремле.

Большевикам также приходилось опираться, прежде всего, на добровольцев. Полностью на 156-й полк большевики рассчитывать не могли. Поэтому наряду с красногвардейцами на базе двух рот полка были развернуты две добровольчес-

кие части — рота порядка товарища Рубана и мусульманская рота (вернее, интернациональная). К 13 января (дата назначенного большевиками выступления)[205] в Астрахань стали собираться «партизанские отряды», сформированные фронтовиками в Астраханском уезде. Первыми в крепость прибыли отряды Колчина и Бессонова, каждый из которых насчитывал до 700 человек. С ними объединились отряды рабочих-добровольцев (такой же численности)[206]. К 13 января были созданы партизанские отряды из татарской бедноты в районе Паробичева бугра и пороховых погребов, отряд Липатова; на Селении — партизанские отряды Савушкина и Щербакова. По свидетельству Аристова, все две недели боев к ним шел приток пополнений, формировались новые отряды. Совокупные силы красных должны были насчитывать не менее 8 тысяч человек. Только по официальным данным, потери сил ВРК за время боев составили около 2 тысяч человек убитыми и ранеными[207].

В распоряжении Аристова находились арсеналы 156-го полка. Партию оружия и боеприпасов прислал Казанский военный округ. Артиллерии не имелось. Но пулеметов и бомбометов хватало. Кроме того, у ВРК в активе был вооруженный ледокол «Каспий» и броневик «Большевик», изготовленный рабочими завода «Норен».

В 3 часа ночи 12 января готовые к выступлению казачьи части выстроились на площади перед станичным правлением Казачебугровской. Генерал-майор в отставке К.Ф. Сережников и атаман станицы выступили перед казаками с речами, призвав разоружить и разогнать большевистские банды. Отряды двинулись в центр[208]. Ровно в половине пятого утра из Покровского монастыря по кремлю грянули орудия батареи полковника Суворова, следом заговорили пушки с Казачьего бугра. Так началось судьбоносное сражение между астраханскими казаками и большевиками[209].

Сразу же после первых орудийных залпов утреннюю тьму огласил вой заводских гудков. Один подхватывал другой, сливался, нарастал и, распространяясь по всей 12-верстной полосе вниз от города, приводил в движение готовые к борьбе силы большевиков. Во все уезды губернии тотчас были разосланы гонцы за помощью вооруженной силой и продовольствием. Рабочие кварталы заволновались. Как это было условлено заранее, вооруженные рабочие, красногвардейцы и партизаны устремились в кремль[210]. Одновременно с началом артобстрела казачьи отряды, стянувшись к центру, внезапно атаковали 1-ю, 14-ю, мусульманскую, 4-ю (занимавшую почтамт) роты 156-го полка. 14-я рота (занимавшая Облупинскую площадь) была обезоружена и взята в плен, та же судьба постигла «роту порядка» (занимавшую горводопровод). 4-я рота продолжала удерживать почтамт и ожесточенно отбивалась от постоянных атак казачьего отряда. 1-я и мусульманская роты (занимавшие Коммерческий мост), понеся потери, с боем отступили в кремль[211].

Первой ночью 12 января была атакована одна из самых надежных большевистских частей — 4-й батальон, занимавший район Селения. И первая же атака не достигла успеха: батальон был оттеснен в глубь рабочих кварталов, но окружить и уничтожить его не удалось[212]. Там бойцы 4-го батальона совместно с сильным партизанским отрядом из местных жителей стали серьезной угрозой для правого фланга восставших. Казачий отряд остановился на окраине рабочих кварталов, но дальше идти никто не решился — здесь, среди ненавидящей казаков и вооруженной Ревкомом бедноты, из каждого дома мог раздаться внезапный выстрел в спину. Другой батальон 156-го полка, отбивая атаки противника, прочно удерживал район Косы.

Казаки попытались ворваться в ворота крепости, но атака оказалась неудачной. Отряды охватили крепость полукольцом. Завязался долгий позиционный бой.

Как вспоминал Н.Н. Ляхов, старший сын председателя войскового круга, его отец всю ночь с 11 на 12 января находился в напряженном ожидании, сидел одетым. Как только раздались первые орудийные залпы, он попрощался с сыновьями и вышел на улицу. Около 7 часов утра он вернулся с генералом Бирюковым и другими «старшими начальниками». Здесь, в доме Ляхова, было организовано срочное совещание руководителей восставших[213].

Атаман выслушал доклады офицеров штаба. Положение складывалось не в пользу казаков. Среди казаков 1-го и 2-го полков произошел раскол. Большинство воевать отказывалось. Стало известно, что станичники колеблются и опасаются за судьбу оставленных станиц. Из добровольцев был сформирован отряд под командованием временного командира 2-го полка есаула Кукушкина[214], прикрывающий Астрахань с севера, со стороны Саратова, и контролирующий железнодорожную ветку Астрахань—Кайсацкая. Надежды на Дон и Урал, на помощь калмыков не оправдались.

Эффект внезапности был потерян, и теперь без привлечения дополнительных сил обойтись было невозможно. Бирюков и Н.К. Сережников (начальник войскового штаба) решили пойти на хитрость. Войсковой штаб телеграфировал на станцию Кайсацкая, о том что «в городе спокойно, город взят офицерской организацией, добровольцами и казаками»[215], приказал 1-му и 2-му полку погрузиться в эшелоны и прибыть в Астрахань. Однако, опять же, на призыв прибыл только небольшой добровольческий отряд во главе с Аратовским и Рябовым-Решетиным.

Одновременно с началом восстания по городу была распространена листовка — «Обращение Объединенного Войскового Правительства Астраханского Казачьего Войска»[216], в которой гражданам г. Астрахани объявлялось, что ввиду анархии большевистских бесчинств и возможности повторения сентябрьской кровавой вакханалии («расстрел Совета рабочих и солдатских депутатов и избиение губернского комиссара» и т.д., и т.п.) казачество вынуждено выступить «на защиту своих прав и прав остального населения края», что «целью своего выступления астраханское казачество ставит создание краевой власти на самых широких демократических основаниях с представительством всех национальностей и общественных организаций... права коих являются плодом завоевания Великой Русской Революции», что главные лозунги казачества в этой борьбе — «Да здравствует Учредительное собрание! Да здравствует Свободная Россия! Да здравствует Федеративная Демократическая Республика!»

Два дня, 12—13 января, и в центре, и на окраинах города шли ожесточенные кровопролитные бои.

С первых же дней восстания представители губернского земства и городского самоуправления заявили о своем нейтралитете и попытались сыграть роль миротворцев. Первую попытку «примирить враждующие стороны» на второй день боев предприняла Городская управа. Городской голова Кругликов взял на себя роль посредника между Бирюковым и Аристовым. Поздно ночью 13 января он связался по телефону с председателем ВРК, предложил мирное разрешение конфликта и изложил условия противной стороны:

1) разоружить и распустить гарнизон крепости...

2) разоружить и распустить красную гвардию;

3) распустить Совет рабочих солдатских и ловецких депутатов;

4) распустить стачечный комитет.

Всем гарантировалась личная неприкосновенность[217]. Аристов ответил категорическим отказом и в свою очередь предъявил аналогичные по смыслу требования войсковому правительству[218].

14 января крупных столкновений не происходило. Стороны занимались перегруппировкой сил, готовились к новым решительным боям. Аристов слал во все концы отчаянные телеграммы, требуя помощи от уездов, от Саратова, от Царицына; телеграфировал в улусы калмыцкой степи и станицы: «Срочно вышлите в Астрахань, в Крепость, 10 представителей от каждой станицы и улуса, преданных Советам

солдатских, рабочих и крестьянских депутатов, для охраны народной власти в крае, желательно казаков 3-й сотни второго полка. Семьи их будут обеспечены всем!»[219]

Тем временем казаки умело использовали расположенные перед кремлем здания, оборудовав огневые точки и начав прицельный огонь по запершимся в крепости частям противника. Красных охватила паника. Аристов решил в ночь на 15 января с небольшим отрядом незаметно уйти из города, но той же ночью он распорядился поджечь прилегающие к крепости кварталы[220]. В городе начались грабежи и мародерство.

Казачьи части избегали входить в рабочие и мусульманские кварталы, враждебно настроенные и загодя вооруженные большевиками. В этих кварталах базировались и действовали в тылу у казаков сильные партизанские отряды: в районе Паробичева бугра и пороховых погребов — отряд Г.Г. Липатова, рабочие дружины, отряды «мусульманской бедноты», на Селении — отряды Е.И. Савушкина и Щербакова. Через эти кварталы на помощь к большевикам подходили крестьянско-ловецкие отряды из уездов[221], подвозилось продовольствие. Кремль представлял из себя мощное оборонительное сооружение, стены которого были способны выдержать огонь полевой артиллерии. На территории кремля имелись склады боеприпасов. Стратегическое преимущество, вопреки всем усилиям войскового правительства, продолжало оставаться за большевиками. Кроме того, серьезную поддержку силам ВРК оказали железнодорожники. Занимаясь саботажем, порчей путей и подвижного состава, они всячески срывали подвоз добровольцев из состава бригады Аратовского в Астрахань[222].

Несмотря на первую неудачу, городская и губернская общественность не прекращала попыток примирения сторон. 15 января по инициативе Красноярской городской организации было создано «Мирное Совещание» под председательством доктора М.Г. Поташника, в состав которого вошли представители Городской управы, Союза мусульман, Совета крестьянских депутатов[223]. Совещание послало посредников во враждующие лагеря с предложением организации мирных переговоров. Эта инициатива нашла поддержку и у большевиков, и у казаков[224]. Войсковое правительство делегировало в совещание двух представителей — подъесаула Сережникова и Г.М. Астахова. В этот же день были проведены переговоры, однако никаких положительных результатов достигнуть не удалось[225], так как стороны по-прежнему ставили друг другу заведомо невыполнимые требования — разоружение и расформирование воинских частей.

16 января городская дума вторично обратилась к воюющим с предложением прекращения боевых действий и возобновления переговоров. 17 января к Аристову явилась делегация 1-го Губернского съезда советов и также потребовала заключения перемирия и начала переговоров[226]. На очередной встрече 18 января стороны согласились 19 января не проводить боевых действий и возобновить переговорный процесс.

Но все мирные инициативы городской и губернской общественности имели нулевой результат. Ни казаки, ни большевики не соблюдали договоренностей и продолжали вести боевые действия.

15—16 января в целях окончательного окружения главных сил красных и отсечения их от районов, поставляющих боевую силу и продовольствие, войсковой штаб попытался развить целый ряд ударов. Два сильных отряда (каждый при орудии) были направлены в северо-западном и юго-западном направлениях в обход кремля. Юго-западный отряд был окружен и уничтожен большевиками в районе пороховых погребов при активном участии вооруженного ими мусульманского населения татарских кварталов. Северо-западный отряд переправился по льду через Волгу и, установив орудие в станице Атаманской, начал обстрел кремля. Однако форпостинский стачком предъявил Атаманской ультиматум: если казачий отряд не удалится, станица будет превращена в пепел. Отряд отступил обратно на левую, городскую, сторону Волги. Сразу вслед за этим по распоряжению ревкома вооруженный ледокол «Каспий» взломал на реке лед в районе города (от Бертюля до Калмыцкого базара) и начал обстрел казачьих позиций[227]. Лобовые атаки на кремль также снова провалились.

Параллельно с боевыми действиями противоборствующие стороны вели активную информационную войну, распространяя по городу листовки, обращения, воззвания. ВРК угрожал казакам расправой с оставшимися без защиты станицами: «Трудовые казаки, пока не поздно, уходите из стана врагов, или иначе народ в справедливом гневе своем сметет ваши семьи...»[228]. Войсковое правительство призывало население разоружаться, уверяя, что сопротивление бесполезно, что помощи большевикам не будет, так как железная дорога контролируется казаками, что, наоборот, на помощь восставшим двигаются все новые и новые силы[229].

Время работало против казаков. Силы большевиков росли. В казачьем стане вело активную работу большевистское подполье, разлагая части, донося Аристову о планах, численности и дислокации противника[230]. 16—17 января в настроениях станичников наметился перелом, стали распространяться пораженческие и примиренческие настроения, озлобленность на офицерство, а когда уездные ревкомы стали угрожать расправой с беззащитными станицами[231], деморализация стала принимать угрожающие размеры — казаки целыми группами начали покидать части и разъезжаться по домам, увозя с собой оружие[232].

Но упорная борьба продолжалась. В ночь с 18 на 19 января был предпринят самый жестокий штурм крепости. Победа казалась близкой как никогда. Офицерские роты, поливая противника огнем пулеметов, бросаясь в рукопашную, прорвались к воротам и едва не ворвались внутрь кремля; в стане красных началась паника, отдельные отряды стали бросать позиции и уходить через Александровский сад в мусульманские кварталы. К счастью для большевиков, Аристов сумел найти выход — на колокольне и башнях были установлены прожектора, внезапно осветившие наступавших. Красные обрушили на них шквал прицельного пулеметного и бомбометного огня. Атака была отбита с большими потерями для казаков[233].

20 января казачьи отряды заняли район Стрелки, электростанцию, почтамт, гостиный двор, 1-ю мужскую гимназию. С северо-восточной стороны кремля постоянный бой кипел у самых стен. Но нехватка боеприпасов, молчание собственной артиллерии заставили вымотанные казачьи части сдать позиции.

19 января в Астрахани получили известие, чрезвычайно ободрившее Аристова, о том, что к осажденным идет помощь от саратовских большевиков — так называемая Восточная Армия. Это соединение было создано в начале 1918 года в Саратове для борьбы с донской контрреволюцией. Оно носило добровольческий характер, формировалось в основном из солдат саратовского гарнизона и первоначально состояло из двух-трех батальонов, пулеметной команды и батареи (около 2 тыс. штыков, 40 пулеметов, 6 орудий)[234]. Получив известие о восстании в Астрахани и просьбы о помощи, 17 января Восточная Армия под командованием С.И. Загуменного двинулась вдоль железнодорожной ветки Саратов—Астрахань на подмогу[235]. По мере продвижения к Астрахани к отряду присоединялись иногородние и крестьяне Саратовской и Астраханской губерний, и ее численность постепенно выросла вдвое.

Казаки также неожиданно получили помощь — от уральцев и оренбургцев.

1-й Оренбургский казачий артиллерийский дивизион (1-я и 8-я Оренбургские казачьи батареи) под командованием войскового старшины Пискунова (4 офицера, 151 казак, 8 орудий, 4 пулемета, 160 винтовок) в конце 1917 года пробирался через Дон домой, в Оренбург. Утром 8 января на станции Кривомузгинской, под Царицыным, оренбургцы встретились с отрядом уральцев (30 человек, при двух пулеметах), во главе с полковником В.С. Толстовым, также пробиравшихся домой. Здесь же к отряду присоединилось около 60 казаков и офицеров двух особых оренбургских сотен. Отсюда степью казаки двинулись к Волге и переправились на левый берег в районе села Каменный Яр.

Участник похода вспоминал[236], что во время следования через калмыцкую степь «калмыки всюду встречали казаков дружелюбно и искренно, оказывая всевозможное содействие и определенно высказываясь за вооруженное выступление против захвата власти большевиками. От них мы узнали, что они вошли в состав Астраханского казачества, составив 3-й отдел, и что на 18 января у них назначена общая мобилизация, по которой они должны выставить девять конных полков, но в затруднительном положении был вопрос вооружения огнестрельным оружием». Русское население относилось к казакам враждебно.

19 января на станции Ахтуба казаки встретились с прибывшим на экстренном поезде войсковым атаманом Бирюковым. Атаман пригласил офицеров отряда к себе в вагон. Он сказал, что, как только услышал о дивизионе, сразу выехал к оренбургцам и просит их помочь астраханцам в борьбе с большевиками, что большевики имеют численное преимущество, захватили почти весь город, арестовали войсковые капиталы. Одновременно он уверил офицеров, что в Оренбурге и на Урале положение казачества прочное. Затем Бирюков лично поговорил со всеми казаками. И оренбургцы, и уральцы единодушно откликнулись на его призыв. 20 января утром были поданы два эшелона, и отряд отправился в Астрахань.

В 60 верстах от города отряд встретила делегация представителей Астраханского войска, благодарившая казаков за принятое решение. На станцию Астрахань-1-я отряд прибыл 21 января в девятом часу вечера, где был торжественно, с оркестром встречен членами войскового правительства. Казаков накормили горячим ужином. Позднее состоялось военное совещание, на которое пригласили Толстова и офицеров отряда.

«Выяснилось, что весь город находится в руках большевиков, за исключением вокзала и близ его находящихся так называемых белых казарм... но оба этих пункта были под постоянным ружейным обстрелом противника, обстреливающего из близлежащих домов, так что сообщение между этими зданиями было далеко не безопасно... большевиков насчитывалось в городе около 15 тысяч с примкнувшими к ним военнопленными австрийцами и двумя ротами солдат местного запасного полка; последние, составляя главное ядро большевистских сил, засели в кремлевской крепости... Силы же Астраханского казачества составляли только два конных полка, весьма слабо вооруженных, с недостаточным количеством патронов, и батарея, уже расстрелявшая имевшиеся снаряды. Борьба эта была далеко не равная, тем не менее эту борьбу астраханские казаки вели уже подряд двенадцатые сутки».

Совещание приняло решение: 22 января, утром, перейти в наступление всеми имевшимися силами по направлению к центру города, двумя концентрическими ударами прорвать позиции большевиков, штурмом овладеть крепостью и в течение двух дней очистить город от большевиков.

Утром спешенный оренбургско-уральский отряд и 8-я оренбургская батарея, следуя в правой (северо-западной) колонне, вместе с астраханцами двинулись в наступление. Одно орудие под командой ст. урядника Сивожелезова сопровождало передовые цепи астраханцев. Наступление началось удачно, и к концу дня 22-го казакам удалось пройти до крепости половину пути. Утром следующего дня наступление продолжилось, поддерживаемое огнем 1-й Оренбургской батареи.

Казаки рассчитывали к 4 часам дня 23 января сосредоточиться у крепости и в 5 начать штурм. Батареи заняли позиции и стали готовиться к началу атаки. Сопротивление большевиков было упорным и все возрастало.

В 3 часа дня бои шли уже в самом центре города. Но углубившиеся в кварталы центра казачьи части на определенное время потеряли связь между собой, «чем умело воспользовались большевики, руководимые германскими офицерами, выйдя незаметно в тыл наступающим». Казаки уже предвкушали полный успех, когда внезапно были атакованы с тыла частями противника.

«Первыми под залпы попало орудие 1-й батареи, которое под командой хорунжего Рышкова в этот день сопровождало цепи астраханцев. Будучи неожиданно с 15—20 шагов (из-за угла) обстреляно залпами, оно сразу потеряло убитыми и тяжело раненными всех лошадей, запряжки и часть номеров... Непосредственно за орудием той же участи подвергся близстоящий на позициях пулемет. В какую-нибудь минуту орудие и пулемет были захвачены большевиками.

Неожиданное появление противника в тылу и захват ими орудия и пулемета внесли расстройство в ряды астраханцев этого района, обратившихся в поспешное отступление; последнее не замедлило отразиться и на соседних частях и... началось общее беспорядочное отступление к вокзалу.

Большевики преследовали казаков сильным ружейным огнем и вслед за казаками ворвались на вокзальную площадь. Единственному казачьему опорному пункту — железнодорожной станции, на путях которой размещались в вагонах казаки, грозил неминуемый и немедленный захват большевиками...

В эту страшную минуту, среди сыпавшихся градом пуль, вдруг рявкнули пушки. То 8-я батарея, занимавшая позицию у самого вокзала, открыла беглый огонь на картечь. После первых же залпов площадь была очищена от наседавших большевиков, но часть противника засела с другой стороны вокзала за сложенными в штабеля дровами и продолжала обстреливать станцию сильным ружейным огнем.

Немедленно было подвезено туда два орудия 8-й батареи, и последующим огнем, гранатой, прямой наводкой на 200—300 шагов, противник был выбит и оттуда... Огонь противника вскоре совсем прекратился, а выдвинутая вперед рота офицерской организации заняла полевые караулы на ночь».

Вот как описал драматичный эпизод этой схватки в своем приказе о награждении отличившегося казака нойон Тундутов. «В бою 23 января 1918 г. в городе Астрахани красногвардейцы, зайдя в тыл нашим войскам, прикрывавшим станцию железной дороги, открыли сильный огонь и пытались ворваться на вокзал, где находились знамена 1-го и 2-го полков, денежные ящики, лошади и имущество бригады. Нервы защитников, утомленных четырнадцатидневными боями, не выдержали, и произошла паника. Лишь небольшая часть казаков с пулеметом защищала вокзал. Еще немного, и столетние казачьи знамена, овеянные боевой славою, попали бы в грязные руки большевиков... казак ст. Пичужинской Павел Поляков оценил обстановку, бросился догонять начальника штаба бригады подполковника Рябова-Решетина, вызванного за несколько минут до происшедшего в помещение войскового штаба по срочному делу, доложил ему о происшедшем, а затем помог начальнику штаба собрать казаков и совместно и с ним во главе их бросился под сильным пулеметным и ружейным огнем на вокзал, благодаря чему положение окрепло, знамена и имущество были спасены»[237].

Ситуация временно стабилизировалась. Но «...имевшиеся запасы патронов пришли к концу, дух астраханских казаков сильно понизился, так что на экстренном совещании Войсковое правительство решило от дальнейшей активной борьбы отказаться, оставить город и приступить исключительно к обороне станиц». Еще более угнетающее впечатление на астраханцев произвел (и сыграл свою роль при принятии указанного решения) общий настрой оренбургцев и уральцев — потеряв орудие, пулемет и несколько человек убитыми и ранеными, те не хотели окончательно увязнуть в безнадежной борьбе, отказавшись от своей главной цели — пробиться домой, с оружием и боеприпасами, для предстоящей борьбы со своими большевиками. Союзники заторопились восвояси.

22—23 января съезд делегатов станиц Астраханского и Енотаевского уездов потребовал прекратить войну[238], открытое осуждение войскового правительства со стороны станичников оказывало на восставших дополнительное деморализующее действие.

24 января начался массовый уход с позиций вышедших из повиновения станичников. Физически измотанные, сильно поредевшие офицерские и вольно-казачьи отряды, и горстка казаков-добровольцев, уже не способные ни к нападению, ни к обороне — вот все, что к концу боев оставалось у войскового правительства. Видя бессмысленность дальнейшей борьбы, восставшие начали отход из города.

Но, несмотря на численное превосходство, в красном лагере тоже до самого конца не было уверенности в исходе борьбы. Один из руководителей восстания, А.Н. Донсков, вспоминал, что длительные боевые действия, огромные потери и т.п., вызывали деморализацию в большевистских частях. Так же, как и у казаков, бойцы (рабочие, крестьяне) стали оставлять позиции и расходиться по домам, крестьяне ближайших сел посылали в войсковой штаб парламентеров «с приговорами — с изъявлением готовности помочь... всем, чем можно»[239]. Решение казаков об отходе стало несказанным подарком для сил ВРК, ободрившихся и ринувшихся в преследование.

Утром 24 января, когда началось отступление, оренбургцы и уральцы выехали по железной дороге на станцию Урбах. В ночь на 25 января отряд прибыл на станцию Шунгай (севернее Баскунчака) и вышел на связь с начальником астраханского казачьего отряда, действовавшего в районе Кайсацкая. Войсковой старшина Пискунов прибыл на станцию Эльтон и увидел, что севернее весь район уже занят большевиками, казаки спешно отступают на Баскунчак, разрушая линии связи, мосты, железнодорожные пути. Астраханцы предполагали от Баскунчака пробраться к станции Ахтуба, перейти на правый берег и уйти в станицы. Оренбургцы и уральцы, зажатые между наступавшими навстречу друг другу частями противника, бросив попытки обороняться, от станции Шунгай отправились через степи походным порядком в Ханскую ставку и дальше в станицу Сламихинскую Уральского войска[240].

Казаки разбегались. Практически не встречая сопротивления на своем пути, Восточная Армия заняла станции Кайсацкая, Джанибек, Эльтон, Сайхин, Верблюжья. Железнодорожная ветка постепенно перешла под контроль красных. Не доходя до Астрахани, часть «армии» повернула в Саратов, а другая часть по просьбе Аристова вместе с астраханскими красными отрядами была направлена на вылавливание и разоружение бегущих из Астрахани казаков и в рейд по станицам и хуторам Астраханского войска. Занимая станицы крупными отрядами, большевики разоружали население (например, в станице Копановской было реквизировано 900 винтовок и одно орудие[241]), производили аресты «контрреволюционеров», создавали советы.

Уходящие из Астрахани силы войскового правительства, перебравшись через железнодорожный мост на станцию Астрахань-2, разделились. Одна часть во главе с начальником войскового штаба Сережниковым и начальником штаба бригады Рябовым-Решетиным отправилась на север, на соединение с казачьим отрядом, действовавшим на станции Кайсацкая (и в перспективе — в станицы II отдела, чтобы призвать их к оружию), другая — Тундутов с сотней калмыков, остатки офицерских рот, часть казаков-добровольцев во главе с атаманом Бирюковым и председателем круга Ляховым переправилась на правый берег (казаки — поднимать станицы, офицеры и калмыки — прорываться к Корнилову и Каледину). Планомерного отступления не получилось — ледокол «Каспий» разрушил мост через реку Болду. Не успевшие переправиться вынуждены были спасаться бегством.

К вечеру 25 января город полностью оказался в руках большевиков. Началось «истребление буржуазии». Астраханская мещанка М. Румянцева в письме своей подруге в Симбирск рисовала полную трагизма картину расправ опьяненных кровью победителей над мирным населением: «Столько жертв, столько бедствий. Лучшая часть города сгорела, так как сожжена большевиками... магазины разграблены или сгорели, I-я гимназия... сгорела. Директор I-й гимназии чудом спасся от расстрела. Били его до потери сознания, был долгое время глухим от побоев, все его имущество сгорело. Директора Мариинской гимназии таскали с издевательствами по улицам, и он до сих пор сидит. Но самое ужасное было избиение учащихся за то, что многие участвовали в боях как белогвардейцы. Хватали не только больших, но и 11-, 12-летних, которые, конечно, не могли участвовать в этой войне, и чинили над ними дикую расправу. Многих избивали и расстреливали тут же на улице, некоторых тащили в крепость, где они сидят до сих пор и ждут суда. И теперь еще в форме нельзя показываться. У наших знакомых толпа растерзала сына — реалиста последнего класса. Столько горя, столько слез теперь в Астрахани!»[242]

25 января Аристов оповестил уезды о победе большевиков и приказал уездным ревкомам бросить все силы на поимку контрреволюционеров, потребовав доставлять их в Астрахань на суд военно-революционного трибунала. 26 января на поиски правобережного отряда, получившего наименование «отряд Сахарова—Тундутова», из Астрахани были направлены две экспедиционные части. Кроме того, Аристов позаботился об оповещении и вооружении крестьянского и иногороднего населения на границе Астраханской губернии и Донского войска и координации действий с ними.

Отряд около месяца блуждал по заснеженной степи, хуторам и улусам, вступая в мелкие стычки с противником, избегая окружений. В конце февраля казаки предприняли очередную попытку прорваться в донские зимовники через станцию и село Ремонтное. 1 марта, на подходе к станции полузамерзшие повстанцы были обложены несколькими крупными крестьянскими соединениями и разбиты[243] — часть отряда потеряли убитыми (среди них полковник Н.И. Аратовский, генерал К.Ф. Сережников), часть казаков и офицеров попала в плен и была отправлена под конвоем в Астрахань, в распоряжение ВРК[244]. Большинство, в том числе Тундутов, Ляхов, Астахов, смогли бежать от преследования и укрыться в степной глуши. Астраханский отряд Сахарова—Тундутова развалился и рассеялся.

Судьба астраханского атамана И.А. Бирюкова сложилась еще более драматично. Покинув 24 января Астрахань, Бирюков с группой помощников (сыновья атамана, есаул Донсков) принял решение объехать по Царицынскому тракту низовые станицы войска, созвать в станице Замьяновской Круг и вновь поднять станичников на борьбу. А.Н. Донсков в эмиграции рассказал об этой поездке следующее. Приезжая в станицу, офицеры собирали сход, делали доклад о событиях в городе и сложившемся положении, призывали сплотиться вокруг своего законного, единодушно избранного атамана, «решить... дальнейшее поведение — по отношению к большевикам»[245]. Старики в целом одобряли их выступления. Однако фронтовики оказывали резкое противодействие, осуждали старшину за восстание, требовали примирения и сближения с большевиками, с крестьянством[246]. 1 февраля Донсков и Бирюков с сыновьями встретились в станице Замьяновской.

«Ударили в набат (что в то время было в моде; во многих церквах были разбиты колокола). Быстро собрались старики и молодежь в станичное правление. Места было мало, и многим пришлось остаться на дворе. Войсковой атаман в кратких чертах обрисовал картину выступления, бой и печальный исход всего, а в конце доклада указал на то, что необходимо собрать Войсковой Круг, который и решит, как нам поступать дальше.

Фронтовики на этом сборе держали себя вызывающе: не раз задавали Атаману неуместные вопросы, делали выпады по адресу Войскового правительства, обвиняя всех в выступлении против большевиков — забыв свои приговора и личное участие в борьбе с ними. Надеяться на благополучный исход дела и созыв Круга было нельзя, ибо тут же, на сборе, много было сторонников за скорейшее сближение с большевиками...

С тяжелой душой пришлось покинуть станичный сбор, где по выходе Атамана начались ссоры и брань стариков с фронтовиками. Последние особенно настаивали на том, чтобы послать делегацию от станиц с повинной головой к большевикам. Фронтовики, конечно, взяли верх и тут же в тайном заседании постановили "задержать всех офицеров во главе с Атаманом в станице и послать делегатов к большевикам".

Тайное решение фронтовиков скоро стало явным: старики, считавшие наше дело правым, известили Атамана о решении сбора.

С горечью в сердце слушал Атаман сообщение стариков, которые при этом посоветовали ему выехать в ночь из станицы, дабы избежать выдачи его большевикам.

Было 1 февраля. Ночь была темная, и лил сильный дождь. В эту-то темень Атаман, не теряя времени, нанял двух верблюдов у местного казака и отправился через бурханы песков в Калмыцкую степь. Но проводник, не знавши хорошо пути, сбился и все время кружил около станицы. Тем временем стало известно о выезде Атамана. Вновь набат... Это было ровно в час ночи. Были наряжены гонцы в верхние и нижние станицы от Замьяна, и утром 2 февраля на рассвете нашли его и вместе с сыновьями и проводником привели обратно в станицу.

Сколько было унижений и издевательств по их адресу... Перед станичным правлением всех их разули для обыска, осмотрели карманы их одежды... Конечно, многого у них не нашли, как они думали, но и малую сумму отобрали и посадили всех в станичный карцер. Затворяя дверь карцера кричали: "Вы нас сажали сюда раньше, теперь посидите сами". У присутствующих стариков глаза наполнились слезами..."[247]

Одна за другой станицы заявляли о признании советской власти, осуждении восстания и его организаторов, упраздняли звание станичного атамана, организовывали совместно с иногородними станичные советы, о чем уведомляли ВРК. Обрадованный известием о поимке атамана Аристов направил в Замьяновскую отряд красногвардейцев, дабы доставить виновников январских боев в Астрахань.

«...Рано утром следующего дня, на третье февраля, двинулись в путь из станицы Замьяновской — в родную столицу войска г. Астрахань... Думали мы, что вот, выедем из станицы и нас расстреляют... на полпути до станицы Орловской встретился нам эскадрон красноармейцев, который был послан не столько для усиления нашего конвоя, сколько для охранения нас от насилий — возможных со стороны красноармейцев. Эскадроном командовал И.М. Водопьянов, казак Черноярской станицы, раньше судимый и отбывший наказание в дисциплинарном батальоне... О нашем движении знали все попутные села; поэтому при приближении нас к селу все население выходило на дорогу, было страшно возбуждено... кричало: "расправиться с ними!" Но Водопьянов скоро прекращал эти крики и грозил, что будет стрелять, если кто попробует оскорбить действием арестованных... Доехали до Форпоста, а дальше нас пересадили на пароход и перевезли на левый берег Волги, в Астрахань.

С пристани нас пересадили на извозчиков и под особым конвоем направили в крепость — в распоряжение трибунала, который располагался в архиерейском доме. Сойдя с извозчиков, мы выстроились перед дверьми дома и ждали дальнейших распоряжений.

В скором времени послышался стук шагов по лестнице и перед нашим взором явился г. Аристов. Отекшее лицо от пьянства, с расстегнутым воротником гимнастерки и без пояса. Водопьянов рапортовал ему о состоянии эскадрона и числе арестованных... Аристов поблагодарил за службу эскадрон и его командира, а нас приказал отвести на гауптвахту...

На пути... многих из нас солдаты били, а особенно перенес войсковой Атаман, у которого лицо было все в крови и его белая борода была окрашена в красный цвет. Неприветливо приняла нас и гауптвахта...

Иногда — вдруг — вызывались одиночные арестованные, обычно ночью, которые больше к нам не возвращались — их, как принято говорить, "выводили в расход". При первом появлении к нам коменданта крепости — я узнал его в лицо... он раньше был полотером нашего офицерского собрания...

На четвертый день пребывания нашего на гауптвахте, в 2 часа ночи, нас повели в канцелярию коменданта на допрос: первый вошел Атаман, потом его сыновья и в последней паре — я и прапорщик Ляхов. Возвращавшиеся от коменданта были окровавлены: у кого голова, у кого нос... Когда вошли мы, то увидели лужу крови на полу, которую комендант приказал прапорщику Ляхову немедленно вытереть...»[248].

Весной — летом 1918 года в Астрахани состоялся ряд открытых судебных процессов над организаторами и участниками восстания. Причем необходимо отметить, что большинство избежавших расправы в первые недели после подавления выступления получили неожиданно мягкие приговоры — к общественному порицанию, к невыезду, к незанятию должностей в течение нескольких лет и тому подобное. Самый суровый приговор получил атаман Бирюков — 25 лет заключения. Его отправили для отбывания наказания в Саратовскую тюрьму, где в 1919 году он был расстрелян «в порядке красного террора»[249]. Большинству осужденных удалось теми или иными путями бежать на Дон и Урал, где они приняли активное участие в Гражданской войне в составе астраханских антибольшевистских формирований.

Калмыки не приняли участия в Астраханском восстании. Несмотря на то, что определенной части калмыков льстили казачье звание и форма, возможность именовать себя атаманами и прочее, большинство отнеслось к оказачиванию равнодушно или даже сопротивлялось попыткам мобилизации.

Ближайшие к городу улусы и аймаки сразу же после поражения восстания стали заявлять о признании советской власти и отказе от «казачьего звания». Уже в марте 1918 года часть калмыцкой интеллигенции пошла на сотрудничество с советской властью, движимая идеей организации калмыцкой национальной автономии, хотя бы и социалистической. При Астраханском Губисполкоме была организована Калмыцкая секция под председательством бывшего члена калмыцкого войскового правительства Хара-Давана[250]. В апреле—мае 1918 года на малодербетовском и общекалмыцком съездах делегаты заявили о том, что не желают иметь ничего общего с казаками и признают советскую власть единственно законной властью в калмыцкой степи[251].

Станицы Астраханского войска также в течение января-февраля 1918 года заявили о признании советской власти, сложении с себя сословного звания казака; делегаты от станиц I отдела приняли участие в состоявшемся в середине февраля 1-м Астраханском Губернском съезде рабочих, солдатских и крестьянских депутатов (нового состава), избрали делегата на IV Всероссийский съезд советов[252].

Губернский съезд вынес постановление об упразднении казачьего сословия, предложил Губисполкому разработать план по национализации войсковых вод, земель и другой собственности и установлению связи с трудовым населением из «бывшего казачества», предоставив казакам, признавшим советскую власть, общие со всем населением губернии права в области пользования землями и водами[253]. При Губисполкоме был создан Оргкомитет, временно принявший на себя функции войскового правления.

26 (13) февраля был обнародован приказ астраханского комиссара по военным делам М.Л. Аристова: «Согласно законодательному декрету крестьянского съезда Астраханской губернии от 15 января сего года, прекращается существование казаков Астраханского казачьего войска как отдельной сословной группы, а поэтому приказываю: 1, 2 и 3-му полку,

батарее, запасной сотне, отделению конского запаса и войсковой мастерской считать себя распущенными»[254].

Таким образом, Астраханское восстание было подавлено, добровольческие отряды разгромлены. Большинство казаков и калмыков не поддержало своих вождей. С этих пор и до конца гражданской войны территории, на которых располагались астраханские станицы, прочно удерживались большевиками (кроме двух-трех станиц II отдела, находившихся в районе боевых действий белых армий). Астраханское войско прекратило свое существование. Но не прекратилась антибольшевистская борьба астраханского казачества. В стане противников советской власти наследником Астраханского казачьего войска стали антибольшевистские казачьи и калмыцкие формирования в составе Донской и Уральской казачьих армий, Вооруженных Сил на Юге России генерала Деникина. Белому знамени Астраханского войска предстояло еще раз быть поднятым над степями Юга России — на полях сражений Гражданской войны.

Но, кроме судьбы казачье-калмыцких антибольшевистских формирований, в этой истории есть еще один важный сюжет — судьба красного Астраханского казачьего войска.

Весной 1918 года, ориентируясь на пример Донской Советской Республики, на пример кубанцев, астраханские казаки также попытались сохранить свою казачью организацию уже под красным знаменем.

Делегат IV Всероссийского съезда Советов от Астраханского войска урядник Попов 18 (5) марта обратился к председателю ВЦИК Я. Свердлову с просьбой о разрешении созыва съезда Астраханского войска. По протекции Свердлова комиссар внутренних дел Лацис выдал делегату-астраханцу официальное «Отношение», в котором говорилось: «Комиссариат Внутренних Дел разрешает созыв съезда астраханского трудового казачества в Астраханской, Саратовской и Самарской губерниях для выяснения инициаторов восстания астраханского казачества, приведения в известность данных об остатках казачьего имущества и для согласования действий с местными советскими организациями, причем выбор места съезда предоставляется установить самим организациям трудового казачества»[255].

Представительство интересов астраханцев в Казачьем комитете ВЦИК было поручено В.М. Изюмскому (с марта 1917 года он принимал участие в формировании полкового комитета 1-го полка, 13 апреля 1917 года участвовал в 1-м фронтовом съезде Западного фронта, в январе 1918 года избран депутатом в Царицынский совдеп, в апреле 1918 года добровольцем вступил в Красную Армию; член РКП(б) с июля 1919 г.).

1-й Съезд «советского» Астраханского войска прошел 8 мая (26 апреля) — 18 (5) мая 1918 г. в Саратове (председатель — казак Попов, товарищ председателя — Токарев, секретарь — Терпугов)[256]. На съезде присутствовало около 100 делегатов от 19 станиц войска (за исключением станицы Михайловской, не нашедшей средств на проезд делегата до Саратова). Съезд заклеймил позором зачинщиков восстания и заявил о безоговорочном признании советской власти. Делегаты избрали Войсковой Совет (председатель — Н. Терпугов) и выделили уполномоченных в уезды для разрешения земельных споров между казаками и крестьянами; вынесли постановление об организации станичных и хуторских советов совместно с иногородними[257].

Представителями в Астраханский Губисполком (в казачью секцию) были избраны Н. Терпугов и А. Маслов; делегатом в Казачий комитет ВЦИК (для доклада о съезде и утверждения его решений) — С.И. Калашников[258]. В каждую станицу из числа казаков были назначены военный руководитель и комиссар, вставшие во главе станичных военных комиссариатов для организации мобилизаций казаков в Красную армию. Для решения продовольственного вопроса в станицах организовывались станичные продовольственные отделы из представителей казаков и иногородних.

Прибывший в Москву астраханский представитель Калашников докладывал: «...Земли, годной для земледелия, Астраханское войско имеет немного и при предстоящем распределении ее, согласно основному закону о социализации земли, при условии наделения землей всех занятых земледельческим трудом казаков и крестьян, живущих в казачьих станицах, в размерах трудовой нормы — земли далеко не хватит, так что придется потом в малоземельные станицы сделать в будущем прирезки из общего фонда социализированных помещичьих и иных земель... Астраханское казачество, благодаря бывшему астраханскому восстанию, до сего времени было лишено даже войсковой администрации, которая частью разбежалась, а частью арестована и до сих пор находится в заключении. Остались только у власти в городе Астрахани из казаков Аристов и Буров... которые вошли в Астраханский Военный Совет, но для войска начальниками не были, а так как ввиду массы недоразумений, не говоря уже об Астрахани, где уже началось расказачивание, в других более отдаленных станицах началась провокация противников советской власти запугиванием, что у казаков отберут их земли, храмы, воды и другие угодья, их самобытность и право решать дальнейшую судьбу. Естественно, при такой пропаганде могла бы снова возникнуть неурядица, в особенности при отсутствии Войскового Исполнительного Комитета и вообще советской власти, которая могла бы разъяснить значение декрета комиссаров, где определенно указано, что казаки есть и будут, и земли их и угодья конфискации ни в коем случае не подлежат. Много неясного есть еще для казаков относительно прав трудового казака...».

Саратовский войсковой съезд постановил:

«1. Во что бы то ни стало выяснить виновников восстания в г. Астрахани, для чего из числа съезда избрать следственную комиссию из 5 лиц... (и дабы попытаться разобраться с оставшимися войсковым имуществом и деньгами. — *О.А.*).

2. Просить Центральную Советскую власть восстановить трудовое казачество Астраханского войска в целом и в его границах и правах пользования землею, водами, недрами и другими угодьями.

3. Учредить Войсковой Исполнительный комитет из 5 лиц казачьих комиссаров для сношения непосредственно с Центральной Советской властью и местными органами и учреждениями... и для административной связи со станицами войска и порядка ведения войскового хозяйства.

4. Местопребыванием избрали г. Черный Яр, как центр между всеми станицами и как новое место, а для продуктивности и контакта с советскими властями решено образовать при губернских и уездных ИКСРСД Казачьи секции по 5 человек как в городе Саратове, так и в Астрахани, а по уездам... иметь казачьи секции из 3 человек..»[259].

Делегат отметил, что простые казаки были вовлечены в восстание обманом и до сих пор не знают истинные причины конфликта.

В какой-то степени, съезду удалось оправдать возлагавшиеся на него казаками надежды. В частности, по просьбе съезда казачеству был разрешен совместный с остальным населением губернии, на равных условиях лов рыбы в войсковых и станичных водах и пользование лесными угодьями. Существование официальных «советских» войсковых институтов оказывало сдерживающее влияние как на самих казаков (в плане неприсоединения к астраханским антибольшевистским формированиям на Дону и Урале), так и на окружающее население (в плане меньшего ущемления казачьих прав).

Подобная ситуация сложилась весной 1918 года в большинстве казачьих областей.

В ответ на казачью инициативу, узаконивая красные казачьи войска, Совнарком издал 1 июня 1918 года декрет, определяющий вопросы организации войсковой власти, проблемы землепользования, организации отдельных казачьих красных частей.

В августе 1918 года основной задачей в деятельности Войскового Исполкома стала мобилизация астраханцев в Красную Армию.

К концу лета — началу осени социально-политическая обстановка в Поволжье обострилась, к станицам Астраханского войска приблизились фронты, участились выступления казаков, недовольных мобилизациями, земельной, продовольственной политикой, реквизициями и комбедами[260]. Обострилась проблема дублирования функций казачьих и неказачьих советов, взаимоотношений между казаками и иногородними, крестьянами.

Первым и наиболее крупным из казачьих антибольшевистских выступлений стало восстание в первых числах августа 1918 года в станице Александровской и хуторе Полунине, поддержанное «крестьянами-кулаками соседних сел: Пролейка, Балыклей, Караваенки, Литовки и на Курган». Главными виновниками антисоветского выступления были объявлены поп Казанский, председатель Пролейского Совета В.И. Коротков, донской офицер есаул Секачев, кубанский офицер войсковой старшина Есаулов[261] и казаки-александровцы: урядник Ф.И. Сидский и Д.П. Расстригин.

В этот период на Дону уже вовсю развернулась «регулярная» вооруженная борьба, и белые донские части были близки к окончательному очищению области Всевеликого Войска Донского от большевиков. Фронт неумолимо приближался к границам Саратовской губернии. Сложились условия для организации антисоветских выступлений в ближайших астраханских станицах, в непосредственном тылу Царицынского фронта красных. Донцы не смогли поддержать выступления александровцев, и восстание было быстро подавлено. Большинство участников сумело бежать на Дон, часть казаков погибла во время боя, часть руководителей и участников была арестована. «Поп Казанский сидит в Царицыне на барже, в ожидании народного суда, Коротков расстрелян,

Есаулов отравился в хуторе Полунине, Секачев сбежал», — рапортовали позднее александровцы.

7 декабря 1918 года до александровцев дошло известие, что поп Н.Н. Казанцев и казак Д.П. Расстригин по решению следственной комиссии при царицынском ревтрибунале должны быть вскорости освобождены из заключения. Тогда станичный совет решил сам наказать контрреволюционеров. Результаты обсуждения астраханцы опубликовали в прессе. Вот этот уникальный документ: «...Поп Казанский... пользуясь саном священника, открыто в январе месяце 1918 года агитировал среди казаков за выступление на ст. Кайсацкую с оружием в руках против большевиков и с крестом в руках благославлял казаков в поход на ст. Кайсацкую. Благодаря агитации попа Казанского и пастырскому напутствию был организован бывшим станичным атаманом Григорием Михайловичем Чуксеевым отряд из казаков, большей частью бывших агентов полиции, который с оружием в руках отправился на ст. Кайсацкую с целью преградить путь советскому отряду, вышедшему из г. Саратова на поддержку Астраханского советского гарнизона...

Воспользовавшись случаем неудовольствия казацко-кулацких масс, объявленной Советской властью мобилизацией двух призывных возрастов, а также организацией местным совдепом Комитета бедноты, поп Казанский совместно с кубанским и донским офицерами Есауловым и Секачевым, а также бывшим полицейским урядником казаком Филиппом Ильичем Сидским и кулаком-мироедом Дмитрием Петровичем Расстригиным и другими контрреволюционными казачьими элементами, создал в ст. Александровской 30 июля 1918 года в 10 часов ночи контрреволюционный штаб под названием “штаба обороны” и затем открыто вел агитацию по организации вооруженного выступления против советской власти...

На собрании поп Казанский предложил двух своих сыновей в ряды контрреволюционеров. После своей призывной

речи отслужил у здания правления (станичного. — *О.А.*) молебен и вторично, с агитационной речью и с крестом в руках, благословлял казаков на бой против советских войск. Также во время нападения белогвардейцев на пароход "Святогор" и по взятии в плен более ста товарищей красноармейцев поп Казанский распорядился бить в набат, отправился к пристани, где восхвалял храбрость и мужество контрреволюционных бандитов.

...Совет казачьих депутатов нашел попа Казанского и казака Расстригина виновными... в заговоре против Советской власти... а потому единогласно постановили: по прибытии попа Николая Никифоровича Казанского из города Царицына в станицу Александровскую выселить его в течение одних суток за пределы Александровской станицы... В случае неподчинения попа Казанского... подвергнуть его аресту и передать в распоряжение Балыклейской районной чрезвычайной комиссии, а в случае упорства употребить в дело оружие. Для гражданина-казака Дмитрия Петровича Расстригина избрать меру пресечения его контрреволюционной деятельности в связи с кулацкими элементами — безотлагательное выселение навсегда из станицы Александровской на Урало-Ахтубинский участок, что за рекой Волгой, где ему отвести надел в трудовой норме. Все движимое и недвижимое имущество, а также капитал попа Казанского и казака Расстригина... передать в распоряжение станичного Комитета бедноты; что же касается бежавших в разное время из станицы казаков-контрреволюционеров, изобличенных в заговорах и подготовке вооруженных выступлений против Советской власти: Фаддея Васильевича Ковалева, Филиппа Ильича Сидского, Тихона Алексеевича Расстригина, Федора Филипповича Белоусова, Григория Михайловича Чуксеева и Федора Григорьевича Кузнецова, то таковых исключить из среды казаков Александровской станицы навсегда, лишив их всех гражданских и политических прав и объявив их врагами рабоче-крестьянского правительства, а имущество этих казаков конфисковать в пользу Комитета бедноты.

Попутно с этим Совет заявляет всем станичникам, сторонникам белогвардейских банд, добровольно оставить станицу и не развращать население. По вопросу о расстрелянных комиссией по борьбе с контрреволюцией казаков: Григория Ефимовича Салоутина, Ивана Ефимовича Кожемякина решено исключить их из посемейных списков, как контрреволюционеров. Таким же порядком исключить из посемейных списков по станице Александровской всех казаков, расстрелянных и убитых в августе месяце 1918 года за контрреволюционное выступление против Советской власти; казаков, находящихся в рядах Красной социалистической Армии, прибывающих в станицу без надлежащих документов под предлогом побега из плена или поражения наших частей... тотчас задерживать и направлять в распоряжение Балыклейской комиссии по борьбе с контрреволюцией. Виновных в распространении провокационных слухов против Советской власти и советских работников арестовывать и передавать в распоряжение органов по борьбе с контрреволюцией, а затем исключать из среды станичного общества»[262].

Об излишней гуманности Царицынской ЧК станичникам беспокоиться не стоило, — со знаменитой баржи арестанты обычно уходили только в одном направлении — «в Могилевскую губернию», «в штаб Духонина» и т.п., гибли от невыносимых условий заключения. «В Царицыне удушали в темном, смрадном трюме баржи, где обычно до 800 человек по нескольку месяцев жили, спали, ели и тут же... испражнялись...» — писал А.И. Деникин[262а].

В августе 1918 года волнениями были охвачены и станицы I отдела. Верно оценивая эволюцию общих настроений казаков, но не обладая достаточным весом и возможностями для изменения ситуации в свою пользу, Войсковой Совет неоднократно обращался за помощью во ВЦИК.

7 августа председатель Астраханского Войскового Исполкома направил представителю Астраханского войска в Казачьем комитете ВЦИК Изюмскому срочную депешу о

«захвате иногородним населением сенокосов, земель...», о конфликтах между казачьими и неказачьими советами, прося присылки представителей ВЦИК для разрешения конфликта в духе декрета 1 июня[263].

Один из лидеров красных астраханцев так изложил позицию войскового исполкома в развернувшемся конфликте: «В тяжелом положении находится сейчас Астраханское казачество, раскинувшееся от прикаспийских степей по берегам Волжской дельты до Саратовской и Самарской губерний... В самой среде астраханского казачества тоже нелады, вызванные междоусобицей. Особо зажиточных кулацких элементов среди верховых станиц войска мало. Наиболее крупные станицы примыкают к городам.... Казаки с годами слились с городским населением и живут общегородским порядком. Только около Астрахани имеются богатые казаки-рыбопромышленники, да в Царицыне были лесные тузы из казачьего звания. Говорю были, потому что экономические интересы заставили этих тузов выписаться из казачества.

Астраханское казачество уплотнено иногородним населением гораздо более, чем, например, донское или оренбургское... между тем, как при Петре Первом и вообще первых Романовых, астраханцы являлись единственными колонизаторами волжского плеса...

Теперь из казачьих станиц Астраханского войска идут жалобы, что их немногочисленные плодородные земли захвачены и поделены, причем на долю казаков ничего не осталось... В некоторых станицах (например, близ Царицына) случилось так: казаки удержали за собой луговые сенокосные участки, но потеряли пахотные и наоборот. Отстояли рыбные участки — утратили лесные. Советская власть на местах принимает... меры, дабы удовлетворить справедливые жалобы... но на деле встречается затруднение среди кулацких элементов местного крестьянства. Как на пример укажу на хлебный Царевский уезд — житницу Астраханской области»[264].

В заключение автор еще раз подчеркнул, какой ценой астраханцы отвоевали у суровой природы свои земли, что земельный вопрос является главным в антисоветской агитации среди казаков, ведущейся руководителями белого астраханского казачества.

Изюмский, направленный в Астрахань для разрешения конфликта между губернскими и войсковым исполкомами, сумел добиться некоторого улучшения ситуации, но лишь временного.

Второй съезд красного Астраханского войска — так называемый Чрезвычайный съезд трудового казачества и крестьянства Астраханского войска — состоялся 22 (9) сентября 1918 года в Черном Яру (председатель — сотник С.П. Буров, секретарь Н.С. Нитишинский). Основной целью съезда стала мобилизация казаков в Красную Армию.

Выслушав доклад С. Бурова о политическом положении, «происках контрреволюции» и обстановке на фронтах, съезд постановил: «Казачья беднота Астраханского войска по первому зову Советской власти с оружием в руках встанет в ряды Красной Армии и будет до последней капли крови защищать рабоче-крестьянскую власть от Красновских, Алексеевских и т.п. банд... для казаков Астраханского войска нет иного пути, как путь к закреплению завоеваний октябрьской революции и тесному объединению казачьей бедноты с крестьянской беднотой»[265]. Съезд призвал казачество к мобилизации.

Съезд поручил И.Я. Багаеву встретиться с председателем Совнаркома В.И. Лениным и передать ему приветственное письмо от казаков-астраханцев[266].

Делегаты переизбрали Войсковой Исполком: председатель — Терпугов, товарищ председателя — Валенцев, члены — Мурыгин, Нитишинский и Боровиков, секретарь — Кудашев.

По завершении съезда Буров организовал экспедиционный отряд для помощи Порт-Петровску, в который записалось немало казаков; в октябре 1918 года, воюя во главе отряда, он погиб в боях на Северном Кавказе.

В течение октября—ноября войсковому совету и военному комиссариату удалось из мобилизованных казаков II отдела сформировать для частей 10-й армии Южного фронта 3—4 казачьи сотни. Сотни находились в слободе Дубовке под Царицыным. Снабжение получали от станиц отдела (прежде всего, ст. Александровской и хут. Полунина)[267]. Причем казаки обвиняли Александровский Совет (председатель — Н.П. Козловцев, секретарь — Н.С. Нитишинский) в плохом снабжении, пренебрежении нуждами семей мобилизованных (тогда как с введением в станицах трудовой повинности земли семей красноармейцев должны обрабатываться в первую очередь).

Сотни, сформированные из казаков I отдела, направлялись в Черный Яр. Есть основания полагать, что немало астраханцев служило в 1-й Черноярской Степной советской бригаде. Но отдельных красных частей из астраханских казаков в 1918 году, по-видимому, не создавалось.

Годовщину октябрьской революции войсковой совет отметил принятием решения об открытии трех новых учебных заведений в станицах войска (на что станичниками уже было собрано 130 тысяч рублей, а остальные ожидались от правительства): «В Замьяновской — станичную школу рыболовства 2-й ступени имени Всероссийского Комиссара по просвещению тов. Луначарского; в станице Копановской — техническую школу 2-й ступени имени вождя пролетариата тов. Ленина; в Александровской станице — сельскохозяйственную школу 2-й ступени имени Сергея Павловича Бурова, павшего первым казаком в войске смертью храбрых за идеалы Социальной революции». Кроме того, астраханцы постановили переименовать две станицы: «Станицу Александровскую и Николаевскую, как носивших до сих пор имена коронованных палачей Александра I и Николая II Кровавого, переименовать: первую — в Троцкую, а вторую — Степана Разина»[268]. Разина астраханцы любили. А вот с Троцким произошла неувязка. Александровцы заартачились и постановили вернуть станице историческое название — Суводская: название, мол, итак революционное — станица участвовала в Пугачевском восстании[269].

По-революционному отметила Александровская и годовщину открытия в станице высшего начального училища, как рапортовали станичники: «На этот раз поистине был праздник, без поповских молебнов, а под пение революционных песен и похоронного марша в память павших борцов за Социальную революцию и Социализм... Главным организатором и инициатором училища был тов. Нитишинский... школьный совет решил поместить в актовом зале его портрет»[270]. «Перед открытием праздника была почтена вставанием память всех борцов, павших за Социальную революцию; затем хор учащихся под управлением тов. Лаврентьева пропел похоронный марш»[271].

Докладчики отмечали, что «скромный деятель серой деревни» Нитишинский и ныне продолжает трудиться на ниве народного просвещения. Его усилиями создан Народный дом, «где будут детские спектакли, изба-читальня, библиотека, клуб-ячейка коммунистов». Для этого на средства, полученные путем «местного обложения состоятельных казачьих элементов», ведется ремонт здания кредитного товарищества[272].

В декабре 1918 года Войсковой совет не без гордости отмечал, что Астраханское войско — целиком красное, советская власть прочна во всех станицах войска — от Красного Яра до Саратова. Отмечались успехи, достигнутые астраханцами в советском строительстве. Во всех станицах войска действуют комитеты казачьей бедноты, «которые произвели учет продуктов и налаживают товарообмен... кулаки-казаки беспощадно облагаются налогом на нужды советских учреждений. К 1 декабря налог выразился в 500 000 рублей». В Войсковом правлении в станице Александровской действуют «ячейки сочувствующих коммунистам-большевикам» (во главе с тов. Нитишинским), ведется работа по организации таких ячеек в других станицах.

Надо признать, что Нитишинский сыграл весьма заметную роль в жизни станицы Александровской, в работе войсковых и станичных органов власти в этот период. 10 февраля 1919 г. в некрологе Нитишинскому последний председатель Войскового исполкома Валенцев нарисовал трогательный образ покойного, весьма схожий с персонажем М. Шолохова — слесарем Штокманом из «Тихого Дона».

В станице Александровской Николай Саввич появился в 1913 году. Сам родом с Украины, где в 1905 г. был арестован за организацию революционного движения. Отбыл четыре года в Сибири, на каторге, и три года в ссылке. Поселенного в станице Нитишинского «насильно заставили» работать станичным писарем. В 1918 году он стал секретарем Александровского совета, организатором местного комбеда; избирался делегатом на оба казачьих съезда, избирался членом Войскового совета (руководил отделом народного просвещения), в сентябре 1918 года стал управляющим делами Воисполкома[273]. В декабре 1918 — январе 1919 года Нитишинский фактически исполнял обязанности председателя Войскового исполкома.

Скорее всего, причиной скоропостижной смерти Нитишинского стала свирепствовавшая в астраханских станицах эпидемия гриппа — испанки. Только в октябре 1918 года, в самом начале эпидемии, было зарегистрировано более 1400 заболевших и десятки смертных исходов[274].

В октябре—ноябре 1918 года, в условиях продолжающихся конфликтов и дублирования функций между казачьими и неказачьими исполкомами в губерниях и уездах, разрастания Гражданской войны, власти — и в центре, и на местах — пришли к решению о необходимости свернуть казачий эксперимент — был взят курс на ликвидацию двоевластия, самороспуск казачьих исполкомов.

27—28 октября 1918 года в Енотаевске состоялся уездный съезд советов казачьих депутатов Енотаевского уезда[275]. Съезд постановил в отношении политической, экономической, хозяйственной жизни подчинить казачье население пяти станиц уезда непосредственно уездному исполкому, в который избрал двух своих представителей. Только военное дело осталось в ведении войскового и станичных исполкомов. Такие же преобразования были проведены и в других уездах губернии.

К концу 1918 года так называемое желанное воссоединение крестьянства с трудовым казачеством[276] в станицах Астраханского войска вступило в решающую стадию. «Слияние астраханского казачества в общегубернские советские организации» было объявлено главной задачей деятельности Воисполкома[277]. Второй важнейшей задачей являлась агитационно-пропагандистская работа в станицах. Члены совета совершали поездки по населенным пунктам, проводили собрания с принятием политических заявлений и постановлений. 10 января собрание казаков станицы Красноярской (председатель — Елизаров, секретарь — Курочкин) приняло решение опубликовать в прессе свой «Клич»: «Мы, красноярские казаки Астраханского казачьего войска, никогда не пойдем за Красновыми и Дутовыми... Призываем всех вольных сынов-казаков опомниться пока не поздно, обратить свои шашки на головы казачьих белопогонников... снести плюгавые головы Краснова, Дутова, Тундутова и устраивать в своих областях и войсках по примеру нашего войска Советскую власть, казачью власть мозолистых рук. Наше Астраханское войско — единственное, в целом управляется Советской властью. Хозяин у нас в войске — войсковой Совет мозолистых рук, но не допотопный круг, управляемый по указке Краснова, Дутова, Тундутова... Да здравствуют казаки революционного Астраханского войскового Совета! Да трепещут казачьи злодеи — кулаки-мироеды!»[278]

Однако бравые заявления звучали все менее убедительно на фоне жесткой политики советской власти по отношению к казачеству, крупномасштабной Гражданской войны и взаимного ожесточения.

Наконец, третьей задачей стала реализация на практике продовольственной диктатуры в станицах и на хуторах. В станице Александровской заводилой был Нитишинский. Местные комбеды действовали решительно и напористо под самоедские лозунги своего лидера. «Каждый станичник может безболезненно оторвать свой паек за три месяца и дать товарищам красноармейцам. Московские и Петроградские рабочие питаются картофельной шелухой... а мы, станичники, здесь в тылу отжираемся на белом калаче», — заявил Совет казачьих депутатов станицы Александровской (председатель — Д.И. Беляков, секретарь — М.А. Раньжин) и постановил отправить в Царицын 4 тысячи пудов хлеба из предназначенных на обсеменение полей весной 1919 года, из продовольственной нормы за три зимних месяца и нормы, предназначенной на корм скота в станице Александровской и на хуторе Полунине[279].

И все в более жестких формах проявлялась одна из самых тяжелых сторон Гражданской войны — раскол между станичниками, разжигавшими в своей среде пресловутую классовую борьбу. 21 октября Царицынская станица обсуждала вопрос об осенней запашке. Выяснили, что для этого не хватает лошадей. «Постановлено реквизировать нужное количество скота у жителей хуторов Гончарова и Кузьмичева, а также у лиц, проживающих на юртовой земле...» Заодно у одного из зажиточных казаков реквизировали молотилку, а керосин, нефть и масло распределили между станичниками «по себестоимости»[280] и т.д. Подобные картины повторялись и множились от станицы к станице...

Начинался 1919 год, вписавший самую кровавую страницу в историю Гражданской войны в волжских степях; считанные дни оставались до появления знаменитой директивы Свердлова от 29 января 1919 года об истреблении казачества. Красный террор, проддиктатура, поголовные мобилизации в Красную Армию. Все больше казаков бежало в астраханские части на Дон и Урал. Население станиц проклинало жестокий большевистский режим. Даже чисто декларативное существование красного войска в этих условиях становилось бессмысленным. В апреле 1919 года постановлением казачьего отдела ВЦИК Войсковой совет был ликвидирован[281] (официально — ввиду загадочного исчезновения его председателя Терпугова) и было объявлено об окончательном «слиянии казаков с крестьянами».

Финальную точку в истории красного казачества поставил в конце февраля — начале марта 1920 года I Всероссийский съезд трудового казачества (астраханцев представляли семь делегатов), прошедший в условиях, когда победы Красной Армии сделали ненужными и излишними учет казачьей особости, заигрывание с рядовыми массами станичников по поводу сохранения традиционного казачьего уклада и т.п. До этого, в феврале 1920 года, съезды Астраханского, Оренбургского, Семиреченского и Уральского войск заявили, что считают казачество частью русского трудового народа и не ищут привилегий и обособленности. Наконец, 25 марта 1920 года был подписан декрет СНК «О строительстве Советской власти в казачьих областях», в соответствии с которым подлежали ликвидации остатки казачьей обособленности, хуторских и станичных органов власти и вводились общегражданские органы власти. А в 1921 году был ликвидирован и Казачий отдел ВЦИК, «как выполнивший свои функции по привлечению казачества на сторону Советской власти».

Так красное Астраханское войско стало достоянием истории. Однако вернемся в первую половину 1918 года.

Глава III

ПОД БЕЛЫМИ ЗНАМЕНАМИ

Астраханская армия: война и политика

> Луг закачался, красной рекой залитой,
> И в полумглу погрузился мир золотой.
> Все перепуталось: пеший с конным слился,
> Возглас «ура!» с железным звоном слился.
> Конская кровь с человеческой кровью слилась,
> И до колен седоков она поднялась.
>
> *Джангар. Песнь двенадцатая*

В первой половине 1918 года на широких пространствах калмыцких степей, раскинувшихся в междуречье Волги и Дона, царила анархия, сопровождавшаяся периодическими вспышками доходящих до кровавой резни конфликтов между казачьими станицами, калмыцкими кочевьями и русскими селами. Эти конфликты были вызваны длинным рядом накопившихся этнических, социальных, политических и экономических противоречий.

К лету 1918 года калмыцкая степь продолжала оставаться своего рода «диким полем», ничейной пограничной территорией, зажатой между большевистским Поволжьем и Северным Кавказом, являвшем собой арену ожесточенной борьбы между Добровольческой армией, Советами, казачьими властями и национальными правительствами. Здесь переплелись интересы германской армии, оккупировавшей часть Донской области, Добровольческой армии, сохранившей верность Антанте и ведущей кровопролитные бои за Северный Кавказ, и Всевеликого войска Донского, объявившего себя суверенным казачьим государством. Кроме того, на события влияли независимые государственные образования, фактически подчиненные немцам (Украина, Грузия и Азербайджан), а также стремившиеся к «самостоятельной исторической роли» монархические организации и группы, приютившиеся в Киеве и ориентирующиеся на Германию.

Главными участниками драматической истории Астраханской армии стали астраханские казаки и калмыки.

К лету 1918 года, когда на территории большинства казачьих войск полыхнули антибольшевистские восстания и на юге России развернулась широкомасштабная гражданская война, возникли предпосылки для образования военно-политических формирований и у астраханского казачества.

Основным инициатором и организатором Астраханской армии стал наследственный глава астраханских калмыков 29-летний нойон Д.Д. Тундутов — аристократ, человек, принадлежавший к придворным кругам, в период революции приобретший репутацию энергичного и говорливого, но недалекого авантюриста.

После разгрома Астраханского восстания нойон бежал в степь, всю весну скитался по югу России, дважды попадал в плен к большевикам и оба раза освобождался верными калмыками[282], а во второй половине мая 1918 года объявился в Грузии в качестве представителя Юго-Восточного союза на Батумской конференции Закавказской федерации и Грузии, представляясь как «атаман Астраханского казачьего объединенного с калмыцким войска».

Здесь Тундутов завязал деловые и дружеские отношения с представителем германского правительства на Батумской конференции — «королевско-баварским генерал-майором» фон—Лоссовым, вместе с которым выехал 28 мая 1918 года из Поти на немецком торговом судне «Mina Horn» в Константу, и затем поездом — в Германию. При содействии фон-Лоссова Тундутов надеялся добиться от немцев получения материальной и моральной помощи для организации под своим началом вооруженной борьбы с большевиками на юге России[283-284]. 3 июня делегация представителей Грузии и Юго-Восточного союза прибыла в Берлин и расположилась в отеле «Адлон»; ожидавшаяся с большим энтузиазмом встреча с министром иностранных дел Германии Кюльманом разочаровала «послов» своей безрезультатностью, и они поспешили отправиться в ставку императора Вильгельма II в Спа. Продолжительная аудиенция у императора и беседы с офицерами германского Генштаба дали Тундутову обнадеживающий результат: он договорился о создании на немецкие деньги в калмыцкой степи антибольшевистской армии из астраханских калмыков и казаков, которая станет главной союзницей и блюстительницей интересов Германии на юге России.

Подразумевалось, что при первом же появлении Тундутова в Поволжье астраханцы дружно поднимутся на борьбу, в самые короткие сроки из них будет сформирована мощная многочисленная Астраханская армия, которая развернет наступление на большевиков из калмыцкой степи в сторону Ростова-на-Дону, навстречу германской армии, и на границах с германской зоной оккупации будет организовано контролируемое астраханцами буферное казачье-калмыцкое государство.

Германская сторона обязалась выделять для организации и снабжения армии деньги, вооружение, боеприпасы и обмундирование. За это Тундутов должен был придерживаться в своей деятельности определенной политической программы, куда, кроме прогерманской ориентации и монархизма, входил лозунг раздела России на четыре независимых государственных образования: Великороссию, Украину, Сибирь и Юго-Восточный Союз с Кавказом[285]. То есть и здесь, как и в случае с Украиной, Доном и Грузией, основным условием, на котором можно было получить помощь от Германии, была поддержка ее планов расчленения России. Из описания встречи в мемуарах Вильгельма II видно, что Тундутов рисовал перед немцами антибольшевистскую борьбу астраханских казаков и калмыков как национально-освободительную, утверждая, что «казаки, не считая себя русскими, чувствуют к большевикам непримиримую вражду»[286].

Получив желанные заверения, Тундутов в сопровождении немецкого офицера отправился через Варшаву и Киев в Новочеркасск, к донскому атаману П.Н. Краснову, куда прибыл 11 июня в компании одного из лидеров киевских монархистов герцога Лейхтенбергского и своего старого соратника, бывшего представителя Астраханского войска при Каледине и Корнилове, И.А. Добрынского, обретшего прочную репутацию темной личности и авантюриста еще в период корниловского выступления.

В Новочеркасске Тундутов сразу же принялся развивать бурную деятельность по организации Астраханской армии и Юго-Восточного Союза. Уже 11 июня состоялась встреча Тундутова, Лейхтенбергского и Добрынского с Красновым, во время которой они предъявили ему ноту фельдмаршала Эйхгорна, командующего германскими войсками на Украине о желательности скорейшего образования Юго-Восточного союза, удалении с Дона Добровольческой армии (или удалении из ее частей германофобского командного состава) и о поддержке немецких частей против войск Антанты в случае активизации Восточного фронта на Волге[287]. По обоюдному соглашению астраханскую армию было решено сформировать на Дону, в районе станции и окружной станицы Сальского округа Великокняжеской (на границе Донского войска и Астраханской губернии). В политическом отношении армия должна была в конечном счете обрести статус общероссийской монархической организации и воевать под лозунгами «За Веру, Царя и Отечество» и «Единая, Великая, Неделимая Россия». Эта политическая программа, принятая вопреки первоначальной договоренности с немцами, стала плодом переговоров Тундутова с другой заинтересованной стороной — киевскими монархическими организациями, проведенных в ходе той же самой поездки.

Таким образом, задуманная нойоном Тундутовым так называемая Астраханская казачья армия должна была, с одной стороны, стать вооруженной силой нового независимого государственного образования — Астраханского объединенного казачье-калмыцкого войска (ради чего она и формировалась); с другой — в ходе развертывания превратиться во всероссийскую добровольческую монархическую армию, призванную сыграть главную роль в освобождении России от большевиков, и включить в свой состав всех желающих восстановления империи и монархии.

Путаность и несовместимость поставленных задач не смущали деятельного Тундутова. Обосновавшись в Новочеркасске, в гостинице «Европейская», он достаточно быстро сгруппировал вокруг себя находившихся на Дону членов казачьего и калмыцкого войсковых правительств, офицеров войскового штаба и полков и, насколько возможно, всех вообще астраханских казаков и калмыков. Уже в середине июня выделилась инициативная группа «астраханцев» в составе Д.Д. Тундутова, И.А. Добрынского, Г.В. Рябова-Решетина, Б.Э. Криштафовича, Н.О. Очирова. В течение июня на полученные от немецкого командования суммы ими были организованы астраханское войсковое правительство (председатель — Б.Э. Криштафович) и войсковой штаб (начштаба — Г.В. Рябов-Решетин, произведенный Тундутовым в полковники).

Для руководства внутренней и внешней политикой «Астраханского войска в изгнании» при войсковом атамане был сформирован Политический кабинет, директором которого назначен «из отставных статский советник казак станицы Казачебугровской Добрынский»[288].

Несмотря на определенную известность в политических кругах пореволюционной России, свидетельств Добрынский о своей деятельности оставил весьма немного. Как уже говорилось, впервые он ославился в августе 1917 года во время корниловского выступления, входя в ближний круг главковерха, в число его политических консультантов, обитавших в Могилеве при ставке. Во время процесса, организованного по делу Корнилова после провала выступления, Добрынский дал о себе следователю следующие сведения: «Иван Александрович Добрынский, 33 лет, православный, под судом и следствием не был, статский советник, постоянно проживаю в Новочеркасске, Хлебный пер., 5а»[289]. Хотя на визитной карточке Добрынского с его слов был записан собеседником и такой адрес — «село Золотуха Астраханской губернии»[290]. До этого Добрынский был известен как «главноуполномоченный Красного Креста и чиновник для особых поручений при Кривошеине» (А.В. Кривошеин — главноуправляющий землеустройством и земледелием, член Государственного совета и Совета Министров; в 1915—1917 гг. — главноуправляющий Российским обществом Красного Креста. — *О.А.*)[291]. В августе 1917 года Добрынский принимал участие в работе Государственного совещания в Москве в качестве делегата от Владикавказского Исполнительного комитета Союза Георгиевских кавалеров (членом которого он состоял); после окончания совещания «по делам Союза» перебрался в Ставку. Принимал участие в печально знаменитых переговорах В.Н. Львова с Керенским и Корниловым. В январе 1918 года в Новочеркасске снова фигурировал в окружении генерала Корнилова, теперь уже в качестве астраханского казака и официального представителя Астраханского войска при командующем Добровольческой армии; в июне принимал активное участие в работе киевских монархических организаций... Воистину

политический руководитель Астраханской армии, под стать Тундутову, чувствовал себя как рыба в воде в революционной стихии и вел хлопотливую политическую жизнь.

Наряду с политическим кабинетом прозорливые астраханцы сразу же позаботились о создании собственной контрразведки — Особого отделения штаба Астраханского войска под руководством ротмистра Мартоса и военно-полевого суда во главе с престарелым генералом М. Громыко — бывшим членом судебно-следственной комиссии при военно-областном суде Всевеликого войска Донского.

Возникла и возможность формирования воинских частей, так как все больше астраханских казаков и калмыков, недовольных политикой большевиков, искало спасения на Дону. Фигура Тундутова стала пользоваться в Новочеркасске определенным политическим весом и популярностью. Сам он как помощник атамана И.А. Бирюкова получил признание в качестве легитимного главы астраханских казаков и калмыков и статус «Временного Астраханского атамана» (в официальных документах «и.д.» или «и.о. войскового атамана»).

В конце июня — начале июля князь Тундутов вместе с Красновым выступил одним из инициаторов воссоздания замышлявшегося еще при Каледине Юго-Восточного союза. Теперь — под видом нового федеративного суверенного государства — Доно-Кавказского союза, в который должны были войти Донское, Кубанское, Терское и Астраханское войска, «вольные народы степей» и горцы Северного Кавказа. Это государство мыслилось как союзное Германии и именно с ее помощью Краснов и Тундутов надеялись добиться его международного признания. 28 июня в Новочеркасске, в Атаманском дворце, под председательством Краснова состоялось первое заседание по вопросу об образовании союза. На нем присутствовали от Астраханского войска князь Тундутов, от Кубанского — П.Л. Макаренко, от горцев Северного Кавказа — П. Коцев, от Донского — А.П. Епифанов и А.П. Богаевский. Совещание высказалось против изложенного П.Н. Красновым проекта, поскольку он слишком явно устанавливал лидирующую роль Дона в союзе, и никакого решения принято не было. 4 июля было созвано второе совещание для ознакомления с проектом декларации Доно-Кавказского союза. Астраханское войско представляли, кроме Тундутова, Криштафович и Рябов-Решетин. Опережая ход событий, Краснов заранее послал письмо императору Вильгельму II, сообщая об уже достигнутой договоренности между «высокими сторонами» о желании создать свое государство, и обратился с просьбой о поддержке. После второго совещания, столь же бесплодного, текст декларации был разослан для подписи представителям сторон. Однако никто, кроме Тундутова, декларацию не подписал. Даже немцы в итоге отказались поддерживать эту несостоятельную идею. Независимую «казакию» как суверенного субъекта международных отношений никто всерьез не воспринял. Единственным лицом, с которым Краснов заключил свой «союз», стал князь Тундутов[292]. Так провалилась первая из вынашиваемых нойоном Данзаном авантюр.

С Астраханской армией дела у новоявленного Астраханского Атамана развивались не многим лучше. Получив от немцев часть обещанных средств, инициативная группа Тундутова в конце июня — начале июля 1918 года приступила к формированию в Сальском округе первых астраханских частей. Но если всевозможные штабы, учреждения и прочие бюрократические атрибуты армии росли как грибы после дождя, то формирование боевых частей не спорилось: к середине июля были созданы только конный дивизион и стрелковый батальон неполного состава.

В конце июля — начале августа в истории «армии» произошло политически важное событие, широко рекламировавшееся и астраханцами, и донцами: из состава формировавшихся в Сальском округе добровольческих (или как их называли в пику деникинцам — «охотничьих») частей был выделен для участия в боевых действиях небольшой офицерский отряд под общим командованием штабс-капитана Парфенова. В него входили офицерская рота (150 штыков, 4 пулемета) 1-го Охотничьего батальона под командованием штабс-капитана Пиленко и двухорудийная 1-я Охотничья батарея капитана Озерецкого. Отряд принял участие в напряженных боях 2—9 августа в составе Задонского корпуса (отряда) полковника Быкадорова под станицей Граббевской и станцией Куберле. Там же, в Сальском округе, получил боевое крещение и казачий дивизион (в том числе под станцией Куберле 19 июля — 8 августа 1918 года)[293].

И астраханцы, и донцы не скупились на громкие слова, отмечая этот боевой почин.

Начальник войскового штаба Рябов-Решетин не скрывал гордости — первая победная реляция! «Передовые части, прибыв 17 июля в станицу Великокняжескую, не успев окончить формирования и не получив снаряжения, войдя в подчинение Донскому командованию на Сальском направлении, 20 июля начали боевые действия. В течение 21 июля астраханские охотничьи части совместно с донцами вели наступление против превосходящих сил противника, оттеснив его до станицы Куберле, в 110 верстах западнее границ Астраханской губернии, но удержаться не могли и отошли в исходное положение ввиду обхода с обоих флагов превосходящими силами красных. Во время отхода снарядом противника был взорван котел паровоза нашего броневого поезда, который удалось вывезти лишь благодаря стойкости и мужеству горсти охотников-астраханцев под командованием доблестного командира батальона гвардии штабс-капитана Парфенова. В этом первом неравном бою молодые астраханские части, оказывая братскую помощь донцам, парализовали активные попытки красных ценою тяжелых потерь, превышающих 50 % боевого состава из которых более $1/_3$ убитыми. В настоящее время астраханские части для укомплектования отведены в резерв»[294].

Еще более проникновенно высказался в своем приказе полковник Быкадоров: «Тяжелые затянувшиеся бои под станицей Куберле неоднократно имели критические для моего корпуса моменты. И в эти моменты я, за неимением резервов, принужден был обращаться к Астраханскому командованию с просьбой поддержать нас своими добровольцами. Астраханское командование, вполне осознавая общность цели Донцов и Астраханцев, охотно отозвалось на мой призыв и не отказывало. Так было 19 июля... так было и 7 августа. 19 июля введена в бой наряду с донцами сотня доблестных добровольцев, показавших чудеса храбрости и презрения к смерти. Несмотря на губительный огонь богатого техникой противника, сотня астраханцев мужественно и смело бросилась на противника и этой своей решительностью и доблестью много способствовала восстановлению порядка и поднятию морального состояния в рядах собственных бойцов.

8 августа, находясь в резерве, другая сотня астраханцев-добровольцев была примером мужества и презрения к врагу, что без сомнения поднимало дух в рядах всех участников боя.

О доблести славных добровольцев говорят значительные потери их, а также все донесения донских начальников, под непосредственным командованием коих приходилось быть астраханцам.

Ныне, по причинам от меня не зависящим, должен проститься с Вами, доблестные мужественные воины.

Примите от лица войск Задонского корпуса мой земной поклон за вашу помощь, оказанную моим частям.

Сердечно благодарю Вас за Ваше содействие в тяжелые минуты и думаю, что Вам хорошо понятна общность интересов Дона и Астрахани, чтобы вновь в будущем скрестить наши мечи с мечом презренного врага.

С глубоким сожалением расстаюсь я с Вами, но верю, что недолга наша разлука, и, сломив противника, мы будем вместе добивать его»[295].

В конце августа — начале сентября для участия в боевых действиях вновь выделялся сводный астраханский отряд общей численностью до 500 штыков и шашек под командованием полковника М. Демьянова (рота 3-го стрелкового полка, рота 1-го пластунского полка, сотня 4-го конного казачьего полка, двухорудийная 1-я пластунская батарея и отряд киселевских крестьян) [296]. Но к этому моменту восторги по поводу долгожданных боевых починов поутихли — продолжать трубить «о скромных подвигах горстки героев» на фоне заявлений о создании могучей армии было уже не с руки даже астраханскому руководству.

Вооруженная борьба астраханского казачества с большевиками началась именно на Дону, а не в Поволжье. Два десятка малочисленных астраханских станиц с хуторами, разбросанными на огромных пространствах трех поволжских губерний, частью находились в крупных промышленных городах (Саратов, Царицын, Астрахань), являвшихся опорой большевиков, или рядом с ними, а частью — вкраплены в почти сплошной массив типичных для данного региона крупных крестьянских поселений, тянущихся вдоль Волги до Каспийского моря, традиционно враждебных казакам и симпатизировавших большевикам. Поэтому любая, даже хорошо скоординированная, попытка антибольшевистского выступления астраханских казаков без посторонней помощи сколько-нибудь реальных шансов на успех не имела. Зато в соседних большинству астраханских станиц землях Донской области уже в апреле 1918 года полыхнуло мощное антибольшевистское восстание, и туда, скорее, за помощью, чем на помощь «старшему брату», потянулись наиболее воинственно настроенные астраханцы.

В этом отношении в самом выгодном положении находился II отдел Астраханского войска (станицы которого располагались вдоль Волги, от Царицына до Саратова), где русла Волги и Дона максимально сближаются. Генерал И.А. Поляков, описывая бои в междуречье Волги и Дона в начале июня, упоминает о неожиданной помощи, полученной донцами при освобождении станиц Каргальской и Романовской со стороны партизанских отрядов «казаков-камышинцев» (то есть казаков станицы Александровской)[297]. При внешнем спокойствии астраханские станицы являлись горючим материалом в тылу у советских формирований, готовым моментально вспыхнуть при приближении донских частей, что и происходило неоднократно летом — осенью 1918 года.

В течение 1918 года в районе боевых действий Донской армии разновременно находились Александровская, Александро-Невская, Николаевская, Пичужинская и Царицынская станицы II отдела с общим населением около 14 тысяч человек. Периодические мобилизации населения станиц и хуторов проводились как в части Красной армии, так и в Донские части, воевавшие на их территории. Командиры донских частей обязаны были направлять и часто действительно направляли попавших к ним астраханцев в формировавшуюся Астраханскую армию. Некоторый приток коренных казаков в части шел во время наступлений Донской армии на Царицын, когда астраханцы приближались к Волге, но их процент был незначительным даже в конных полках.

В августе в ряде астраханских станиц произошли антисоветские выступления. Самыми крупными из них были восстания казаков станиц Александровской и Пичужинской. Станичники не получили ожидавшейся помощи наступавших донцов, и выступления были быстро подавлены, лишь в районе станица Пичужинская — село Рынок Донской армии удалось добиться кратковременного успеха.

Тундутов как всегда колоритно обрисовал в своем приказе обстоятельства пичужинского восстания: «С продвижением частей Донской армии 3 августа была занята ст. Пичужинская 2-го Саратовского отдела. Казаки... дружно стали грудью на защиту родного войска... на мой приказ о мобилизации казаков лишь трех очередей станица подняла все свое население до 48 лет. Части казаков, не имевших лошадей, они даны были обществом... Пичужинцы вместе с донцами начали боевые действия, а 9 августа понесли уже тяжкие потери — высланная вперед для выполнения ответственного задания отборная сотня в составе двух офицеров и 70 казаков под командованием сотника Буйлина была настигнута двумя бронеавтомобилями противника и расстреляна. Доблестный сотник Буйлин, прапорщик Дудов и почти все казаки погибли от губительного пулеметного огня, несколько оставшихся в живых были захвачены и обезглавлены; лишь один казак спасся с надрубленной шеей, принятый за мертвого. Не успели пичужинцы похоронить мертвых, как новое бедствие обрушилось на доблестную станицу; благодаря сложившимся обстоятельствам Пичуга была оставлена, но не задумались пичужинцы... — как один покинули станицу и ушли с донцами... ушли в чем были взяты с поля на мобилизацию... из мести станица была подвергнута артобстрелу, лучшая ее часть сожжена, имущество и хлеб расхищены... Объявляю благодарность по войску, вы не будете забыты, в вас жив дух славных волжских казаков. Особая благодарность — атаману станицы Михаилу Алексеевичу Кузнецову, спасшему архив и имущество...»[298].

Сотни жителей станицы погибли, были репрессированы во время этих событий, ушли на Дон, пополнив ряды белых астраханских частей. Станица обезлюдела. Тундутов выделил в помощь семьям погибших казаков 50 тысяч рублей; десятки станичников щедрой рукой атамана были отмечены наградами и очередными чинами[299]. Пичужинцы ответили на это избранием Краснова, Тундутова и Рябова-Решетина почетными казаками станицы.

Молодых казаков Александровской и Пичужинской направили на пополнение 1-го конного казачьего полка; пожилые и безлошадные определялись в пластуны. Например, из пичужинцев был сформирован 2-й пластунский батальон. В начале сентября, в период перетасовки кадров, батальон переформировали в пеший казачий дивизион из 1-й строевой сотни и 2-й сотни, несущей гарнизонную караульную службу (состоявшей из казаков добровольцев старше 40 лет), пулеметной команды и команды освобожденных от службы по возрасту и состоянию здоровья (находившейся в распоряжении станичного атамана подхорунжего Кузнецова, правления станицы, и войскового штаба)[300].

Официально комплектование казачьих и калмыцких частей на занимаемых белыми территориях было возложено астраханским правительством на командира 2-го Астраханского князя Тундутова полка и Астраханской казачьей дивизии полковника Н. Суворова (бывшего командира 1-й Астраханской казачьей батареи, с согласия донского атамана принятого в казаки Астраханского войска). Суворов именовался «командующим северным районом Астраханского казачьего войска». Ему, как «атаману северного района», были подчинены II (Саратовский) и Малодербетовский отделы[301]. Но проведение мобилизаций в Астраханской и Саратовской губерниях носило случайный характер и зависело от перемещения линии фронта.

Конные казачьи части армии должны были формироваться непосредственно в Сальском округе, в основном за счет откочевавших сюда летом-осенью 1918 года калмыков: 2-й Астраханский князя Тундутова и 3-й Астраханский князя Тюменя, — из астраханских, 4-й — из ставропольских калмыков. Коренными казаками комплектовались только 1-й казачий полк и 1-я казачья батарея. Калмыцкая молодежь в целом охотно откликалась на мобилизации, получала казачью форму, проходила курс обучения под руководством офицеров и урядников и на смотрах выглядела вполне пристойно, но по боевым качествам заметно уступала казакам, поэтому конные астраханские полки не представляли из себя серьезной боевой силы.

Пехотные части формировались контрактным набором из русских офицеров-добровольцев на Украине, в Грузии и на других территориях, оккупированных Германией или занятых Добровольческой и Донской армиями. Первое вербовочное бюро астраханцев было открыто уже в начале июля 1918 года в Киеве. Затем «Бюро записи в Астраханскую казачью армию» были открыты в Ростове-на-Дону, Новочеркасске[302] и других южных городах, где — подальше от большевиков — скапливалось «безработное» российское офицерство.

Кадровые русские офицеры-монархисты сыграли заметную роль в создании Астраханской армии. Один из активных участников политической жизни белого Юга князь Г.Н. Трубецкой приводит в своих воспоминаниях ряд отрывков из деловых и дружеских бесед с офицерами-«астраханцами», из которых следует, что еще в период формирования добровольческой бригады М.Г. Дроздовского на Румынском фронте значительная часть вступавших в нее офицеров стремилась к созданию именно монархического соединения[303]. Однако в тогдашних условиях это оказалось неосуществимо. Бригада Дроздовского, включавшая офицеров-добровольцев весьма различной политической ориентации как самостоятельная боевая единица просуществовала недолго. Она шла на Дон на соединение с армией Корнилова и в конце мая 1918 г. влилась в Добровольческую армию А.И. Деникина, где была переформирована в 3-ю дивизию. Но не все офицеры согласились служить под началом «демократа» Деникина. Многие из них, последовательные монархисты, откликнулись на предложение киевских монархических организаций и, покинув ряды Добровольческой армии, вступили в новую, формируемую под монархическими лозунгами и на немецкие деньги Астраханскую, став костяком ее пехотных частей. Летом 1918 года именно М.Г. Дроздовский был основным посредником в переговорах и решении конфликтов между Астраханской и Добровольческой армиями, связанных с переходами офицеров[304].

Наиболее широко вербовку офицеров для Астраханской армии удалось (при помощи германского командования и киевских монархистов) поставить на Украине. Первоначально, в июле — сентябре 1918 года, на Украине существовали множество независимых пунктов набора в армию и отдел снабжения, который возглавлял полковник Гавдзинский. Штаты этих учреждений были несоразмерно велики, наполняющие их «темные личности» получали на свое содержание очень крупные по тем временам суммы, а эффект от их деятельности был весьма мал. Формирование частей шло чрезвычайно медленно.

Донесения проверявших эти вербовочные бюро контрразведчиков рисовали одинаково негативную картину: «В Ростов прибывают добровольцы, записавшиеся в Астраханскую армию. Их встречает сестра милосердия. Подвод для вещей нет, свободно агитируют и уводят кадры добровольцы». «В Киеве распространена версия о том, что все, кто только поступают на службу в Астраханскую казачью армию, обязаны якобы записаться в казачье сословие, и этот нелепый вариант многих остановил». На столе в большом количестве лежит «воззвание под заголовком "Английская петля" за подписью "Союз Спасения Родины" (явно антидобровольческого содержания) и т.д.[305] То же касалось и самих контрразведывательных пунктов: в Ростовском контрразведывательном бюро штабс-капитан Лучич и подпоручик Чиркин не доводят дознания до конца, отсутствует финансовая отчетность, люди мытарятся по тюрьмам, пропадают без вести[306].

По мере изменения военно-политической обстановки на юге России, применяясь к обстоятельствам, руководство астраханцев корректировало свои лозунги. 18 августа в приказе по проведению в Великокняжеской «богослужения и церковного парада» по случаю войскового праздника и 19 августа — в поздравлении казакам Тундутов называл в качестве цели борьбы воссоздание «единой неделимой, независимой и Великой России», ни словом не затронув монархическую тематику[307].

В сентябре, после разрыва с немцами, астраханцы требовали уже от вербовочных бюро разъяснять, что они ничего общего с германским командованием не имеют, что поступающий в армию не обязан становиться астраханским казаком, но может быть принят в войско по собственному желанию; постепенно всплыл вопрос и о противодействии монархической пропаганде, которая осложняла отношения с Добровольческой армией и отталкивала значительную часть потенциальных кадров.

В октябре—ноябре 1918 года, когда немецкое снабжение окончательно прекратилось и астраханские части перешли в ведение донского командования, все украинские бюро (кроме киевского) были ликвидированы. По ходатайству председателя астраханского правительства Криштафовича, представительство Астраханского войска и ведение дел по укомплектованию армии на Украине взял на себя атаман Донской зимовой станицы (посольства) в Киеве генерал А.В. Черячукин, после чего вербовка офицеров пошла несколько успешнее. Черячукин добился выделения некоторых сумм на комплектование армии от гетмана Скоропадского, наладил относительно регулярную отправку офицерских пополнений в Сальский округ. Однако, едва приведя дело комплектования в порядок, Черячукин в связи с уходом немцев и неминуемым падением гетманской власти вынужден был быстро сворачивать и эвакуировать астраханские организации в Новочеркасск. В начале декабря украинская армия Петлюры заняла Киев, Скоропадский бежал, и все структуры Астраханского войска сосредоточились на Дону[308].

В начале августа 1918 года была сделана попытка открыть вербовочное бюро Астраханской армии в Тифлисе. Города новорожденной независимой Грузии весной—летом 1918 года наводнила масса русского офицерства бывшего Кавказского фронта, что являлось предметом недовольства и беспокойства социалистического правительства Н. Жордания. Несмотря на посредничество немцев, правительство официально отказало астраханцам в открытии вербовочного бюро, не желая осложнений в отношениях с большевиками, однако фактическому набору и вывозу офицеров в Сальский округ не препятствовало[309]. Русское офицерство охотно, массами вербовалось в новую армию. Большинство — потому что желало просто вырваться из «кукурузной республики» и попасть в Россию. Других привлекали монархические лозунги и вообще возможность вооруженной борьбы с большевиками. Третьих — высокие денежные оклады, самые высокие по сравнению с другими антибольшевистскими формированиями на юге России[310]. В Тифлисе из завербованных офицеров составляли партии, которые отправлялись через Поти и Керчь в Ростов под начальством старшего в чине. В течение всего августа шла регулярная и оживленная пересылка офицерства на Дон. К концу сентября ввиду нехватки средств она прекратилась.

Легкость записи в Астраханскую армию, обещание хорошего денежного довольствия и перспектива длительного сидения в тылу собирали под крылом Тундутова весьма пеструю публику. Астраханская контрразведка просеивала записавшихся добровольцев в поисках самозванцев и шпионов. Порой показания допрашиваемых превращались в удивительные рассказы о человеческих судьбах.

Вот, например, протокол допроса прусского подданного Бронислава Конколя (24 лет, уроженца Станишева): в русском плену с 26 августа 1914 года (пленен под Норденбургом); отправлен вместе с другими пленными в Сибирь. После революции прибыл в Петроград, подрабатывал на Мурманской железной дороге, возил на станцию хлеб. «Деньги платили два еврея-подрядчика — Нейман и Фельдман. После с пятью товарищами военнопленными поехал без всякой цели на Юг. Случайно остался в Ростове. Здесь познакомился с другими пленными немцами и австрийцами. Русские документы купил еще в Питере на имя вольноопределяющегося Михаила Андреева. Поступил в Добровольческую армию». Пришли красные; батальон был рассеян. Конколь записался волонтером в революционную добровольческую армию. Затем город освободили казаки. Подрабатывал, служил, прибился к 1-му Офицерскому полку, затем уволился оттуда. Жил на иждивении некой ростовской мещанки. Затем женился на другой женщине (с дочерью) — Евдокии Фетисовой, «ее муж ушел с большевиками». Через месяц купил в Новочеркасске документы прапорщика за 300 рублей и 2 сентября устроился в Астраханскую армию[311].

Не менее выразительны показания добровольца 2-го Охотничьего батальона «подпоручика запаса флота по адмиралтейству» Евгения Сергеевича Родионова: «...В 1900 г. поступил в Морской кадетский корпус. В 1906 г. вышел по болезни (неврастения и наличный порок сердца) из старших гардемарин и произведен в подпоручики по адмиралтейству с увольнением в запас флота.

За время пребывания в корпусе совершил 5 кампаний внутреннего плавания (в Балтийском море) на учебных судах "Воин", "Верный", крейсерах "Кн. Пожарский", "Рында", броненосце береговой обороны "Минин". Переходные баллы были у меня всегда хорошие.

В 1906 г. выехал в Австрию, где поступил в Черную Академию... по окончании которой основал в Вене вместе с одним присяжным русским осведомительное бюро экономического характера. Это бюро предназначалось для русской публики, интересующейся промышленной и торговой жизнью Австро-Венгрии и находилось под непосредственным наблюдением Российского посольства и консульства...

Когда всемирная война ожидалась со дня на день, было решено, что наше бюро уедет вместе с посольским поездом. Но полиция запретила, и я поехал в Россию (2 августа нового стиля) на свой риск. После безуспешных скитаний по Галиции принужден был вернуться обратно в Вену (5 августа), где и был арестован. Первые две недели плена были прямо ужасны, ибо наше бюро было у Венской полиции всегда на подозрении. Моя поездка по Галиции подлила еще масла в огонь, и первое время плена меня буквально мучали, грозя повешеньем и т.д. Из Вены был переведен в Эстергомский лагерь, а оттуда в Асот, откуда, раздобыв испанский паспорт, бежал 26 августа нового стиля.

Из плена пробовал бежать еще в 15 году, но был схвачен около Мункача в Венгрии.

Первоначальной моей целью по приезде в Россию было двинуться во Владивосток, где мой отец ген.-м. С.В. Родионов состоит помощником командира порта. Но, доехав до Киева, я узнал о невозможности пробраться туда. На пути из Киева в Харьков встретился в вагоне с гг. офицерами Астраханской Армии, от которых и узнал о существовании и об условиях записи в эту армию.

Из языка, кроме русского, владею вполне немецким, в достаточной мере знаком с французским, мадьярским, польским и вообще — вследствие частых сношений в Австрии и в плену — со всеми славянскими»[312].

Астраханская армия на бумаге и на словах задумывалась Тундутовым очень широко: пехотные, конные, пластунские, охотничьи, партизанские, инженерные, тракторные, авиационные, артиллерийские, броневые и всевозможные гвардейские части, речные и морские флотилии и т.д. и т.п. Был даже издан приказ о формировании в составе армии отдельной Текинской сотни во главе с Ханом Хаджиевым, бывшим адъютантом генерала Корнилова[313]. Для каждой части уже в начале июля приказами Тундутова была установлена своя форма — весьма вычурная и претенциозная[314]. Предполагалось, что осенью 1918 года Армия будет насчитывать в своем составе не менее 60 тыс. бойцов[315]. В соответствии с монархическим духом Армии всем чинам Астраханского войска уже в первые дни формирования было предписано снять добровольческие бело-сине-красные — «национальные» — нарукавные шевроны и заменить их бело-желто-черными — «романовскими» — шевронами, нашитыми углом к плечу. Однако на деле формирование всех частей армии, в том числе калмыцких, с первых до последних дней ее существования было поставлено очень плохо.

Объявленная нойоном поголовная мобилизация казаков и калмыков результатов не давала. К концу июля 1918 года, кроме двухсотенного Астраханского казачьего дивизиона, из всех задуманных на бумаге частей был сформирован только один офицерский батальон[316].

Серьезной причиной нехватки офицерских кадров для Астраханской армии стала конкуренция другой общероссийской антибольшевистской армии — Добровольческой. Штаб Деникина развернул целую подпольную войну против руководства Астраханской армии за «души и тела» офицеров. Считая эту организацию своим потенциальным противником, штаб Добровольческой армии регулярно собирал информацию о деятельности и состоянии «астраханцев», по мере сил дискредитировал их, препятствовал попаданию завербованных офицеров в Великокняжескую, всячески переманивал их к себе. То есть эта война сводилась в основном к политическим интригам и отбиванию присланных для Астраханской армии пополнений[317]. Необходимо признать, что добровольцы добились в своей «антиастраханской» деятельности серьезных результатов: в среднем около 75 процентов астраханцев, не доезжая до Великокняжеской, попадали в состав Добровольческой армии.

Да и сам Тундутов, изначально бестолково поставив все дело формирования и уже в июле 1918 года создав множество штабов и оркестров, собрал вокруг себя бесчисленную свиту из всякого рода кутил и выжиг, вместе с которыми активно растрачивал немецкие суммы, ведя праздный образ жизни; как свидетельствует современник, в штабах и учреждениях Астраханской армии «царил дух Царского Села»[318]. Это также отталкивало от астраханцев потенциальные офицерские кадры.

Нойон легко присваивал высокие чины, принимал в войсковое сословие, одаривал должностями, наградами (в том числе Георгиевскими крестами) и окладами. Отдельно в своих приказах атаман, вступая в должность, счел необходимым отметить участников январских боев 1918 года в Астрахани и на станции Кайсацкой. Стиль этих приказов весьма своеобразен (и, думается, внесет свою лепту в формирование портрета Тундутова): «После неравного 14-дневного боя в г. Астрахани защитники войска, разделенные на две группы, были вынуждены покинуть наш родной город и отходили по двум направлениям: одна часть со мною — через калмыцкие степи на соединение с донцами и Добровольческой армией, а другая с генштаба подполковником Рябовым-Решетиным — по железной дороге на север для соединения с Кайсацким отрядом и поднятия 2-го отдела.

В тяжелых условиях суровой зимы в степи 11 суток шла горсть астраханцев, отбиваясь от наседавших со всех сторон большевиков, и таяли защитники войска.

Начальник бригадной конно-саперной команды хорунжий Сергей Львов, будучи тяжело ранен в живот, но не желая переносить позора неминуемого большевистского плена, спокойно разорвал руками рану вынул внутренности и скончался.

Вторая часть защитников была вынуждена полностью рассеяться ввиду полной невозможности сопротивления против превосходящего... противника... При следовании в свои станицы начальник Кайсацкого отряда временный командующий 2-м Астраханским полком есаул Кукушкин был захвачен на станции Верблюжьей с четырьмя офицерами... принял всю вину на себя; как начальник отряда, был приговорен к расстрелу. Будучи приведен на казнь, есаул Кукушкин спокойно отделился от своих офицеров и стал перед нарядом. Будучи спрошен, не хочет ли сказать чего перед смертью, есаул Кукушкин твердым спокойным голосом сказал: "Казаком родился, казаком и умру, стреляйте же..." Эти спокойные и гордо сказанные слова произвели настолько сильное впечатление на красных, что только 8 человек не опустили винтовки и своим залпом сразили героя. Многие плакали; раздались голоса против смертной казни и восторга перед доблестью героя — казака Кукушкина; жизнь его спутников была пощажена... геройская кончина... есаула Кукушкина и хорунжего Львова послужит примером доблести для возрастающего поколения войска. Вечная память вам, дорогие бессмертные герои!»[319].

Основная масса офицеров и казаков относилась к Тундутову и его затеям безразлично или отрицательно. Сам он не пользовался уважением среди подчиненных; куда большим «уважением» пользовались те крупные средства, которые он получал от немцев. Когда же немецкие средства иссякли и несостоятельность затеи стала вопиюще очевидной, начальник штаба армии (он же — начальник войскового штаба) генштаба подполковник Рябов-Решетин и генерал-квартирмейстер подполковник Полеводин от имени астраханских офицеров и казаков попытались через генерала Е.Ф. Эльснера, представителя Деникина в Новочеркасске, наладить контакт с командованием Добровольческой армии и неоднократно обращались с просьбами о переходе в ее состав[320]. Однако Деникин неизменно отвергал ходатайства астраханских частей, исходя из политических соображений и не желая еще больше обострять отношения с Красновым.

К началу сентября 1918 года, по сведениям штаба Добровольческой армии, вся Астраханская армия состояла на бумаге из двух офицерских, одного казачьего и двух калмыцких полков[321]. Но полки эти были сборные, слабого состава и не представляли из себя реальной боевой силы. Вместо приведения в порядок уже существующих частей Тундутов отдавал приказы о создании все новых и новых полуфантастических формирований. Это лишний раз подтверждало показной, политический характер армии и отсутствие за громкой вывеской реального содержания.

Прибывавших добровольцев превратить в дисциплинированную воинскую силу было непросто. Хлебнувшие революции, прошедшие через ужасы развала армии и буйства солдатской массы офицеры пропитались духом партизанщины. Командный состав формируемых частей грозился и сетовал по поводу отсутствия дисциплины и чинопочитания, пьянства даже во время несения службы.

В августе—сентябре в связи с продолжением боевых действий в Сальском округе центр формирования Астраханских частей сместился во 2-й Донской округ, в станицу Морозовскую. О формировании двух корпусов — казачьего и охотничьего — речи уже не шло. Перебрасываемые в округ кадры должны были вливаться в один Особый астраханский корпус, который в первой половине сентября временно возглавлял генерал Чумаков, бывший начальник несостоявшейся 2-й казачьей дивизии (начальник штаба — подполковник Иваницкий).

На бумаге в корпусе числились: две стрелковые бригады (четыре полка), пластунская бригада (два полка), четырехполковая казачья дивизия полковника Суворова (начштаба — подъесаул Архангельский), два стрелковых, два пластунских и два казачьих батареи (1-я Астраханская казачья (из коренных казаков) и 3-я Астраханская казачья батарея (войскового старшины Сухоплеско), инженерная рота, тракторная команда (четыре трактора), авиационный дивизион (два самолета), 1-й казачий батальон, Волжский партизанский отряд, Текинский эскадрон, кадр флотилии, отряд (сотня) астраханских крестьян.

В действительности пехотные части корпуса были представлены четырьмя батальонами неполного состава: 1-й стрелковый (охотничий) полковника Парсмана, 2-й стрелковый (охотничий) полковника Парфенова, 1-й пластунский полковника М. Демьянова, 2-й пластунский полковника Акутина. 1-й стрелковый батальон комплектовался в основном выходцами из Украины и Белоруссии — потомственными офицерами, представителями интеллигенции, аристократии; 2-й стрелковый Волжский батальон — в основном урожен-

цами Астраханской и Саратовской губерний. Артиллерия была представлена двухорудийными стрелковой и пластунской батареями (формирование двух конных казачьих батарей продвигалось плохо).

Из конных частей более или менее укомплектованную часть представлял только сформированный из казаков 1-й Астраханский полк есаула Туроверова (двухсотенный пеший и двухсотенный конный дивизионы); 2-й Астраханский казачий князя Тундутова (командир — полковник Н. Суворов), 3-й Астраханский казачий князя Тюменя (командир — полковник барон Коне, 4-й Астраханский казачий (командир — полковник Абашев) полки — существовали только в виде офицерских кадров и учебных команд, занимавшихся обучением двух-трех сотен мобилизованных молодых калмыков, выездкой лошадей[322].

По итогам двух с половиной месяцев организационной работы астраханцы могли в начале сентября отправить на фронт лишь два стрелковых батальона (1-й полковника Парсмана и 2-й штабс-капитана лейб-гвардии Измайловского полка Парфенова (произведенного в полковники) казачий и калмыцкий конные двухсотенные дивизионы и две легкие батареи, общей численностью не более 1,5 тыс. штыков и шашек при 4 орудиях и 8—10 пулеметах.

Формируемый военным летчиком подпоручиком Пихтовниковым 2-й авиационный дивизион также был далек от списочного состава, но уже в сентябре 5—6 исправных самолетов астраханцев вовсю использовались донцами под Царицыным для разведки, бомбометания и разбрасывания листовок.

Политическое руководство формируемой армии официально принадлежало астраханскому войсковому правительству и прежде всего — Тундутову и Добрынскому. Военным руководителем армии в августе 1918 г. был выбран проживавший в Киеве и достаточно известный в армейских кругах, генерал-лейтенант А.А. Павлов[322а], монархист по убеждениям, человек сугубо военный, далекий от политических интриг, блестящий кавалерист. Сам Тундутов в императорской армии был ротмистром и не смел претендовать на эту роль.

Таким образом, создав видимость бурной организационной работы, на деле Тундутов и его сподвижники даже к концу лета не сформировали ни одной сколько-нибудь крупной боевой единицы. И тут дело заключалось не только в авантюризме калмыцкого князя. Этому мешала изначальная двойственность и непоследовательность всех заинтересованных сторон, участвовавших в организации армии. Тундутов, Краснов, немцы, киевские монархисты, офицеры-дроздовцы — каждый стремился к достижению своих целей и выгод, часто взаимоисключающих, в совокупности делающих продуктивную организационную работу просто невозможной. Немцев не устраивали «единонеделимские» настроения киевских монархистов, что сказывалось на финансировании армии. Значительную часть офицеров не устраивала позиция немцев, требовавших за оказываемую помощь признания раздела России, что порождало утечку в Добровольческую армию, и т.д.

В конце августа немцы, видя неудачу и бесперспективность затеи с Астраханской армией, прекратили субсидировать Тундутова, и он вынужден был обратиться за продолжением финансирования к киевским монархистам. 7 сентября между Советом монархического блока и руководством армии был заключен договор. От астраханцев его подписали атаман Тундутов, командующий Астраханской армией генерал-лейтенант Павлов и управляющий Внешним отделом, начальник Политического отдела войскового правительства Добрынский. В соответствии с этим документом политическое руководство армией передавалось киевским монархистам. В статье 2-й говорилось: «Астраханская армия должна быть использована для борьбы со всеми противниками восстановления Законопреемственной монархии и воссоздания России»[323]. В качестве политического и духовного руководителя

формирующейся армии киевские монархисты попытались привлечь жившего в Крыму великого князя Николая Николаевича, однако он отверг это предложение. В середине сентября, по завершении переговоров, Павлов официально вступил в должность командующего Астраханской армией и Астраханским корпусом (начальником штаба армии / корпуса стал подполковник Полеводин).

Очень скоро выяснилось, что киевские монархисты, не обладают достаточными материальными средствами для содержания армии, поэтому с начала осени она начала испытывать острую нехватку буквально всего, что в итоге поставило вопрос о ее дальнейшем существовании.

Видя отрицательное отношение массы астраханцев к собственной персоне, их желание перейти к добровольцам, безвыходность финансового положения, Тундутов уже в августе—сентябре пытался наладить контакт с генералом Деникиным, прося его принять астраханские части в Добровольческую армию[324]. 4 августа Тундутов направил генералу Алексееву, верховному руководителю Добровольческой армии, официальную телеграмму, в которой просил его содействия для включения Астраханской армии в Добровольческую, «исторический путь которой является единственным для истинных преданных сынов Единой, Великой России»[325]. Эта телеграмма была перехвачена немцами и послужила одним из поводов для расторжения их договоренностей с Тундутовым. Однако Деникин, не желая подрывать свой авторитет связями с прогерманскими организациями, наотрез отказывался от сотрудничества с астраханским атаманом, в котором он видел лишь авантюриста, разлагающего офицеров.

В этих условиях единственной серьезной фигурой, действительно заинтересованной в организации и использовании астраханских частей, оказался П.Н. Краснов. С самого начала своей атаманской деятельности он выказал стремление к занятию Нижнего Поволжья для обеспечения рубежей «суверенного Дона», рассчитывая на поддержку казаков-астраханцев, калмыков и отчасти крестьянского населения. В конце августа — начале сентября, когда Краснов добился от Большого войскового круга решения наступать на Царицын, союз между донцами и астраханцами приобрел практическое значение.

После коротких переговоров астраханцам предложено было начать боевую деятельность на царицынском направлении, действуя с Юга, через территорию Малодербетовского улуса. В качестве второго направления было предложено участие в операции по окончательному очищению Сальского округа от красных частей.

15 сентября генерал Павлов издал приказ по Астраханскому корпусу, в котором призвал астраханцев помочь донцам в штурме Царицына (на Чирском направлении в составе частей генерала Мамантова, действуя от Ляпичево на хутор Верхнецарицынский и далее — на Сарепту).

Для участия в боевых действиях из состава частей корпуса был создан Особый отряд Астраханского казачьего войска (он же Северный, он же Царицынский) под командованием генерал-майора М. Демьянова (начштаба — штабс-капитан Сукин): 1-й Охотничий батальон полковника Парсмана (700 штыков, 4 пулемета), двухсотенный конный дивизион 1-го Астраханского казачьего полка войскового старшины Милованова (7 офицеров, 230 шашек, 3 пулемета), 1-я охотничья батарея (2 орудия, 5 офицеров, 80 добровольцев (по некоторым сведениям — 4 орудия) капитана Озерецкого и авиаотряд (2 аэроплана) [326]. При известии о предстоящем участии батальона в боевых действиях несколько добровольцев и младших офицеров дезертировало[327].

19—20 сентября началась отправка первых эшелонов с частями на фронт (под Царицын и 2-й отряд в Великокняжескую). Причем Павлов, ведя переговоры с донцами, демонстративно попросил последних о содействии и поддержке на случай, если немцы будут чинить каверзы и препятствия астраханцам[328].

В конце сентября отряд Демьянова прибыл в заданный район, войдя в подчинение командующему войсками Чирского района генералу Мамантову и сосредоточился в районе хутора Ляпичева. 29 сентября астраханцы заняли станцию Тундутово (Червленую). 30 сентября, в 9 утра, в соответствии с приказом Демьянова, отряд, двигаясь двумя колоннами, с казачьими сотнями в авангарде занял села Б. и М. Чапурники. С 1 октября должно было начаться наступление на занимаемые красными частями станцию и колонию Сарепта (на подступах к Царицыну).

В связи с успешностью развития боевых действий и уверенностью в близком освобождении Нижнего Поволжья от большевиков Тундутов и его сподвижники составили и издали «Положение об управлении Астраханским краем». Астраханский край объявлялся суверенным казачьим государством, членом федерации казачьих войск юга России, состоящим из Астраханского войска (с казачьей и калмыцкой частями — два казачьих и шесть калмыцких отделов), пяти русских уездов и Букеевской (казахской) орды. Высшими органами на территории края объявлялись круг, правительство и атаман[329]. Войсковое правительство было частично реорганизовано в астраханское краевое правительство по типу донского. Его главой стал тот же Криштафович, управляющим военным и морским отделом правительства (военным министром) — генерал Павлов. Началась срочная организация новых и новых всевозможных штабов, отделов и управлений, раздувались штаты старых.

Демьянов, получивший статус исполняющего обязанности военного губернатора Астраханской губернии, 1 октября выпустил грозный и патетический «приказ-воззвание» к населению губернии, призвав его немедленно подняться на борьбу с большевиками в рядах Астраханского войска, восстановить «нормальный порядок» в селах и т.п. (приказ, написанный весьма путано, нетвердой рукой, видимо, был создан под влиянием теплой встречи, оказанной благодарным населением): «В то время, как на наш край были двинуты преступники всего народа, комиссары Ленина, Троцкого, другие предатели России и полчища красной гвардии для порабощения нашей свободы, лучшие сыны Родины восстали на защиту, будя совесть и зовя с собой на этот святой долг.

Недолго большевистский туман окутывал головы, скоро заговорила совесть народная, и очнулись казаки и восстали с оружием в руках против озверения разбойников... предавания огню и мечу: города, станицы, села и хутора, избивавшая мирное население, осквернявшая храмы, надругавшаяся над всем тем, что является самым святым и заветным для человека... Всякий не желающий подчиняться моему приказу и отказывающийся встать в ряды Астраханского войска... будет считаться предателем и смотря по обстоятельствам предаваться суду на основании существующего закона военного времени. Настоящий "Приказ" приказываю волостным старшинам переписать в возможно большем количестве экземпляров и распространять среди населения. Всех агитаторов арестовывать и препровождать в село Б. Чапурники»[330].

Необходимо отметить, что Демьянову все же удалось за отведенные судьбой несколько дней пополнить ряды астраханцев мобилизованными и пленными.

2 октября история отряда неожиданно получила короткую кровавую развязку. В начале октября перешедшая в контрнаступление советская 10-я армия стала теснить казачьи части к Дону и Салу. Успех красным обеспечил неожиданный удар в тыл астраханцам Стальной дивизии Д. Жлобы. Дивизия неожиданно для донского, добровольческого и красного командования снялась с фронта под Ставрополем, где в составе советской 11-й армии сдерживала атаки Добровольческой армии и стремительным маршем вышла к Царицыну, 2 октября оказавшись в тылу у астраханцев под Чапурниками. В течение 45-минутного боя Стальная дивизия наголову разбила астраханскую пехоту, конницу и артиллерию, причем погиб командир отряда генерал Демьянов и попал в плен

его штаб[331]. После разгрома Астраханского отряда донские войска Северо-Восточного фронта, которым командовал генерал К.К. Мамантов, оказались под угрозой окружения и вынуждены были отступить из-под Царицына[332]. Инициативу с краевым правительством, как неуместную в сложившейся ситуации, астраханцы свернули.

Начальник войскового штаба Рябов-Решетин не пожалел красок, описывая бойню в Чапурниках в телеграмме, отправленной в штаб Донской армии: «2 октября красные, принадлежащие отряду Жлобы, шедшие из пределов Ставропольской губернии пограничными Астраханскими селами... вышли в тыл (атаковав внезапно) Астраханский отряд. Одновременно в районе с. Лучки (Светлый Яр) были высажены части красных, подвезенных со стороны г. Черный Яр по Волге. Астраханский отряд, будучи отрезан и окружен (атакован) во много раз превосходящими силами красных, героически отбивал ряд атак Черкесской конницы и колонн красных. Одновременно стоящие севернее ст. Тундутово (в р-не Сарепты) бронированные поезда обстреляли астраханцев огнем тяжелой артиллерии. Наши орудия и пулеметы, стреляя до последнего патрона, нанесли красным огромные потери, выкашивая целые колонны. После тяжкого, неравного, героического боя, понеся весьма серьезные (значительные) потери, вынужденные оставить два орудия и часть пулеметов, но выполнившие до конца свою боевую задачу, астраханцы пробились (отошли) к ст. Червленой. В этом бою тяжело ранен доблестный начальник отряда ген. Демьянов и пал смертью героя доблестный командир 1-го Астраханского стрелкового полка полк. Парсман. Наши (оставшиеся на поле) раненые (астраханцы) замучены. Один из офицеров распилен; сестра милосердия изрублена на куски. Население астраханских сел, восторженно встречавшее войска своего края, понесло жестокие кары. Этот бой, обеспечивший тыл молодых донских частей, дал им возможность развить дальнейшие успехи в направлении на Бекетовку»[333].

Отряд был полностью уничтожен. Вырваться из окружения удалось лишь 150 конным казакам и 60 пехотинцам. От 70 до 110 человек попали в плен. Остальные погибли. Полковник Каченовский и подъесаул Назаров, собиравшие в Жутово остатки казаков и добровольцев отмечали, что астраханцы, начав наступление, не обеспечили разведки, тылового и флангового охранений. «2 октября был обнаружен отряд красных против левого фланга и от центра позиций. В это время в отряде ген. Демьянова произошло следующее. Отряд красных отступающего из Кубани... Жлобы... выбив сотню 47-го полка из Дубового Оврага... стремительным движением окружил Б. Чапурники... высадил пехотный отряд в Светлом Яру... начали наступать на Чапурники с востока.

Астраханцы были окружены, потеряли орудия, пулеметы, обозы и большую часть пехоты. Генерал Демьянов был ранен и застрелился. Конница Жлобы — черкесы до 5 эскадронов, пехота на 500 подводах. Астраханцы собираются к Червленой»[334].

Параллельно, во второй половине сентября, шло формирование второго Астраханского отряда (Великокняжеского или Сальского) под командованием генерал-майора Чумакова, который должен быть отправлен на Великокняжескую, для совместного с донцами наступления к границам Астраханской губернии (действуя в районе Зимовники—Ремонтное), и на юг, в сторону Маныча: батальон 3-го Стрелкового полка (2-й стрелковый батальон) под командованием полковника Парфенова (619 штыков, 5 пулеметов), 1-я Пластунская батарея (2 орудия), сотня 1-го Казачьего полка (136 шашек), 2-й авиационный отряд (2 самолета). Отряду был придан донской 80-й Дзюнгарский конный калмыцкий полк (около 400 шашек, 4 пулемета, 1 орудие)[335].

К началу октября части были переброшены в Сальский округ и вошли в состав формируемого донского Сальского отряда полковника Постовского. 8 октября, вступая в командование отрядом, Постовский поставил астраханцам задачу «разбить шайки красных, сосредоточенных на восточной границе Донской области, и отбросить вглубь Астраханской губернии, действуя на фронте Торговое—Ремонтное—Кресты—Никольское»[336], мобилизуя попутно крестьян и пополняя части. Затем занять оборону на границах Сальского округа, по линии Царицынско-Ставропольского тракта, полностью прикрыв округ и железную дорогу Царицын—Тихорецкая. 8—9 октября отряд Чумакова—Парфенова начал наступление на село Ремонтное Астраханской губернии.

В то же время большая часть астраханских частей по-прежнему сидела в тылу, во 2-м Донском округе. В середине октября Краснов ультимативно заявил Рябову-Решетину: «У Вас 2 направления — Великокняжеское или Царицынское. Выбирайте любое — туда и отправим»[337]. По итогам переговоров астраханского руководства с донским атаманом в качестве основного был выбран Сальский округ. Уже 14 октября астраханцы стали перебрасывать в Великокняжескую новые подразделения: 2 пластунских батальона — 850 штыков, взвод 2-й стрелковой батареи — 2 орудия. Налаживали снабжение боеприпасами и т.д. Основные силы отряда во главе с полковником Ростиславским расположились в районе Великокняжеская—Граббевская—Зимовники. Передовой отряд оперировал на территории Астраханской губернии. Тыловые части и штабы, перебрасываемые из 2-го Донского округа, размещались по железнодорожной ветке Царицын—Тихорецкая[338].

В середине октября наряду с Великокняжеским отрядом Чумакова—Парфенова для действий на Царицынском направлении (обеспечение правого фланга частей Мамонтова) был сформирован Волжский отряд полковника Петровского, базировавшийся в районе Жутово (основу которого составили 2-й Волжский стрелковый полк — остатки отряда Демьянова, мобилизованные крестьяне и добровольцы астраханской губернии, пленные красноармейцы и сотня астраханских казаков — 1-й эскадрон Астраханского конного дивизиона — около 100 шашек).

В течение октября 1918 года остальные, не участвовавшие в наступление на Царицын астраханские части и донские части отряда полковника Постовского вели борьбу со Степной (Сальской) группой 10-й Красной Армии (почти 12 тысяч бойцов при 40 орудиях и 90 пулеметах), располагавшейся в районе станций Куберле—Ремонтная—Котельниково (железнодорожной ветки Царицын—Тихорецкая), на границе Сальского округа и Астраханской губернии. В результате успешных наступательных действий Сальского отряда в сентябре эта группа красных была вытеснена из занимаемого района и в начале октября присоединилась к царицынскому гарнизону.

Великокняжеский отряд Астраханского войска действовал достаточно успешно. 19 октября начальник Сальского отряда полковник Постовский от имени атамана Краснова объявил в приказе благодарность астраханцам и Дзюнгарскому полку за проявленную доблесть в боях под Ремонтным и Граббевской[339]. Тронутый вниманием, Чумаков телеграфировал: «Прошу передать атаману, что я горжусь такой его высокой оценкой моей работы, но отношу к доблести тех борцов, которые стояли под моей командой; как донской казак, я стал в ряды астраханского войска, чтобы своим опытом помочь младшему брату — астраханскому казачеству, и пока во мне не иссякнет остаток сил, их все отдам на служение всколыхнувшемуся батюшке Дону и всему родному казачеству». И тут же получил в ответ холодный душ от начальника штаба Донской армии генерала Денисова: «Сообщите расположение, состав и численность астраханских частей, действующих в Сальском округе, и извольте объяснить их столь малые действия в такое сложное время»[340].

Разгром под Чапурниками и неудачи с развертыванием в серьезное соединение Великокняжеского отряда фактически ознаменовали начало нового этапа в истории Астраханской армии. Еще 30 сентября, окончательно признав свое поражение в деле формирования особой монархической армии, киевские монархисты и руководство астраханцев заключили с генералом Красновым договор, по которому Астраханская армия передавалась под командование Донского атамана[341]. 11 октября приказом Краснова была образована Южная армия, формировать которую предполагалось из неказаков, жителей соседних Воронежской, Саратовской и Астраханской губерний, во главе которой согласился встать широко известный, но уже престарелый генерал Н.И. Иванов. Астраханские части были включены в нее в виде Астраханского корпуса[342]. Кроме Краснова, часть средств для Южной армии (по союзному договору) обещал выделить гетман Скоропадский. Однако реально все финансирование и снабжение армии лежало на донском правительстве. Главной задачей новой армии Краснов поставил освобождение от большевиков сопредельных с Доном территорий (для Астраханского корпуса — Астраханской губернии) и создание буферных зон для обеспечения безопасности границ Донской области.

В составе Астраханского корпуса по штату положено было сформировать пехотную и конную бригады, артиллерийский и броневой дивизионы, авиаотряд, саперную роту, автомобильный дивизион, химический взвод, бронепоезд[343]. В конце октября штаты корпуса были пересмотрены в сторону увеличения, и последовал приказ о сформировании в его составе четырехполковой казачьей дивизии, двух пехотных бригад и двух артиллерийских дивизионов[344]. Во главе корпуса был поставлен «донской артиллерии генерал-лейтенант» Чумаков (начальник штаба — подполковник Иваницкий, затем — полковник Алатырцев). Он оказался неплохим организатором (к тому же в его распоряжение штабом Донской армии была направлена группа опытных офицеров): имевшиеся казачьи и офицерские части были приведены в порядок, пополнены иногородними Сальского и 2-го Донского округов, созданы недостающие по штату части.

К 24 октября, в соответствии с боевым расписанием, в составе Астраханского корпуса числились 527 офицеров,

1357 штыков, 1319 шашек, 20 пулеметов, 9 орудий в составе 1-й — 2-й стрелковых, 1-й пластунской бригад (двухполковых), 1-й — 2-й стрелковых 1-й пластунской батарей, четырехполковой Астраханской казачьей дивизии. Кроме того, в корпус входили: инженерная рота, кадр Волго-Каспийской флотилии (38 человек), авиадивизион (2 авиаотряда по 2 самолета)[345].

В ноябре Астраханский корпус вырос уже до 4 тысяч человек (3 тысяч штыков и 1 тысячи шашек)[346], введенных в бой несколькими отрядами, действующими на правом фланге Донской армии. Однако 30 ноября Чумаков «по болезни» ушел с занимаемой должности, и с 1 декабря 1918 года до упразднения корпуса им снова командовал генерал Павлов.

Включение Астраханского корпуса в Южную армию было чисто формальным и оказалось временным. Уже 31 октября был издан приказ об исключении корпуса из состава Южной армии и включении его в Донскую[347].

Несмотря на тесное боевое сотрудничество, донцы негативно относились к астраханцам. Один из офицеров отряда Постовского — войсковой старшина Калачев писал о передовом отряде Чумакова: «Командный состав в этом отряде не весь благонадежный и чересчур чувствителен и склонен к панике»[348]. Руководство 2-го донского округа и атаман станицы Морозовской, член войскового круга хорунжий Иванов под влиянием общего отношения населения округа требовали немедленного вывода астраханцев из округа; в начале ноября он добился организации смешанной астраханско-донской следственной комиссии по фактам мародерств в станице и окрестных хуторах[349].

Отношение это, безусловно, подпитывалось нездоровой атмосферой, сложившейся в самих астраханских частях. Астраханская контрразведка с тревогой отмечала нарастающее недовольство офицеров-добровольцев и казаков — плохим снабжением, невыплатой обещанных денег, неумелым руководством и т.д. «В ночь с 24 на 25 сего октября на Ростовский этап прибыл подполковник, командир 1-го Астраханского полка, который долго и много разговаривал с находящимися на этапе офицерами. Говорил, что дела армии плохи, что наступать совершенно не с кем и не с чем... говорил, что у него в полку люди голы, босы, лошадей нет... что на 560 казаков лошадей... 200 из них 80 в околодке... что на все его просьбы о выдаче денег ему отказали... армия нежизнеспособна. Много разговоров о последних неудачах на фронте. В неудаче под Царицыным обвиняют ген. Демьянова, по словам офицеров, вечно пьяного до бесчувствия, и его сподвижников, тоже вечно пьяных, особенно полковника Спиридонова. Искренне жалеют погибшего в бою полковника Парсмана. Неудачу в Ремонтном объясняют полным несоответствием полк. Парфенова, его нераспорядительностью и неумением оценить обстановку»[350].

В ответ на постоянное давление донского командования и претензии Краснова управляющий военным и морским отделом Астраханского краевого правительства Рябов-Решетин 31 октября отправил донскому атаману письмо с изложением своего представления о силах и перспективах астраханцев[351]: 26 октября была получена телеграмма о выводе в Сальский округ частей и учреждений Астраханского войска. В Морозовской находятся:

I. 1-й стрелковый полк... 600 человек — 400 раздето... босые, в изодранных рубахах и штанах на голое тело — все у них было отнято при взятии в плен донцами.

II. Кадр 4-го стрелкового полка: 150 человек — 100 без обуви и шинелей.

III. Инженерная рота — 250 человек — 150 человек в том же положении.

IV. Запасной полк — 500 человек — до 400 человек в том же положении.

V. 1-й Астраханский казачий полк — 600 человек. Неодетых — 100 и конных около 300 (считая с командами).

VI. 2-й Астраханский казачий полк — 800 человек. Обучено владению оружием — около 200, вооружено — около 400;

шашек почти нет, конский состав от бескормицы в дороге требует отдыха... люди только что пришли по мобилизации и долго кочевали, укрываясь от большевиков.

VII. Кадр 3-го казачьего полка — около 60 пеших офицеров и добровольцев.

VIII. 1-я казачья батарея — 2 орудия. Из 100 человек не одеты 50.

IX. 1-я стрелковая полубатарея и 2-я стрелковая батарея — 4 орудия без панорам и упряжи. Из 100 человек половина раздета.

X. Авиадивизион — из 110 человек половина раздета... без верхнего платья.

...Мне обещали жалование, чтобы офицеры купили все необходимое перед выступлением... 27-го я это докладывал... получил распоряжение задержаться для получения 1 тысячи комплектов теплых вещей и лаптей. Все это получили к 31-му. Вещи частью разобрали тыловики. Им же досталась часть теплушек.

2 ноября с утра выступят (в Сальский округ. — *О.А.*):

1-й стрелковый полк, кадр 4-го стрелкового полка, инженерная рота (саперы) — в лаптях (нам обещано 500 ботинок — иначе части без теплых портянок небоеспособны). Отправится 1 тысяча человек с 8 пулеметами. Обоз 1-го полка, потерянный в бою 2 октября — не восстановлен... нужны 35 вагонов и 5 платформ.

Из конницы, находящейся в Морозовской, боеспособны: 2 казачьи конные сотни и сотня калмыков — трехсотенный сводный дивизион с командами — конно-саперной и пулеметной, и двухорудийной батареей. Для отправки нужно 60 вагонов, 5 платформ.

Авиадивизион, как и конница, может отправиться со 2 ноября, по мере подачи составов...

Остальные части, не являясь в настоящее время ценными в боевом отношении, будут перевозиться постепенно...

Войсковой штаб с караульной сотней, различные склады, мастерские, неокончившие формирование части артиллерии, пешие казачьи сотни, которые получают лошадей из калмыцкой степи, и Запасной полк с пулеметной школой и учебной командой, оставшаяся часть 2-го казачьего полка (и 150 голов крупного рогатого скота) — перейдет походным порядком через ст. Романовскую, так как лошади совершенно не приучены к перевозке... на место прибудем к 5 ноября (всего около 1600 человек, 11 пулеметов, 2 орудия, 6 годных к полету аэропланов).

Астраханские части отряда Чумакова:

3-й стрелковый полк — выступил в составе 550 человек, потери 100, пополнение 100. «В Ремонтном люди отлично оделись».

2-й пластунский полк — выступил в составе 650 человек, 5 пулеметов. (120 раздетых сидят в Морозовской в Запасном полку.) До 300 человек не имеет теплой одежды.

1-й пластунский полк — только кадр из 290 человек. 70 раздетых сидят в Запасном полку. 220 одето — могут быть немедленно мобилизованы, как кадр для Киселевцев (мобилизованные и добровольцы — крестьяне с. Киселево. — *О.А.*); командир полка полковник Ростиславский — кавалер ордена и оружия св. Георгия.

Пластунская батарея и полубатарея 2-й стрелковой батареи — 5 запряженных орудий, 150 человек.

Всего около 1450 человек, из которых 300 нуждаются в обмундировании и обуви.

4-й казачий полк — 700 человек. Может выставить 300 бойцов. Остальные не обучены, и нет шашек.

Всего у Чумакова около 1750 человек, и дополнительно к нему направлены 1600 человек.

В Волжском отряде у генерала Мамонтова — 1300 человек. Итого — более 3 тысяч на фронте и 1600 отправляются — итого 4600 человек. А считая с Киселевцами — более 5 тысяч человек. И в тылу подготовляется более 2 тысяч. Около 1,5 тысяч приходится на больных и раненых, штабы, мастерские, этапы, склады, тракторную роту, санитарные учреждения.

Этот доклад дает полную картину состояния корпуса. При отпуске всего необходимого корпус скоро превысит 6000 бойцов, при 44 пулеметах и 13 орудиях...

...стараюсь скорее отправить людей на фронт, но не раздетых... Подчините корпус напрямую штабу Донармии...

В Великокняжеской буду 4-го. Наступление отложите до 6-го, до сосредоточения конницы в Котельниково...

Прошу подчинить Волжский отряд комкору Астраханского, по выходе его к Киселевке...

Так как у нас всего 8 самолетов — не дробите авиадивизион. Пусть он из Котельниково обслуживает и Мамантова, и нас. Когда наши летчики были на ст. Чир — донцы их плохо содержали.

Желательно части 1-го и 2-го казачьих полков, недокончившие формирований, расположить в районе станиц Платовской, Денисовской или сел по реке Сал, севернее Великокняжеской, или в районе ст. Торговая—Шаблиевка, так как донской атаман согласился передать нам Большедербетовский отдел (Ставропольской губернии).

«Все цифры в докладе минимальные, всего у нас на довольствии около 8500 человек».

Тем не менее под давлением Краснова, в течение ноября все астраханские части и учреждения были переведены в Сальский округ. Боеспособные части были собраны в два отряда. По мере успешного продвижения организационной работы в бой вводились новые подразделения, объединяемые в новые отряды; к концу ноября таких отрядов (оперативно-тактических групп) уже было четыре, занявших весь протяженный фронт от переправ на Маныче и до оперировавших в районе Жутова правофланговых частей генерала Мамонтова. По мере пополнения Сальского отряда астраханцами донские части перебрасывались в другие районы. Руководство отрядом и его частями сосредотачивалось в руках астраханских офицеров.

В ноябре 1918 года в составе Сальского отряда Чумакова действовали два основных соединения — Манычский (донской) отряд генерал-майора Золоторева (на юге от Великокняжеской, в районе Маныча, содействовавший левому флангу добровольцев и в перспективе предназначенный для обеспечения соединения с Добровольческой армией) и Астраханский (он же Сальский, он же Великокняжеский) отряд полковника Ростиславского, наступавший на восток от Великокняжеской, ведший бои на границах Астраханской губернии (прежде всего, в районе села Киселево).

Основу Сальского передового отряда составляли 3-й стрелковый полк из Стрелковой бригады генерал-майора Достовалова, 1-й и 2-й пластунские полки Пластунской бригады полковника Ростиславского и 4-й казачий (калмыцкий) полк из состава Астраханской казачьей дивизии (1,5—1,7 тыс. штыков и шашек, 2—4 орудия).

Крупных наступательных операций астраханцы организовать не смогли, но к декабрю сумели продвинуть и стабилизировать восточный фронт по Ставропольско-Царицынскому тракту по линии Приютное—Ремонтное—Торговое—Киселево—Заветное—Кумоярский Аксай.

Второй астраханский отряд действовал отдельно от основных сил корпуса, подчиняясь генералу Мамонтову, — Волжский партизанский отряд полковника Петровского — 2-й Волжский стрелковый полк, сводная рота 1-го Астраханского стрелкового полка, 4-я сводная Дербетовская сотня 2-го казачьего полка, Волжская батарея (6 рот, конная сотня, конный партизанский полуэскадрон из крестьян — до 1,3—1,5 тысячи штыков и шашек, 4—8 орудий, 9 пулеметов).

Специфический театр боевых действий заставил, астраханцев выработать свою, адекватную ситуации «методу» ведения боевых действий: ввиду растянутости фронта избегать линейного расположения, стоять по населенным пунктам гарнизонами, иметь в важнейших узлах подвижные резервы и впереди — надежное наблюдение.

Из боевых операций в ноябре донское командование отметило только одно дело астраханцев — партизанский рейд в тыл противника 10 ноября казачьего эскадрона (100 шашек, 2 пулемета) из состава Волжского отряда полковника Петровского. В ночь на 10 ноября эскадрон после короткого боя захватил село Тундутово (взял в плен 44 красноармейца, несколько подвод; к отряду присоединилось более 100 дезертиров). Утром, оставив село, астраханцы двинулись обратно. При отходе через Аксай казаки «наткнулись на противника, потеряли половину повозок, с оставшимися два дня блуждали в степи. 14 ноября вышли на своих». По словам донцов, набег произвел на красных настолько сильное впечатление, что красные бежали из сел Аксай, Садовое, Ласта — оголили фронт в 40 верст[352].

Становление Астраханского корпуса как полноценного боевого соединения шло трудно и медленно, пестрые отряды слабых количественно и качественно (по сути — партизанских) пехотных, конных и артиллерийских частей действовали разрозненно, на второстепенных направлениях, без ощутимых потерь, но вызывали серьезное недовольство местного населения партизанщиной, грабежами и насилиями, что было предметом неоднократных препирательств между астраханцами и донцами. Второй причиной конфликтов стала проблема мобилизации населения Астраханской губернии — астраханцы протестовали против «самочинства» донцов, привлекающих добровольцев и мобилизованных в свои части. Третьей — плохое снабжение и денежное обеспечение (значительная часть добровольцев сидела в тылу из-за острой нехватки обуви и одежды и т.д.). Наконец, астраханцы возмущались тем, что донцы замалчивают их «подвиги» и боевую работу, а донцы, в свою очередь, тем, что астраханцы дают в прессе собственные сводки боевых действий, искажающие действительность и дезориентирующие беженцев — жителей прифронтовой полосы (в газете «Часовой», в собственной газете «Вестник Астраханского казачьего войска»).

8 ноября новый начальник штаба Астраханского корпуса (и Сальского отряда) подполковник Полеводин доклады-

вал Краснову: боевой состав корпуса к началу ноября — 5 тысяч человек. Части эти вводились в бой постепенно, по мере комплектования. Весь октябрь «в боевой линии», в беспрестанных боях находились два астраханских отряда. Общее число потерь — около 1 тысячи человек, но сюда необходимо добавить до 500 человек больных — из-за нехватки обмундирования, обуви, теплой одежды (к концу ноября в тылу Астраханского корпуса находилось до 1,5 тысячи человек больных и раненых). Суммируя данные за октябрь—ноябрь, общие потери астраханцев убитыми, ранеными и больными превысили 2 тысячи — до половины боевого состава частей, поставленных за этот период в строй.

«В местных условиях отсутствие обмундирования и обуви приводит к большим потерям больными, фронт растянут в степях. Невозможно использовать половину пехоты»[353]. Из прибывающих частей две трети — полуодеты. В тылу, бездействуя, вынуждены сидеть до 1800 человек пехоты и 1200—1300 конных. В конных частях — острая нехватка шашек, не говоря уже о пиках. Шашками были вооружены только 15 процентов казаков и калмыков, остальные — винтовками со штыками. То же самое — с обеспечением лошадьми: на начало ноября на полки формируемой Астраханской казачьей дивизии приходилось 550 строевых лошадей, т.е. можно было поставить в строй только один четырехсотенный конный полк.

В этом же докладе всплыла проблема внутренних конфликтов — между Чумаковым, Полеводиным, донскими и армейскими офицерами, командующими действующими частями, с одной стороны, и астраханским военно-политическим руководством, с другой (особенно донцы и добровольцы возмущались бюрократией Рябова-Решетина). Полеводин обратился с просьбой — подчинить астраханские части только донскому командованию, без всякого участия астраханцев.

Вместе с тем в течение ноября 1918 года сформированный генералом Чумаковым корпус достаточно успешно оборонял

Сальский округ от красных, выполняя роль Юго-Восточного фронта Донской армии, и штаб Астраханского корпуса, находившийся в станице Великокняжеской, являлся одновременно штабом Юго-Восточного фронта.

Но в целом грандиозные планы амбициозного нойона остались на бумаге. Из находившихся на довольствии в Астраханской армии в октябре около 9 тысяч человек[354] реально поставить в строй в течение октября — декабря 1918 года удалось не более половины: до 4,5 тысяч штыков и шашек. Политическое руководство астраханцев — несамостоятельное и непопулярное — не сумело завоевать серьезных позиций в антибольшевистском лагере. В этом не последнюю роль сыграла декларированная летом 1918 года монархическая и прогерманская ориентация атамана Тундутова и его помощников.

Наряду с провалом попыток воссоздания Юго-Восточного союза, формирования казачье-калмыцкого государства и Астраханской армии авторитет Тундутова подтачивала (и переживалась калмыками гораздо болезненнее) несостоятельность планов объединения астраханских, ставропольских и донских калмыков.

Астраханские, ставропольские и донские калмыки длительное время входили в различные административные единицы Российской империи, были группами, во многом обособленными и имеющими собственных лидеров. Донские калмыки-казаки однозначно ориентировались на атамана Краснова и Донское войско, считая себя его неотъемлемой частью. Ставропольские, связавшие свои судьбы с Добровольческой армией и ее главнокомандующим генералом А.И. Деникиным, отрицательно относились к «казачьим экспериментам» лидера астраханских калмыков Тундутова, предпочитая путь национального самоопределения в рамках автономии в составе единого Российского демократического государства.

Атаман Краснов поддерживал претензии Тундутова на присоединение Большедербетовского (Ставропольского) улуса к Астраханскому войску[355], но отрицательно воспринимал посягательства астраханцев на донской Сальский округ, населенный в основном казаками-калмыками.

В августе процесс достиг своей кульминации: между астраханскими и ставропольскими калмыками вспыхнул острый конфликт. Улусное правление Большедербетовского улуса, располагавшееся в поселке Башанта Ставропольской губернии, встретило в штыки «самочинную попытку» астраханского атамана навязать ставропольцам свою администрацию: «Николай Опонгинов без ведома калмыков Улуса сделал доклад штабу Астраханского казачьего войска, результатом чего явилось причисление нашего улуса к Астраханскому казачьему войску. Сам же Опонгинов Тундутовым назначен атаманом улуса. Помощником атамана штабом назначен штабс-капитан Прокопьев... Опонгинов и Прокопьев прибыли на ст. Башанта для приема дел Улусного управления и мобилизации калмыков... улусное управление доводит до сведения аймачных управлений, что оно не сдаст никому своих полномочий...»[356].

В разосланном по этому поводу по аймакам письме улусного правления содержалось категорическое требование — подчиняться только добровольцам Деникина, организовать отпор Н. Опонгинову и его сторонникам. Вместе с тем ставропольцы постановили, что вопрос об объединении с астраханцами — в перспективе, когда для этого возникнут необходимые условия, будет вынесен на решение общего улусного схода.

Вместе с объединением в Астраханском войске всех частей калмыцкого народа калмыцким лидерам казалась исполнимой и привлекательной мысль о ликвидации расположенных в пределах улусов сел, созданных во второй половине XIX — начале XX века русскими и украинскими переселенцами. В этом им виделся радикальный способ раз и навсегда покончить с разгоревшимися территориальными спорами и кровавой враждой.

Так, 12 июля 1918 года в письме нойону Тундутову, поддерживая «казачьи эксперименты», калмык-подхорунжий (к сожалению, подпись неразборчива, удалось разобрать только имя — Михаил) рассуждал: «А вам вообще надо освободиться от маленьких селений, вкрапленных между кочевьями. Как освобождаться — мы уже говорили, но это нужно сделать в первую пору! А после заключения перемирия будет поздно. Затем надо бы расширить несколько границы соприкосновения с Донской областью, для чего необходимо снять одно селение. Снятие вкрапленных селений диктуется стратегическими соображениями: они могут служить операционными базами большевиков при будущей беспощадной бойне, которую надо предполагать. Ни одного русского ни в канцелярии Войскового правительства, ни в Войсковом правительстве не следовало допускать, берите подходящих калмыков, наших и донских. У нас много делается... такого, что русским знать не следует»[357].

Хотя проблема эта обсуждалась Тундутовым и сподвижниками только в узком кругу, информация на сей счет, перехватываемая сотрудниками особого отдела штаба Астраханского войска, не укрепляла взаимного доверия казаков, калмыков и офицеров-добровольцев.

В ноябре—декабре 1918 года военно-политическая обстановка на юге России изменилась. Успехи Добровольческой армии на Северном Кавказе, поражение Германии и появление в Екатеринодаре военно-дипломатических представителей держав Антанты заставили руководство астраханцев изменить планы. Лидеры коренного астраханского казачества, пытавшиеся осенью того же года организовать антибольшевистские части в составе Оренбургской и Уральской армий, Н.В. Ляхов и Г.М. Астахов перебрались на Дон, сделав ставку на объединение всех антибольшевистски настроенных астраханских казаков и калмыков под единым командованием Деникина. Сюда же потянулись демократически настроенные представители калмыцкой интеллигенции, долгое время

стоявшие на позициях сотрудничества с советской властью ради осуществления идеи создания национально-государственной автономии калмыцкого народа (С. Баянов, Э. Хара-Даван; на определенном этапе не избежал этого «соблазна» и Н. Очиров, сподвижник Тундутова). Одновременно с проявившейся тенденцией некоторого обособления коренных казаков и калмыков все это позволило к началу 1919 года оформиться в астраханском руководстве демократической антитундутовской оппозиции, наличие которой значительно облегчало Деникину подчинение астраханцев как раз в момент его решительной борьбы против атамана Краснова за лишение Войска Донского самостоятельности и включение Донской армии в объединенные вооруженные силы юга России под его главным командованием.

Однако процесс вхождения Астраханского войска в эти единые вооруженные силы развивался весьма непросто: на фоне все более обостряющегося конфликта между Деникиным и Красновым разрасталась вражда обоих вождей антибольшевистского лагеря с нойоном Тундутовым. Астраханский атаман пытался наладить свои собственные отношения с офицерами — представителями Антанты, оправдывая как вынужденные свои отношения с немцами и Красновым. При этом он стремился сохранить свое положение лидера и, применяясь к новым обстоятельствам, предпринял попытку заручиться поддержкой Деникина. Наконец, все с меньшим успехом он пытался продолжать играть роль национального вождя и лидера казачье-калмыцкого союза. С другой стороны, внимательным и непредвзятым современникам в метаниях нойона Данзана, получившего усилиями своих оппонентов прочную репутацию недалекого авантюриста и интригана, были видны и искренние его переживания по поводу бед и страданий своего народа, и сильное чувство ответственности за его судьбы.

Деникин, однако, испытывал стойкую неприязнь к «самостийнику и германофилу» Тундутову, возникшую в первые недели политической карьеры нойона, и это его отношение, как и ко всем «ставленникам Германии», было принципиальным и бескомпромиссным. В своих «Очерках русской смуты» он не скупится на отрицательные характеристики: «11 июня в Новочеркасск прибыли из Киева с особой миссией герцог Н. Лейхтенбергский... известный по "Корниловскому делу" Иван Добрынский... некто полковник князь Тундутов — человек крайне ограниченного развития, объявивший себя атаманом Астраханского войска на том основании, что состоял раньше помощником Астраханского атамана. Тундутов добился какими-то путями приема у императора Вильгельма и, вернувшись из Берлина, стал распространять слухи о своем большом влиянии, которым он пользуется у немцев...»; «осенью Тундутов явился на поклон в Екатеринодар. Пороча всячески Донского атамана, он просил разрешения "отложиться" от Донской армии и присоединиться к Добровольческой»[358]; «князь Тундутов — определенный авантюрист, хотя и обладавший весьма посредственным умственным развитием, объявил себя, как известно, Астраханским атаманом и стал формировать армию, не без успеха мистифицируя Берлин и Новочеркасск»[359].

Конфликт астраханского руководства с атаманом Красновым и командованием Донской армии, нараставший с октября 1918 года и достигший кульминации в январе следующего года, имел в своей основе целый комплекс причин.

Краснов, обвиняя астраханцев в иждивенчестве, в грабежах и насилиях над мирным населением, периодически требовал их активного участия в боевых действиях, скорейшего перехода всех частей и структур астраханцев на территорию Астраханской губернии, на собственное обеспечение. Астраханцы обвиняли донцов в безобразном снабжении, использовании астраханских частей исключительно в собственных интересах, мобилизации астраханских крестьян и казаков в донские части. Бурю негодования Тундутова и его сподвижников вызвали попытки Краснова присоединить к территории Войска Донского часть астраханских земель.

Оживленная переписка конца 1918 — начала 1919 года между астраханскими и донскими правителями весьма красноречива.

4 ноября 1918 года Краснов писал астраханцам: «Астраханские части, почти не бывши в боях, все уже растаяли и расходятся. Служить и воевать не желают, а стоят очень дорого и много делают грабежей и беспорядков. Требую боевой работы, иначе распущу»[360].

21 января 1919 года командующий донскими войсками Восточного фронта, уже полгода безуспешно пытающимися захватить Царицын, обороняемый 10-й армией, генерал К.К. Мамантов докладывал Краснову (отправив копию астраханцам), что жители сел Астраханской губернии стремятся к мобилизации в донские части и просят у донцов защиты от партизанских, по сути, астраханских частей, которые чинят разбой и грабеж. «Для водворения порядка и для захвата бродячих шаек калмыков, собирающих с деревень крупными суммами контрибуцию и угоняющих пасущийся в полях скот, назначил произвести дознание и высылаю в Жутово — главное место действия партизан — конную полусотню казаков-стариков»[361].

Тундутов в долгу не остался. 23 января он писал Краснову (копии отправил председателю Астраханского войскового правительства Н.В. Ляхову и председателю Донского войскового круга В.А. Харламову, главе антикрасновской демократической оппозиции): «Ген. Мамантов отдал приказ о сформировании Царицынского округа (Войска Донского. — *О.А.*), включив в его состав 6 станиц русских, 17 станиц калмыцких и 10 сел с хуторами. Мобилизуемые села волнуются, не зная, кого слушать. Вмешательства в дела края не допускаю. Подписанное Вами соглашение с правительством войска предусматривает оперативное подчинение частей Астраханского войска впредь до очищения границ ВВД и Астраханской [губернии]. Мобилизация будет проведена и будет поддержана вооруженной силой. Корпус (Астраханский. — *О.А.*) переводится на свою территорию. Прошу указать ген. Мамантову [на] всю неуместность подобных приказов, вносящих дезорганизацию в общее дело. Не допуская мысли, что Донской атаман мог сделать такое распоряжение, правительство в заседании 18 января постановило "перенести место пребывания правительства, штабов и всего управления на территорию Астраханского края в село Аксай" и никакого вмешательства... не допускать. При этом должен поставить Вас в известность, что во всем освобожденном от красных крае административное управление уже функционирует, выбраны старшины и старосты, и войсковая стража на местах. В селе же Тундутове имеет пребывание атаман Малодербетовского отдела, мною назначенный, которому подчинен в административном отношении весь освобожденный край. Всякая другая администрация, кем-либо назначенная, будет удалена с территории края. Одновременно отдается приказ о возвращении в ряды Астраханского войска всех уроженцев Астраханского края. Не явившиеся будут считаться дезертирами, а имущество конфисковано. Приказ будет расклеен во всех селах. Почему прошу распоряжения о переводе 3-х рот мобилизованных... сообщаю и прошу распоряжения, в противном случае снимаю с себя и правительства всякую ответственность»[362].

24 января Краснов отвечал Тундутову: «Ваше вмешательство в дела командования идет во вред всему делу. Успеете [еще] поссориться из-за территорий, которые не вы очищали. Людей, мешающих ген. Мамантову в его святом боевом деле, предам полевому суду независимо [от] их звания и положения»[363].

Поскольку Деникин при поддержке союзников уже добился подчинения ему (как главнокомандующему созданных Вооруженных сил на юге России) Донской армии, Тундутов решил апеллировать к нему, а заодно получить деньги от пра-

вительства главкома ВСЮР в обмен на демонстрацию преданности и верности. 26 января он телеграфировал Деникину: «Ваше превосходительство... В начале января ген. Красновым был отдан приказ о сформировании Царицынского округа, [с] границей Ясутово — Черный Яр — Баскунчак. Т.к. этот округ захватывает 6 станиц русских, 13 станиц калмыцких и 12 сел, то я был принужден по постановлению правительства заявить протест. Ныне в освобожденной территории около 24 тыс. кв. верст установлен правовой порядок, администрация в полном согласии с постановлениями Особого совещания при Вашем Превосходительстве. Мобилизация идет полным ходом, и в недалеком будущем намечается операция в Черноярском направлении. Ввиду возможного разрыва с Донским атаманом, ввиду его захватнических стремлений, обостряется вопрос о кредите на содержание строевых частей, потому ходатайствую перед Вашим превосходительством о выяснении этого вопроса. Ген. Пуль (начальник Британской миссии на Кавказе. — *О.А.*) заявил, что Войско Астраханское будет рассматриваться совершенно равноценным, как и Дон, и Кубань, и снабжение его будет идти от штаба Вашего Превосходительства. В ожидании Вашего ответа твердо верю, что Ваше Превосходительство придет на помощь нам. Искренне преданный покорный слуга Дмитрий Тундутов»[364].

Уже в эмиграции Краснов в нелицеприятных выражениях подвел свой итог этим спорам: «Самозваный астраханский атаман, князь Тундутов, гордо именовавший себя другом императора Вильгельма, оказался пустым и недалеким человеком, готовым на всяческую интригу, и очень плохим организатором. Он играл роль не то царя, не то полубога у калмыков, то предлагал себя и всех калмыков в полное распоряжение атамана, носился с фантастическим проектом создания особого Юго-Восточного союза, возглавляемого "великим атаманом", то, напротив, грозил идти со своими калмыками против Донского войска. Его калмыки были босы и оборваны, сидели на двухлетках и трехлетках, большинство не имело седел и оружия. Он был не страшен и не опасен, но беспокойства и тревоги доставил много.

Астраханский корпус численностью около 3 тысяч пехоты и тысячи конных, несмотря на всю безалаберность управления, все-таки хорошо дрался и довольно крепко оборонял восточные степи за Манычем от бродячих шаек красной гвардии. В предвидении приезда союзников князь Тундутов со своим начальником штаба полковником Рябовым переехал в Екатеринодар, где, желая услужить штабу генерала Деникина, занялся клеветою на атамана»[365].

В начале 1919 года войсковые структуры астраханцев поразил серьезный кризис, основой которого стали казачье-калмыцкие противоречия и противостояние сторонников и противников «добровольческой» ориентации. Конные и пехотные офицерские и казачье-калмыцкие части таяли в непрерывных боях (с октября 1918 года) против 10-й армии красных в Сальских степях. Несколько серьезных поражений от кавдивизии Б.М. Думенко сильно понизили их боевой дух. Небольшие пополнения из мобилизованных калмыков приходили редко. В итоге перспективы сохранения казачье-калмыцкого союза оказались под вопросом. Калмыцкие лидеры колебались между идеями создания независимого калмыцкого войска, переходом калмыков в Донское войско и даже примирением с большевиками на основе амнистии сотрудничающей с казаками калмыцкой интеллигенции и создания единой советской Калмыкии (переговоры об этом с членами Калмыцкого ЦИКа А.М. Амур-Сананом и другими проводились в течение 1919 года неоднократно и повлияли на появление известного воззвания Ленина к калмыцкому трудовому народу от 10 июля 1919 года).

Напряженную борьбу, длившуюся в астраханском правительстве январь и февраль 1919 года, можно охарактеризовать как «деникинский переворот». Итогом многочисленных заседаний «самодовлеющего» (по выражению Деникина) астраханского руководства стала следующая компромиссная комбинация: единое казачье-калмыцкое войско сохранено и встроено во ВСЮР, атаман и его сподвижники отстраняются от руководства. Д.Д. Тундутов, а с ним директор Политического кабинета и внешнего отдела Астраханского войскового (краевого) правительства статский советник И.А. Добрынский, начальник войскового штаба полковник Г.В. Рябов-Решетин, председатель войскового Круга и правительства Б.Э. Криштафович, товарищ председателя правительства, помощник присяжного поверенного Н.О. Очиров со своих постов были смещены. Все значимые посты в войске перешли в руки группы казачьих и калмыцких лидеров, ориентирующихся на главкома ВСЮР: и.о. войскового атамана стал председатель войскового круга и правительства казачьей части Астраханского войска присяжный поверенный Н.В. Ляхов, его помощником по казачьей части — полковник Г.М. Астахов, по калмыцкой — нойон Г. Тюмень (С. Тюмень), председателем войскового правительства калмыцкой части — присяжный поверенный С.Б. Баянов[365а]. Управление коренной частью Астраханского войска было сосредоточено в возглавляемом атаманом Войсковом правлении и войсковом штабе (начальник штаба — полковник А.Н. Донсков).

Центр политической жизни астраханцев переместился в Екатеринодар. Однако основное внимание Деникина и его сторонников было приковано к калмыцким кочевьям в Сальских и Манычских степях. Даже убрав Тундутова с поста атамана и добившись его выезда за границу, Деникин далеко не сразу и с большим трудом нейтрализовал его влияние среди калмыков и укрепил положение нового руководства. Главным итогом этих событий стало полное подчинение Астраханского войска главкому ВСЮР и сведение к минимуму роли и значения собственного политического руководства астраханцев.

В своих «Воспоминаниях», написанных в июне 1923 года в Бутырской тюрьме незадолго до расстрела, Тундутов так сформулировал причины своей отставки: 1) несправедливая мобилизация калмыков; 2) обвинение в соглашательстве с большевиками, так как он, по его словам, «давно видел бесцельность и преступность пролития братской крови и поднял вопрос о принятии предложения англичан об открытых переговорах с советской властью на острове Принкипо»; 3) враждебное отношение к нему со стороны главного командования ВСЮР, потребовавшего от него отставки и выезда из пределов России, угрожая в противном случае арестом и приговором военно-полевого суда. При этом главным виновником своих бед нойон Данзан считал Деникина: «В Астраханском войсковом правительстве борьба казачьих верхов с главным командованием тоже нашла отклик. Председатель Астраханского войскового круга Ляхов, исполнявший при мне обязанности председателя войскового правительства Б.Э. Криштафович, члены правительства Астахов и Баянов встали открыто на сторону Деникина, обвиняя меня и помощника моего Очирова в национализме и сепаратизме. Насчет сепаратных наших планов и вожделений они написали даже доклад, обвинив меня попутно в германофильстве.

Условия работы создались невероятные, да и хорошего ничего ожидать было нельзя, и вот 8 февраля 1919 года я созвал экстренное заседание правительства и заявил им о сложении мною своих полномочий и передал их председателю правительства Ляхову. Немного спустя Деникин издал приказ, по которому мне и Очирову воспрещался выезд в казачьи области и мы выселялись из пределов Северного Кавказа, Астраханской и Ставропольской губерний.

Я взял заграничный паспорт, сел на итальянский пароход в Новороссийске и уехал за границу»[366].

Между тем астраханские казаки, калмыки и офицеры, далекие от интриг высокого начальства, по-прежнему партизанили в Сальских степях. В декабре 1918 года Астраханский корпус, по сведениям штаба Донской армии, имея фронт по линии Атаманская—Граббевская—Манычский, занимал основными силами район Котельниково—Гашун—Куберле, расположив тылы в Шаблиевке, Торговой и Развильном. Корпус имел в своем составе по штатному расписанию 2,5 тысячи штыков и 2 тысячи шашек при 12 орудиях и 15 самолетах[367], входящих в состав 1-й Астраханской казачьей дивизии (один казачий и три калмыцких полка, конная батарея), 1-й стрелковой бригады (двухполковой), 1-й пластунской бригады (двухполковой), трех батарей (четырехорудийных) и Авиационного дивизиона (3 авиаотряда); кроме того, в корпусе числилась Резервная стрелковая бригада генерала Гунцадзе (два стрелковых полка, запасной резервный полк и Астраханская инженерная рота (однако при списочном составе, доходившем до 5 тысяч штыков и шашек, реальная численность частей корпуса колебалась в пределах 3—4 тысяч).

Астраханцы действовали двумя-тремя небольшими смешанными оперативно-тактическими группами из пехотных, конных и артеллерийских частей, одна группа обычно находилась в тылу, в резерве, на линии железной дороги. Там же дислоцировались запасные части, склады, штабы и учреждения, инженерная рота и авиаотряд есаула Зверева (пять самолетов). По сведениям самих астраханцев, общая численность боеспособных частей не превышала 3,5 тысяч штыков и шашек при 10—12 орудиях, входивших в состав:

— Граббевской (северной) группы генерала Патрикеева — 1-й Пластунский полк, 2-й Волжский стрелковый полк, двухсотенный дивизион 2-го Астраханского казачьего полка, Волжский партизанский полуэскадрон, 2-я Пластунская батарея, Волжская стрелковая батарея.

— Сальской (восточной) группы генерала Зыкова[367а] — 1-й Астраханский казачий полк, 4-й Астраханский казачий полк, двухсотенный дивизион 2-го Астраханского казачьего полка, Тундутовский партизанский отряд (300 шашек и 200 штыков), гарнизон ст. Киселева, 1-я Астраханская казачья батарея, 1-я Пластунская батарея;

— Резервной группы генерала Достовалова — 1-й Астраханский стрелковый полк, сводная калмыцкая конная сотня.

Остальные части существовали в виде кадров и штабов, небоеспособных, не имеющих теплой одежды и вооружения подразделений, засевших в тылу, по станциям и поселкам, расположенным вдоль линии железной дороги.

Входившая в состав фронта Манычская (южная) группа генерала Золотарева — войскового старшины Абрамова, целиком состояла из донских частей.

Общий фронт астраханцев растянулся в степях на огромных расстояниях от Маныча до подступов к Царицыну (по Ставропольско-Царицынскому тракту): Дербетовское—Приютное—Ремонтное—Торговое—Киселево—Обильное—Садовое—Тундутово—Цаца (на границах Сальского округа с Астраханской и Ставропольской губерний).

Еще в декабре 1918 года, развивая наступательные действия против Степной группы Терехова (6 тысяч бойцов при 20 орудиях и 57 пулеметах) и группы Удовиченко (2,2 тысячи бойцов при 4 орудиях и 30 пулеметах), то есть против вдвое превосходящего по численности противника, астраханские части отбросили красных на линию Заветное—Торговая—Ремонтное—Крестовое, вытеснив их из пределов Сальского округа в Астраханскую губернию, и выдвинулись передовыми отрядами к Киселево.

Но если на восточном направлении (на участке Сальской группы генерала Достовалова — генерала Зыкова) все было относительно стабильно, то на южном — Манычском направлении и на северном — Царицынском и в декабре, и в январе бои носили упорный и напряженный характер. В середине декабря астраханцы и донцы Юго-Восточного фронта (Манычская группа генерала Золотарева) совместно с добровольцами генерала Врангеля довершали разгром сил красных на Маныче, в районе сел Баранниковское, Дербетовское, Винодельное. На Царицынском направлении, по сводкам штабов частей Х-й армии, во второй половине декабря развернулись напряжен-

ные бои с северной группой Астраханцев (Граббевская группа генерала Патрикеева) в районе Цаца—Чапурники—Дубовый Овраг—Райгород. Населенные пункты по нескольку раз переходили из рук в руки. К концу декабря красным удалось отбросить астраханцев к селу Цаца.

С 26 декабря, когда началось третье, последнее, наступление Донской армии на Царицын, в результате которого казачьи части к 5 января 1919 года прорвались непосредственно в пригороды Царицына, Астраханский корпус, продолжая выполнять прежнюю задачу — оборонять Сальские и Манычские степи от красных, как и ранее, выделял свои части для вспомогательных ударов по Царицыну с юга, в районе Чапурников и Сарепты.

В первых числах января (по новому стилю) астраханцы вновь ворвались в указанный район силами четырех конных полков с артиллерией и завязали упорные бои, которые шли до середины января. В середине января (по новому стилю) астраханцы сумели организовать бешеный натиск на Царицын с юга. Опаснейшая ситуация для красных сложилась в районе Гумрак—Бекетовка—Сарепта. Только в 20-х числах красным удалось, наконец, переломить ситуацию. Сильные морозы, истощение частей и возрастающее упорство противника вынудили казаков прекратить наступление. В результате начавшегося 12 января общего контрнаступления 10-й Красной Армии к концу января Донская армия была отброшена от Царицына.

На Востоке и Юге фронт Астраханского корпуса мало менялся в течение января, в основном проходя по линии Киселево—Заветное—Торговая—Ремонтное—Крестовое—Кормовое. Против Астраханского корпуса действовали части Степной группы Терехова. Бои шли с переменным успехом, однако серьезного преимущества красным добиться не удалось. Во время повальной деморализации и отступления донцов монархический Астраханский корпус (особенно его пехотные части) надолго удержал фронт, нанеся противнику серьезные потери и только вследствие оголения донцами левого фланга, под угрозой окружения, отступил к концу февраля к Салу и Манычу.

Командование Степной группы отмечало, что в боях против малочисленного Астраханского корпуса участвовала в основном пехота, которая, боясь окружения, растягивалась в линию, терпела постоянные поражения от небольших подвижных групп астраханцев. За ноябрь 1918 — январь 1919 года между противниками произошло более 60 боев, но решительного успеха ни одна из сторон добиться не смогла. За весь указанный период у корпуса было мало крупных операций, он оказался разбросан небольшими группами, отрядами и гарнизонами по широкому фронту, но в целом действовал успешно и не допускал большевиков в Сальский округ.

Несмотря на тяжелое военное положение дрязги между донским и астраханским руководством по вопросам организации гражданской власти на занимаемых территориях, проведению мобилизаций и т.п. не прекращались и в январе 1919 года. Донцы периодически осаживали астраханцев, указывая на несоответствие амбиций и реального положения дел: «Участок, вверенный ген. Достовалову, тянется от Киселевской до Аксая на протяжении 140 верст и занят партизанскими отрядами, кочующими с места на место в числе всего 250 человек, что не мешает и большевистским разъездам появляться в селениях того же участка... пока слишком рано вводить какое-либо правление... Севернее Аксая до Чапурников участок более прочно занят Донским корпусом, и там уже можно было бы принести известную пользу и в особенности мобилизацией местных жителей»[368].

Периодически возникали рецидивы создания полуфантастических частей и соединений периода Астраханской армии. Так, в первых числах декабря 1918 года Павлов и Тундутов обратились к Краснову с просьбой выделить средства на формирование в Астраханской дивизии шестисотенного

конного полка из абхазцев. По словам начальника дивизии генерала Зыкова и командира 3-го казачьего полка барона Коне, к ним обратился «уполномоченный от племени абхазцев» прапорщик Туземной дивизии Лекербай, с уверением, что при выдаче ему определенной суммы денег, он приведет на конях целый полк абхазцев, готовых послужить царю и Отечеству. Краснов категорически отказал астраханцам, в очередной раз потребовав приводить в порядок имевшиеся части[369].

В конце января поредевшие, измотанные непрерывными боями астраханские части оказались в сложном положении. Под давлением красных были оставлены Граббевская, Ремонтное и ряд других важных населенных пунктов. Дела у донцов обстояли еще хуже. И только добровольцы генерала Станкевича упорно продолжали расширять занимаемый район, восстанавливая утрачиваемые астраханцами в манычских степях позиции. Несмотря на это, все три астраханских соединения — Граббевская группа Партрикеева на севере, Сальская группа Зыкова на востоке и Манычская группа полковника Колумбова на юге (целиком состоявшая из астраханцев, донские части окончательно вывели из Сальского округа еще в конце декабря — начале января), отступая под давлением противника и под влиянием отхода донских частей, смогли не допустить прорыва своего фронта.

Начальствующий состав корпуса, не пользовавшийся доверием и уважением казаков и добровольцев, разъедали конфликты. Устраненный Павловым с поста начальника штаба Астраханского корпуса полковник Полеводин, докладывал руководству Донской армии о своих бывших сослуживцах: командир корпуса генерал-лейтенант Павлов «организаторскими и административными способностями не отличается. С организацией и техникой войсковых соединений не знаком; к содержательной работе не склонен. В трезвом состоянии бывает редко». Командир 1-й стрелковой бригады генерального штаба генерал-майор Достовалов, «человек с большими способностями и отличный работник; большой личной храбрости. Склонен к интригам.». Генерал-майоры Патрикеев и Гунцадзе «только что прибыли из Добровольческой армии; судя по первому впечатлению, опытные боевые генералы и хорошие работники». «Выдающихся командиров полков нет. Генерал-лейтенанта Зыкова не знаю»[370].

Недолюбливали генерала Павлова и калмыки, впоследствии соединивши в своей памяти и бои под его начальством в 1918—1919 годах, и губительный поход донской конницы на Маныче в феврале 1920 года. «Павлов, "старая шляпа", по отзыву всех офицеров», — писал в своих воспоминаниях служивший в донском Дзюнгарском полку С. Балыков; «фатальный Павлов опять послужил причиной небывалого несчастия...»; «Павлов — начальник новый и слабый. По Манычу, родному с нами, блудил», — вторила ему сочиненная дзюнгарами песня[371].

Февраль 1919 года стал последним месяцем существования Астраханского корпуса. Договоренность о передаче корпуса из Донской армии в Добровольческую состоялась еще на совещании генерала А.И. Деникина и атамана П.Н. Краснова 26 декабря 1918 года на станции Торговой (в расположении Астраханского корпуса), где было достигнуто общее соглашение о подчинении Донской армии Деникину и создании ВСЮР[372]. В ходе переговоров Деникин специально коснулся астраханских частей как примера пустой траты немалых людских и материальных ресурсов[373]. Справедливости ради отметим, что об этом же осенью 1918 года неоднократно твердили и сами донцы. И позднее генерал Н.Э. Бредов, по приказу Деникина 19—22 февраля обследовавший Астраханский корпус перед его включением в состав Добровольческой армии[374], отметил несопоставимо великую (по сравнению с числом находящихся в строю казаков и офицеров) численность чиновников, офицеров и казаков, приписанных ко всевозможным тыловым частям, учреждениям, штабам, к существующим только на бумаге боевым подразделениям.

Во второй половине февраля 1919 года остатки частей Астраханского корпуса занимали в Сальских и Манычских степях фронт протяженностью более 200 верст, ведя бои вдоль железной дороги ветки Царицын—Тихорецкая с наступающими частями 10-й армии красных. По соседству с астраханцами действовала группа войск генерала А.П. Кутепова, в которую и планировалось включить кадры корпуса.

По данным отчета генерала Бредова, астраханские части имели следующее расположение и состав[375].

Войсковой штаб находился на станции Торговая (начальник штаба — полковник А.Н. Донсков). В штабе — 30 офицеров. Здесь же — ставка войскового атамана Н.В. Ляхова.

При штабе находились части и учреждения:

— Запасной стрелковый полк — 44 офицера, 152 стрелка, 3 пулемета (по списку — 153 офицера, 373 стрелков), при полку — Учебная команда (шестинедельные курсы) и Школа пулеметчиков (двухмесячные курсы; 15 офицеров, 40 стрелков);

— Запасная сотня (только на бумаге; в составе — 5 офицеров);

— Запасная батарея (только на бумаге; в составе — 5 офицеров);

— Лейб-гвардии Астраханская казачья сотня (почетный конвой атамана) — в строю не более 40 шашек (по списку — 3 офицера, 57 казаков);

— Войсковая типография, издающая газету «Вестник Астраханского Казачьего Войска», — 3 офицера, заведующий, 2 помощника.

Управление начальника снабжения Астраханского войска находилось в Новочеркасске (начальник снабжения — полковник Сорокин). В управлении — 40 офицеров.

При управлении находились 1-я Отдельная Астраханская тракторная рота (20 тракторов; на ходу — 12; бронированный — в Ростове), а также слесарные, токарные и прочие мастерские.

Штаб Астраханского корпуса стоял в станице Велико-княжеская (командир корпуса, он же военный министр Астраханского войска — генерал А.А. Павлов, начальник штаба — генерал Терехов). В штабе — 40 офицеров, 100 солдат.

При штабе находились части и учреждения:

— Тяжелая артиллерийская батарея — две гаубицы (станция Торговая не действовала из-за отсутствия лошадей);

— Инженерная рота (четыре взвода: железнодорожный, саперный, телеграфный с шестью аппаратами Морзе, подрывной);

— Авиационный дивизион; управление дивизиона в Таганроге; 1-й отряд в станице Великокняжеская (три исправных аппарата, два аппарата на ремонте на станции Торговой; командир — есаул Зверев); 2-й и 3-й отряды — на ремонте в Таганроге;

— Тракторный взвод — семь машин (на ремонте на станции Тихорецкая);

— Броневой дивизион (только личный состав, сам дивизион не сформирован); в его составе — один броневик «Астраханец», отправленный на станцию Тихорецкая для ремонта).

— Кадр Волжско-Каспийской флотилии — 60 человек.

Кроме того, исключительно по бумагам, при корпусе имелись два артиллерийских склада, орудийная мастерская, оружейная мастерская, шорная мастерская.

На фронте, проходившем в те дни по речке Сал, действовали следующие части:

— 1-я Астраханская казачья дивизия (начальник — генерал С.П. Зыков), штаб которой стоял на станции Зимовники железной дороги Царицын—Великокняжеская. 1-й полк дивизии был укомплектован казаками, остальные — калмыками и мобилизованными крестьянами. Полки имели такой состав: 1-й Астраханский казачий полк — 17 офицеров, 270 казаков, 2 пулемета; 2-й Астраханский казачий полк — 27 офицеров, 370 казаков, 5 пулеметов; 3-й Астраханский казачий полк — 27 офицеров, 400 казаков, 6 пулеметов; 4-й Астраханский казачий полк — 45 офицеров, 600 казаков, 6 пулеметов; 1-я Астраханская казачья батарея — 5 офицеров, 60 казаков, 2 орудия (одно неисправно), 2-я Астраханская казачья батарея — 5 офицеров, 60 казаков (орудий нет). Всего в дивизии числились 123 офицера, 1760 казаков, 19 пулеметов и 2 орудия;

— 1-я стрелковая бригада (начальник — генерал Е.И. Достовалов), штаб которой стоял на станции Двойная, в составе 1-го стрелкового полка (10 офицеров, 131 стрелок, 10 пулеметов), 2-го стрелкового Волжского полка (25 офицеров, 35 стрелков, 5 пулеметов), 1-й стрелковой артиллерийской батареи (10 офицеров, 55 стрелков, 3 орудия, из которых 2 неисправны) и 2-й стрелковой артиллерийской батареи (6 офицеров, 50 стрелков, 2 орудия). Всего в бригаде числились 101 офицер, 211 стрелков, 15 пулеметов и 5 орудий (2 неисправных);

— 2-я стрелковая бригада (начальник — генерал Д.К. Гунцадзе), штаб которой находился на станции Шаблиевка); при штабе бригады имелись только кадры 3-го и 4-го стрелковых полков (60 офицеров, 475 стрелков, 2 пулемета);

— 1-я пластунская бригада (начальник — генерал В.А. Патрикеев), штаб которой находился на станции Зимовники; в составе 1-го пластунского Астраханского полка (66 офицеров, 110 казаков, 9 пулеметов), 2-го пластунского полка (только кадр полка при штабе бригады: 27 офицеров, 70 казаков, 3 пулемета) и 1-ой пластунской артиллерийской батареи — 11 офицеров, 27 казаков, 3 орудия (2 неисправны). Всего в бригаде в строю осталось около 60 бойцов.

Итого в Астраханском корпусе (к 15 февраля, вместе с кадрами несформированных частей) числилось: 404 офицера, 2355 казаков, 48 пулеметов, 7 орудий, 2 из которых находились при штабе корпуса (вместе с неисправными — 60 пулеметов, 15 легких орудий, 2 гаубицы). В строю (к 19 февраля) осталось лишь 660 штыков, 1260 шашек при 46 пулеметах и 7 легких орудиях, 3 самолета.

В отчете Бредов подчеркнул, что снабжение корпуса налажено чрезвычайно плохо и части испытывают острый недостаток буквально во всем: продовольствии, медикаментах, боеприпасах, технических средствах, обмундировании (особенно теплой одежде). Обоз находился в зачаточном состоянии. Плохо была поставлена связь (особенно телефонная). В частях свирепствовал тиф, уносивший больше жизней, чем боевые действия. От болезней и бескормицы страдал конский состав. Единственной боеспособной частью оставалась Астраханская казачья дивизия. Бредов предложил немедленно отвести корпус в тыл на длительный отдых и пополнение, а лучше — на переформирование. Однако, тогда как донские части Мамантова, потерявшие боеспособность и деморализованные, почти без сопротивления откатывались к Манычу и Дону, астраханские части, сохранившие еще относительную боеспособность, сумели на короткое время удержать оборонительные позиции от верховьев речки Сал до железной дороги Царицын—Великокняжеская.

Полковник Ф.И. Елисеев, служивший в это время в Корниловском конном полку, упоминая в своих мемуарах о кровопролитных боях в сальских и манычских степях, отметил некоторые обстоятельства первого массового исхода и массовой гибели калмыков: из-за отхода совершенно разложившихся донских частей Мамантова за Дон и Маныч астраханские части, отступающие на Великокняжескую под ударами конницы Думенко и стрелковых дивизий 10-й армии, оказались в окружении. С астраханцами отступали калмыки-беженцы со своим скарбом. «Но они так и не ушли и жестоко были наказаны, как нам передавали»[376].

Затея с созданием Астраханской армии закончилась полным провалом. Практически ни одна из задуманных Тундутовым частей так и не была сформирована. Из сформированных большинство числились только на бумаге или имели мизерный кадр и находились в тылу. Из всего корпуса более или менее боеспособной была лишь казачья дивизия, зато в тылу

сидела масса нахлебников, числившихся в каких-то реально не существующих и никому не нужных учреждениях, многочисленных штабах и управлениях.

Между донцами и астраханцами нарастали неприязненные отношения. Низкие моральные и боевые качества астраханских частей стали притчей во языцех. Это, кстати сказать, дало повод генералу Сидорину обвинить атамана Краснова на февральской сессии Большого войскового круга в попустительстве злоупотреблениям «карательных отрядов» монархистов, третировавших мирных жителей[377]. Часть астраханского офицерства обсуждала планы вообще покинуть юг России и пробраться к Колчаку. Среди офицеров и рядовых распространилось неповиновение приказам начальства. Произошел примечательный перелом в отношении к пленным: на них просто перестали обращать внимание, и они, предоставленные сами себе, или блуждали в тылу, или поступали в белые части, или вообще возвращались к красным.

Но, хотя все великие прожекты Тундутова погорели и сам он надолго исчез из политической жизни Белого Юга, главные для казаков и калмыков события братоубийственной войны были впереди.

«Генеральский поход»

> Хоть у французов носы в четверть,
> Но нам не трудно их рубить;
> Серый маштак мой прискакивая рысит.
> Наш владелец Джууджа
> Устремил свой путь к Москве...
>
> *Из калмыцкой песни 1812 г.*

Весной — осенью 1919 года, в период решающих сражений Гражданской войны, Нижневолжские, Сальские и Манычские степи стали одним из главных театров ожесточенного вооруженного противостояния красных и белых армий. Активным участником этих боев было и астраханское казачество. Именно в этот период астраханские казаки и калмыки оказали массовую поддержку антибольшевистскому лагерю и их судьба, так же как участь Донского, Кубанского и Терского казачьих войск, оказалась напрямую связана с победами и поражениями Вооруженных Сил на Юге России.

Смена военно-политического руководства Астраханского казачьего войска, включение астраханских частей в состав ВСЮР открывали новые — казалось, победные, — перспективы участия астраханских казаков и калмыков в Белом движении.

В конце февраля — начале марта 1919 года Астраханский корпус был включен в группу войск генерала А.П. Кутепова и отведен за Маныч в район Торговая—Тихорецкая на отдых, пополнение и переформирование[378].

Из сохранивших боеспособность кадров корпуса была спешно сформирована Сводно-Астраханская дивизия (начальник — генерал Гунцадзе, штаб — на станции Торговая), части которой уже в конце первой декады марта Кутепов вновь ввел в тяжелые оборонительные бои против 10-й армии, подходившей уже к Великокняжеской и Манычу[379].

В состав дивизии, по сведениям штаба главкома ВСЮР, вошли Астраханский сводный стрелковый полк (400 штыков на станциях Шаблиевская и Зимовники, на зимовнике Пишванова), Астраханская казачья бригада генерала Зыкова, 1-й Астраханский казачий полк, 2-й сводный Астраханский конный полк (из кадров 2-го, 3-го и 4-го Астраханских казачьих полков; 800 шашек на станции Шаблиевская и в селе Бараниковское), Астраханский легкий артиллерийский дивизион в составе 1-й Астраханской конной батареи (из частей конной артиллерии корпуса) и Сводной стрелковой батареи (7 орудий на станции Шаблиевская и в Бараниковском), Мортирная батарея (2 гаубицы), авиаотряд (2 аэроплана) и Астраханская инженерная рота (121 сапер).

Кадр астраханских калмыцких полков был оставлен в тылу, за Манычем, и расквартирован в селах Митрофановка и Дивное. Здесь под руководством атамана Манычского отдела есаула Г.Д. Балзанова было начато формирование 1-го Манычского полка (он именовался также Партизанским отрядом Балзанова и Запасным полком Астраханской бригады, штаб — в Митрофановке).

Восстановление астраханских конных частей шло трудно и медленно. С одной стороны, ситуация благоприятствовала астраханцам. Весенняя распутица сдерживала активность красных. Как образно написал в своем донесении в штаб Астраханского войска на станцию Торговую командированный в штаб полка сотрудник особого отдела подпоручик Голев, «сами лошади, кажется, глубоко вздыхают, с усилием и чавканьем выдергивая копыта из липкого месива…»[380]. Симпатии калмыков, ожесточенных войной и политикой большевиков, были на стороне белых армий; калмыки охотно откликались на мобилизации. Формируемый полк обучали и приводили в порядок опытные инструкторы — офицеры и урядники, среди которых (что особенно важно) было много калмыков-донцов. Кроме того, Балзанов и его помощники (хорунжий Носков, подполковник Железовский) с успехом пополняли отряд коренными казаками, «мобилизуя» приезжающих в Ставрополье за хлебом казаков-чумаков низовых станиц Замьяновской, Лебяжинской, Сероглазинской и других[381].

С другой стороны, существовали серьезные проблемы, препятствовавшие нормальной работе. Во-первых, калмыцкая и казачья верхушка справедливо опасалась негативного, деморализующего влияния на калмыков факта удаления из Астраханского войска нойона Тундутова. В донесениях сотрудников войскового штаба часто можно встретить подобные строки: «Уход князя Тундутова пока усиленно скрывается Бальзановым (некоторым зайсангам и коннозаводчикам он сказал, что это временно) из-за боязни, что это произведет на народ неблагоприятное впечатление. Тундутову народ доверяет и ждет от него многого»[382] , или «Население взволновано уходом князя Тундутова, ходят слухи, что он убит и калмыков хотят вернуть в прежнее приниженное положение, думают, что князя у них отняли... которого они почитали как своего Бога... и преклонялись перед ним... это их озлобляет против русских, казаков...»[383] .

Здесь хотелось бы добавить, что, хотя тема исключительного значения нойона Данзана для калмыков многократно затрагивалась и в мемуарах лидеров Белого Юга (А.И. Деникина, П.Н. Краснова и др.), и в научной литературе, все же порой в исследованиях встречаются замечательные по своей краткости и яркости описания, которые стоят многих страниц кропотливых и дотошных разъяснений. Как, например, эпизод из поездки Тундутова осенью 1915 года по калмыцкой степи с целью сбора пожертвований на нужды русской армии и агитации за вступление калмыков в казачество: «Свой улус он объехал на личном автомобиле, поездка имела успех. Почти каждый из его сторонников щекой прикоснулся к колесу машины, что являлось выражением безусловной поддержки проводимых их нойоном мероприятий»[384] . К счастью для нового астраханского руководства, Тундутов в это время спокойно тратил полученные при уходе с атаманской должности средства где-то заграницей (по его позднейшим утверждениям — в Париже) [385] .

Во-вторых, калмыцкой администрации недоставало опыта для нормальной организации мобилизаций и обеспечения полка лошадьми и фуражом. А что касается коренных астраханских казаков, то они стремились уйти на Урал, в Гурьев, в части, формируемые подъесаулом Сережниковым[386] .

Мобилизуемая калмыцкая молодежь требовала длительного обучения и подготовки. Формируемые части испытывали острую нехватку всего и вся — годных к строю лошадей, фуража, оружия, амуниции, денежного довольствия и т.д. При отсутствии должной организации и дисциплины «партизаны» Балзанова пополняли нехватку за счет «благодарного населения», что приводило к перманентным конфликтам с населением и действующими в этих районах добровольцами Манычского фронта. В подразделениях процветало дезертирство. Рапорты астраханских офицеров на этот счет красноречивы: «Отсутствие организации и дисциплины и, главное, понимания того, что можно делать и чего нельзя, являются источником недоразумений между населением и калмыками»; «калмыки грабят местное население от отсутствия организации и власти»; «мобилизованным по несколько недель приходится без дела сидеть в казармах, ничего не делая и недоумевая, зачем же их призвали... свободное время посвящается вылавливанию красных, агитирующих в их пользу»[387].

Были и иные объяснения неоднозначного, а иногда и негативного отношения к калмыцким частям. Вот, например, мнение, высказанное в июле 1919 года командующим Астраханским отрядом группы Войск Северного Кавказа генералом Д.П. Драценко: «присылаемые калмыки... малонадежны, особенно при запрещении им грабить русские деревни»[388].

Однако, несмотря на все имевшиеся минусы и сложности, к концу апреля четырехсотенный калмыцкий конный полк был сформирован и подготовлен к отправке на фронт.

Восстанавливая объективную картину происходившего, добавим, что, конечно же, проблема грабежей и насилий в тех условиях была проблемой всеобщей и неистребимой: грабили и калмыки, грабили и самих калмыков, грабили и красные, и белые, и зеленые — это, так сказать, неотъемлемая составляющая Гражданской войны. Как выразился, проводя в апреле 1919 года реквизиции среди калмыков, начальник 3-й кубанской дивизии генерал Н.Г. Бабиев, «это Астраханская губерния... здесь еще нет губернатора, а потому — все позволено!»[389]

Неожиданный аспект проблемы частых претензий к калмыкам по данному поводу и в 19-м и в 20-м годах осветил в своих воспоминаниях известный деятель калмыцкой эмиграции, служивший в тот период в донском Дзюнгарском калмыцком полку, Санжи Балыков. Признавая, что весной-летом 1920 года обвинения калмыков в грабежах были явлением распространенным, он добавил: «Кампанию Крымского периода мы, как и все Донские части, начали пешими. Конными стали путем самочинной реквизиции. Но худая слава в результате реквизиций пала большей частью на нас. Когда в нашем полку было всего 295 всадников, жалоб на якобы взятых калмыками лошадей пришло 350. Непонятно, но был секрет. Дело в том, что и наши русские полки имели при штабах или командах по несколько человек калмыков, которых, освобождая от боев и других тяжелых обязанностей, держали исключительно для надобностей по добыванию лошадей. Лошади взяты калмыками, и жалоба идет на калмыцкий полк»[390].

В апреле астраханские части были подвергнуты дальнейшему переформированию. Астраханский стрелковый полк (382 штыка, 9 пулеметов) был передан во вновь сформированную 6-ю стрелковую дивизию. Конные части выделены в Астраханскую отдельную конную бригаду генерала Зыкова: 1-й и 2-й Астраханские казачьи полки, 1-я Астраханская казачья батарея (716 шашек, 13 пулеметов, 8 легких орудий)[391]. 1-й Астраханский казачий полк по традиции состоял только из коренных казаков, 2-й — в основном из калмыков. Кроме того, в бригаду был влит 1-й Инородческий (Черкесский) полк[392]. Остальные подразделения отряда были использованы для пополнения действующих частей группы генерала Кутепова.

В марте-апреле 1919 года на правом фланге Северного фронта ВСЮР развернулись напряженные бои, грозившие в случае потери Кутеповым позиций на Маныче выходом противника к основным тыловым базам и коммуникациям войск Юга. 2 марта Деникин поставил перед группой Кутепова (Манычский фронт) задачу наступательных действий на Царицынском направлении (вдоль железнодорожной ветки Тихорецкая—Царицын) с целью выхода на рубеж реки Сал. Сборные части дрались слабо. В середине марта группа Кутепова была отброшена от Великокняжеской за Маныч. Дальнейшее продвижение красных было остановлено половодьем.

В конце марта 10-я армия противника начала новое крупное наступление против Донской и Добровольческой армий. Донские части ушли в тыл, оголив новочеркасское и ростовское направления. Ситуация стремительно ухудшалась. 12—14 апреля красные перешли в наступление, и на фронте группы генерала Кутепова, начав переправу через Маныч и не встречая серьезного сопротивления. Создавалось угрожающее положение на екатеринодарском направлении. Штаб ВСЮР срочно стал перебрасывать сюда подкрепления. 18 апреля генерал Деникин лично возглавил Манычский фронт, костяк которого составляли кубанские части. Астраханцы вошли в центральную, 2-ю группу фронта (в районе ст. Торговой)[393], действуя на ее правом фланге, прикрывая переправы в районе сел Баранниковское—Новоманычское[394]. В этот день началась общая операция фронта, имевшая целью остановить противника и отбросить его за Маныч. К 25 апреля задача была выполнена, началась подготовка операции по форсированию Маныча, захвату Великокняжеской и наступлению на Царицын.

2 мая на фронт прибыл генерал П.Н. Врангель. Он вступил в командование конной группой (пять дивизий и Астраханская бригада), сосредоточенной в устье Егорлыка для удара по станице Великокняжеской с юго-востока. 5—8 мая ударная группа Врангеля переправилась через Маныч, разбила конницу Б.М. Думенко и другие части красных и заняла Великокняжескую; части фронта начали развивать наступление на Царицын.

Врангель признает, что оказавшаяся в его подчинении астраханская бригада, состоявшая в основном из калмыков и горцев, была слаба и количественно, и качественно[395]. 5 мая, начав переправу своих частей, Врангель оставил ее в резерве. 6 мая астраханцы были выдвинуты в район хутора Безуглова для прикрытия наступления на станицу Великокняжескую с северо-востока. Неожиданно на этом направлении начали наступление красные конные части Б.М. Думенко (4-й кавалерийской дивизии С.М. Буденного и 6-й кавалерийской дивизии И.Р. Апанасенко). Врангель кинул в бой Астраханскую бригаду, которая во встречном бою была опрокинута превосходящими силами противника и обращена в бегство. Бригада потеряла убитыми и ранеными всех командиров полков (получил серьезное ранение и командир бригады С.П. Зыков) и, надолго потеряв боеспособность, была отведена в тыл[396].

Вот как описывается эта атака в «Воспоминаниях» у Врангеля: «Неожиданно, далеко вправо, почти в тылу, раздались несколько орудийных выстрелов. Почти одновременно прискакал казак с донесением от Зыкова. Со стороны станции Ельмут в охват нашего правого фланга подходили большие конные массы противника. В бинокль было видно, как развернулись и двинулись вперед астраханцы. Их батарея открыла огонь. Над полками были видны рвущиеся снаряды противника. Но вот среди астраханцев стало заметно какое-то волнение. Ряды их заколебались, заметались и, мгновенно повернув назад, казаки бросились врассыпную. Беспорядочной толпой астраханцы неслись назад. Вскочив в автомобиль, я помчался к ближайшим частям генерала Покровского, успел остановить его корпус и повернуть часть сил против конницы врага. Славные кубанцы и терцы задержали противника»[397].

8 мая войска Манычского фронта были переименованы в Кавказскую армию, в которую наряду с кубанскими, терскими, горскими частями вошла и Астраханская бригада, включенная в конный корпус генерала П.Н. Шатилова (оставлена в резерве командующего армии)[398]. Наступление ар-

мии развивалось по двум основным направлениям — по железнодорожной ветке Торговая—Царицын и правее, по Ставропольско-Царицынскому тракту. 11—13 мая Кавказская армия вторично опрокинула части 10-й армии красных, переправилась через Сал, 20—22 мая взяла последние укрепленные позиции перед Царицыным и к началу июня вплотную подошла к «красному Вердену».

Астраханская бригада, обеспечивая прикрытие правого фланга наступающей вдоль железнодорожной ветки группы генерала С.Г. Улагая, была выдвинута в район Ханата—Альматин; затем бригада получила самостоятельную задачу: прикрыть наступление на Царицын с юга (астраханское оперативное направление), обеспечить тыл и фланг армии; разорвать сообщение между Царицыным и Черным Яром; и не менее важная задача — занять калмыцкие улусы и казачьи станицы, пополнить части казаками и калмыками, развернуть бригаду в конную дивизию[399]. Во главе Астраханской бригады (затем дивизии) в июне встал талантливый кавалерийский военачальник генерал-майор В.З. Савельев[400].

Уже 1—2 июня, опрокинув и наголову разбив действовавший в районе Черного Яра красный отряд Колпакова, загнав его остатки в Черноярский укрепрайон, заняв Каменный Яр, бригада вышла к Волге (штаб бригады расположился на хуторах южнее Райгорода)[401]. Астраханская батарея приступила к обстрелу движущихся вверх по Волге на помощь Царицыну подкреплений. Командование 11-й армии красных в срочном порядке перекинуло в этот район новые части, образовав Черноярскую группу войск.

Взять хорошо укрепленный Царицын сходу, конными частями, не удалось. 4 июня в результате контрнаступления противника части Врангеля были отброшены от Царицына; полки Савельева, прикрывавшие правый фланг Кавказской армии, прижатые к Сарепте, отступили в район Чапурники—Дубовый Овраг. Понеся большие потери и обескровив казачьи полки, Врангель вынужден был отказаться от немедленного повторения штурма. Лишь 16—17 июня, получив сильные подкрепления, он взял город. Преследуемая кубанцами 10-я армия начала отход к Камышину.

Во время Царицынской операции 6—19 июня Астраханская бригада вела успешные боевые действия на правом берегу Волги, юго-восточнее Царицына, в районе сел Вязовка—Солодники. Решающий крупный бой, изменивший ситуацию в этом районе в пользу белых, произошел 19 июня под Солодниками. В ходе сражения конной встречной атакой отличился 1-й Астраханский казачий полк, 14 казаков которого за проявленную доблесть были награждены Георгиевскими крестами. Полк принял в шашки конную лаву красных, опрокинул противника; сотни ворвались в центр села; потерявшая способность оборонятся пехота была сброшена в Волгу; большинство пытавшихся переправиться расстреляны пулеметным и ружейным огнем, взяты пленные и трофеи[402].

К концу весны 1919 года, по мере перелома военной ситуации в пользу белых и увеличения территории, занимаемой ВСЮР, оживилась и политическая жизнь белого Юга, где борьба с сепаратистскими настроениями в казачьей среде, выяснение отношений между Главным командованием и казачьими лидерами занимали одно из первых мест. Существо казачьей проблемы, в самом упрощенном виде можно было бы свести к следующему: примет ли казачество в качестве своей политической программы лозунг А.И. Деникина о необходимости борьбы с большевизмом во всероссийском масштабе с целью воссоздания «Единой, Великой, Неделимой Российской Империи» или ограничится установкой на освобождение казачьих земель и создание независимой от большевистской России демократической «Казакии». В Кубанском войске общую ситуацию определяли уверенно лидирующие самостийники — черноморцы. В Донском, несмотря на сильные антиденикинские настроения левого, демократического крыла Круга, политику определяло умеренное боль-

шинство во главе с атаманом А.П. Богаевским — сторонником идеи широкой автономии казачьих войск в составе единой России. Терцы и особенно зависимые от Главкома ВСЮР астраханцы, в целом, поддерживали программу Деникина.

Ведущая роль в определении позиции астраханцев по тому или иному вопросу в этот период принадлежала войсковому атаману Н.В. Ляхову, последовательному стороннику Деникина, и председателю калмыцкого правительства С.Б. Баянову, видевшему в союзе с Деникиным и Ляховым оптимальный путь для решения калмыцких проблем. Лидеры астраханского казачества, будучи не в состоянии опереться в своей политике на волю казачьего и калмыцкого кругов (в последний раз собиравшихся в декабре 1917 г.), в кризисные моменты вынуждены были лавировать между казачьей «коалицией» и Главным командованием. Вместе с тем поддержка Главнокомандующего обеспечивала его протеже атаману Ляхову практически диктаторскую власть в войске[403]. И, несмотря на определенные трения с калмыками, астраханцы были в целом вполне лояльны и управляемы.

Ни летом, ни осенью 1919 года, даже в период крупных военных побед ВСЮР, укрепивших диктаторские позиции Деникина, Главкому так и не удалось добиться консенсуса с казаками.

6 июня в Екатеринодаре на совещании Деникина с атаманами и председателями правительств казачьих войск Юга по вопросу о выборе в качестве цели борьбы «Единой, Великой, Неделимой» под главенством адмирала А.В. Колчака Главком сумел настоять на признании казачьей верхушкой только высшей военной власти «верховного правителя», а вопрос признания гражданской власти был оставлен на разрешение в дальнейшем казачьих кругов. Казачьи представители обвинили Деникина в том, что он продолжает «вековую несправедливость в отношении казаков» и «систематически отстраняет казачество, составляющее оплот вооруженных сил Юга, от государственного строительства»[404].

С другой стороны, собравшаяся 11 июня в Ростове-на-Дону (по инициативе донского круга и правительства) Южно-русская конференция, поставившая перед собой цели созда-ния более демократической «южно-русской власти» и вос-создания Юго-Восточного союза (как независимой от Деникина конфедерации Донского, Кубанского, Терского и Астраханского войск)[405] и прозаседавшая не один месяц, ни к каким результатам не пришла и соотношение сил на белом Юге не изменила, лишь углубив взаимное недоверие.

Взятие Врангелем 17 июня Царицына ознаменовало ос-вобождение первой станицы II отдела коренной части вой-ска — Царицынской. Во время посещения станицы атама-ном Ляховым (в 20-х числах июня) П.Н. Врангелю, пригла-шенному на станичный сход, было присвоено звание почетного казака станицы[406]. В почетные казаки были про-изведены также генералы В.Л. Покровский и А.П. Богаев-ский. Дальнейшее расширение занимаемых белыми районов Астраханской губернии и особенно войсковых земель позво-лило наконец перевести на собственные территории астра-ханские штабы и учреждения: войсковое правление корен-ной части, войсковой штаб, войсковую типографию, рези-денцию астраханского губернатора и т.д. Было возобновлено издание газеты «Вестник Астраханского казачьего войска»; редакция газеты расположилась в Царицыне. Последние но-мера еженедельника вышли в декабре 1919 года уже в Став-рополе[407]. Главный редактор «Вестника» — В.А. Чеховской (вероятнее всего, это псевдоним создателя газеты Г.М. Аста-хова) последовательно выдерживал все публикуемые матери-алы в русле «единонеделимской» идеологии Главного коман-дования.

Тем временем вооруженная борьба на юге России вступи-ла в свой решающий этап. 20 июня в Царицыне А.И. Дени-кин огласил знаменитую Московскую директиву, в соответ-ствии с которой главным направлением наступления Кав-казской армии признавался Саратов (при вспомогательной

задаче очистить левый берег Волги от красных и войти в связь с Уральской армией — астраханское оперативное направление). Астрахань должна была взять группа войск Северного Кавказа под командованием генерала И. Г. Эрдели (группа войск Астраханского направления под командованием генерал-лейтенанта Д. П. Драценко), наступающая по северо-западному побережью Каспия (при поддержке Урало-Астраханского корпуса Уральской армии, действующего на северо-восточном побережье Каспийского моря в направлении на Красный Яр, и частей армии Врангеля на правом берегу Волги, оперирующих в районе Черный Яр—Енотаевск)[408]. Генерал Врангель, в пику Деникину, предлагал главной задачей своей армии поставить освобождение Астрахани и вхождение в тесную связь с Колчаком.

Несмотря на конфликт между вождями, Кавказская армия последовательно выполняла Московскую директиву. Не давая опомниться разбитому под Царицыным противнику, Врангель с конца июня развернул наступление по Саратовскому тракту на Дубовку—Камышин (взяты 15—19 июля) и далее — на Саратов. В начале июля, в соответствии с указаниями Деникина, он перебросил на левый берег Волги 3-ю Кубанскую дивизию генерала П. П. Мамонова. 19 июля произошла первая встреча разъездов Кавказской армии с разъездами уральцев (предположительно — с частями казахской Алаш-орды). В целом в июле—августе Заволжскому отряду удалось занять на левобережье довольно значительный район (в Царевском уезде Астраханской губернии): на юге — захватив станцию Ахтуба, на северо-востоке — доходя до станций Эльтон — Шунгай (железнодорожной ветки Астрахань—Саратов), действуя основными силами в районе Царев — Капустин Яр—Владимировка[409].

Астраханцы Савельева, базируясь в районе сел Ушаковка—Солодники—Вязовка, развернули активные действия вдоль правого берега Волги на участке Каменный Яр—Черный Яр—Соленое Займище против сформированной на базе частей черноярского гарнизона Царицынской ударной группы 11-й армии. Наряду со штурмом Черноярского укрепрайона Астраханские части решали там вспомогательную задачу обеспечения фланга и тыла Кавказской армии, прикрытия стратегических тыловых коммуникаций — Ставропольско-Царицынского тракта и железнодорожной ветки Царицын—Тихорецкая.

В конце июня Астраханская отдельная конная бригада была развернута в двухбригадную Астраханскую конную дивизию: 1-й и 2-й Астраханские казачьи полки, 3-й и 4-й Астраханские калмыцкие Манычские полки, 1-й инородческий конный полк и Астраханский конно-артиллерийский дивизион (1-я Астраханская казачья и 9-я конная батареи). 1-й, 2-й, 4-й и Инородческий полки дивизии действовали под Черным Яром; 3-й временно выделялся в Заволжский отряд Кавказской армии. В августе, в период общего контрнаступления красных, все части дивизии (переименованной в Астраханскую казачью, начдив — генерал-майор Савельев, начштаба — генштаба генерал-майор Борисевич) были собраны вместе на Черноярском направлении.

В сентябре по просьбе астраханцев 3-й и 4-й калмыцкие полки получили наименование Астраханских казачьих[410]. Неказаки и некалмыки из 2-го Астраханского полка были переданы на формирование 2-го Гусарского Павлоградского полка (созданного на основе кадров Саратовского конного и Ставропольского конного партизанского дивизионов, и прикомандированного к Астраханской дивизии — около 100 шашек)[411]. Астраханский конно-артиллерийский дивизион был переименован в 4-й конно-артиллерийский. Общая численность дивизии с прикомандированными частями в этот период составляла от 2 до 2,5 тысячи штыков и шашек при 8—10 орудиях, 36—40 пулеметах (доля коренных казаков — от 25 до 30 процентов).

Несмотря на значительные расстояния, разделявшие наступавшие на Астрахань части Кавказской армии, группы

Войск Северного Кавказа и Урало-Астраханского корпуса генерал-майора Н.Г. Тетруева (Астраханский отряд подъесаула Н.К. Сережникова), на весьма ограниченные людские и материальные ресурсы, белые, тем не менее, попытались создать кольцо окружения вокруг Астраханского укрепрайона и обеспечить постоянное давление на оборонявшие его части со всех возможных направлений. Важную роль в судьбе Астрахани играла также борьба за города Черный Яр и Красный Яр — крепостные районы стратегического для этой битвы значения.

Особенности театра боевых действий и задач, стоявших перед действовавшими на территории Астраханской губернии казачьими частями, острая нехватка пехоты и в то же время недостаток годных к строю лошадей заставляли командование Кавказской армии проявлять изобретательность и отказываться от стереотипных методов работы. Уже в июле 1919 года Врангель отдал приказ о формировании при каждом астраханском конном полку по две пеших сотни из казаков (по 200 штыков каждая; пополнявшихся впоследствии мобилизованными крестьянами, пленными красноармейцами) [412] и допустил создание крупных партизанских отрядов из казаков и калмыков для действий в Волго-Ахтубинской пойме, в калмыцких степях на стыке Кавказской армии и группы войск генерала Эрдели.

Для участия в боях на левом берегу Волги при 3-й Кубанской казачьей дивизии был сформирован из кубанских и астраханских казаков-добровольцев Степной партизанский отряд, который возглавил командир 2-й сотни 1-го Кавказского казачьего полка старший урядник А. Попов. Уже в июле 1919 года отряд хорошо зарекомендовал себя лихими рейдами в тылу противника, захватами станций на железнодорожной ветке Астрахань—Кайсацкая[413]. Отряд состоял из конной и пешей сотен и артиллерийского взвода. В июле-августе и октябре—ноябре 1919 года степные партизаны (вместе с 3-м Астраханским полком) успешно действовали в составе За-

волжского отряда Кавказской армии, совершали налеты на
железнодорожные станции и населенные пункты на участке
Сайхин—Баскунчак—Харабали. В октябре, после гибели в
бою доблестного урядника Попова, отряд возглавил астраханец — войсковой старшина Пухальский (осенью отряд состоял уже преимущественно из астраханских казаков). По
боевому расписанию Кавказской армии на октябрь 1919 года
приданный 3-й Кубанской дивизии Сводный батальон Степных партизан с Артиллерийским взводом Степных партизан
насчитывал 147 штыков, 201 шашку, 2 легких орудия (в ноябре — 2 пеших и 2 конных сотни — около 200 штыков и
200 шашек) [414] .

В свою очередь, штурмующие Красноярский укрепрайон
астраханские казаки Сережникова выделили для поддержания связи со степными партизанами Енотаевский партизанский конный полк штабс-капитана Анохина, базировавшийся
в районе аула Чапчачи и оперировавший в полупустынных
казахских районах вдоль железной дороги между станциями
Харабали и Баскунчак.

На правом берегу Волги заполнить разрыв между войсками Врангеля и Эрдели должны были партизаны-калмыки.
Численность (равно как и общее количество) калмыцких конных партизанских отрядов, формировавшихся летом-осенью
атаманами калмыцких отделов — Г. Балзанова, Д. Онкоро-
ва, Б. Хабанова, Г. Ташуева — уточнить сложно (даже наиболее известного из них — Яшкульского отряда Г. Балзанова /
поручика Воскресенского). Отряды эти номинально подчинялись начальнику Астраханской дивизии и войсковому
штабу; действовали преимущественно на участке между Черным Яром и Енотаевском, до разграничительной линии между Врангелем и Эрдели: Благодарное—Яшкуль—Енотаевск;
наиболее крупные имели в своем составе до 400—500 штыков
и шашек при 2 орудиях, 4—6 пулеметах (пехота для обеспечения мобильности передвигалась на подводах), при общей,
весьма приблизительной, численности до 1,5—1,6 тысячи

штыков и шашек, 6—8 орудий, 14—16 пулеметов[415]. По разведданным красных, общая численность партизанских отрядов, созданных в Александровско-Багацохуровском, Малодербетовском и Манычском улусах, и «кулацких банд» на левобережье превышала 2 тысячи штыков и шашек[416].

Для обеспечения взаимодействия между Яшкульским отрядом (Енотаевский боевой участок) и наступающими на Астрахань войсками генерала Эрдели к частям последнего была прикомандирована Астраханская отдельная сотня (по данным на октябрь — 120 шашек; в ноябре — около 300 шашек)[417].

Таким образом, Волжский боевой участок (Черный Яр—Енотаевск), обеспечиваемый частями Астраханского войска, не имел сплошной линии фронта. Малонаселенное, выжженное солнцем «калмыцкое» правобережье (где большинство населенных пунктов растянулось тонкой полосой вдоль Волжского берега) препятствовало сосредоточению крупных масс войск. Здесь номинальное прикрытие тылов и коммуникаций ВСЮР поддерживалось небольшими мобильными группами партизан. Для развития серьезных наступательных действий на левобережье, в Волго-Ахтубинской пойме, ключевое значение имело обладание железной дорогой Саратов—Астрахань, — задача для переброшенной сюда конной дивизии нереальная. С другой стороны, условия театра боевых действий Урало-Астраханского корпуса и группы Драценко, оперировавших в самой Волжской дельте, были еще сложнее — пески, непроходимая сеть ериков, рукавов и протоков.

Как это видно из донесений самого генерала Драценко, именно данный фактор он считал причиной своих неудач. «Бесконечные ильмени Каспийского моря играют огромную роль для красных, они имеют возможность при помощи вооруженных пароходов быстро перебрасывать свои части в один из ильменей и появляться в разных местах нашего тыла... Вести борьбу на каждом ильмене не хватит сил и большего отряда...». Вывод один — без сильного флота и контроля над главным рукавом Волги Астрахань не взять[418].

Говоря о характере боевых действий под Черным Яром, необходимо отметить, что здесь традиционные для Врангеля атаки укрепленных населенных пунктов — сходу, конными частями (безусловно, во многом вынужденные) были априори губительны и бесперспективны. Созданная красными глубоко эшелонированная оборонительная система, где были сосредоточены значительные массы пехоты и конницы и достигнута высокая концентрация орудий и пулеметов, при поддержке балтийских миноносцев и плавучих батарей превратила Черный Яр в настоящую крепость. В августе оборонявшиеся применили против казачьих частей эффективную новинку — отряд грузовых автомобилей (быстро передвигавшихся по специально устроенным за рядами ключей проволоки и окопов дорогам), на которых были установлены спаренные станковые пулеметы или легкие орудия на особых приспособлениях, обеспечивающих вращение по всему кругу и по вертикалям[419].

К концу июля наступательный порыв не имевшей серьезных резервов Кавказской армии иссяк. Противник получил возможность, используя преимущество в численности и вооружении, перехватить инициативу в боевых действиях, и в августе 1919 года в Поволжье развернулись напряженные бои частей Врангеля с перешедшими в общее контрнаступление 10-й и 11-й армиями красных. Это был наиболее сложный и наиболее яркий, по признанию Деникина, период в боевой истории Кавказской армии[420]. 1 августа X армия красных перешла в контрнаступление и к 23 августа отбросила Врангеля к Царицыну. 23 августа началось решающее наступление северной и южной (черноярской) групп красных на Царицын. Введя в бой последние резервы, в длительном кровопролитном бою Врангель остановил наступление, измотал и отбросил противника. В этих боях отличилась и Астраханская дивизия генерала Савельева. Бои дивизии в районе Черный Яр—Вязовка разгорелись с утра 23 августа, начавшись мощным наступлением красных из черноярского укрепрайона. Умело маневрируя, Савельев заслонился частью сил с фронта и нанес мощный удар конными полками по левому флангу противника, обратив его в бегство, захватив 7 орудий, 30 пулеметов, 1370 пленных[421]. 24 августа астраханцы перешли в наступление, преследуя разбитого противника, захватывая пленных и трофеи, и вновь загнали красных в укрепрайон, к 25 августа восстановив здесь прежнее положение.

Бой 1-й бригады (1-й и 2-й полки) Астраханской дивизии 24 августа под Вязовкой был отмечен и в донесениях противника: стремительным левофланговым маневром бригада, развернувшись лавой, вклинилась между наступающими частями 34-й стрелковой и 7-й кавалерийской дивизий красных, смяла левый фланг, прорвалась в тыл наступающей группировки, заставив противника обратиться в беспорядочное бегство. Навстречу казакам был выдвинут находящийся в резерве 301-й полк. «Полк, оказывая слабое сопротивление... оставался на месте до того момента, пока атакующая кавалерия не ворвалась в цепь, после чего... весь сдался в плен... атаковавшая часть состояла исключительно из казаков, передняя шеренга была вооружена пиками, которыми не действовала. При атаке казаки кричали друг другу: "Не руби их!"»[422]. Захваченные в бою пленные со своим же оружием пошли на пополнение убыли в пехотных частях отряда.

Однако, перебросив в Черный Яр свежие части, командование 11-й армии 26—27 августа нанесло новый удар. Астраханские полки понесли тяжелые потери и были отброшены за Райгород. Особо тяжелой утратой для астраханцев было серьезное ранение (ружейной пулей в голову) генерала Савельева, так и не вернувшегося более к дивизии[423]. Однако измотанный противник также вынужден был перейти к обороне. Наметился перелом и на северном фронте — в последних числах августа Врангель отбросил 10-ю армию в район Пичужинская—Дубовка, стабилизировав положение.

Критический момент боя 27 августа под селом Солодники — хутором Старые колодцы, едва не ставшего для Савель-

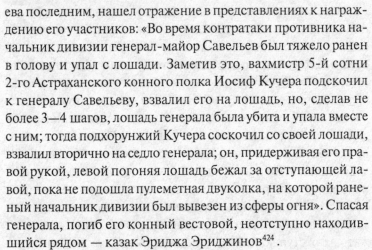

ева последним, нашел отражение в представлениях к награждению его участников: «Во время контратаки противника начальник дивизии генерал-майор Савельев был тяжело ранен в голову и упал с лошади. Заметив это, вахмистр 5-й сотни 2-го Астраханского конного полка Иосиф Кучера подскочил к генералу Савельеву, взвалил его на лошадь, но, сделав не более 3—4 шагов, лошадь генерала была убита и упала вместе с ним; тогда подхорунжий Кучера соскочил со своей лошади, взвалил вторично на седло генерала; он, придерживая его правой рукой, левой погоняя лошадь бежал за отступающей лавой, пока не подошла пулеметная двуколка, на которой раненый начальник дивизии был вывезен из сферы огня». Спасая генерала, погиб его конный вестовой, неотступно находившийся рядом — казак Эриджа Эриджинов[424].

Анализ боевых действий в июле-августе позволяет считать, что астраханские полки под руководством генерала Савельева превратились в достаточно серьезную боевую единицу. Наиболее боеспособными из частей дивизии были сохранившие костяк казаков и калмыков — ветеранов Астраханского корпуса / Астраханской бригады — 1-й и 2-й казачьи полки. Вновь сформированные 3-й и 4-й калмыцкие полки из необученной молодежи дрались слабо и порой полностью рассеивались (и формировались заново) после первого же боя[425]. Однако в целом в июле-августе 1919 года Астраханская дивизия неплохо действовала под Черным Яром, о чем свидетельствуют и донесения, сводки красных[426].

Всего за бои в июне — ноябре 1919 года на Волге было награждено Георгиевскими крестами около 130 казаков и калмыков дивизии (до четверти из них — калмыки). Начальник дивизии В.З. Савельев за боевые отличия 10 сентября был произведен в генерал-лейтенанты[427]. Наряду с конными частями боевыми наградами были отмечены умелые действия Астраханской казачьей батареи, метким огнем топившей суда противника, действовавшие под Черным Яром[428].

Несомненно, казаки обладали профессионализмом и личной храбростью. Дела дивизий и полков пестрят перечислением индивидуальных подвигов, свидетельствами личной отваги, взаимовыручки, верности товарищам: «Подхорунжий Михаил Кузнецов во время конной атаки... первым проскакал в обстреливаемую пулеметом зону, изрубил прислугу, захватил исправный пулемет, какой и был тут же использован для стрельбы»; 21 августа в бою под селом Вязовка атака 2-го полка «благодаря полученным подкреплениям была красными принята. Полк вынужден был повернуть, и противник, перейдя в контратаку, преследовал полк на дистанцию 150 шагов. Во время преследования была ранена лошадь ротмистра Натензона, который вынужден был соскочить и бежать за отступающей лавой; заметив это, казак 5-й сотни Дмитрий Лупандин подъехал к ротмистру, помог взлесть ему на круп своей лошади и под сильным огнем противника выскочил вперед лавы...»; 3-го полка казак Андрей Хащеев и приказный Пампул Бамбушев 25 июля «в конной атаке на сильно укрепленную позицию красных у села Зубовка, несмотря на ураганный пулеметный огонь, первыми бросились на пехоту красных, увлекая своей храбростью сотню, чем и способствовали уничтожению батальона...»; младший урядник Иван Зубов «восстановил связь между 3 и 4 сотнями полка, для чего с явной опасностью для жизни под сильным огнем прорвался сквозь отрезавшие эти сотни цепь красных и сообщил им о готовящемся обходе и таким образом спас сотни от грозящей им опасности»[429], и т.д.

И все же чувствовалось, что упорно выполняющий «московскую директиву» белый генералитет зашел в тупик. Почему? Вглядываясь из эмигрантского далека в роковые лето-осень 1919 года, участники Гражданской войны мучительно переосмысляли не только собственные просчеты и слабости, но и основы сокрушившей ВСЮР мощи противника. Решающим фактором в развернувшейся на юге России битве стали схватки конных масс.

Карта земель Астраханского казачьего войска (1884 г.)

Современное графическое изображение Войскового знамени Астраханского казачьего войска

Казаки: астраханский (стоит), кизлярский (сидит). XVIII в

Офицер и казак в форме образца 1817 г.

*Офицер Астраханского
казачьего полка
в форме до 1817 г.*

*Штаб-офицер в форме
образца 1892 г.*

*Войсковой круг. Ул. Московская
(в наст. время ул. Советская). Начало XX в.*

Донская церковь (перенесена с Казачьего бугра в 1825 г.).
Станица Косикинская. Начало XX в.

Спасо-Преображенская церковь. Станица Атаманская.
Начало XX в.

Двухклассное станичное училище.
Станица Замьяновская. 1911 г.

Личный состав Войскового правления, Канцелярии наказного атамана и Войскового пансиона. 1911 г.
(в 1-м ряду в центре — последний наказной атаман Астраханского войска ген.-лейт. И.Н. Соколовский)

Обер-офицер Астраханского взвода лейб-гвардии Сводно-казачьего полка в парадной форме образца 1906 г.

Офицер в походной форме образца 1909 г.

*Личный состав Управления 2-го отдела. 1911 г. (во 2-м ряду
в центре — атаман отдела полковник К.Ф. Сережников)*

*Урядник в походной форме
образца 1909 г.*

*Казак в парадном мундире
образца 1909 г.*

Партитура полкового марша 1-го Астраханского казачьего полка (начало XX в.)

*Группа офицеров 2-го Астраханского казачьего полка
(1905—1907 гг.). 2-й ряд в центре — командир полка
полковник И.А. Бирюков*

*Семейная фотография казаков станицы Копановской
(казак В.В. Лебедев с семьей, 1914 г.).
Государственный архив Астраханской области*

Группа казаков станицы Копановской. На Германском фронте (1915 г.). Государственный архив Астраханской области

Атаман Астраханского казачьего войска И.А. Бирюков (1908 г.)

Здание Войскового правления Астраханского казачьего войска (современная фотография)

*Председатель Астраханского
ВРК М.Л. Аристов
(1919—1920 гг.)*

*Астраханский атаман нойон
Д.Д. Тундутов (август 1918 г.)*

*Председатель Астраханского
войскового правительства
Б.Э. Криштафович
(август 1918 г.)*

*Директор политического
кабинета Астраханского
правительства
И.А. Добрынский*

Войсковой старшина
Мартынов.
Астраханский корпус.
Октябрь 1918 г.
(Белая Россия
1917—1922 гг.
Фотоальбом. М.,2003)

Астраханский атаман
князь Тундутов, начальник
Астраханского войскового штаба
полковник Г.В. Рябов-Решетин.
Август—сентябрь 1918 г.
(Белая Россия 1917—1922 гг.
Фотоальбом. М.,2003)

Председатель
Астраханского войскового
круга и правительства,
и.о. войскового атамана
Н.В. Ляхов (июнь 1919)

Начальник Астраханской
казачьей дивизии генерал-майор
В.З. Савельев

*Начальник штаба
Астраханского войска генерал-
майор А.Н. Донсков*

*Член Астраханского
войскового правительства
Н.О. Очиров (1930-е гг.)*

*Председатель Астраханского войскового правительства
С.Б. Баянов, член Астраханского правительства
Э.Д. Хара-Даван, депутат Донского войскового круга
Б.Н. Уланов (в эмиграции)*

*А.Н. Донсков (во втором ряду (сидит) 3-й справа) в гостях
у казаков Белградской терской казачьей станицы*

*Заседание Большого войскового круга Астраханского союза
казаков (Астрахань, актовый зал гарнизонного Дома офицеров,
первая половина 1990-х гг.)*

*Делегаты круга Астраханского союза казаков
(г. Астрахань, 24 мая 1994 г.)*

Казачья присяга (Астраханский кремль, 1994—1995 гг.)

Номер газеты «Лава» (1997 г.) — официального органа Войскового правления Астраханского казачьего войска

Номер газеты «Астраханский казачий вестник» (2000 г.) — официального органа Отдельного Астраханского окружного казачьего общества

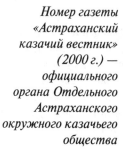

КАЗАКИ И КАЗАЧКИ АСТРАХАНСКОЙ ОБЛАСТИ!

Сегодня перед Российским казачеством вновь открывается возможность служить Отечеству. Закончилось время испытаний, время забвения. Указ Президента Российской Федерации от 09.08.1995 г. N 835 «О государственном реестре казачьих обществ в Российской Федерации» - это участие казаков в государственной службе, Охране границы Родины, обеспечение общественного порядка, возрождение традиционных форм хозяйствования.

Но становление государственной службы - дело непростое, не обойтись без помощи со стороны администрации области. Здесь мы, находим взаимопонимание и поддержку у нашего губернатора Гужвина Анатолия Петровича. Глава администрации области видит возрождение астраханского казачества через вхождение Казачьих общин в государственный реестр и службу казачества на благо области, а значит и России.

Обращаемся к казакам м казачкам Астраханской области поддержать кандидатуру Анатолия Петровича Гужвина на пост главы администрации области и 8 декабря 1996 года отдать за него свои голоса.

Только под началом такого человека возможно будет подлинное возрождение астраханских казаков - воинов, землепашцев, рыбаков.

Да благословит всех нас Господь
на верное служение Государству Российскому и народу нашему!

Правление Астраханского Казачьего Войска

ОБРАЩЕНИЕ
ВОЙСКОВОГО ПРАВЛЕНИЯ, АТАМАНОВ СТАНИЦ И ХУТОРОВ
И СОВЕТА СТАРИКОВ АСТРАХАНСКОГО КАЗАЧЬЕГО ВОЙСКА

Казачество России обеспокоено ситуацией, сложившейся в приграничье Ставрополья. Готовящийся выход Чечни из состава России - обеспечит проживающим там русским и казакам, если не полное уничтожение, то нищенское существование в новом исламском государстве.

Мы, Астраханские казаки, обращаемся к представителям государственной власти и общественности России. Нам не безразлична судьба русских и казаков, проживающих сегодня на территории Чечни.

Мы полностью поддерживаем решения Чрезвычайного Совета атаманов казачьих войск Юга России, проходившего в Пятигорске, и требуем:

- Немедленного решения на государственном уровне статуса казачьих земель Наурского, Шелковского районов, присоединении их к Ставропольскому краю, до выхода Чечни из состава России. Границу между Россией и Чечней, при выходе последней их состава России, определить по реке Терек.

- Скорейшего принятия Закона РФ "О казачестве"

- Создание региональных центров управления казачьими войсками России: Северо-Кавказское региональное управление КВ, Уральского регионального управления КВ, Сибирского и Дальневосточного региональных управлений КВ.

- В короткие сроки обеспечить формирование частей территориальной самообороны в приграничных регионах России.

Обращаемся к Правительству России с требованием об обязательном участии во всех переговорных процессах с чеченской стороной - представителей казачества, как самостоятельной стороны, имеющей свои права и приоритеты на данной территории.

Отрядить казачьи регионы от "правозащитников" и "миротворцев" образца Сергея Ковалева.

Обращаемся к средствам массовой информации с просьбой не нагнетать обстановку вокруг подготавливаемого Закона РФ "О казачестве". Воздержаться от истеричных высказываний и "крика" элитистов в адрес российского казачества. Казачество назвавшее, и любой провоцирующий материал может сыграть роль детонатора.

Затягивание решения наболевших вопросов может обернуться для России куда более тяжелыми последствиями.

Все политические и общественные организации, разделяющие наши взгляды, просим поддержать нас в данном обращении.

Обращение принято
Войсковым правлением, атаманам станиц
и хуторов, Советом стариков
Астраханского Казачьего Войска
19 января 1997 года

ВОЙСКОВОЙ АТАМАН   ПОЛЯКАЕВ А.И.

Врангель вышел на оперативный простор волжских и донских степей, имея в своем распоряжении лучшую конницу Европы — казачьи полки. Многочисленной профессиональной хорошо вооруженной и снабжаемой кавалерией, исправно пополняемой (усиленной бронемашинами, аэропланами, артиллерией), руководили опытные генералы и офицеры.

К осознанию роли конницы в этой войне (ввиду маневренного, а не позиционного характера действий войск) и организации крупных конных соединений красные шли долго и трудно, и до лета 19-го года кавалерия РККА уступала кавалерии противника и количественно, и качественно. Но красные конные части, уступая белым в мастерстве рубки, шашечного боя, имели большую огневую мощь — кавалеристы вооружались винтовками, револьверами и шашками, почти не пользуясь пиками; оснащенность пулеметами была выше, чем у противника (в среднем по 16—20 на полк). Красные кавалеристы, сочетая в себе и кавалерию, и ездящую пехоту, делали больший упор на огневое поражение, а не на рукопашную схватку. Индивидуальному героизму и профессионализму белых красные противопоставили коллективный героизм; чрезвычайно пестрые по своему составу кадры конных (казачье-крестьянских в своей основе) полков сплачивали вера в правое дело и революционный энтузиазм. Закаляясь в боях, красная конница к концу 1919 года стала превосходить казачью боевой дерзостью, инициативностью и, наконец, массовостью. Большую роль в победах сыграли умелые действия конной артиллерии (батарея — на бригаду) и тачанок, вылетающих вперед и с открытых позиций расстреливающих наступающего противника, перед фронтом развертывающихся красных полков. «Огненный щит тяжелых пулеметов и артиллерии с фронта и удар из-за них или с фланга в конном строю — вот типичные приемы боя красных масс»[430]. Прежде всего, об этом, а не о личных качествах астраханских казаков и калмыков свидетельствует красочно описанное Врангелем бегство Астраханской бригады в мае 1919 года перед полками Думенко: ошеломляющее воздействие огневого поражения, ранения и гибель офицеров, утрата управления... Красная кавалерия начинала все более уверенно переигрывать белую.

Расширение территории, занимаемой ВСЮР в июне-июле 1919 года, поставило на повестку дня вопрос об организации гражданского управления и решении хозяйственных и административных проблем в занимаемых белыми губерниях. Структура гражданской власти на юге России во многом противоречила «свободолюбивым» устремлениям казачьей старшины. Руководство ВСЮР признало за казачьими войсками право гражданской автономии (сразу же после того, как они заключат союзный договор с Деникиным), однако на практике выстраивало отношения в духе военной диктатуры. По итогам законотворчества в сфере административно-территориального устройства Юга, Донское и Кубанское войска стали автономными областями; Терское войско как автономная единица вошло в состав Северо-Кавказской области; Астраханское, не имеющее единой сплошной территории, «в порядке высшего управления» было включено в состав Астраханского края, который, в свою очередь, считался составной частью Северо-Кавказской области[431]. Астраханским губернатором Врангель назначил бывшего председателя войскового и краевого правительства Б.Э. Криштафовича[432]. Атаман Ляхов и калмыцкое правительство были привлечены Деникиным к разработке положения об управлении Астраханским краем и организации управления освобожденными войсковыми территориями[433]. Но, конечно, реальная власть на территории, занимаемой Кавказской армией, принадлежала Врангелю.

Кстати, в своих воспоминаниях Врангель нарочито подчеркнул, что ходатайства астраханской старшины не повлияли на его решение отдать офицера Астраханской губернской бригады Государственной стражи и двух офицеров-кубанцев, устроивших пьяный дебош в Царицыне, под суд и расстрелять одного из них[434]. Преданный военно-полевому суду и расстрелянный Врангелем есаул Чурбаков, был для астраханцев человеком известным. В 1918 году он состоял личным адъютантом атамана Тундутова.

Приказ командующего Кавказской армией, эмоциональный и жесткий, был широко растиражирован и расклеен по всему городу: указанные офицеры «вечером 29 июля в саду Общественного собрания города Царицына в компании с другими офицерами и солдатами... в присутствии публики совместно учинили буйство, сопровождавшееся выстрелами и избиением официантов плетьми... получив от хозяина буфета отказ в подаче водки, они, угрожая администрации буфета, отправились в сопровождении собравшихся в саду 10 казаков в буфет, где, сломав запоры, открыто... похитили скатерти, салфетки, кастрюли, ящики с мармеладом и другие вещи... а также находящиеся в кассе буфета деньги...»; «30 июля в Саду Общественного собрания вновь разыгрался пьяный скандал. Виновники мною преданы военно-полевому суду, и главный из них — есаул Чурбаков, приговорен к расстрелянию. Приговор мною утвержден и сегодня в 2 часа приведен в исполнение. Надеюсь одного примера будет достаточно»[435].

Наряду с территориями, занятыми Кавказской армией, попечению астраханского губернатора Криштафовича и атамана Ляхова подлежали (находившиеся с восточной стороны обороняемой красными Волжской дельты) территории Красноярского уезда, занятые наступающими из Гурьева частями Астраханского отряда подъесаула Сережникова. Прочная связь ВСЮР с уральцами через Каспийское море (Порт-Петровск—Гурьев) была налажена еще в марте—апреле 1919 года. Со 2 апреля, когда в штаб отряда из войскового штаба прибыли сотник Карпов и хорунжий Палепов, считалось, что уральская группа астраханцев «воссоединилась» с донской. Астраханский отряд стал получать продовольствие, вооружение, обмундирование из средств ВСЮР. В июле, когда Уральская армия вошла в оперативное подчинение генералу

Деникину и отряд Сережникова стал координировать свои действия с Кавказской армией и частями генерала Эрдели, связь между двумя группами астраханцев еще более упрочилась. С 19 июля организацией гражданской власти на занятой Сережниковым территории Астраханской губернии занимался назначенный губернатором Криштафовичем начальник Красноярского уезда статский советник Глебовский, прибывший в штаб отряда из Царицына[436]. Хотя это подчинение уральцев Деникину было во многом формальным.

Летом 1919 года врангелевскими частями было освобождено две трети территории калмыцкой части войска: 34 станицы пяти отделов из шести (кроме Яндыко-Мочажного) — Манычский (11 станиц), Малодербетовский (11 станиц), Икицохуровско-Харахузовский (8 станиц), Эркетеневский (3 станицы), Александровско-Багацохуровский (одна станица)[437]. А вот с коренной частью войска дело обстояло намного хуже: здесь белыми были заняты всего лишь 3 станицы II отдела (Царицынская, Пичужинская и Александровская) и несколько хуторов (Букатин, Садки и др.); причем из них на длительное время занимались лишь 2 станицы и 3 хутора[438]. Расположенные вдоль русла Волги между Черным Яром (ст. Черноярская) и Енотаевском станицы I отдела также находились в полосе боевых действий и подвергались периодическим налетам (Грачевская, Ветлянинская, Копановская, Михайловская). Но ни одну из них удержать надолго белые не имели возможности (в связи с наличием мощных укрепрайонов противника и действиями волжской флотилии).

Управление освобожденной территорией войска сосредоточивалось в руках войсковой администрации (помощника войскового атамана нойона Г. Тюменя, атаманов отделов — есаула Г.Д. Балзанова, Г. Ташуева, есаула О. Босхомджиева и др.). В аппарате калмыцкого правительства и администрации четырех отделов числилось более 200 человек, и, кроме того, на службе в калмыцкой степи состояло около 700 чинов Войсковой стражи, выполнявших полицейские функции.

Войсковое правление коренной части войска, администрация станиц и хуторов насчитывали до 20 человек, а весь гражданский аппарат коренной части, вместе с чинами Войсковой стражи, не превышал 100 человек[439]. Весь этот немалый по численности чиновный аппарат (около тысячи человек), кроме проблем самообеспечения (положенное гражданским служащим незначительное жалование выдавалось редко) и поддержания порядка на вверенной территории, должен был под руководством Войскового штаба наладить мобилизацию казачьего и калмыцкого населения в Астраханские полки. Данную свою главную функцию оба правительства исправно выполняли вплоть до декабря 1919 года. Уделялось внимание и восстановлению станичных училищ, открытию церквей[440].

Атаман Ляхов летомосенью 1919 года основную часть времени проводил в Екатеринодаре, Ростове, Новочеркасске, активно участвуя в политической жизни Юга. На фоне непрекращающихся трений между казаками и калмыками это давало основания председателю калмыцкого правительства С.Б. Баянову утверждать, что атаман фактически отказался от участия в калмыцких делах, демонстрируя неравноправные отношения между коренной и калмыцкой частью войска[441]. Однако благодаря жесткой позиции Деникина и Врангеля и военным успехам белых армий казачье-калмыцкие противоречия до поры до времени удавалось сглаживать.

Поначалу, в июне-июле 1919 года мобилизации калмыков и казаков от 19 до 39 лет проходили достаточно успешно, что позволило быстро укомплектовать развернутую из бригады Астраханскую казачью дивизию, сформировать крупные партизанские отряды (прежде всего — Яшкульский). Причем на этот раз части заметно пополнились и за счет казаков — мобилизованных, добровольцев, перебежчиков. Казаки освобожденных станиц объявили самомобилизацию всех годных к службе до 45 лет. Все это позволило и в калмыцкие

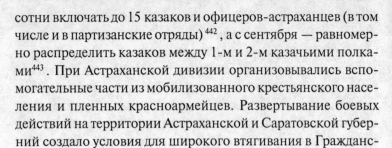

сотни включать до 15 казаков и офицеров-астраханцев (в том числе и в партизанские отряды) [442], а с сентября — равномерно распределить казаков между 1-м и 2-м казачьими полками[443]. При Астраханской дивизии организовывались вспомогательные части из мобилизованного крестьянского населения и пленных красноармейцев. Развертывание боевых действий на территории Астраханской и Саратовской губерний создало условия для широкого втягивания в Гражданскую войну казачьего, калмыцкого и крестьянского населения Нижнего Поволжья.

Однако осенью ситуация изменилась. Непрерывные тяжелые бои Астраханской дивизии под Черным Яром требовали чрезвычайного напряжения сил. Неподготовленную, почти необученную калмыцкую молодежь бросали в бой на практически неприступные позиции противника. Большие потери в калмыцких полках будоражили улусы, подрывали доверие к казачьей власти, вызывали дезертирство из калмыцких частей[444]. Положение обостряли банды из казаков и калмыков-дезертиров, не желавших воевать ни на красной, ни на белой стороне, терроризирующих села и улусы[445]. Добавил отрицательных эмоций калмыцким лидерам и подписанный в период критических боев августа 1919 года приказ атамана об отпуске на льготу на период сельскохозяйственных работ 37- и 38-летних казаков коренной части и запрете на призыв 19- и 20-летних[446], которые, как и следовало ожидать, в действовавшие под Черным Яром части не торопились.

В сентябре 1919 года накопившиеся претензии и противоречия привели к очередному кризису в казачье-калмыцких отношениях. Поводом к размолвке стал финансовый вопрос: несправедливое распределение денежных средств, выделяемых Главкомом ВСЮР на содержание войсковой администрации (большая часть из которых, по утверждению калмыцких лидеров, доставалась казакам), требования выплаты причитавшихся калмыкам денег. Калмыцкие лидеры негодовали: казаки получают свое денежное довольствие сполна, тогда как для калмыцкой стражи и чиновников приходится «по разверстке среди населения отнимать последних коров на зарез и брать последние копейки на покупку муки»; при этом из выделенных Главкомом около 11 млн руб. 3 млн Ляхов положил в банк на счет коренной части войска, создав войсковой денежный запас на будущие нужды не освобожденных еще станиц. Все это — следствие ненормальной системы «господства единоличного начала в действиях руководящих Войсковых Учреждений Астраханского войска» и неодинакового отношения атамана к интересам калмыцкой и коренной части войска, несмотря на огромные жертвы, принесенные калмыками на алтарь Родины (в то время как казаки в отличие от калмыков не показывают желания идти с ВСЮР) [447].

Опираясь на широко распространившиеся в улусах «антиастраханские» настроения, калмыцкие лидеры развернули кампанию за созыв общекалмыцкого съезда и решения калмыцкой проблемы путем объединения всех калмыков в составе Донского войска (переговоры об этом открыто велись с донскими атаманом и правительством) [448].

Сподвижник Д. Тундутова — Номто Очиров — опубликовал в газете «Донские ведомости» серию статей, где, с одной стороны, восхвалялся Деникин и содержались уверения в лояльности к Главнокомандующему и его политике, с другой стороны — излагались программа и проект объединения калмыков под эгидой Донского войска[449].

Еще более осложнило ситуацию продолжение конфликта среди самих калмыков — между С. Баяновым и Д. Тундутовым. Последний в сентябре 1919 года вновь объявился в калмыцкой степи, выступив с программой расторжения договора с астраханскими казаками и образования из калмыков особого Волжского казачьего войска, атаманом которого он собирался стать[450]. Прежнее руководство, по его мнению, дискредитировавшее себя политикой, не отвечающей интересам калмыцкого народа, должно было быть смещено. Выступления Тундутова и его сторонников взволновали степь, вызывали дезертирство из калмыцких полков.

Добавляли оснований для созыва калмыцкого съезда и упорные слухи о гибели войскового атамана И.А. Бирюкова. И эти слухи оказались правдивыми. 11 октября (29 сентября) 1919 года в газете «Саратовские известия» в рубрике «Красный террор» был опубликован список из 13 человек расстрелянных по приговору Саратовской губчека от 8 октября за антисоветскую агитацию и «как непримиримых врагов рабочекрестьянской власти»; там под № 6 значился «генерал Бирюков Иван Алексеевич, атаман Деникина»[451] .

В октябре того же года в ходе обострения внутрикалмыцкого конфликта ситуация стала складываться в пользу Тундутова. Уставший от выяснения отношений с представителями администрации калмыцкой степи начальник Астраханской дивизии генерал Колосовский заявил: «На днях Тундутов будет атаманом Астраханского войска, он и выяснит правильность жалоб уездных начальников»[452] .

Однако донцы отказались удовлетворить ходатайства калмыков. Сторонники Баянова, опираясь на утвержденное Главкомом «Воззвание к калмыкам», развернули в улусах кампанию в поддержку союза с казаками и продолжения борьбы под «единонеделимскими» лозунгами[453] .

Поддержка Деникина оказалась решающим фактором в этом споре. На собравшемся в октябре в Элисте калмыцком съезде Тундутов потерпел поражение[454]. Ситуацию в войске вновь удалось вернуть под контроль Главнокомандующего. Из состава обновленного калмыцкого правительства были удалены оппозиционеры и потенциальные возмутители спокойствия. Оказавший решительную поддержку Баянову атаман Манычского отдела есаул Г. Балзанов получил должность помощника войскового атамана[455]. Тундутов и Очиров были вновь высланы Деникиным с территории, занимаемой ВСЮР[456].

Указанные споры и столкновения федератов происходили в разгар ожесточенных боев Кавказской армии с X и XI армиями красных, соответственно, на Саратовском и Астраханском направлениях, ставших второй и последней попыткой Врангеля овладеть Нижним Поволжьем. Сильно потрепанная в августовских боях Астраханская дивизия не могла уже самостоятельно обеспечивать Черноярское направление. В первых числах сентября Врангель перебросил на этот участок 3-ю кубанскую дивизию генерала Н.Г. Бабиева. Бабиев объединил в своих руках командование кубанской и астраханской дивизиями, составившими с приданными пехотными и артиллерийскими частями Нижне-Волжский отряд Кавказской армии (астраханцы при этом на некоторое время были выведены Врангелем в резерв на отдых и пополнение). В командование Астраханской дивизией вступил генерал-майор А.П. Колосовский[457], его начальником штаба стал генштаба полковник Молостов. В ходе боев с 1 по 10 сентября кубанцы разбили наступавшие на Царицын с Юга части XI армии, захватив около 3000 пленных, 9 орудий, 15 пулеметов, загнав противника в Черноярский укрепрайон. Развивая наступление, казачьи части обошли Черный Яр с юга и вышли к Волге в районе станицы Грачевская — села Соленое Займище, завершив окружение укрепрайона, вплотную подойдя к черноярским позициям[458].

Опираясь на достигнутый успех, Врангель решил одним мощным ударом покончить с Черноярской группировкой противника. Он усилил группу Бабиева 3-й кубанской пластунской бригадой и дополнительной артиллерией и вновь ввел в действие астраханские полки. Начался штурм. Однако крепость осталась неприступной, неумолимо перемалывая артиллерией и пулеметами наступающие казачьи части. 24 сентября Бабиев предпринял отчаянный штурм города всеми имевшимися средствами, но, понеся огромные потери, вынужден был надолго перейти к обороне[459]. Напряженные бои на Черноярском участке продолжались с переменным успехом весь октябрь—ноябрь 1919 года.

Астраханская казачья дивизия генерал-майора А.П. Колосовского (начштаба — полковник Молостов) к началу октября имела следующий состав[460]:

1-я бригада — полковник Д.М. Абашев (затем г-ш генерал-майор Борисевич, затем полковник Коваленков);

1-й Астраханский казачий полк — 546 сабель, 8 пулеметов — полковник Коваленков;

2-й Астраханский казачий полк — 151 сабля, 6 пулеметов — полковник Д.М. Абашев (затем — полковник П.П. Халяев, далее — полковник Н.М. Байрактаров);

2-я бригада;

4-й Астраханский казачий полк — 377 сабель, 11 пулеметов — полковник Н.М. Байрактаров (затем — полковник А.А. Зелио);

1-й Инородческий конный полк — 97 сабель, 3 пулемета — полковник Горбатовский;

4-й конно-артиллерийский дивизион — полковник Петровский;

1-я Астраханская казачья батарея — 4 легких орудия — есаул Бруховецкий;

9-я конная батарея — 5 легких орудий — полковник Владимирцов (затем — полковник Войцеховский);

3-й Астраханский казачий полк — 424 сабли, 12 пулеметов — полковник А.А. Зелио (затем — полковник Толстиков).

Всего — 1595 сабель, 40 пулеметов, 9 легких орудий (и от 400 до 500 штыков в пеших сотнях полков).

Основной проблемой для белых в боях на Черноярском направлении стал дефицит пехоты. Численность конных полков Нижне-Волжского отряда после лобовых атак укрепленных позиций порой падала до 100—200 шашек (общая численность дивизии, включая пешие сотни, колебалась от 1 до 2 тысяч штыков и шашек). Самочинное формирование при конных частях пехотных подразделений из пленных красноармейцев стало в Кавказской армии распространенным явлением вместо направления кадров на пополнение действующих полков[461]. Однако формируемые при Астраханской дивизии пехотные подразделения из мобилизованных местных крестьян и пленных[462] — слабые и неустойчивые — проблемы не решали. Необходимые резервы у Врангеля отсутствовали. А без значительных масс пехоты взять Черный Яр было невозможно. Красные в октябре также не имели достаточных сил для крупного наступления.

В связи с убылью в полках уже в ноябре 1919 года Колосовский стремился возвратить или влить в дивизию выделяемые подразделения (Астраханскую отдельную сотню, 3-й полк, партизанские отряды). Добивался от калмыцкого правительства, на котором лежала обязанность обеспечения дивизии конским составом и проведения мобилизации в улусах, новых пополнений. 25 ноября Колосовский уведомил атамана Малодербетовского отдела есаула Босхомджиева и Манычского — есаула Балзанова, что для полного укомплектования астраханских частей (включая формируемый 6-й Астраханский запасной конный полк) ему необходимо 2730 конных калмыков. При этом следует отметить, что пополнения в дивизию по-прежнему поступали. В конце ноября — начале декабря 1919 года астраханцы зачислили на довольствие около двух тысяч человек. Но таяли эти кадры еще более быстрыми темпами. Из полков дезертировали порой даже до первого боя[463].

Главные бои Кавказской армии в октябре—ноябре разгорелись к северу и востоку от Царицына. Истощенные, редко пополняемые казачьи части еле выдерживали мощный натиск противника. При отсутствии резервов Врангелю приходилось перебрасывать сюда полки с Черноярского направления (на северный фронт — 2-й Астраханский казачий полк, в Заволжский отряд — 3-й Астраханский полк и отряд Степных партизан Пухальского)[464].

На северном фронте после непрерывного наступления красных Врангелю удалось удержать район Дубовка—Пичуга. Кубанцы и астраханцы Заволжского отряда вновь заняли большую часть Царевского уезда, создавая угрозу коммуникациям красных с севера и восстановив связь с уральцами. Положение удалось стабилизировать. Однако о серьезных наступательных операциях уже не могло быть и речи.

В ноябре 1919 года красные усилили давление на всех участках обороны Кавказской армии. К концу ноября 10 и 11 армии перешли в решающее наступление: Астраханский отряд Сережникова на северо-восточном побережье Каспия был практически полностью уничтожен в районе Б. и М. Ганюшкино; Заволжский отряд Кавказской армии, не выдерживавший натиска возрастающих сил противника, Врангель эвакуировал в Царицын; части генерала Эрдели, отброшенные далеко от Астрахани, сохранили способность лишь к пассивной обороне. К концу ноября основная масса войск Кавказской армии сосредоточилась на царицынских позициях, прикрываясь с юга, со стороны Черного Яра, кубанскими и астраханскими полками отряда генерала Бабиева[465].

Белые явно проигрывали битву. Боевой дух, боевые качества казачьих частей неуклонно снижались. Серьезной проблемой осенью 1919 года для генерала Колосовского стали все более распространявшиеся среди казаков и калмыков партизанщина и дезертирство. Уходили по одиночке, уходили взводами и сотнями. Вылавливание уходящих силами казачьей и калмыцкой администрации, служащих государственной стражи и подразделений дивизии не обеспечивало решения проблемы. Часть дезертировавших, уходя в тыл, рассеивалась по станицам и кочевьям, другие пополняли ряды зеленых, совершавших налеты на русские и калмыцкие поселения. Бывали среди казаков и случаи самочинных «визитов» в родные станицы на территорию красных, сопровождавшихся сведением счетов, «уводом в степь большевистского актива»[466]. В ноябре 1919 года Колосовский вынужден был констатировать: калмыцкие полки охвачены массовым дезертирством, массовым бегством в степь; численность полков упала до 100—150 шашек[467].

В своей переписке в октябре-ноябре с начальником штаба Кавказской армии генералом П.Н. Шатиловым он постоянно поднимает проблему борьбы с «самостийно-самочинными инстинктами нижних чинов»[468]. Что касается коренных казаков — пишет он в донесении от 19 октября — бегут из частей прежде всего жители ближайших станиц Черноярского и Енотаевского уездов. Бегут «ради спасения имущества и безопасности семей». Дополнительным деморализующим фактором является участие в боях с Кавказской армией 40-го кавполка 7-й (имени английского пролетариата) кавдивизии красных, сформированного из астраханских казаков. Во избежание развала дивизии Колосовский настоятельно просит перебросить полки из-под Черного Яра на «внутренний фронт» «для борьбы с большевиками и самостийниками»[469].

Вторым распространенным среди чинов дивизии способом ухода из бесконечной и безнадежной бойни на подступах к укрепрайону был переход добровольцем или просто самовольный уход в партизанские отряды, за счет чего численность только отряда Пухальского выросла в ноябре—декабре 1919 года до 500—600 штыков и шашек.

Начало декабря 1919 года было встречено астраханцами в упорных боях с красной конницей в районе Вязовка—Каменный Яр—Солодники. Бесплодные атаки Черноярского укрепрайона сменились обороной занимаемых позиций с использованием всех имевшихся сил. В одном из тяжелых боев 6 декабря под селом Вязовка был контужен сам начальник дивизии генерал-майор Колосовский, потери убитыми и ранеными в неудачной атаке 4-го казачьего и Инородческого полков составили около 140 человек (в том числе был ранен командир 4-го полка полковник Зелио)[470].

Оборонялись отчаянно. Хорошо показали себя в конных атаках 1-й Астраханский и Инородческий полки. Но дни пребывания Кавказской армии в Царицыне были уже сочтены. Общее поражение ВСЮР, отступление деникинских частей предрешили уход белых из Поволжья. 15 декабря Деникин приказал Кавказской армии отойти на рубеж реки Сал и прикрыть тихорецкое и ставропольское направления. Астраханская дивизия вместе с другими частями Нижневолжского отряда Бабиева получила задачу как можно дольше удерживать район Райгород—Дубовый Овраг—Сарепта, прикрывая отход Кавказской армии, и затем, двигаясь в арьергарде, отступить по Ставропольско-Царицынскому тракту на Тундутово—Садовое[471].

21 декабря Колосовский писал командующему Кавказской армией генералу В.Л. Покровскому: «Вследствие бессменного несения сторожевой и разведывательной передовой службы с 6 декабря и принятия первых ударов наступающих дивизия потеряла убитыми, ранеными, обмороженными и больными более 50 процентов своего состава. Лошадей убитых и раненых — более 30 процентов»[472]. Все конные вооруженные казаки из обоза были собраны в полки. Увеличивающееся дезертирство нежелающих уходить из Поволжья казаков заставило Колосовского уже в конце ноября — начале декабря выделять специальные отряды из чинов дивизии для вылавливания бегущих. Единственной реальной возможностью поправить в этом плане ситуацию было вливание в дивизию Яшкульского и Степного партизанского отрядов, каждый из которых превосходил численностью тогдашнюю астраханскую двухполковую бригаду.

С середины декабря, когда установились крепкие морозы и на Волге окреп лед, он прилагал отчаянные усилия по возвращению партизан. Однако партизаны, в своей массе относившиеся к подобной перспективе отрицательно, стали разбегаться[473]. Помимо этого, генерал Бабиев по собственному решению и взаимному согласию с партизанами присоединил отряд войскового старшины Пухальского к 3-й Кубанской дивизии и упорно отказывался передать его в Астраханскую, требуя оставить при кубанцах хотя бы конный дивизион в 300 шашек. Колосовский, в свою очередь, всячески отстаивал право на самостоятельные действия дивизии и выказывал недовольство начальником отряда[474]. Отношения между Бабиевым и Колосовским установились нервные и напряженные.

В конце декабря 1919 года оставившая Царицын обескровленная и деморализованная Кавказская армия двинулась по безлюдной степи на Юг — на Ставрополь и Екатеринодар, преследуемая частями X и XI армий красных, теряя людей замерзшими, больными, ранеными, добровольно сдающимися в плен. Отряд Бабиева, двигаясь в арьергарде, сдерживал натиск группы войск Тихорецкого направления красных. Отступали с постоянными боями. Неудачей закончилась попытка 21—22 декабря задержаться в районе Дубовый Овраг—Тундутово—Цаца, 30—31 декабря в районе Садовое—Киселево. Астраханские части, особенно драматично переживавшие отступление из Поволжья, охваченные разложением, мародерством и дезертирством, таяли на глазах[475]. Тридцатиградусный мороз и пронзительный степной ветер превращали отступление в катастрофу. 4—5 января 1920 года полки группы сосредоточились за рубежом реки Сал, надеясь закрепиться здесь и удержать оборону как можно дольше. К этому моменту в Астраханской дивизии в строю оставались лишь 468 казаков, в артдивизионе — 5 орудий; относительную боеспособность сохранили лишь 1-й Астраханский казачий и 1-й Инородческий полки, 9-я конная и 1-я Астраханская казачьи батареи[476].

В начале 1920 года поражения частей ВСЮР и отступление белых войск на казачьи земли активизировали в казачьих верхах антиденикинскую оппозицию. На повестку дня вновь была поставлена проблема создания особого казачьего государства со своей армией, самостоятельного в вопросах внутренней и внешней политики, где Деникину отводилась роль лишь верховного военачальника союзных антибольшевистских сил.

Так называемый Верховный казачий круг (или Казачья дума) открылся в Екатеринодаре 5 января 1920 года[477]. Астраханское войско после оставления белыми Поволжья и калмыцких степей утратившее свое военное и политическое значение, по большому счету, выпало из политической жизни белого Юга. Атаман Н.В. Ляхов формально представлял астраханцев на заседаниях Круга, на совещании у генерала Деникина с атаманами и председателями правительств казачьих войск 12 января в Тихорецкой, но он лишь присутствовал. Суть подобного отношения к представителям астраханцев А.И. Деникин обозначил в своих мемуарах просто и кратко: «Астраханское казачье войско, фигурируя в официальной жизни Юга в лице Атамана и правительства, представляло до известной степени фикцию, так как в состав территории ВСЮР входило разновременно лишь несколько казачьих станиц и часть калмыцкой степи»[478].

Гораздо больше, чем участие в политических дрязгах между казачьей демократией и деникинской диктатурой, Ляхова интересовала судьба астраханских казаков (остатков Урало-Астраханского корпуса), отступивших вместе с частями уральского атамана В.С. Толстова из Гурьева в Форт-Александровск. Главнокомандующий поддержал просьбу атамана об эвакуации астраханцев на Кавказ (в Порт-Петровск), что и было осуществлено генералом Тетруевым в конце февраля — марте 1920 года, откуда через Грузию им удалось позднее перебраться в Крым.

К концу января, после продолжительной борьбы с верховным командованием, казачий Круг (где уверенно лидировали самостийники кубанцы), руководствуясь идеями «народоправства», добился организации новой «Южно-русской власти» с широким представительством казачьей верхушки. Генерал Деникин признавался не диктатором, а выборным главой Южно-русского правительства. Однако в условиях военной катастрофы любые политические маневры были уже бессмысленны и на развитие ситуации не повлияли. В середине марта новая «власть» была упразднена главнокомандующим.

Прогрессирующий развал белого Юга и кризис деникинской диктатуры ослабили позиции атамана Ляхова, обострили казачье-калмыцкие противоречия. 14 февраля в станице Усть-Лабинской (Екатеринодарского отдела Кубанского войска) состоялось расширенное заседание калмыцкого Войскового правительства с участием помощника войскового атамана — нойона С. Тюменя, атаманов отделов: нойон А. Тюмень / Д. Тюмень, О.Х. Завгин, А.П. Межуев, Г. Ташуев. Заседание было посвящено разбору текущей политической ситуации и определению дальнейшей программы действий калмыков[479]. В постановлении правительства, утвержденном в результате долгого эмоционального обсуждения, калмыцкие лидеры обвинили командование ВСЮР в том, что оно своей антидемократической политикой, единонеделимскими лозунгами, возвращением старых порядков и старой администрации оттолкнуло как Антанту, так и широкие народные массы; не разрешило наболевшего земельного вопроса. Единственной силой, способной продолжать борьбу, были признаны казачьи войска. Основной задачей калмыцкого правительства было объявлено обеспечение объединения калмыцкого народа и принятие калмыков в Донское казачье войско. Идеология и основные положения возможного федеративного договора копировали договоренности с астраханцами от ноября—декабря 1917 года — объединение на федеративных началах с сохранением полной самостоятельности в вопросах внутренней жизни. Вести переговоры с донским атаманом и правительством было поручено членам правительства Э.Д. Хара-Давану и Н.О. Довукин-Очирову[480]. На имя донского атамана А.П. Богаевского была направлена докладная записка с изложением программы и условий объединения калмыков с донскими казаками[481].

Официального ответа калмыки не получили. Развивавшиеся на фронтах события очень скоро заставили думать, прежде всего, о физическом выживании, а не о политике. В начале марта астраханский атаман, войсковые правительства, штабы и учреждения перебрались в Новороссийск. Здесь атаман Ляхов и начальник войскового штаба А. Н. Донсков провели реорганизацию правительств, штабов и учреждений, сократив их состав до минимума, причислив всех годных к службе казаков и чиновников, служащих войсковой стражи в Астраханский казачий дивизион, приданный к I-й Донской казачьей дивизии, а неспособным к службе и «гражданским беженцам-станичникам» предоставив право эвакуироваться за казенный счет за границу[482]. 13 марта атаман и члены войсковых правительств были эвакуированы в Феодосию. Учитывая обстоятельства «новороссийской катастрофы», есть основания предполагать, что немногие рядовые казаки и калмыки смогли попасть вместе с ними в Крым.

Между тем, пока казачья и калмыцкая верхушка дебатировала вопросы высокой политики, астраханские казаки и калмыки плечом к плечу переносили тяготы непрерывного отступления. В январе—феврале 1920 года Кавказская армия, не выдерживая даже незначительного напора X армии красных, откатывалась все дальше к югу. Кубанские и астраханские части, отброшенные после неудачных боев 10—11 января в районе сел Садовое и Обильное от Сала к Манычу, окончательно потеряли боеспособность[483]. Все попытки Деникина исправить положение на этом направлении успеха не имели. К 10 февраля отступавший на крайнем правом фланге армии по Ставропольско-Царицынскому тракту кубанско-астраханский отряд генерала Бабиева откатился на подступы к Ставрополю[484], а с середины февраля он продолжил отступление горными дорогами в направлении на Туапсе.

Вместе с астраханскими воинскими частями двигались масса беженцев, дивизионный и войсковой обоз «с казенным имуществом» — казачьим и калмыцким[485]. С началом отступления Кавказской армии, в декабре 1919 года, калмыцкое правительство распространило в улусах листовки с призывом к населению уходить вместе с армией, осуществляя тактику выжженной земли, угрожая репрессиями или, наконец, местью красных всем остающимся[486]. Впоследствии массовый исход беженцев, сопровождавшийся жестокими страданиями и массовой гибелью калмыков, будет назван в мемуарной, художественной и научной литературе одной из самых трагичных страниц калмыцкой истории этого периода.

У И.М. Калинина, участника описываемых событий, вернувшегося из эмиграции в СССР, есть впечатляющие строки: «Калмыки, по дикому приказу донского правительства, в декабре 1919 года, ввиду наступления красных, снялись со своих мест со всем скарбом, скотом, женами, детьми и двинулись на Кубань на манер своих предков монголов.

Сколько ни пропадали "солнышки" в дороге, до Туапсе тоже добралось их немало. Перли на пароход почем зря. Их в нагайки — они ревут белугой. "Матер-черт, — кричат офицерам, — ты погоны снял, и кто тебя знает, а мой — кадетский морда всяк большак видит". Куды тут! Мало кто пролез со своими зюнгарами. Когда отчаливали от мола, иные калмычата швыряли о камень своих детишек, а сами бросались в воду. Вот дурные! Жалко подсолнухов! Мало их доберется до Крыма»[487].

Во второй половине марта 1920 года деморализованные, расстроенные остатки Донской и Кавказской (Кубанской) армий (около 60 тысяч донских, кубанских, терских и астраханских казаков, не попавших в Новороссийскую эвакуацию), вяло преследуемые слабыми частями красной конницы С.М. Буденного, скопились на Черноморском побережье Кавказа в районе Туапсе—Сочи. Получив короткую передышку и приостановив бегство частей, донское и кубанское командование объединило эту небоеспособную массу в группу войск Кавказского побережья. Астраханская казачья дивизия генерала Колосовского вошла в состав 4-го Конного корпуса, состоящего в основном из кубанцев. В соответствии с боевым расписанием, к 30 марта дивизия насчитывала в своем составе 1 — 4-й Астраханские казачьи полки (четырехсотенные), 1-й инородческий конный полк (пятисотенный) и 4-й конно-артиллерийский дивизион (двухбатарейный): 104 офицера, 330 шашек, 326 строевых казаков, 205 нестроевых казаков, 14 пулеметов, 5 орудий и 133 человека в командах вспомогательного назначения. Из общего состава чинов дивизии (около 1200 человек) оставались в строю менее половины — 578 человек. Доля коренных казаков в дивизии не превышала 20 процентов[488].

В середине апреля красные части вновь перешли в наступление и заняли Сочи. Для скопившихся на побережье казаков создалось угрожающее положение. Генерал П.Н. Врангель срочно выслал в Адлер все свободные суда, к 19 апреля погрузил большую часть находившихся там войск (в том числе астраханские части, сведенные с терскими в Терско-Астраханскую бригаду), и вывез их в Крым, в Феодосию[489].

Астраханский отряд подъесаула Сережникова

> Мы не песню то пели ребятушки,
> Но мы горе свое мыкали.
> Потешали то мы, братцы,
> Своего есаулушку.
> Есаул ли ты наш родной батюшка,
> Ты бывал-то бывал
> Да наш есаулушка,
> Бывал ты на синем море, на Каспии,
> Ты видал-то, видал там,
> Наш есаулушка,
> Много страстей-ужастей.
>
> *Из казачьей песни*

Астраханские антибольшевистские формирования в составе Юго-Западной и Уральской отдельной армий в 1918—1919 годы — одна из наименее изученных тем в истории участия астраханского казачества в Гражданской войне. Традиционно уральская группа астраханских казаков представлялась локальным, малозначащим явлением, рассматриваемым в контексте обороны Астрахани от «белобандитов» в 1919 году, как один из второстепенных эпизодов этой обороны и уж гораздо менее важным сюжетом, чем история астраханских казачье-калмыцких формирований на Дону. Тем не менее, как позволили установить архивные источники, именно на Урале в период Гражданской войны сконцентрировалось большинство астраханских казаков I отдела, вставших на путь вооруженной борьбы с большевиками. И именно разгром Астраханского отряда подъесаула Н.К. Сережникова был назван руководителями обороны красной Астрахани концом белого астраханского казачества.

В сентябре—октябре 1918 года, в то время, когда большинство астраханских казаков стояли на позициях признания советской власти, а на Дону разворачивал бурную деятельность по созданию казачье-калмыцкой армии нойон Тундутов, наиболее авторитетные лидеры коренной части Астраханского войска (придерживавшиеся кадетской ориентации) — председатель войскового круга и правительства Н.В. Ляхов, помощник войскового атамана Г.М. Астахов, атаман I отдела и начальник войскового штаба подъесаул Н.К. Сережников, исходя из военно-политической обстановки на Юге и Востоке России и учитывая внутривойсковые противоречия (между республиканцами и монархистами, самостийниками и единонеделимцами, казаками и калмыками и т.д.), выбрали в качестве базы для формирования астраханских войсковых структур и частей территорию Уральского казачьего войска. По их расчетам, Астраханское войско должно было стать частью единого антибольшевистского демократического лагеря, выступавшего под лозунгами Всероссийского учредительного собрания и единой неделимой России.

В качестве ставки и.о. астраханского атамана Г.М. Астахова и центра формирования частей был избран Гурьев[490]. Именно Урал должен был стать местом сосредоточения сил

коренного астраханского казачества, что соответствовало настроениям и самих станичников. В докладе полковника К.В. Сахарова[491] войсковому правительству Уральского казачьего войска 14 (27) сентября 1918 года о ситуации в Астраханском войске отмечено, что стремящиеся к борьбе казаки I отдела решительно выступают за уход именно на Урал[492].

Как и большинство участников Астраханского восстания, полковник Сахаров был выпущен летом 1918 года после окончания следствия и суда по делу о восстании из тюрьмы. Он провел некоторое время в станицах I отдела, наладив вместе с Сережниковым, по собственным утверждениям, серьезную работу по подготовке будущего антибольшевистского восстания. Ужесточение большевистского режима в августе — сентябре 1918 года заставило его уйти на Урал. Рассказ полковника об астраханцах уникален, тем более что сведений о событиях в станицах в этот период практически не сохранилось: «При Астраханском совете рабочих и солдатских депутатов была образована для заведования казачьими делами казачья секция, но в конце августа большевики разогнали ее и арестовали часть казачьих депутатов. Официально Астраханское войско стоит на советской платформе. Станицы управляются исполкомами с председателями во главе, которых все казаки называют по-прежнему атаманами.

По существу же, Астраханское войско, выстрадавшее от большевистской власти более чем кто-либо, ненавидит ее и с нетерпением ждет освобождения. Пробыв в августе в понизовых астраханских станицах, я лично убедился, что среди казаков-астраханцев нет большевиков. Если и имеется очень небольшой элемент развращенной и распущенной молодежи, то их можно считать единицами на каждую станицу; все они на учете у казаков, и уже теперь станичные общества присудили этих вредных членов своих к смерти. Среди казаков из молодежи наблюдалось желание пробраться на Урал, для образования здесь отдельного астраханского отряда.

Казачий дух и желание воевать против большевиков у астраханских казаков большие, но это пока не осуществимо по следующим причинам: 1. Войско небольшое, а раскинуто по уникально узкой полосе правого берега Волги от Саратова до Астрахани. 2. Мало оружия и почти нет патронов. 3. До последнего времени не было организации и вождей. 4. Полная неосведомленность о современном положении и о ближайших задачах, полная оторванность от русского фронта.

В августе благодаря освобождению офицеров (участников Астраханского восстания. — *О.А.*) из тюрем города Астрахани явилась возможность создать ядро для организации войска — группу офицеров-астраханцев с подъесаулом Сережниковым, начальником штаба Астраханского войска во главе. Организация войска проводится совершенно секретная, конспиративная, так как иначе большевики задавили бы дело в зародыше и уничтожили бы работников.

В каждой станице ведется учет всех казаков, способных встать в ряды боевых частей. Все они разбиты на полувзводы с младшими урядниками во главе. Казаки знают только своего полувзводного, который и ведет с ними занятия военным делом: повторение уставов, воспитание духа воинской дисциплины, действие оружием.

Два полувзвода составляют взвод со старшим урядником или вахмистром во главе, четыре взвода — сотню, из сотен составлены дивизионы и полки. Весь командный состав назначен уже теперь, причем высшие знают всех своих подчиненных и проверяют их, низшие же знают только своих непосредственных начальников, дабы сохранить большую тайну. Взводы и сотни предположено иметь вооруженные и безоружные, последние имеют в виду стать готовыми немедленно по свержению советской власти, когда можно будет получить на всех оружие.

Винтовок в станицах не так много, но есть: небольшие станицы имеют по 50—60 винтовок; большие же, как, например, Замьяновская, насчитывают их до 300. Необходимо послать отсюда указание, что эти винтовки отнюдь не должны почитаться собственностью отдельных казаков, а составляют собственность войска, как части Российской державы. Необходимо также доставить в Астрахань патроны.

Полагаю, что следует, не теряя время, организовать связь с ядром Астраханского войска, с подъесаулом Сережниковым, послав к нему надежного человека с полной ориентировкой не только современного положения, но и стоящих перед нами задач и возможностью затем установить регулярной периодической посылки таких курьеров с той и с другой стороны. Это вполне выполнимо путем проезда через казахскую степь. Лично я только что проехал этим путем и, если правительство пожелает, могу в совершенно секретном порядке указать маршрут, а главное — тех надежных людей, через которых можно ехать.

Крайне важно для дела и необходимо снабдить ядро Астраханского войска деньгами, которых теперь там нет совершенно, что сильно тормозит работу. Полагаю, что на первое время следовало бы послать не менее 50 тысяч рублей, так как необходимо, помимо расходов по установлению связи с Уралом и между своими станицами, вести разведку в большевистском стане, а также платить жалование офицерам, которым иначе не на что жить...

Крестьянские села, расположенные по левому берегу Волги в районе казачьих станиц, в огромном большинстве — все идут заодно с казаками, настроены также определенно противубольшевистски и готовы поддержать казаков в любую минуту. В селах имеются винтовки и даже, по слухам, пулеметы.

Словом, весь Астраханский край против большевиков, только самый город Астрахань представляет в крае оплот большевизма и советской власти»[493].

Положение бывших офицеров-казаков резко ухудшилось еще до принятия декрета СНК о красном терроре, в связи с событиями 2 (15) августа в Астрахани, когда, воспользовавшись бунтом мобилизованных в Красную Армию жителей Астраханской губернии, группа офицеров во главе с полковником Маркевичем попыталась организовать антибольшевистское восстание. Эхо неудачного мятежа, подавленного в течение суток, вызвало отклик в ближайших уездах, «станицы послали в Астрахань делегатов, чтобы узнать, что происходит и не нужна ли помощь войска... этих делегатов ловили на Волге матросы и красноармейцы и расстреливали»[494].

Свидетель событий — генерал А.Н. Донсков вспоминал в эмиграции: «15 августа того же года в Астрахани был объявлен призыв запасных — на пополнение частей, боровшихся с отрядом генерала Бичерахова. Запасные были очень недовольны призывом и вели себя — по отношению к власти — вызывающе. Использовав их настроение, часть офицеров во главе с полковником Маркевичем сделала переворот — арестовали местную власть, а сами укрепились в крепости г. Астрахани, объявив лозунг: «Да здравствует Учредительное Собрание!» Но власть их продержалась только один день, сделав доброе то, что освободила из тюрьмы всех белогвардейцев, которые сейчас же покинули город и разбежались во все стороны.

В ночь на другой день новую власть арестовала их же стража, подкупленная большевиками, и без суда всех расстреляли. И с этого времени еще больше настало гонение на офицеров. Был объявлен приказ, чтобы все офицеры явились для регистрации в сад Отрадное города Астрахани. К часу дня собралось около 300 офицеров, ожидая регистрации, но вскоре явилась рота красноармейцев, и всех их отправили в тюрьму. Те из них, которые подозревались в участии в перевороте, расстреливались в том подвале, где мы, белогвардейцы, раньше были заключены.

...казачьи офицеры числились на учете в казачьем отделе при Губернском комиссариате. Это, конечно, не спасало казачьих офицеров, и, если они были замечены на улице, их арестовывали и отправляли в тюрьму»[495].

Политика продовольственной диктатуры, мобилизации в Красную Армию, раскручивание маховика репрессий способствовали росту антибольшевистских настроений, усилению бегства офицеров и казаков на Дон и Урал.

Вместе с тем представительство астраханских лидеров в политической жизни Востока (участие Ляхова и Астахова в сентябре 1918 г. в Уфимском государственном совещании и конференции восточных казачьих войск[496] и т.д.) не имело практического значения, так как оно не опиралось — пока — на поддержку широких казачьих масс. В сентябре-октябре 1918 года из бегущих на Урал казаков I-го отдела и жителей Астраханской губернии было сформировано и действовало на Астраханском направлении только одно подразделение — Астраханская полусотня Гурьевского пешего дивизиона под командованием поручика Воробьева[497]. Сформированное в августе в станицах I отдела Н.К. Сережниковым и его помощником коллежским секретарем М. Ивановым антибольшевистское подполье после ухода руководителей на Урал прекратило свое существование.

Тем не менее, опираясь на поддержку участников Астраханского восстания — полковника К.В Сахарова (руководившего в январе 1918 г. астраханской офицерской организацией)[498], командующего Гурьевским фронтом полковника В.С. Толстова (руководившего в январе пришедшими на помощь астраханцам уральскими и оренбургскими подразделениями), астраханцы добились решения оренбургского атамана А.И. Дутова о включении 26 октября (8 ноября) 1918 года Астраханского войска в состав Юго-Западной армии и Оренбургского военного округа и выделения на формирование астраханских частей материальных средств от Оренбургского и Уральского войск[499]. Оказали «посильную помощь» и представители астраханского купечества (бежавшие из красной Астрахани и с рыбных промыслов в тихий, свободный от большевиков Гурьев), пожертвовав на довольствие своим защитникам 20 тысяч рублей.

1 (13) декабря 1918 года Н.К. Сережников приступил к формированию в Гурьеве двухсотенного Астраханского пешего казачьего дивизиона, вошедшего в состав 1-й Сводной Урало-Астраханской казачьей бригады Гурьевского фронта (района) [500]. К 30 декабря 1918 года (12 января 1919 года) в его рядах насчитывалось 14 офицеров и 75 казаков, кроме того, взвод казаков, прикомандированный к Добровольческому партизанскому отряду Хлуденева, участвовал в боевых действиях на границах с Астраханской губернией[501]. Помощник командира дивизиона по строевой части есаул Е. Токарев и казак А. Поляков были отправлены в станицы I-го отдела с целью привлечения казаков в состав формируемого подразделения[502]. Текст пламенного воззвания к астраханскому казачеству был написан полковником Сахаровым[503].

В ноябре—декабре 1918 года военно-политическая обстановка на юге России изменилась. Успехи Добровольческой армии на Северном Кавказе, поражение Германии и появление в Екатеринодаре военно-дипломатических представителей Антанты заставили руководство астраханцев изменить свои планы. Н.В. Ляхов и Г.М. Астахов перебрались на Дон, сделав ставку на объединение всех антибольшевистски настроенных астраханских казаков и калмыков под единым командованием Деникина.

Несмотря на это, самостоятельный центр антибольшевистской борьбы астраханцев в Гурьеве во главе с подъесаулом Сережниковым не только не прекратил свое существование, но стал точкой притяжения большинства стремящихся к открытому вооруженному сопротивлению казаков I отдела. Этому способствовали не только популярность и лидерские амбиции Сережникова и материальная помощь уральцев, заинтересованных в дополнительной воинской силе для прикрытия своей главной тыловой базы — Гурьева и тыловых коммуникаций со стороны красной Астрахани. Гурьевский район находился в достаточно изолированном, защищенном непригодными для сосредоточения крупных масс войск и ведения серьезных боевых действий пространствами месте. Спокойная обстановка, партизанщина (соединение Сережникова представляло из себя, по сути, самостоятельный партизанский отряд, далекий от высокого командования, не гробящий живую силу в штурмах крупных населенных пунктов), более безопасный и близкий для казаков I отдела маршрут на Урал, пролегающий через глухие районы казахской степи (главный из них — через Ханскую Ставку и уральские станицы — Глиненскую, Кулагинскую, Зеленовскую) — все это делало вступление в отряд Сережникова гораздо более привлекательным, чем мобилизация в казачье-калмыцкие части, ведущие непрерывные боевые действия в Сальских степях.

В течение января — мая 1918 года благодаря постоянному притоку добровольцев — казаков I отдела и жителей Астраханской губернии — Астраханский пеший казачий дивизион развернулся в самостоятельную боевую единицу (в феврале—марте 1919 года казаки прибывали в Гурьев практически ежедневно, группами по 5—10 человек, часто с лошадьми). К концу мая в дивизионе служило уже около тысячи коренных казаков. Причем здесь были представлены казаки и офицеры всех станиц отдела, практически все именитые казачьи роды. В отличие от астраханских частей в составе Донской армии и ВСЮР отряд Сережникова был изначально именно казачьим соединением. Летом—осенью 1919 года под началом Сережникова служило до 1500 коренных казаков (в конных, пластунских, артиллерийских частях, во вспомогательной флотилии).

Удельный вес казаков в отряде в этот период по мере пополнения мобилизованными и добровольцами постепенно снижался — от примерно 65 процентов в июне, до 35 процентов в октябре, но до конца его существования продолжал оставаться беспрецедентно высоким для астраханских соединений периода Гражданской войны. Однако в целом астраханские части были весьма пестрыми по своему составу. Здесь были представлены практически все крупные этнические и религиозные группы населения, проживавшего в Астраханской губернии, кроме калмыков (в основном — жители Красноярского, Астраханского и Енотаевского уездов), — астраханские татары, казахи, немцы Поволжья, евреи (в полковой хлебопекарне служили три товарища астраханца, стрелки 2-й сотни — Соломон Майер, Каспер и Яков Шталь) и т.д. Дополнительный колорит отряду придавали используемые в качестве основной тягловой силы верблюды и реквизированные для размещения личного состава подразделений в полевых условиях казахские кибитки. Забавно читать в документах отряда: «Донесите, где находится кибитка командира 3-й сотни»[504] и т.п. Кстати, в астраханскую сорокоградусную жару использование кибиток стало прекрасной находкой, особенно при остром недостатке палаток. Заботливый командир батальона 1-го Астраханского пластунского полка сотник Серебренников обязывал командиров рот: «Захватите кибитки, поставьте их так, чтобы люди могли ходить отдохнуть, но не были обнаружены противником»[505].

В январе—феврале 1919 года Астраханский казачий пеший дивизион нес гарнизонную службу в городе Гурьеве. Кроме того, Сережников выделял казачьи подразделения для участия в боевых действиях в составе партизанских отрядов и ведения разведки в рыболовецких районах на побережье Каспия. С середины февраля, базируясь на промысле Маслинском, начал боевую деятельность передовой отряд дивизиона под командованием поручика И. Ипатова[506].

В течение марта все подчиненные Сережникову подразделения были выведены «в сферу боевой линии» на Джамбайское (Астраханское) направление, сменив здесь действующие с августа 1918 года части Гурьевского пешего казачьего дивизиона[507]. Астраханский дивизион в этот период насчитывал в своем составе уже до 400 штыков и шашек при 2 орудиях и 8 пулеметах. Часть казаков и добровольцев была выделена в партизанский отряд Позднякова для действий в степи, в районе железнодорожной ветки Астрахань—Кайсацкая[508].

По мере продвижения в пределы Астраханской губернии росло количество добровольцев из числа неказачьего населения. Для пополнения подразделений отряда использовались пленные красноармейцы, перебежчики. А с июня 1919 года основным источником живой силы стали проводимые на занимаемой территории регулярные мобилизации.

К концу апреля — началу мая 1919 года Астраханский дивизион представлял из себя уже достаточно серьезную боевую единицу: 1-я сотня подъесаула Н. Свекольникова, 2-я сотня штабс-капитана А. Попова, конная сотня войскового старшины Свешникова, офицерский взвод полковника И.П. Вострякова, пулеметная команда поручика Р. Гатлиха, Сводная артиллерийская батарея хорунжего Н. Китаева (артиллерийский взвод трехдюймовых орудий подпоручика Клюшкина и артиллерийский взвод 37-мм орудий подпоручика Анатолити) — общей численностью около 600 штыков и шашек при 4 орудиях и 10 пулеметах[509]. По мере формирования части отправлялись в район боевых действий. Полковник Востряков остался представлять астраханцев в Гурьеве, прикомандированный к штабу фронта и Урало-Астраханской бригады.

Работа Сережникова по превращению добровольцев, собравшихся под его начало, в регулярную часть и поднятию морального духа партизан давала свои результаты. Разве что на пасхальной неделе и астраханцы, и уральцы пошумели, погуляли, постреляли, да и то — обошлось несколькими казаками и офицерами, арестованными на 10 суток — «для протрезвления и вообще».

В апреле в дивизионе были введены знаки отличия для чинов и подразделений. Всем казакам и добровольцам — «на наружной стороне левого рукава верхней одежды на расстоянии 1,5 вершка выше изгиба локтя угол в 45 градусов из желтого материала острием вниз»; в пехотных частях — «ротные флажки желтого цвета по форме удлиненного треугольника, основанием обращенного к древку», в конных — «флажки согласно Уставу строевой кавалерийской службы». Кроме того, Сережников распорядился «во время боя всем бойцам надевать на левый рукав белую повязку»[510].

Тогда же ввиду специфики театра боевых действий — каспийское взморье и волжская дельта — было начато формирование флотилии отряда, насчитывавшей летом 1919 года два парохода («Степан Хрипунов» и «Туркмен»), вооруженных орудиями Гочкиса и пулеметами, и более двух десятков мелких вспомогательных моторных и парусных судов (часто с весьма романтичными названиями, контрастировавшими с их нынешним военным предназначением, — баркас «Кавалер», рыбница «Мечта», моторные баркасы «Танго» и «Володя»)[511]. Первый пароход был еще в апреле 1919 года передан астраханцам уральцами, второй — захвачен у красных во время уничтожения джамбайского гарнизона.

В апреле—мае 1919 года при помощи англичан через Петровск-Порт была налажена регулярная связь уральцев с ВСЮР. Астраханское казачье-калмыцкое правительство направило в Гурьев к Сережникову своих постоянных представителей — 2 (15) апреля в штаб дивизиона прибыли сотник Карпов, хорунжий Палепов и поручик Кротков[512]. Наряду со снабжением из средств Уральской армии и реквизициями на территории Астраханской губернии астраханцы стали получать оружие, обмундирование, продовольствие от ВСЮР.

Первой крупной операцией с использованием всех сил астраханцев стало взятие «после упорного двухчасового боя» в ночь на 6 (19) мая 1919 года села Джамбай, превратившегося в ставку Сережникова (кстати, лично руководившего этим боем), административный и военный центр занимаемой территории[513]. Результаты боя оказались превосходными: взяты в плен 50 красноармейцев, неплохие трофеи — трехдюймовое орудие, 3 пулемета, 201 винтовка, 25 750 патронов, пароход «Туркмен», 2 моторных баркаса, прочее имущество. Своих погибло или скончалось от ран 8 человек. 30 казаков ди-

визиона за отличия во время штурма были произведены в приказные и урядники.

Продвигаясь дальше на запад, астраханцы уже 6 (19) июня добились следующей серьезной победы, ознаменованной занятием сел Большое и Малое Ганюшкино Красноярского уезда Астраханской губернии и вскоре — всего прилегающего рыболовецкого района (Голубево, Кобяковка, Телячье и т.д.). Штаб Сережникова переместился в Б. Ганюшкино[514]. Весь указанный период — с марта по июнь 1919 года — астраханцы достаточно успешно выполняли возложенную на них командованием Уральской армии задачу по прикрытию Гурьевского района и стратегических тыловых коммуникаций. Максимальных успехов в боевых действиях Сережников достиг в июле-августе, продвинувшись непосредственно в Волжскую дельту, заняв район Сафоновка—Рожок—Байда—Тюбек—Телячье и отбросив красных на линию Ново-Красное—Марфино—Алчары—Кордуанское, на подступы к главной крепости, ключевой позиции большевиков на пути к Астрахани — городу Красный Яр. Временами передовой отряд астраханцев оперировал на расстоянии 10—12 километров от Красного Яра (в районе села Теплинка), а казачьи разъезды подходили к городу на 5—6 километров. Подчиненные Сережникову подразделения контролировали в этот период практически все северо-восточное побережье Каспия.

Однако, несмотря на наличие собственных гидроавиации и флотилии, в дальнейшем, в условиях болотистой волжской дельты, при невозможности организации единого фронта и царившей в частях партизанщине серьезных успехов астраханцам добиться не удалось.

Тяжелые условия местного театра боевых действий и необходимость поддержки мощного военного флота для взятия Астрахани признавались всеми: между Гурьевом и Астраханью лежали сотни километров пустыни с зыбучими песками, ближе к Волге и Ахтубе сменявшиеся густой сетью рек, речушек, протоков, лиманов.

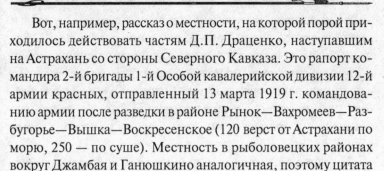

Вот, например, рассказ о местности, на которой порой приходилось действовать частям Д.П. Драценко, наступавшим на Астрахань со стороны Северного Кавказа. Это рапорт командира 2-й бригады 1-й Особой кавалерийской дивизии 12-й армии красных, отправленный 13 марта 1919 г. командованию армии после разведки в районе Рынок—Вахромеев—Разбугорье—Вышка—Воскресенское (120 верст от Астрахани по морю, 250 — по суше). Местность в рыболовецких районах вокруг Джамбая и Ганюшкино аналогичная, поэтому цитата вполне уместная.

На место прибыли «после 12 часов езды по буграм и рытвинам, низинам и льду ериков... Небольшой островок, имеющий всего несколько сотен квадратных саженей, приподнятый над уровнем воды на 10 и 12 футов, окружен с трех сторон волжскими ериками и прорвами, а четвертой, выходящий прямо в море, и есть место пребывания селения Воскресенского. Это селение имеет всего 100 небольших домов, не имеющих даже хороших дворов — поставленных на высоком фундаменте... остров заливается водою. Ни складов, ни конюшен, ни бань (ибо жители говорят «мы купаемся в море»). Население все рыболовы... 967 едоков с временно проживающими. Все жалуются на ужасную голодовку... муку редко чумаки привозят из Ставропольской губернии... жители поддерживают себя только рыбой... масса заболевших сыпным тифом...

Ерики и прорвы, замерзшие зимою, позволяют проехать к этому селению со многих сторон, но стоит только растаять льду, и тогда селение отрезано от суши и в него возможно проникнуть, переехав воду или лодкой или паромом. Тогда существует только две неудобных дороги: 1) по буграм в село Михайловское, оттуда паромом или лодкой до Долгих бугров и потом сухим путем до селений или 2) через Бирючью косу в Разбугорье, а оттуда лодкой до села Воскресенского. На период времени таяния льда... проникнуть в селение невозможно (1—4 недели). Ветры также оказывают огромное влияние на жизнь острова. Восточный Морян приносит массу воды и заливает остров водой, так что в селении хоть плавай... Западный Морян наоборот выгоняет всю воду из ериков в море, и тогда к острову трудно подъехать, так как его окружают со всех сторон непролазные топкие болота... Лугов, фуража нет. Все сказанное относится и к промыслам Рынок... а в промысел Вышка добраться можно только на лодке в любое время года.

Ни один из вышеназванных пунктов не пригоден для жизни армии, потому что: 1) не имеет круглый год удобных путей сообщения, 2) ни запасов пищевых продуктов... ни фуража для лошадей, ни бань, ни складов, ни больниц, ничего того, что нужно...»[515].

Оборонявшие Красный Яр части 11-й армии красных также особой активности не проявляли. Данный район боевых действий и весной, и летом 1919 года обеими противоборствующими сторонами считался относительно спокойным. Низкая интенсивность боев. Невысокие потери. Но подлинным бичом для воюющих сторон стали тиф, дизентерия и другие инфекционные заболевания. Именно они наносили ощутимый урон численности частей.

Занятие дивизионом значительных районов на территории собственно Астраханской губернии поставило перед Сережниковым проблему организации гражданской власти. При штабе дивизиона был создан административный отдел во главе с коллежским секретарем Федоровым, приступивший к работе по воссозданию земского волостного самоуправления[516]. Тогда же, в июне 1919 года, по мнению Сережникова, назрел вопрос об изменении статуса астраханского соединения и его командира. 18 июня (1 июля) чинам дивизиона был зачитан приказ Сережникова о новом временном названии вверенной ему части — «Астраханский отряд» и о том, что он вновь вступает в должность начальника войскового штаба — «впредь до созыва Войскового Круга или до получения распоряжения от Верховной власти», считая это «своим нравственным долгом» и «чтобы с вступлением на войсковую территорию начать работу по возрождению Войска как боевой единицы»[517]. Дальнейшего развития эта амбициозная инициатива не получила.

7 (20) июня приказом по Уральской армии Астраханский дивизион был развернут в 1-й Астраханский пехотный полк (6 рот) с 1-м Астраханским казачьим дивизионом (конным, двухсотенным) войскового старшины Свешникова и 1-й Сводной Астраханской казачьей батареей (четырехорудийной) подпоручика Клюшкина, общей численностью 2072 штыков и шашек, при 14 пулеметах и 5 орудиях[518]. Пополнения продолжали поступать практически ежедневно, и для формирования новых подразделений уже не хватало офицеров.

В июле-августе 1919 года в судьбе Астраханского отряда произошли важные изменения. В то время как колчаковские части откатывались на Восток, оставляя уральцев в изоляции, один на один с красными, победоносные ВСЮР Деникина, выйдя к Волге и взяв Царицын, развернули наступление на Москву, выделив часть сил Кавказской армии генерала П.Н. Врангеля и Войск Северного Кавказа генерала И.Г. Эрдели для взятия Астрахани и соединения с уральцами. Уральская отдельная армия вошла в оперативное подчинение А.И. Деникину. Из Порта-Петровска по морю было налажено регулярное снабжение гурьевских и астраханских частей вооружением, боеприпасами, обмундированием. Урало-Астраханская бригада была развернута в Урало-Астраханский корпус, который возглавил прибывший от Деникина генерал-майор Н.Г. Тетруев[519]. Астраханское направление приобрело для Уральской армии самостоятельное важное значение.

Основной целью астраханцев Сережникова в этот период стало создание совместно с частями ВСЮР сплошного кольца окружения вокруг Астрахани и содействие наступающим на город казакам и добровольцам Эрдели и Врангеля. Решая поставленные задачи, левофланговая группа отряда во главе с Сережниковым развивала наступление на г. Красный Яр; степная, правофланговая, базировавшаяся в ауле Чапчачи, вела боевые действия в районе железнодорожной ветки Астрахань—Кайсацкая, поддерживая связь с астраханскими казачье-калмыцкими частями Заволжского отряда Кавказской армии, действовавшими в Царевском уезде Астраханской губернии.

При этом установление прочной связи с ВСЮР и войсковым правительством привело к складыванию на занимаемой астраханцами территории своего рода троевластия. С одной стороны — наведением гражданского порядка в районе занимался назначенный Верховным правителем Управляющий Государственным Земельным Имуществом Астраханской губернии, с другой — прибывший от Деникина представитель Астраханского губернатора Б.Э. Криштафовича начальник Красноярского уезда статский советник Глебовский[520]. Реальная же власть принадлежала командованию Астраханского отряда.

В июле—августе 1919 года входящий в состав Урало-Астраханского корпуса 1-й Астраханский пехотный полк (за которым закрепилось полуофициальное название отряда) продолжал активно пополняться. К началу августа в составе 9 пеших и 3 конных сотен полка, укомплектованных сверх штата, числилось до 2500 нижних чинов и офицеров и продолжалось формирование новых подразделений. Уже 6 (19) июля приказом по армии был восстановлен конный полк Астраханского казачьего войска — 1-й Астраханский казачий полк. В это же время при штабе Сережникова был сформирован Гидроавиотряд под командованием штабс-капитана Г. Блуменфельдта — 4 гидросамолета (М-5, М-9, Шорт)[521]. Наиболее напряженные для астраханских подразделений бои разгорелись за села Сафоновка и Рожок.

13 (26) августа приказом командующего Уральской армией 1-й Астраханский пехотный полк был развернут в 1-ю Астраханскую отдельную бригаду под командованием войско-

вого старшины Н.К. Сережникова: 1-й Астраханский
пластунский полк штабс-капитана Валентинова (Мерж-
винского), 2-й Красноярский пластунский полк капитана
Крузе, 1-й Астраханский казачий полк (конный) войскового старшины Свешникова, Енотаевский партизанский
конный полк штабс-капитана Анохина и сводный Астраханский артдивизион (1-я Астраханская казачья батарея,
2-я легкая артиллерийская батарея) [522]. Силы бригады, пред-
ставлявшей собой Астраханский фронт (роль штаба фронта
играл штаб бригады), продолжали действовать по двум основным направлениям — Енотаевский полк с легкой батареей (отряд Анохина) оперировал в районе Астраханской железной дороги, остальные части (отряд Свешникова) вели
наступательные действия в районе Красного Яра.

Для полноты картины добавим, что в сентябре 1919 года в
Омске был создан Астраханский взвод в составе 6-й сотни
Сводноказачьего полка при Верховном Правителе и Верхов-
ном Главнокомандующем А.В. Колчаке[523].

К началу сентября Сережникову удалось довести пехотные полки до девятисотенного (трехбатальонного), конные —
до шестисотенного состава, а общую численность бригады —
до 4 тысяч штыков и шашек (около 2500 штыков и 1500 шашек) при 10 орудиях, 40 пулеметах, 2 вооруженных пароходах, 4 гидропланах. Если учитывать артиллерию, авиацию,
вспомогательные подразделения, флотилию, на довольствии
в отряде в сентябре-октябре 1919 года состояло до 5 тысяч
чинов. Это внушительное по численности соединение представляло уже весьма реальную угрозу для Красноярской группировки противника.

В сентябре—октябре 1919 года бои в районе волжской дельты, в том числе и в Красноярском уезде, приняли чрезвычайно
напряженный характер. Село Сафоновка, другие крупные при-
фронтовые населенные пункты по нескольку раз переходили
из рук в руки. К концу октября измотанные оборонительны-
ми и наступательными боями в лабиринте протоков и ериков

астраханские части были отброшены от Красного Яра и окопались на линии Утеры—Б. и М. Сафоновка—Куйгунь. При этом необходимо отметить, что если дух партизанщины был изначально присущ отряду (проблемы с дисциплиной в вотчине Сережникова не исчезали никогда), то осенью моральный облик астраханцев стал притчей во языцех и для местного населения, и для уральского командования — грабежи казахов, бесконечные реквизиции в рыболовецких поселках, пьянство, неповиновение начальству; многие офицеры вообще предпочитали не носить погон; многочисленные умельцы не стеснялись подделывать документы за подписью Сережникова для реквизиций баранов и молока у казахов[524]. В общем настрое казаков и добровольцев наступил перелом — дальнейшие контратаки бесперспективны, пора устраиваться на зимовку.

А зимовать, как говорится, надо подготовясь. Командир 1-го Астраханского пластунского полка штабс-капитан Ипатов отписывал начальству[525] : снабжение полка поставлено плохо, чтобы добраться до Ганюшкино, где расположено интендантство бригады, нужно перейти 10 бродов (арбами и лошадьми всего не доставишь), кругом мелководье (банки); водным путем сообщение есть только во время приливов (в зимнее время водного пути нет). «Сбруя для обоза собрана среди киргизского населения... вся негодная... лошади не подкованы, довольствуются только сеном. Седла все киргизские, мало пригодные для разведки и вообще верховой езды. Из-за этого лошади все со сбитыми спинами»; «хлеб выдается только на три дня... а при трудности доставки иногда полк остается на два дня без хлеба... Приварочное довольствие: аккуратно выдается только мясо...». На весь полк — две кухни (отбиты у красных); острый недостаток амуниции и инструментов; нет средств связи — телефонов и проводов, «связь между ротами только пешая и конная»; обмундирования выдали только половину требуемого, одежда людей изношена, нет теплой одежды на зиму; нет врача, медикаментов, медицинских инструментов (есть только два фельдшера) и т.д. и т.п.

В ноябре 1919 года в истории отряда неожиданно наступила короткая и кровавая развязка. Командование 11 армии красных с целью создания условий для разгрома Кавказской армии приняло решение о проведении операции по уничтожению или вытеснению из заданных районов действовавших на левом берегу Волги соединений противника. По сосредоточении под Красным Яром мощного резерва конницы, пехоты и артиллерии, в начале ноября Джамбайская группа войск 11-й армии под командованием Горностаева при поддержке Волжско-Каспийской флотилии приступила к ликвидации Ганюшкинской группировки Уральской армии и освобождению Каспийского побережья до села Джамбай.

К 10 (23) ноября Астраханский отряд был окружен в районе Б.и М. Ганюшкино и блокирован с моря; 23—29 ноября на подступах к селам развернулись ожесточенные бои. Войсковой старшина Свешников, принявший командование бригадой вместо отбывшего в Гурьев Сережникова, стянул сюда все имевшиеся силы (1-й Астраханский пластунский полк штабс-капитана И. Ипатова, 2-й Красноярский пластунский полк сотника Н. Серебренникова, Енотаевский партизанский конный полк штабс-капитана Анохина и 1-й Астраханский казачий полк). Он попытался организовать круговую эшелонированную оборону, маневрировал конницей, упорно оборонял многочисленные переправы, но не смог переломить ситуацию. 15 (28) ноября провалилась последняя попытка астраханцев прорвать кольцо окружения. Атака 1-го Астраханского казачьего полка была принята в шашки 25-м кавполком Смирнова; оставив на поле сражения до 30 человек изрубленными, бросив обоз, полк ушел в степь[526]. Партизанский полк Анохина еще ранее — 14 (27) ноября — бросил обреченных пластунов и прорвался на север в сторону аула Чапчачи.

16 (29) ноября красные ворвались в Ганюшкино. Командование Джамбайской группы признает, что красноармейцы, озлобленные ожесточенным сопротивлением астрахан-

цев (от Сафоновки до Ганюшкино 10 бродов — каждый был узлом обороны), устроили здесь настоящую резню[527]. В результате операции в Ганюшкино были взяты более 1500 пленных, 29 офицеров (в том числе Свешников, Ипатов, Серебренников), 10 орудий, 40 пулеметов, 3 тысячи винтовок, гидропланы, радиостанция и прочее имущество[528]. Астраханский отряд прекратил свое существование. Мало кому из пластунов удалось прорваться в Джамбай.

1-й Астраханский казачий полк, проблуждав по степи более месяца, 25 декабря (7 января 1920 года) целиком сдался в плен[529]. Енотаевский партизанской полк, захватив и разграбив Ханскую Ставку (административный центр казахской Букеевской орды) ушел в Гурьев.

19 ноября (1 декабря) командующий 11 армией Ю.П. Бутягин и член РВС армии С.М. Киров отправили председателю СНК РСФСР В.И. Ленину победную телеграмму «о разгроме контрреволюционного астраханского казачества»: «Части 11 армии спешат поделиться с вами революционной радостью по случаю полной ликвидации белого астраханского казачества. Свыше полугода назад по устью Волги и по побережью Каспия сбилось контрреволюционное казачество. Прекрасно снабженное всем необходимым господствовавшими в Каспии бандитами английского империализма, оно представляло весьма серьезную угрозу красной Астрахани... После непрерывных боев противник в районе Ганюшкино был крепко прижат к Каспию, а сегодня ему был нанесен окончательный удар, смертельно сокрушивший белое астраханское казачество. Части его, бившиеся против социалистической России в районе Царева, исчезли бесследно, похоронив свои остатки в хуторе Букатино (имеются в виду 3-й калмыцкий полк и казачий партизанский отряд Левобережной группы Кавказской армии. — О.А.)... В течение десятидневных боев нами взято свыше 5000 пленных, около 6000 винтовок, 117 офицеров, 23 орудия, 2 миллиона патронов, несколько тысяч снарядов, радиостанция, 6 гидропланов, громадные

обозы и прочее. Таким образом, враги рабоче-крестьянской России потеряли еще одно звено — астраханское казачество»[530].

Дальнейшая судьба сумевших вырваться из окружения астраханцев сложилась еще более драматично. В ноябре 1920 года Уральская армия, потерпев сокрушительное поражение на всех фронтах, откатывалась к Гурьеву. Здесь в декабре остатки астраханских пластунских и конных частей были сведены в Астраханский отряд под командованием генерал-майора Н.П. Юденича (Енотаевский конный полк штабс-капитана Анохина и Астраханский пластунский полк поручика Коробейникова — около 500 штыков и шашек). Наладить оборону Гурьевского района белые оказались не в состоянии.

В январе—феврале 1920 года вместе с уральцами атамана В.С. Толстова Астраханский отряд совершил тяжелейший переход по заснеженной казахской степи в Форт-Александровский. Большинство астраханцев, предоставленных самим себе, погибли от холода, отсутствия провианта, нападений казахов, преследовавших отряд. Добраться до Форта-Александровского смогли не более 100 человек[531]. Отсюда в марте усилиями генерала Тетруева и астраханского атамана Н.В. Ляхова сведенные в Астраханский казачий дивизион казаки и добровольцы в количестве 75 человек были переправлены на Кавказ и через Грузию (концентрационный лагерь для интернированных в г. Поти) — в Крым, где влиты в астраханские части Русской армии генерала П.Н. Врангеля[532].

Таким образом, на Урале, как и на Дону, астраханцы, в силу своей малочисленности не создали самостоятельных казачьих антибольшевистских военно-политических формирований. Астраханское казачество стало организующим ядром, знаменем, вокруг которого объединились антибольшевистски настроенные жители Поволжья. Уральская группа астраханцев не проявила собственного четко выраженного политического лица, не имела какой-либо программы, кроме

антибольшевизма и идеи возрождения Астраханского войска. По сути, кроме Н.К. Сережникова, здесь не было сколько-нибудь значимых, ярких лидеров. Заметным явлением в истории участия астраханского казачества в Гражданской войне отряд стал именно благодаря численности, представительству здесь коренных казаков. Формально в военном и гражданском отношении отряд входил в состав крупных антибольшевистских военно-политических структур — Уральской отдельной армии, ВСЮР, подчинялся астраханскому атаману и правительству, однако на деле являлся самостоятельным партизанским соединением, оперирующим в глухих труднодоступных районах. Как показали события, это и был наиболее предпочтительный для казаков, искомый путь участия в междоусобной борьбе.

Поражение ВСЮР, разгром Уральской армии не положили конца Гражданской войне на Юге. Однако судьба астраханских антибольшевистских военно-политических формирований, как и судьба казачье-калмыцкого союза, была предрешена. Астраханские казаки и калмыки, в общей своей массе, к началу 1920 года отказались от вооруженной борьбы и прекратили поддержку антибольшевистского лагеря.

Глава IV

«НА ПУТЯХ ИЗГНАНИЯ...»

Крымский финал

В истории белого движения Крымская эпопея генерала П. Н. Врангеля занимает особое место. Для поклонников последнего главкома, убежденных борцов за «Веру, Царя и Отечество» против большевистского ига, они овеяны героикой и романтикой неравной борьбы последней горстки русских воинов с красными полчищами. Для либералов и демократов разных оттенков, приветствовавших Февральскую революцию, это — «вырождение, агония и ликвидация» отвергнутых народом белых диктатур. Для летописцев «казачьей Вандеи» белый Крым стал началом эмиграции, первым этапом исхода с родных земель казачьих частей, беженцев, казачьих кругов и правительств — собственно того, что осталось от расколотых и разрушенных революцией и Гражданской войной казачьих войск.

Первые дни в Крыму в марте 1920 года для казачьей и калмыцкой верхушки были полны неизвестности, отчаяния, взаимного отчуждения. Во время неразберихи и столпотворения на Черноморском побережье, часть гражданских беженцев и войскового обоза сумела пробраться в Грузию. 10—14 марта калмыцкое правительство приняло формально поддержанное Ляховым решение о командировании в Грузию С. Баянова

на поиски соплеменников и оказание им помощи. Председатель Астраханского правительства провел апрель на Кавказе, откуда казаков и калмыков действительно удалось эвакуировать в Крымские порты[533] . Вместе с беженцами на полуостров прибыла и пробиравшаяся с Каспия группа астраханцев, уральцев и оренбургцев из состава Уральской армии атамана Толстова.

После эвакуации в Феодосию астраханский атаман, казачье и калмыцкое правительства, утратившие связь с беженцами и войсковыми частями, довершили обозначившийся в войске раскол. Калмыцкое правительство фактически пошло на разрыв с атаманом, приняв на себя полноту власти по калмыцкой части войска. Атаман Ляхов, находившийся в состоянии апатии и не верящий в возможность продолжения сопротивления большевикам и даже удержания Крыма, 18 марта отдал приказ о роспуске правительств и остальных войсковых учреждений и эвакуации заграницу; часть казачьих и калмыцких лидеров, последовав его призыву, действительно выехала в Турцию[534] .

По мере стабилизации ситуации на полуострове и укрепления его обороны, новый главнокомандующий П.Н. Врангель твердой рукой навел свой порядок и в казачьих делах. Единство казачье-калмыцкого союза было восстановлено. Но ситуация лишь вернулась на круги своя. Неуместные и бесполезные в новых условиях войсковые учреждения никто кормить не собирался. Войсковую администрацию по команде Врангеля сократили до минимума. Атаман Ляхов, войсковой штаб во главе с А.Н. Донсковым и войсковое правительство под руководством Баянова (в урезанном составе расположившиеся при ставке главкома в Севастополе) формально разделили с белым диктатором ответственность за находящиеся в Крыму казачьи части и беженцев и приняли участие в оформлении новой политики.

Единственный вопрос, по которому у союзников не имелось разногласий — оказание помощи беженцам. Наряду с казаками и офицерами Астраханской дивизии в Крыму оказались более 300 беженцев-калмыков и 150 казаков, положение которых по сравнению с военнослужащими было просто отчаянным. Для организации питания, жилья, медицинской помощи использовались все возможности — от постоянных просьб к главнокомандующему, до обращений в Главную миссию американского Красного Креста.

Весной—летом 1920 года беженцы скитались по всему Крыму в поисках средств к существованию. «Являясь буддистами и представляя особый калмыцкий народ монгольского племени, они во время российской революции и в особенности господства большевиков испытали неописуемые страдания и лишения... пытаясь прокормить себя трудом, к чему по своей прошлой жизни они совершенно не подготовлены. Но среди них находятся женщины, дети, сироты, которые не способны совершенно ни к какому труду. Среди беженцев-калмык стремительно распространяются эпидемии разных болезней». «При станции Бахчисарай томятся до 150 казаков-беженцев Астраханского казачьего войска. Живя чуть ли не под открытым небом, питаясь чем бог пошлет, они просят предоставить им какой бы то ни было медицинской помощи»[535].

Не причастные к спекуляциям и реквизициям чиновники, интеллигенция, особенно семейные, испытывали те же тяготы — необеспеченность нормальным жильем, скудное питание, болезни. Все это еще больше распаляло антиказачьи страсти в калмыцком руководстве. Недовольство Ляховым вылилось в очередной открытый конфликт.

14 июля 1920 года в Симферополе состоялось заседание войскового правительства Калмыцкой части (исполняющий должность председателя правительства — С.Б. Баянов, члены правительства — есаул Босхомджиев и Ф.А. Нагорский), посвященное вопросу денежного обеспечения служащих калмыцкой войсковой администрации, на котором вновь заговорили о недоверии атаману и подвергли его уничижающей

критике: войсковое правительство глубоко возмущено тем, как войсковой атаман распределял вверенные ему денежные средства; в марте 20-го года в городе Феодосии, когда атаман, решивший уехать заграницу, подвел итог полученным и выданным средствам, члены правительства получили, наконец, доказательства творимых Ляховым несправедливостей — «он создал денежный запас в размере трех миллионов рублей ценой отказа в удовлетворении законных окладов членов Калмыцкого Войска (отметим, это название прозвучало в документах в первый и последний раз. — *О.А.*) — всю эту наличность положил на текущий счет банка на имя только коренной части войска... не пользуется им на текущие нужды по войску, а входит и входил перед новым Главным командованием с просьбой об отпуске средств на содержание администрации, — тем самым без нужды затрудняя и без того тяжелое положение казны. На заявления правительства Калмыцкой части о необходимости использовать средства на текущие нужды он отвечал, что эти деньги пригодятся войску, когда вернется домой...». Калмыцкое правительство «находит... отношение Войскового Атамана к судьбе Войска в целом не в достаточной степени проникновенным и серьезным... совершенно не интересуясь судьбой их (частей и беженцев. — *О.А.*), распустил правительство и уехал за границу и вернулся случайно только по приглашению войскового атамана Всевеликого войска Донского; причем, вопрос об эвакуации за границу ставился Войсковым Атаманом в г. Новороссийске, и доводы Председателя Войскового правительства Калмыцкой части о необходимости эвакуироваться туда, куда направились и войсковые части, и учреждения, и беженцы, Войсковой Атаман назвал фальшивой демонстрацией и фокусами.

Необходимость спешной эвакуации из Феодосии войсковой атаман мотивировал тем, что при промедлении войсковое правительство лишится возможности эвакуироваться вообще, так как не будет транспортов, а печальная судьба Крыма, по заявлению атамана, должна была решиться через

2—3 недели». Это позор для всего войска. Из-за всего этого «на совещании на станции Сейтлер решено было выразить ему недоверие от имени Калмыцкой части Войска, и только вмешательство бывшего председателя войскового правительства Калмыцкой части и Большого войскового круга Б.Э. Криштафовича, предотвратило недоразумение»[536].

Но под твердой рукой Врангеля во всех этих конфликтах дальше разговоров и взаимных претензий дело не пошло. Главная причина подобной конфликтной стабильности крылась в том, что казаки и калмыки в Крыму оказались в полной зависимости от Врангеля: только его штаб и подчиненные ему центральные учреждения могли финансировать казачьи части и снабжать всем необходимым, только в его распоряжение поступало снабжение от англичан. И Врангель с первых дней своего пребывания на посту главкома постарался максимально использовать этот фактор, стремясь избежать, как он считал, роковых ошибок Деникина. Новый правитель белого Юга выстраивал свои взаимоотношения с казачьей старшиной в духе военной диктатуры.

29 марта введено в действие новое «Положение об управлении областями, занимаемыми Вооруженными силами на юге России», а 2 апреля Врангель заключил с казачьими атаманами соглашение, по которому казачьи войска полностью подчинялись Главкому, сохраняя автономию в вопросах внутреннего гражданского самоуправления. «Автономия эта, однако, была мифической, поскольку на их территории утвердился большевистский режим. В то же время главкому предоставлялась реальная власть над эвакуированными в Крым казачьими войсками и исключительное право вести от их имени переговоры с иностранными государствами»[537]. От Астраханского войска соглашение подписали атаман Ляхов и начальник войскового штаба Донсков[538].

22 июля в Севастополе Врангель подписал с атаманами и главами правительств Дона, Кубани, Терека и Астрахани еще одно подобное соглашение — в развитие соглашения от 2 ап-

реля, покорно подписанное казачьими лидерами (от астраханцев — Ляховым и Баяновым).

«Судьба казачьих частей и гражданских беженцев в Крыму, прежде всего — снабжение и вооружение потерявших материальную часть полков и батарей, а следовательно — и перспектива возвращения в родные области, целиком зависели от Врангеля. А потому атаманы и главы правительств вынуждены были принять условия соглашения, хотя между собой, как водится, пороптали. Это понятно: соглашение воспроизводило схему «автономии», которую Деникин и Особое совещание навязывали казачьи областям в 1919 г., и перечеркивало их собственные основные законы.. Однако они могли утешить себя двумя последними пунктами: хотя соглашение «приемлет силу тотчас по его подписанию», но оно еще подлежало утверждению кругов и Рады, что могло состояться лишь на собственно казачьей территории, и срок его действия ограничивался «полным окончанием гражданской войны»[539].

В созданное Врангелем «правительство Юга России» вошли и представители казачьих войск, но даже в этом совещательном органе председатели казачьих правительств никакого веса не имели и даже часто не приглашались на его заседания.

Атаман Ляхов, номинально представлявший существовавшее лишь в виде горстки казаков и офицеров Астраханское войско (так же, как и терский атаман Вдовенко), слыл последовательным сторонником поддержки всех решений главнокомандующего, все более сводя свое атаманство к роли «свадебного генерала» для встреч, банкетов и подписания различных прожектов, выдаваемых канцелярией белого диктатора.

Однако политика политикой, а судьба антибольшевистских сил в Крыму решалась с оружием в руках, на полях последних сражений Гражданской войны.

Встав во главе белого воинства в апреле 1920 года, новый главнокомандующий был полон решимости в кратчайшие сроки возобновить полномасштабную вооруженную борьбу. Белый Крым наводняли дезорганизованные и деморализованные массы войск и беженцев. Оглушенные и опустошенные гибелью ВСЮР, ужасами новороссийской катастрофы люди покорно ожидали своей участи, прикрытые тонким заслоном частей крымского героя тогдашних дней — генерала Я.А. Слащева. Но даже прекрати боевые действия Красная Армия, бездеятельное сидение на полуострове было бы смерти подобно — Крым не мог прокормить собравшиеся здесь остатки ВСЮР.

Весь апрель и май 1920 года Врангель энергично ваял из имевшихся кадров новую организованную воинскую силу — Русскую Армию.

Терская и Астраханская казачьи дивизии были расформированы, а кадры полков и батарей сведены в Отдельную Терско-Астраханскую казачью бригаду, во главе которой встал бывший командир Терской дивизии генерал К.К. Агоев[540].

В бригаду вошли 1-й Терский, 1-й Астраханский (из астраханских казаков и калмыков), 2-й Астраханский (из горцев, иногородних, казаков восточных казачьих войск) казачьи полки, Терско-Астраханский конно-артиллерийский дивизион (Терская и Астраханская казачьи батареи)[541] и Терско-Астраханский запасной дивизион (Терская и Астраханская запасные сотни). Списочный состав бригады насчитывал более 6 тысяч казаков и офицеров; реально — 1500—1800 шашек[542].

На пополнение бригады было приказано собирать по Крыму всех астраханских казаков и калмыков, всех вообще служивших ранее в Астраханской конной и казачьей дивизиях, Астраханской краевой страже, инородческом полку и других частях Астраханского войска, всех оказавшихся на полуострове казаков Уральского и Оренбургского войск; наконец, надлежало направлять в Запасную сотню всех вновь призываемых крестьян Астраханской губернии, проживающих в местностях, занятых ВСЮР[543].

Кроме того, в составе казачьего полка Конвоя Главнокомандующего была сформирована Терско-Астраханская полусотня (Терский и Астраханский казачьи взводы). Как показали дальнейшие бои, Терско-Астраханская бригада оказалась весьма боеспособным и стойким соединением. Отчаянный порыв, сплоченность и товарищество — единственное, что оставалось у заброшенных в чужие края казаков, и было единственной надеждой Врангеля на успех нового похода. Свидетель событий чиновник Донского корпуса И.М. Калинин писал про настроения станичников: «Казаки рвались из Евпатории, наскучив сидеть у чуждой им стихии — моря. Особенно мучились калмыки.

— Фу, матер-черт, — роптали они, — была земля, теперь осталась одна вода, и ту пить нельзя — соленая.

— А воевать пойдете?

— Воевать? Мой будет воевать... Большак украл мой Бог, бакша сказывал. Воевать надо. Большак нас не любит.

— Что же вы худого сделали большакам?

— Наш здорово большака бил. Поймаем — а, матер-черт, ты земли хотел, на тебе землю... Земли в рот набивали... большак задыхался.

Эти покорно шли, куда указывало начальство. Миролюбивый, но темный калмыцкий народ, привыкший жить по старине и слушаться своих старейшин, увлекли в кровавую авантюру дешевые демократы вроде Бадьмы Уланова, члена Донского войскового круга, или князя Тундутова, калмыцкого аристократа, выросшего при царском дворе. Одно время в 1918 году Тундутов сформировал даже Астраханскую армию на немецкие деньги и поднял калмыков на священную войну с большевиками. В результате княжеской авантюры последовало великое переселение на Кубань и гибель множества этих полукочевников на Черноморском побережье.

— Тундут твою мать! — часто срывалось у калмыков под горячую руку.

Уцелевшие от разгрома калмыки не видели другого исхода, как война. Мириться не позволял Врангель. Казаки, обогревшись весною, тоже жаждали бранной потехи:

— Чего тут у моря париться... Уж если не замирились, так в поход... Будь что будет»[544].

В период с мая по октябрь 1920 года Терско-Астраханская бригада прошла тяжелый, насыщенный событиями боевой путь. Приняла участие во всех важнейших операциях Врангеля — наступлении в Северную Таврию, десанте на Кубань, Заднепровской операции. В 20-х числах мая Терско-Астраханская бригада, одна из немногих боеспособных конных частей армии, была включена во 2-й Армейский корпус генерала Я.А. Слащова. 2-й Астраханский казачий полк (пеший, за недостатком лошадей) был причислен к 3-й конной дивизии генерала А.П. Ревишина (Сводного корпуса ген. П.К. Писарева)[545].

25 мая началась первая крупная операция войск Врангеля, целью которой было освобождение Северной Таврии и выход частей на оперативный простор причерноморских степей. Генерал Слащов, погрузив казаков на десантные суда в Феодосии, должен был высадиться на побережье Таврии и ударить в тыл противостоявших врангелевцам красных войск, а генерал Писарев, наступая на Сальковском направлении, прорвать оборону противника лобовым ударом и выйти из Крыма в Таврию с юга.

25-го утром сборные пешие казачьи и инородческие части Писарева двинулись в наступление в Северную Таврию из района станции Сальково по Чонгарскому мосту. Части Южного фронта красных, не оказывая серьезного сопротивления, стали быстро откатываться от крымских перешейков. К 28 мая казаки Писарева заняли станции Большой Токмак и Федоровку. И здесь, в первых же серьезных столкновениях с кавалерийскими частями противника, казакам, не привыкшим воевать в пешем строю, пришлось туго. В боях кубанцев и астраханцев с конной дивизией Блинова под Ново-Алексеевкой (26—27 мая) белые понесли большие потери (попали в плен командир и штаб 3-й дивизии)[546]. Для успеха операции надо было немедленно сажать казаков на коней; у освобождаемого «благодарного населения» Таврии были проведены повальные реквизиции[547].

Бои Терско-Астраханской бригады, участвовавшей в слащевском десанте, были намного успешней. Бригада блестяще выполнила поставленную задачу, в кратчайший срок захватив город и станцию Мелитополь и совместно с пехотными частями обеспечила длительную оборону мелитопольского плацдарма[548]. В начале июля части Слащева были сменены 1-м армейским корпусом А.П. Кутепова, и потрепанные Терско-Астраханские полки отвели в тыл на отдых и пополнение. За бои в Северной Таврии с 25 мая по 5 июня и проявленные воинскую доблесть, мужество и подвиги 1-й Астраханский и 1-й Терский полки были награждены «лентами св. Николая Чудотворца к имеющимся наградным трубам»[549].

Захват плацдарма в Таврии был для Врангеля важным успехом. Для того чтобы развить его, следовало немедля прорываться к казачьим станицам, вновь поднять терцев, донцов и кубанцев на борьбу с большевиками. Эту задачу летом 1920 года должен был решить десант врангелевцев на Кубань. 7 июля в группу войск особого назначения генерала С.Г. Улагая была включена и Терско-Астраханская бригада (придана дивизии А.М. Шифнер-Маркевича)[550]. Однако нет ясности по вопросу о точном составе терско-астраханских частей, принимавших участие в десанте, есть лишь свидетельства о боях терцев, например, под станицей Ольгинской[551].

После провала улагаевского десанта и стратегического тупика в Северной Таврии, последней надеждой Врангеля стало проведение операции по прорыву обороны красных на западном направлении, выходу на Правобережную Украину и установлению взаимодействия с польскими войсками, к чему главкома активно подталкивали и зарубежные покровители.

4 сентября пополненную и отдохнувшую в тылу Терско-Астраханскую бригаду включили в состав 3-го конного корпуса генерала В.Г. Науменко (2-й армии ген. Д.П. Драценко)[552] с задачей оборонять левый берег Днепра — от устья до Б. Знаменки[553] — от частей оперирующих в этом районе II конной и VI армии красных.

Последняя крупная операция Русской Армии Врангеля — «Заднепровская операция» — началась в ночь на 25 сентября 1920 года. Терско-Астраханская бригада беспрепятственно переправилась на правый берег Днепра и стала развивать наступление в западном направлении на крупный железнодорожный узел — станцию Апостолово. 26—27 сентября корпус Науменко выдвинулся к Шолохово, частью сил свернув на восток — на соединение с Кубанской казачьей дивизией генерала Н.Г. Бабиева. Терско-Астраханская бригада сосредоточилась на линии железной дороги Никополь—Апостолово, в районе железнодорожного моста через реку Бузулук. Операция развивалась успешно, противник не оказывал серьезного сопротивления. 29 сентября ударная конная группа, состоявшая из 1-й конной дивизии, Кубанской казачьей дивизии и Терско-Астраханской бригады, двинулась в стремительное наступление на Апостолово. Брошенная на борьбу с казаками II конная армия Ф.К. Миронова в этот день уклонилась от встречи с врангелевской группой, и серьезных боев пока не произошло. На ночь казачьи части остановились в районе хутора Неплюевского и Чертомлыка. И тут последовал короткий и сокрушительный разгром. Внезапно, глубокой ночью, казаки были атакованы концентрированными превосходящими силами II конной армии. Не в состоянии организовать сопротивление, смятые и рассеянные, они в беспорядке откатились обратно на левый берег Днепра. К 1 октября провальная Заднепровская операция была завершена[554]. Сильно потрепанная, но удачно вырвавшаяся из «заднепровской ловушки» Терско-Астраханская бригада вновь заняла свои оборонительные позиции на левобережье[555].

Дни белого Крыма были сочтены. Советско-Польская война завершилась. На разгром Врангеля были брошены освободившиеся резервы. В середине октября 1920 года Южный фронт красных и Повстанческая армия Махно перешли в наступление на Русскую Армию по всему фронту. Врангель решил принять бой в Северной Таврии, не запираясь на полуострове. Терско-Астраханская бригада, одна из немногих конных частей, сохранивших боеспособность, после перегруппировки вошла в ударную группу 1-й армии генерала Кутепова и, действуя по внутренним операционным линиям, пыталась непрерывно наносить контрудары[556].

17 октября конница красных внезапно прорвалась к крымским перешейкам и отрезала врангелевской группировке пути отступления на полуостров. Под Сальковым завязались упорные бои. Чтобы не дать противнику тут же ворваться на полуостров, Врангель был вынужден бросить навстречу все имевшиеся под рукой мало-мальски годные подразделения, в том числе личный конвой. 18 октября части 1-й армии прорвались к перешейкам, прижали противника к Сивашу, разбили его и вошли в Крым. Терско-Астраханская бригада 20 октября в составе западной колонны 1-й армии вошла на Чонгарский полуостров и, отбив новую атаку красных, 21 октября укрепилась на Юшуньских позициях.

На этом отчаянный порыв казачьих частей иссяк. Врангелевцы, охваченные деморализацией и разложением, стремительно теряли способность к сопротивлению[557]. Оставалось одно — спешная эвакуация остатков Русской Армии за границу. Врангель скомандовал отход к крымским портам.

Одновременно с началом общего наступления Красной Армии в самом Крыму, в тылу врангелевских войск, активизировали свою деятельность отряды зеленых, банды дезертиров, подпольные организации. 27 октября Терско-Астраханскую бригаду передали в распоряжение начальника тыла армии, отвели с перешейков и сосредоточили в районе Симферополя для борьбы с зелеными[558]. Активные действия бригады обеспечили нормальный отход армейских частей в этом районе — от перешейков к портам.

Днем 30 октября в штабе бригады был получен приказ Главнокомандующего: «Терско-Астраханской бригаде немедленно выступить в Феодосию, где погрузиться на суда в составе Кубанского корпуса» генерала М.А. Фостикова[559]. Проделав 120-верстный форсированный марш вдоль отступающей линии фронта, глубокой ночью 31 октября бригада в полном составе — полки, батареи, штабы, интендантства, обоз, лазарет (всего — около 1400 человек) — прибыла в Феодосию[560].

В городе и его окрестностях, переполненных воинскими частями, гражданскими учреждениями, тысячами беженцев, царил хаос. Транспорты «Дон» и «Владимир» стояли на рейде, уже до отказа нагруженные кубанцами. Фостиков, хозяйничавший в порту, сделал все, чтобы обеспечить погрузку кубанских частей. У остальных — шанса не было. Тысячи людей, жаждущих попасть на пароходы, толпились на набережной. Журналист Г. Раковский талантливо запечатлел эту сцену: «К вечеру, когда погрузка была уже закончена, к Феодосии подошли части Терско-Астраханской дивизии под командованием генерала Агоева. Они пришли в полном беспорядке, отдельными бандами и стали требовать погрузки.

Страшная картина творилась на пристани. Озлобленной руганью и проклятьями осыпали оставшиеся сидевших на кораблях. Яростно ругали командный состав.

— Головы позакрутили нам, а теперь тикаете вместе с вашим Врангелем...

Фостиков не появлялся, сидел на корабле... Жуткую и грозную картину представлял собою феодосийский порт в последние часы эвакуации вечером 31 октября (13 ноября). Электрическая станция еще работала. Тусклый свет освещал ужасные сцены, точно выхваченные из дантовского "Ада".

На пристани скопились тысячи обезумевших людей, не имевших возможности погрузиться на корабли. Вдоль всей проволочной ограды военного порта тянулись, казалось, несметные толпы военных, все еще надеявшихся на погрузку. Вместе с нескончаемыми лентами повозок и лошадей они запрудили все прилегающие к центру улицы и прекратили всякое движение. Все это переплелось в одну сплошную компактную массу и точно замерло в страшном тяготении к центральным воротам порта, где крики, гул и шум достигали своего апогея. В военном порту — нервная погрузка, высадка штатских и тыловиков, выкидывание вещей с борта... А в то же время в трех верстах от Феодосии, на станции Сарыголь, начали взрывать склады со снарядами. Все озарилось страшным кровавым заревом с одной стороны пристани, с другой — показалось зловещее зарево от подожженных складов и стоящих на путях вагонов с сеном. Стало светло как днем. Французский крейсер быстро отходил из порта, приняв взрывы снарядов за начало боевых действий.

Толпы беженцев умоляли французов принять их на борт. Крики зависти и проклятия неслись вслед быстро уходившему кораблю с пристани, не попавшей в сферу военного порта, где скопились тысячи гражданских лиц, не имевших возможности пробиться сквозь тройной ряд очередей и питавших все же луч надежды на погрузку. Тут же — несметное количество вещей, товаров, багажа, растаскиваемых всеми желающими...

Зловещее зарево разгоралось... Оставшиеся в городе жители попрятались в своих квартирах и комнатах. Главная улица города — Итальянская — огласилась треском от взламываемых дверей магазинов: это воинские части приступили к грабежам...

А в военном порту бушевала темная озверевшая масса людей, требуя немедленной погрузки на переполненные до последних пределов пароходы. Несмотря на это, решено было взять на “Владимир” еще 400 человек. Когда спустили трап, толпа заревела и бросилась на пароход. Началась давка. Люди стали сталкивать друг друга в воду. Трап затрещал. Комендант парохода приказал поднять трап и заявил, что больше ни одного человека он не примет.

— В таком случае я остаюсь с казаками, — заявил ему начальник Терско-Астраханской дивизии Агоев.

По адресу сидевших на пароходе неслись с пристани яростные ругательства и проклятия.

— Вы все равно не уедете!

— Стрелять будем...

— Давай сюда батарею! Подкатывай ее... Пропадать так всем пропадать...

— Выбрасывай всех баб...

— Офицерья и баб понатаскали, а нас бросаете, нас не хотите брать...»[561] .

С огромным трудом генералу Агоеву все-таки удалось добиться от Фостикова погрузки своих казаков. Большая часть бригады (около тысячи человек) была размещена на «Владимире», остальные (около 400 человек) — на «Дону».

1 ноября транспорты вышли в открытое море...

«Уходили мы из Крыма
Среди дыма и огня;
Я с кормы все время мимо
В своего стрелял коня.

А он плыл, изнемогая,
За высокою кормой,
Все не веря, все не зная,
Что прощается со мной.

Сколько раз одной могилы
Ожидали мы в бою.

Конь все плыл, теряя силы,
Веря в преданность мою.

Мой денщик стрелял не мимо —
Покраснела чуть вода...
Уходящий берег Крыма
Я запомнил навсегда».

(Н. Туроверов)

Стамбул, Белград, Париж, Шанхай...

В ноябре 1920 года из Крыма на константинопольский рейд, 120 судами русского флота и военным флотом союзников было вывезено около 150 тысяч человек солдат и офицеров Русской Армии генерала Врангеля и гражданских беженцев, среди которых казаки Дона, Кубани, Терека и Астрахани составляли около 50 тысяч человек[562]. Вместе с частями и беженцами в изгнание отправлялись казачьи учреждения и учебные заведения, атаманы, правительства, парламенты казачьих областей.

Французские оккупационные власти в Константинополе, на попечение которых поступали эмигранты, не готовые к приему такого количества беженцев, запретили разгрузку судов сразу после их прибытия. Набитые до отказа транспорты застыли на рейде в ожидании исхода переговоров французов с главнокомандующим. Переговоры затянулись на несколько дней. На кораблях сложилась невыносимая обстановка: не было хлеба и пресной воды. Люди задыхались от тесноты, сидя вплотную друг к другу. Те, кто не смог найти себе место в каютах, салонах и трюмах, мерзли от холода. На пароходах начались эпидемии, тела умерших ежедневно сбрасывали в море. Некоторые сходили с ума, кончали жизнь самоубийством.

Выход на берег, под страхом ареста, был запрещен. Помимо постоянного дежурства полицейских катеров вокруг пароходов с беженцами, на всех пристанях были установлены полицейские посты, которые проверяли у всех, по виду русских, документы и паспорта. Не имевших паспортов и союзнической визы немедленно арестовывали. Для того чтобы попасть в город, те, кто не имел возможности сделать это благодаря большим деньгам или связям, должны были выйти из состава воинских частей и дать подписку об отказе от помощи союзников. Французы приветствовали отток нижних чинов и офицеров из армии и охотно переводили казаков, имеющих средства, на беженское положение. С пароходов началось массовое бегство доведенных до отчаяния людей.

После нескольких томительных дней ожидания французы приступили к разгрузке судов. Больных направляли в лазареты. Гражданских беженцев отправляли на жительство в славянские страны. Военных распределяли по лагерям.

В этой массе изгнанников было и около 600 астраханских казаков[563] и более 2 тысяч донских, ставропольских и астраханских калмыков — воинских чинов и беженцев. В эмиграцию ушли атаман Н.В. Ляхов, члены казачьего и калмыцкого войсковых правительств, служащие ликвидированных астраханских учреждений и государственной стражи, казаки и офицеры Терско-Астраханской бригады (эвакуировавшейся в составе Кубанского корпуса)[564].

19 ноября 1920 года, вскоре после прибытия в Константинополь, командир 1-го Астраханского казачьего полка полковник М.Н. Грауг покинул своих казаков и сошел на берег. Вслед за ним, сославшись на польское подданство, перешел на беженское положение командир 2-го Астраханского казачьего полка полковник А.А. Зелио[565]. Лишенные командования, связи с атаманом и правительством, своими лидерами, предоставленные сами себе разнородные пестрые кадры астраханских частей (астраханцы, уральцы, оренбургцы, калмыки, горцы) стали активно покидать полки уже на константинопольском рейде.

20 ноября Кубанский корпус получил приказ Главнокомандующего Русской Армии генерала Врангеля следовать на остров Лемнос. Транспорт «Владимир», на котором находилось большинство астраханцев и терцев, вместе с другими судами, эвакуировавшими чинов корпуса, снялся с якоря и в тот же день вышел в открытое море, в то время как другой транспорт — «Дон», на котором находилась остальная часть Терско-Астраханской бригады по техническим причинам замешкался на рейде.

Командир бригады генерал К.К. Агоев, узнав о предстоящем расселении частей, решил добиваться от Врангеля включения терско-астраханских полков в Донской корпус. Оставив казаков, 19 ноября он отправился к главкому.

Приказ на включение терско-астраханских частей в Донской корпус был получен 20 ноября. Но, прибыв в тот же день в порт, Агоев застал здесь лишь 350 человек, находившихся на транспорте «Дон». Выгрузившись с оставшимися казаками и офицерами на берег (штаб Терско-Астраханской бригады, Сводно-Астраханский полк со Сводной Терско-Астраханской артиллерийской сотней и Сводно-Терский полк), генерал Агоев к 26 ноября по железной дороге переправился в лагерь Санджак-Тепе в 6 верстах от Чаталджи (под Константинополем).

Тем временем, 21 ноября, транспорт «Владимир» прибыл в Мудросскую бухту острова Лемнос. Части Терско-Астраханской бригады разместили в палатках на полуострове Колоераки[566]. Размещенные на Лемносе казаки жили в ужасных условиях. Многие палатки были рваными, не давали защиты от ветра. Почти все эмигранты, включая женщин и детей, спали на голой земле. Продукты выдавались из французского интендантства, расположенного на пристани, в двух километрах от лагеря (продовольственное снабжение врангелевцев осуществлялось французским командованием). Паек был крайне скудным: 500 г хлеба, 200 г консервов, 300 г картофеля, 20 г растительного масла, 25 г бульона в кубиках, 4 г соли, 4 г чая и 30 г сахара[567].

Оправившись от ада эвакуации, казаки стали обживаться, устраиваться. Для обслуживания военнослужащих и их семей в лагерях были развернуты два лазарета (на 50 мест) и Донской госпиталь (на 150 мест). В полках организовали полковые околотки. В Терско-Астраханской бригаде — лазарет на 25 кроватей[568]. Постепенно появлялось и некое подобие культурной и духовной жизни — казаки сами организовывали походные церкви, создавали самодеятельность, устные газеты.

В начале декабря 1920 года терско-астраханские части с Лемноса вернули на константинопольский рейд для переправки в Санджак-Тепе, но выгрузиться не дали и, продержав на рейде до 25 декабря, вернули обратно. Во время этой поездки еще 350 человек (в основном казаки и калмыки астраханских полков) покинули части и перешли на беженское положение. Вернувшись на Лемнос, бригада вошла в состав образованного там Донского лагеря. 28 декабря бригада была сведена в Терско-Астраханский полк в составе 1 — 4-й Терских, 5-й и 6-й Астраханских, 7-й Артиллерийской, 8-й Офицерской сотен и Сводной пулеметной команды: терцев — 6 штаб-офицеров, 80 обер-офицеров, 12 чиновников и 340 казаков; астраханцев — 3 штаб-офицера, 20 обер-офицеров и 200 казаков. Всего — 123 офицера и 540 казаков.

Командование полком принял терский полковник Цугулиев[569]. Все оружие (за исключением 30 винтовок и нескольких спрятанных пулеметов Льюиса) было отобрано французами.

Условия, в которых оказалась группа казаков во главе с К.К. Агоевым, были не лучше. Лагерь Санджак-Тепе представлял собой ряды дощатых бараков с железной кровлей. Помещений на всех не хватало, многие жили в землянках, продовольственное обеспечение, обещанное союзниками, оказалось крайне скудным. Все это порождало массовое дезертирство казаков, стремившихся вернуться в Россию или искать пристанища в славянских странах. Убегали на авось: в Константинополь, к Кемаль-паше, к «братушкам» на Балканы. Тысячами нанимались во французский Легион. Но большинство продолжали безропотно толочься в лагерной грязи. Лагерь Санджак-Тепе все же выделялся среди других казачьих лагерей спокойствием и дисциплиной. Сюда перевели исключительно конные казачьи части, которые всегда отличались жесткой спайкой, доверием к своим казачьим офицерам; соответственно, и побегов было поменьше. Здесь с

26 ноября 1920 года для астраханцев началась монотонная изнурительная лагерная жизнь — «дележка продуктов... костры и варка пищи... дрожание на холоде и под дождем чуть ли не по целым дням»[570], протянувшаяся до середины января 1921 года.

Чтобы обезопасить себя от озлобленной массы казаков, сохраняющих военную организацию и, частично, вывезенное из Крыма вооружение, в начале 1921 года французское командование решило перебросить все казачьи части на Лемнос. Большинство казаков было против переброски, опасаясь неизвестности.

Перевозка сопровождалась столкновениями, порой выливавшимися в кровопролитие. Погрузка первых частей в эшелоны была назначена на 12 января. К этому дню в лагере Санджак-Тепе сложилось крайне напряженная обстановка. Люди нервничали, считая, что их отправляют в какой-то ад кромешный, питались страшными слухами о гигантских спрутах, сколопендрах и других чудовищах, которые поджидают их на острове. Командование сомневалось: подчинятся казаки приказу или пойдут на вооруженный конфликт. Выручил Терско-Астраханский полк, который первым подчинился приказу и двинулся на погрузку. Его примеру постепенно последовали другие. Обстановка разрядилась. К 24 марта все части и гражданские беженцы, находившиеся в Санджак-Тепе, были вывезены на Лемнос. К великой радости военной верхушки, казаки и под Константинополем, и на Лемносе сохранили дисциплину и военную организацию.

Во второй половине января группа Агоева воссоединилась с полком, расположившись в уже разбитом Терско-Астраханском лагере — одном из лучших по внешнему виду и благоустроенности. 20 марта командование провело проверку численного состава Донского корпуса. В составе Терско-Астраханского полка насчитали 934 офицера и казака, две семьи (в том числе две женщины и один ребенок); а всего в Донском лагере было около 7 тысяч человек. Вопреки стараниям преданных офицеров-врангелевцев, численность полков и бригад продолжала сокращаться, прежде всего, из-за массового стремления казаков вернуться на родину.

Скудная информация о происходящем в России богато дополнялась офицерскими рассуждениями о неизбежности большевистской расправы над вернувшимися, причудливыми слухами, порой презанятного характера: «На днях в Константинополь из советской России прибыла группа в 300 евреев, пробирающихся в Палестину. По слухам, среди них находится 25 казаков, принявших иудейскую веру (подвергшихся вследствие этого обрезанию), так как это было единственным средством выбраться из совдепии»[571]. Но все равно казакам, природным земледельцам, нынешняя доля бесприютных скитальцев казалась невыносимой.

Движение «возвращенчества» (массового возвращения белоэмигрантов на родину в связи с объявленной советским правительством амнистией для участников Гражданской войны) в сочетании с усилиями французского командования по распылению врангелевцев сильно отразилось на численности и составе казачьих частей. Например, с 30 апреля по 15 мая 1921 года армию покинуло более тысячи человек[572], а к концу мая Лемнос покинуло около 10 тысяч казаков. Только 30 марта на пароходе «Решид паша» в Россию отбыло 2755 казаков, из них 214 чинов Терско-Астраханского полка. Уже в течение первого года пребывания за границей большинство астраханских казаков и калмыков вернулось в Россию или перешло на беженское положение.

Сокращение численности Терско-Астраханского полка из-за смертности, вопреки экстремальным условиям, в которых находились казаки, оказалось невысоким. В период с 1921 по 1924 год на Лемносе и в Болгарии умер 21 человек (возраст 18—35 лет), половина — офицеры (в том числе астраханцы)[573].

В мае началась переброска контингентов Русской Армии на Балканы. Командир Донского корпуса генерал Ф.Ф. Абрамов провел реорганизацию корпуса, выделив из подчиненных ему частей всех желающих перейти на беженское положение и сведя все части в две бригады. Терско-Астраханский полк, насчитывавший 773 казака и офицера (из них более 250 астраханцев) был включен в состав 1-й бригады[574].

Лемносское сидение закончилось 9 сентября 1921 года, когда последние части Донского корпуса, в их числе терцы и астраханцы, покинули остров и выехали в Болгарию.

Еще один путь в изгнание пролегал для казаков и калмыков через Польшу — через лагеря для военнопленных и интернированных. Во-первых, на территорию Польши и Западной Украины весной 1920 года отступили остатки разгромленных деникинских частей. Во-вторых, командование Красной Армии мобилизовало на Советско-Польскую войну тысячи сдавшихся на милость советской власти белых казаков, и многие из них после разгрома войск Западного и Юго-Западного фронтов оказались в польском плену.

В 1920 году из деникинцев была сформирована 3-я Русская армия под командованием генерала Б.С. Пермкина. Польша активно содействовала ее созданию и использованию в победоносный для Красной Армии период лета 1920 года. Потерпев ряд поражений, в ноябре того же года 3-я армия отошла на территорию Польши, где была интернирована. В состав армии входило в общей сложности до четырех тысяч казаков (в том числе астраханцев)[575]. После разоружения они были размещены в лагере Торуне (Торене) около города с соответствующим названием[576].

28—31 мая 1921 года астраханцы приняли участие в общеказачьем съезде в Острове Ломжинском. Съезд решил добиваться формирования из интернированных казаков конных частей и поступления их на польскую пограничную службу. Из 3500 добровольцев были «поверстаны» двухбригадная казачья дивизия с двухбатарейным артдивизионом и Отдельный сводный Кубанско-Астраханский дивизион[577]. Однако Пилсудскому казачьи части были абсолютно без надобности.

Отношение поляков к русским, казакам было хуже некуда, а условия существования интернированных и военнопленных — просто невыносимыми. Казаки при первой же возможности стремились покинуть Польшу и перебраться в другие страны.

Один из участников этих событий — Т. Каченко, казак станицы Николаевской, поведал в своих воспоминаниях: после боев в Ставропольской губернии в начале 1920 года одна из сотен 2-го Астраханского полка (где служил Каченко) отбилась от своих и после долгих блужданий пристала к отряду генерала Н.Э. Бредова, совместно с которым пробилась в Польшу и была интернирована в г. Тухоль. После года мытарств в лагерях в конце 1921 года он бежал в Варшаву и через отделение Красного Креста устроился чернорабочим к англичанам за питание. В 1922 году, узнав о существовании русской гимназии в Моравской Тржебове, бежал из Варшавы, тайно перешел границу с Чехией и упросил принять его в гимназию, где и написал в гимназическом сочинении о своих злоключениях в годы Гражданской войны[578].

Ушедшие в ноябре 1920 года в Турцию казаки на первых порах оказались в полной зависимости от командования Русской Армии. В ходе эвакуации из Крыма и в первые дни пребывания в Турции атаманы, парламенты и правительства казачьих войск находились в изоляции от своих подопечных в совершенно деморализованном и дезорганизованном состоянии. Врангель распоряжался судьбами казачьих частей, через него казаки получали кров и питание.

Одним из первых вопросов, вставших перед казачьей верхушкой, оказавшейся в изгнании, стал вопрос власти. К прежним лидерам, особенно официальным, в напряженной, нервной обстановке на переполненных эмигрантами судах станичники проявляли негативное отношение. Современники отмечали, что в гнетущей атмосфере растерянности и неопределенности этих дней войсковые атаманы совершенно потеряли авторитет среди казаков. Отношение рядовой массы к правительствам и казачьим кругам также было далеко не благожелательным.

К январю 1921 года стало видно, что среди распределенных по французским лагерям деморализованных, голодных станичников, склонных винить во всех бедах, прежде всего, «русских генералов» и «продавшуюся» им казачью верхушку, преобладает желание покинуть армию. Обозленность на Врангеля и атаманов, тяжелая жизнь в лагерях, возникших на месте англо-французских и турецких казарм и складов, оставшихся после Первой мировой войны на Лемносе — куске бесплодной, каменистой суши среди враждебной водной пустыни — толкала казачество на поиски иного приюта, вызывала постоянное брожение в казачьих частях. В свою очередь, французское командование, на обеспечении которого находились эмигранты, стремилось к ликвидации, распылению казачьих частей и скорейшему возвращению станичников на родину. В этих условиях атаманы и правительства, пытавшиеся сохранить свое влияние в казачьей среде, сохранить в своем распоряжении организованную многочисленную антибольшевистскую силу для возвращения в Россию и возобновления борьбы, развили активную деятельность по отделению казаков от армии Врангеля и созданию независимого от нее казачьего союза.

В первой половине января 1921 года в Константинополе состоялся ряд встреч атаманов и правительств Дона, Кубани и Терека, где обсуждались все вышеуказанные обстоятельства, возможные перспективы развития ситуации, на одной из которых А.П. Богаевский выступил с инициативой образования из атаманов и председателей правительств особого общеказачьего органа власти. Официально этот властный орган создавался для того, чтобы объединить казачество за рубежом, предохранить его от распыления и расколов, дать ему общеказачью программу (традиционалистскую, понятную и близкую казачьим массам) [579], завершить дело объединения казачества, начатое Юго-Восточным союзом и Верховным кругом Дона Кубани и Терека.

Соглашение об образовании оппозиционного главкому «Объединенного совета Дона, Кубани и Терека» было заключено 14 января 1921 года[580].

Чтобы избежать «развала казачьих частей под влиянием французов и большевиков», а также «ввиду тяготения казаков к переезду в братские славянские страны», казачьи правительства вынуждены были срочно начать поиск подходящих вариантов переезда на Балканы Донского и Кубанского корпусов. Уже зимой 1921 года астраханский атаман Ляхов как представитель Донского, Кубанского, Терского и Астраханского войск отправился для ведения переговоров в Сербию, поручив заботу об астраханцах донскому атаману Богаевскому. Одновременно были начаты аналогичные переговоры с болгарским правительством. Объединенный совет начал превращаться в самостоятельную политическую силу.

Астраханцы не получили своего представительства в Совете. Оказавшись в эмиграции, калмыки, и, прежде всего астраханские, в массовом порядке стали переходить на беженское положение. Калмыцкое правительство прекратило свое существование. Калмыцкие лидеры, вне зависимости от особенностей политической ориентации, пошли на окончательный разрыв с астраханскими казаками, ставя перед собой задачу — или возвращения калмыков в Россию, или как можно лучшего устройства их заграницей, но самостоятельно, обособившись по национальному признаку. Малочисленные астраханцы потеряли всякий политический вес.

С конца 1920 года калмыцкие лидеры стали концентрировать беженцев в лагере Тузла под Константинополем. Значительная часть калмыков уже тогда начала активно добиваться возвращения на родину. Большим стимулом к этому явилось образование в РСФСР калмыцкой автономии, обретение калмыками долгожданной национальной государственности. 26 декабря 1920 года здесь состоялось «Совещание беженцев-калмыков Астраханской губернии, Большедербетовского улуса, Ставропольской губернии и Сальского округа Донского войска» под председательством инициативной группы — О. Намсыкова, Б. Балакова и О. Даманова. Присутствовавшие 400 человек единогласно постановили признать советскую власть и добиваться скорейшего выезда в Россию[581]. Первые партии беженцев отправились в Новороссийск уже летом следующего года. Другие, среди которых было и большинство членов Астраханского войскового правительства (С. Баянов, Д. Онкоров, О. Босхомджиев и др.), организовали Союз помощи буддистам России. Договорились о принятии калмыков на британскую службу. Уже в марте—апреле 1921 года несколько сотен человек были зачислены кучерами и погонщиками в английский обоз, а за последующие два года успели побывать на службе почти все трудоспособные калмыки, «благодаря чему калмыцкая эмиграция не переживала тяжелых испытаний и острой нужды, жила своей национальной группой, в которой была организована взаимопомощь, имелись свои общежития, молитвенные дома, сохранялись свои обычаи и даже пищевой режим», — говорилось в аналитической сводке Ино ОГПУ[582].

Настойчивые ходатайства Союза, обращенные к французским и английским властям, привели к тому, что в составе Терско-Астраханского полка (на о. Лемнос) уже к 1 января 1921 года оставалось только 64 калмыка[583], а к осени того же года в рядах Русской Армии осталось только около 200 калмыков-донцов[584].

В первой половине 1921 года в жизни астраханцев снова появилась фигура бывшего атамана Д. Тундутова. Уже длительное время пребывая за границей (с 1919 г.) и испытывая крайнюю нужду в средствах к существованию, в ноябре 1920 года он прибыл в Константинополь, устроился в общежитие Общества помощи буддистам России и попытался подключиться к деятельности калмыцких лидеров по устройству судьбы беженцев (и калмыков, и астраханских казаков). Как и прежде, и среди калмыков, и среди казаков нашлись и сторонники, и противники мятежного нойона.

По утверждениям самого Тундутова, казаки и калмыки, все как один, вверили свои судьбы его попечению; что было на самом деле, можно только догадываться.

Как бы то ни было, связавшись с Ляховым и получив официальный статус помощника астраханского атамана, в марте 1921 года Тундутов вошел представителем Астраханского казачьего войска в Объединенный Совет[585]. Далее, опять же непонятно, чья это была инициатива, но в конце апреля, по поручению «Совета помощи» (ходатайство которого было поддержано Верховным комиссаром Лиги Наций), астраханская казачье-калмыцкая делегация во главе с Тундутовым прибыла в Венгрию, чтобы добиться от венгерского правительства помощи в переезде сюда калмыков и казаков и трудоустройстве их на конных заводах. В делегацию входили полковник И.П. Востряков, Г. Балзанов и атаман Дербетовской станицы Шупгучиев, все трое с семьями[586]. Венгры помочь отказались. Остались без ответа письма Тундутова и Вострякова к «почетным казакам астраханского войска» великим князьям Кириллу Владимировичу Борису Владимировичу, к представителям торгово-промышленных кругов. Средства иссякли. Жили впроголодь. В мае 1921 года, бросив товарищей, Тундутов перебрался в Берлин, затем в Кёльн, где устроился инструктором в спортивную школу и женился на Марии-Христине Остер, дочери кельнского рантье (его жена К.А. Тундутова с сыном также находились в эмиграции, но о похождениях нойона ничего не знали).

Наконец, в ноябре 1922 года Д. Тундутов с Марией-Христиной и двумя сотоварищами (Кармыковым и Бадмаевым) прибыл в Москву как «астраханский войсковой атаман, полномочный представитель астраханских казаков, офицеров и калмыков» с подробным докладом о численности, состоянии, настроении казачьей эмиграции, ходатайством о возвращении астраханских калмыков и казаков на родину и принятии его самого на советскую службу, хотя в ГПУ быстро разобрались, что никто никаких полномочий ему не давал. Со всем этим он обращался через Брусилова к Л.Д. Троцкому[587], слал ходатайства через калмыцких представителей в высших органах власти.

На службу Тундутов устроиться не успел. 14 апреля 1923 года его арестовали по обвинению в принадлежности к эмигрантскому монархическому объединению, а 2 августа коллегия ГПУ приговорила Тундутова к расстрелу[588]. Марию-Христину тогда же выслали в Германию. 7 августа приговор был приведен в исполнение. Тело бывшего атамана предали земле на территории Яузской больницы, вместе с другими казненными «политиками».

В течение лета—осени 1921 года врангелевскому командованию при поддержке атаманов удалось перебросить на Балканы все казачьи части. В начале 20-х гг. Болгария стала местом сосредоточения основной массы казачества в эмиграции, а София, где поселились атаманы и члены войсковых правительств, превратилась в казачью «столицу»[589]. В соответствии с договором о пребывании Русской Армии в Болгарии прибывшие армейские контингенты сохраняли воинскую организацию и право ношения формы[590].

В сентябре 1921 года части Донского корпуса были рассредоточены по всей территории Болгарии, по населенным пунктам, где имелись пустующие казармы и другие помещения болгарской армии. Терско-Астраханский полк (33 офицера и 297 казаков) занял одну большую казарму в г. Кизил-Агаче. В г. Ямболь, в отдельном здании, разместилась Офицерская сотня Терско-Астраханского полка (140 человек). Части должны были содержаться за счет средств Русской Армии, помещенных в депозит Болгарского казначейства, а паек оплачивать из собственного заработка (числящихся в полках казаков организованными партиями распределили на работы, преимущественно государственные и общественные)[591].

Поначалу казаки работали в основном на строительстве, позже самым распространенным стал сельскохозяйственный труд. Работа часто менялась в зависимости от времени года: весной трудились в каменоломнях и строили шоссе, летом — в полях и на виноградниках, осенью часть казаков возвращалась к добыче камня, зимой — в шахты, к пилке дров и на фабрики. В 1922 году наниматься на работу в большинстве случаев ходили уже сами. Находили рабочие места в чайных и других традиционных пунктах сбора. Болгары охотно принимали казаков к себе на работу на свекловичные и рисовые поля, виноградники и табачные склады.

Изнурительный труд на постройке «железниц» (узкоколеек) и рубке леса дали пропитание не одной тысяче казаков, бывших землепашцев и воинов. По мере распыления частей казаки все больше оказывались занятыми не в рабочих группах, а в составе вольнонаемных артелей. В лесном высокогорье, как и в угольном подземелье, были те же нечеловеческие условия труда и быта. С этим приходилось мириться.

К середине 1923 года казачьи части в Болгарии фактически прекратили существование, превратившись в трудовые группы и вольные артели. Врангелю продолжали подчиняться только офицерские кадры казачьих частей, в то время как рядовые казаки, организуясь в станицы и на хутора под местными названиями (Софийская станица, Бургасская станица и т.п.), номинально подчинялись атаманам, а фактически — своим работодателям, когда они были.

В 1922 году Терско-Астраханский полк (вернее, его штаб) передислоцировался в район г. Ямболь. В его составе находилось до 500 терцев и более 200 астраханцев. Чины полка были разбиты на группы и трудоустроены в окрестностях города. Одна из таких групп строила шоссе Ямболь—Ботеево. Здесь условия проживания были хуже, чем у остальных групп, ввиду трудности доставки продовольствия из Ямболя, и из-за тесного казарменного помещения[592]. По данным Ино ОГПУ, к 1 июня 1922 г. в состав полка входили 1-й дивизион — 1-я и 2-я терские, 1-я сводная астраханская сотни (Кизил-Агач); 2-й дивизион — уральцы, оренбуржцы и казаки некоторых

других восточных войск (около 300 человек, Кизил-Агач). 1-я офицерская сотня (около 100 человек, г. Ямболь) [593].

В начале 20-х годов в казачьей диаспоре на Балканах продолжался процесс политического размежевания. В январе—феврале 1922 года в Болгарии состоялся первый Общеказачий съезд. Основной задачей съезда организаторы считали объединение всех казаков в эмиграции на основе традиционной казачьей организации (станицы, хутора, артели и пр.) в целях экономического благоустройства и подготовки возвращения на родину. Но эти проблемы сразу же отошли на задний план, уступив место борьбе группировок за влияние. Съезд раскололся на три части. Большую активность проявили сторонники монархиста П.Н. Краснова, требовавшие избрания его донским атаманом. Многие пошли за председателем Донского войскового круга — кадетом В.А. Харламовым, считавшим несвоевременным открытый монархизм Краснова. За спиной сторонников Богаевского незримо стоял Врангель с его военной организацией и казной. Кроме того, на съезде активно выступили социалисты — «земледельческая фракция» во главе с эсером Дудаковым, которая встала в оппозицию как Краснову, так и Богаевскому, возбудив вопрос о разрыве с Врангелем и возвращении казаков в советскую Россию. В качестве наблюдателя от астраханцев на съезде присутствовал Н.В. Ляхов. В отличие от большинства делегатов, он поддерживал идею неприкосновенности воинских структур Русской Армии как единственной возможности сохранения собственной астраханской организации[594]. С другой стороны, он готов был следовать и в русле политики Объединенного совета, от лидеров которого зависел материально.

С сентября 1924 года Терско-Астраханский казачий полк генерала К.К. Агоева (зам. комполка — Цугулиев) входил в III отдел Русского Общевоинского Союза (РОВС), охватывавшего территорию Болгарии, и дислоцировался близ города Ямболь. В октябре 1925 года в нем состояло 209 офицеров, врачей и чиновников, и 216 казаков, из них 172 офицера и

207 казаков числились на разных работах[595]. Казаки размещались в нескольких корпусах пустовавших после войны казарм. В будние дни в казармах находилось только 20—30 человек — так называемая полковая группа, хотя на праздники казаки старались встречаться вместе в полковых казармах. Остальные группами от 10 до 70 человек и в одиночку работали в окрестностях Ямболя. Некоторые устроились как специалисты (машинисты, кузнецы, столяры, сапожники), но большая часть использовалась на тяжелой черной работе (каменоломни, постройка дорог, рудники). Работы эти не были постоянными, но угрозы безработицы не существовало: рабочие группы полка перемещались по мере необходимости по всей Болгарии. Зарабатываемых денег хватало на вполне сносное существование. Казакам, привыкшим к тяжелому физическому труду, работалось легче, чем интеллигенции и офицерству, но каждый мог устраиваться по-своему. Например, интеллигенция подрабатывала изготовлением ширпотреба для населения, изготовляя картины, иконы. Из офицеров 14 человек служили на нестроевых должностях в болгарской армии, 3 человека — в Ямбольской полиции. Заработная плата чинов колебалась от 50 до 200 левов, вполне достаточных для того, чтобы прилично жить и одеваться, но, как писал в своем донесении командир полка Агоев, «дукаяны (питейные заведения. — А.О.) и картежная игра отнимают почти весь заработок»[596]. Из всех доступных работ казаки больше всего предпочитали взрывные, однако, в основном их использовали на земляных[597].

В течение второй половины 20-х годов основные трудности и проблемы выживания казачьей эмиграции были преодолены. Казаки обустроились, обжились, приспособились к существованию в новых условиях. Взаимоотношения с местным населением были хорошими, особенно в Болгарии, к чему располагали отсутствие языкового барьера, общая религия, традиционные симпатии. Местный болгарский гарнизон считал казачьи группы своими. Офицеров приглашали в болгарские офицерские собрания, они занимались преподаванием военного дела[598] . Терско-Астраханский полк прославился своим хором, гастролировавшим по Европе.

Терцы и астраханцы, входя в один полк, предпочитали держаться своих, селиться по войсковому принципу. Но в целом жили дружной семьей, на праздники собирались в казармах полка, имели общую кассу, из которой брали средства на застолья и торжества. Памятные дни отмечались церковной службой, общими собраниями, офицеры полка делали доклады о советской России, о казачьей истории и т.д. При штабе существовал полковой околоток с бесплатной медицинской помощью, инвалидная касса, полковая библиотека. Командир полка Агоев периодически объезжал полковые группы, следил за дисциплиной и внешним видом казаков.

34 казака полка (в их числе астраханцы) обучались в вузах Чехословакии. К концу 20-х годов их материальное положение, по сравнению с другими чинами полка, было наиболее тяжелым, так как правительство к тому времени сократило материальную помощь русским эмигрантам, так что студенты жили впроголодь, многие болели туберкулезом. По мере возможности казаки помогали студентам-однополчанам, выделяя средства из полковой кассы.

Численность Терско-Астраханского полка постоянно менялась: зачислялись новые казаки, восстанавливались старые, исключались казаки, не подчинявшиеся установленному порядку, долго не дававшие о себе знать и умершие. В среднем во второй половине 20-х годов в полку состояло от 400 до 500 чинов, с преобладанием терцев. В начале 30-х годов в полку состояло 225 чинов, рассредоточенных по нескольким странам: Болгария (160), Франция (40), ЧСР (10), Бельгия (5), Люксембург (9), Греция (1).

Помере того, как части на Балканах переходили на трудовое положение, происходило вживание станичников в новую среду, казачьи группы и отдельные смельчаки разъезжались в поисках работы по другим странам. По условиям рынка труда такое распыление было неизбежно. Иногда это даже давало возможность найти более выгодные условия найма. Мировой экономический кризис конца 1920-х — начала 1930-х годов усилил этот процесс, тем более что у большинства казаков работы в большинстве случаев имели случайный характер[599]. Здесь эмигрантам очень пригодилась система полковой взаимопомощи «отпуском продуктов или небольшими денежными ссудами», которая помогала как-то продержаться до устройства на работу.

К началу 30-х годов увеличился отток казаков, особенно офицеров, во Францию — страну с более емким рынком труда, где с середины 20-х годов существовала самостоятельная Терско-Астраханская полковая группа (с центром в Париже, командир — войсковой старшина Гогленков). Уже в 1925 году здесь находились 49 офицеров и 17 казаков. До начала мирового экономического кризиса французская полковая группа жила лучше болгарской из-за сезонных сельскохозяйственных работ. Связи с полком казаки не теряли, получали из Болгарии сводки, прессу, письма. Но большинство казаков полка продолжали проживать в Болгарии (в Ямболе, Елхово, Бургасе, Софии). Болгарская группа была наиболее организованной и сплоченной. В других странах и казаков было меньше, и они были более рассеяны.

Рассказывая о судьбе астраханцев в эмиграции, поневоле главное внимание приходится уделять тем, кто входил в состав Терско-Астраханского полка, ибо о них сохранилась хоть какая-то достоверная информация. Однако даже поверхностно знакомому с историей казачьей эмиграции человеку известно, что лишь незначительная часть казаков, оказавшись на чужбине, сохранила связь с Русской Армией генерала П.Н. Врангеля и ее наследником — Русским Общевоинским Союзом. Большая часть, следуя призывам своих вождей, еще в начале 1920-х годов перешла на беженское положение, возродив в местах проживания станичную и хуторскую организацию.

В начале 1924 года по инициативе донского атамана А.П. Богаевского в Париже был образован «Казачий союз», взявший на себя руководство казачьими станицами и хуторами, разбросанными по разным странам мира. В 1930-е годы союз объединял до 180 казачьих организаций в 18 странах. Донскому атаману Богаевскому и его наследнику на этом посту графу М.Н. Грабе казаками, вошедшими в союз, были вверены «полномочия по представительству от Уральского, Оренбургского и Астраханского казачьих войск»[600].

Но малочисленные астраханцы не создали собственных станиц и хуторов. Уходившие на беженское положение устраивались, кто как мог: служили во французском легионе (например, есть сведения о трех астраханских казаках 1-го Конного полка легиона — Павловском, Биркове и Фомине, погибших в 1925 году во время подавления восстания друзов в Сирии[601]), примыкали к донским, общеказачьим станичным организациям (например, во Франции — в Монтаргли, Коломбеле, Париже[602]). Несколько астраханцев входили в состав уральской сельскохозяйственной колонии в Австрии, во главе с уральским атаманом В.С. Толстовым[603]. Еще один факт — в 1934 году в Чехословакии среди 69 казаков, получивших награды за земледельческий труд «на одном месте или в одном районе более пяти лет» (акция проводилась при поддержке группы депутатов чехословацкого парламента), был и астраханский казак, некто А.П. Бирюлькин[604].

К сожалению, судьбу астраханских казаков, порвавших связи со своими одностаничниками, входившими в РОВС, и рассеявшихся по странам Европы, проследить практически невозможно. Большинство из них быстро затерялось в общей массе российских эмигрантов. Одно из немногих исключений — Андрей Николаевич Донсков, — поэт, писатель, автор единственных в своем роде «белых» воспоминаний об антибольшевистском восстании астраханских казаков в 1918 г.

А.Н. Донсков — казак станицы Александровской II отдела Астраханского казачьего войска. Родился 20 ноября

1875 года в Царицыне, в родовитой казачьей семье. После окончания реального училища в 1896 году был зачислен на службу по войску. В 1901 году окончил, как и большинство офицеров-астраханцев, Оренбургское казачье юнкерское училище, был произведен в офицеры и зачислен чиновником в Войсковое правление Астраханского казачьего войска; в 1903 году переведен младшим офицером в 1-й Астраханский казачий конный полк; с 1911 года, помимо службы по полку, заведовал льготными казаками I отдела и обучением казаков подготовительного разряда в станицах; в 1912 году, отслужив положенный срок, вышел из полка с зачислением по войску и поступил на службу в Канцелярию наказного атамана Астраханского войска; в декабре 1914 года произведен в есаулы и назначен правителем Канцелярии и помощником наказного атамана Астраханского войска. На этом посту оставался вплоть до Февральской революции 1917 года.

В первых числах марта 1917 года, когда в Астрахани представителями буржуазии и верхов казачества был совершен бескровный переворот, Андрей Николаевич как представитель царской администрации был отстранен от должности и арестован демократически настроенным казачьим офицерством; через месяц освобожден из-под ареста, но до октябрьских событий 1917 года как человек "запятнавший себя сотрудничеством с павшим режимом", раздражавший демократическую публику, в бурной общественной жизни революционной Астрахани участия не принимал. В конце октября 1917 года, после объявления «независимости» Астраханского войска, есаул Донсков как опытный работник был привлечен войсковым атаманом к административной работе, вошел в Малый совет, стал помощником атамана Бирюкова по хозяйственной части.

Во время антибольшевистского восстания астраханского казачества 12—25 января 1918 года в Астрахани Донсков принял активное участие в событиях, входя в число руководителей восстания и занимаясь вопросами снабжения частей. После поражения казаков и отступления частей в калмыцкую степь есаул Донсков вместе с атаманом Бирюковым объезжал станицы, выступая с речами и призывами, пытаясь вновь поднять казаков на борьбу. 2 февраля он был арестован перешедшими на сторону советской власти казаками станицы Замьяновской, доставлен в Астрахань, и заключен в городскую тюрьму. 11 мая того же года он предстал перед судом Астраханского революционного трибунала и был оправдан с формулировкой «считать свободным, но без права выезда из г. Астрахани», как человек, не принимавший непосредственного участия в боевых действиях, и по ходатайству семей рабочих (за выделение продовольствия голодающему населению в период боев). После этого при содействии знакомых Донсков устроился на советскую службу помощником делопроизводителя в Городскую продовольственную управу. До 2 августа 1918 года безвыездно проживал с семьей в Астрахани.

После неудачной попытки антибольшевистского мятежа 2 (15) августа 1918 года в Астрахани (его подавления и начала массовых репрессий против офицерства) Донсков тайно перебрался в родовое имение, расположенное в Саратовской губернии (в 40 верстах от станицы Александровской), и некоторое время проживал у отца. При временном занятии этого района частями Донской армии осенью 1918 года был мобилизован и зачислен офицером в Саратовский корпус Донской армии, где до февраля 1919 года командовал конными частями, участвовал в боях в Камышинском и Царицынском уездах Саратовской губернии. После расформирования корпуса (в начале 1919 г.) переведен в астраханские части, произведен в полковники, назначен на должность начальника войскового штаба, затем — помощника войскового атамана Ляхова.

После поражения Русской Армии П.Н. Врангеля, осенью 1920 г. Андрей Николаевич вместе со старшим сыном Александром (выпускником Оренбургского Неплюевского казачьего кадетского корпуса) был эвакуирован в Константинополь. В 20 — 30-х годах проживал в Югославии, в Белграде, принимал участие в общеказачьей культурной и общественной жизни (не примыкая официально ни к каким движениям и организациям), активно занимался литературным творчеством. Его перу принадлежат воспоминания, зарисовки в прозе о событиях периода революции и гражданской войны в Нижнем Поволжье, большое количество самобытных стихотворных произведений, посвященных России, Астраханскому войску, жизни казаков в эмиграции, часть из которых была положена казаками на музыку. Ряд произведений Донскова был опубликован на сербском языке и рекомендован Военным министерством Югославии для чтения сербскому офицерству: "Изабране песме" (1927 г.), "Изабране песме, друго изданье" (1928 г.), "Волга: Песма у прози" (1928 г.), "Песма: Хеj рибари" (1929 г.), "Соколима" (1930 г.), "Наши Великани" (1930 г.), "Застава" (1930 г.), "Козачка маjка: Патриотски спев" (1932 г.).

В годы Второй мировой войны генерал Донсков не примкнул к группе астраханских казаков-эмигрантов, вставших на сторону Германии, до своей смерти в 1951 году продолжал жить и работать в Белграде.

Литературное наследие генерала Донскова и его воспоминания были опубликованы в 1992 году в Канаде его внуком Андреем Александровичем Донсковым, профессором Оттавского университета, под заглавием «На путях изгнания: Андрей Николаевич Донсков вспоминает»[605].

Несмотря на год от года усиливавшееся рассеяние многие астраханцы, расселившиеся в Болгарии, Югославии, Чехословакии, Франции, старались сохранять связь друг с другом, поддерживать войсковые традиции. Проблемы физического выживания эмигрантов постепенно отошли на второй план, но не ослабла тяга к сохранению духовного и культурного единства, самосохранению астраханского казачества для грядущего возвращения на освобожденную от большевиков Родину.

Для казачьей эмигрантской среды были очень характерны мессианские настроения и ощущение собственной избранности. Многие из тех, кто в 1920 году покинул Дон, Кубань, Волгу и Урал, считали себя единственными наследниками казачьей славы, традиций, того казачьего мира, который был фактически уничтожен или находился на грани уничтожения в советской России. Они верили, что возрождение казачества может исходить только от них.

В начале 1930-х годов в Париже представителями казачьей интеллигенции было создано «Астраханское объединение во Франции» — общественная организация, объединившая по принципу землячества жителей Астраханской губернии — выходцев из самых различных слоев общества. Задачами объединения были заявлены взаимопомощь (прежде всего помощь больным и безработным) и культурно-просветительная работа. Это объединение просуществовало вплоть до начала Второй мировой войны. Его председателем и общепризнанным лидером являлся помощник войскового атамана полковник Г.М. Астахов. В правление организации входили видные представители астраханской старшины — войсковой атаман Н.В. Ляхов, полковник Б.Д. Самсонов, офицеры — участники I мировой и Гражданской войн — М.А. Десенвенсанов (казначей объединения), Тяжельников, представители чиновного мира и буржуазии — Б.Э. Криштафович (помощник председателя), Г.И. Кругликов (секретарь)[606].

Организация объединила казаков, не входивших в состав РОВС, и определяла себя как беспартийное бытовое и культурное общество, стоящее на той же нейтральной платформе, что и «Казачий Союз» Богаевского. Самсонов и Астахов вели активную общественную жизнь, представляли Астраханское войско на общеказачьих мероприятиях, выступали с докладами и лекциями, освещающими исторический опыт астраханского казачества, актуальные проблемы казачьей истории в «Казачьем клубе» и других общественных казачьих организациях[607]. Астраханцы, входившие в полковую группу Терско-Астраханского полка во Франции, были тесно связаны с жизнью «Объединения», участвовали в проводимых обществом мероприятиях, отмечали войсковой праздник, посещали лекции.

О судьбе астраханских казаков, оказавшихся в 1920—1921 годах в Маньчжурии и Китае, известно пока очень мало. Наиболее известными центрами — «столицами» дальневосточной части русского зарубежья, где проживали астраханцы, — являлись Харбин (в Маньчжурии) и Шанхай, один из крупнейших торгово-экономических центров Дальнего Востока. Здесь можно было легче трудоустроиться. Казаков охотно брали в таможню и полицию. Покой крупнейшего в регионе международного сеттльмента оберегал охранный корпус, в котором был сформирован казачий полк. Значительная часть станичников работала за 50—150 долларов шоферами, сторожами, охранниками богатых китайцев и в охране электростанции.

Организующим центром русской эмиграции в Китае с начала 20-х годов стал Организационный комитет, занимавшийся защитой прав русских беженцев. С 1924 года в Шанхае действовал Комитет защиты прав и интересов русских эмигрантов под председательством бывшего вице-консула Н.А. Иванова.

К середине 1920-х годов стали появлятся и казачьи общественно-политические объединения. В 1925 году, вслед за оформлением общеказачьих организаций в Европе, с целью «отстаивания своих интересов, сохранения казачьего единства для борьбы с большевиками» был создан Казачий союз 223 чел. — в Шанхае (председатель — присяжный поверенный И.Н. Шендириков), издававший свою газету «Русское эхо».

Узнав о союзе, казаки начали вступать в него, образуя войсковые группы (всего в 1925 г. в организацию вошло 223 человека —114 человек в Шанхае и 109 — в других городах).

15 ноября в союз вступила Астраханская казачья группа из 7 человек. 23 января 1926 года Казачий союз направил П.Н. Краснову информацию о своей деятельности. В сентябре Казачий союз насчитывал уже 298 человек, в том числе 15 донцов. Астраханская войсковая группа выросла до 14 человек. Членом правления Шанхайского казачьего союза от Астраханского войска был избран Н.К. Сережников, кандидатом в члены правления — А.С. Калуженин[608].

Во второй половине 20-х годов Союз в Шанхае объединял до 700 казаков (в основном оренбуржцев и забайкальцев), входивших в состав 10 казачьих станиц, в том числе Донской и Кубанской. С 1929 года шанхайский Казачий Союз возглавлял полковник Енисейского войска Г.К. Болотов. К 1931 году в составе союза насчитывалось 500 мужчин, 100 женщин и 60 детей[609].

Дальневосточная эмиграция находилась в специфической, чужеродной среде, ощущала себя оторванной, изолированной от остальной казачьей диаспоры. Она отличалась большей активностью, стремлением к участию в антисоветской деятельности. Наиболее известным деятелем дальневосточной группы астраханцев был полковник Н.К. Сережников. К сожалению, можно только предполагать, какими путями он сам, его младший брат Г.К. Сережников и горстка астраханцев попали в Маньчжурию[610].

Расцвет политической карьеры Н.К. Сережникова пришелся на 30-е годы и первую половину 40-х годов, на период оккупации Маньчжурии и Китая японскими войсками. Сережников активно сотрудничал с японскими оккупационными властями. С 30 августа 1938 года он стал председателем Совета действия прояпонского Русского эмигрантского комитета (РЭК) в Шанхае, затем его вице-председателем, а в 1942—1945 годах — председателем комитета. Избранию Сережникова на этот пост способствовало его стремление активно служить японцам, которые в свою очередь содействовали избранию полковника.

Будучи председателем РЭК, Сережников прославился как ярый сторонник и распространитель японского «нового порядка». «Это было время, когда иностранная колония Шанхая полностью познакомилась с той тупой жестокой силой японской оккупации, когда в стяжавшей дурную славу тюрьме при жандармском управлении в Бридж Хаузе истязали и пытали заключенных иностранцев»[611]. Правление РЭК последовательно проводило в жизнь японскую линию жесткого контроля над эмигрантами, пыталось организовывать парады «во славу японского оружия», ввело денежные поборы на военные цели. Все это усугубляло раскол среди эмигрантов, значительная часть которых искала покровительства и защиты в советском консульстве.

Последние сведения о Сережникове относятся к концу 1944 года, когда он был переизбран председателем РЭК. Его брат Г.К. Сережников, проживавший в Харбине, еще до начала Великой Отечественной войны перебрался в США и до своей кончины в 1969 году проживал в Сан-Франциско.

С началом войны Германии против СССР в кругах эмигрантского казачества проснулась надежда на скорый крах большевизма. В основной своей массе казаки восприняли германо-советскую войну как продолжение Гражданской войны против большевиков. Осенью 1941 года атаманы Ляхов, Науменко и Вдовенко обратились к министру иностранных дел Третьего Рейха — Риббентропу с пожеланием победы германскому оружию и выразили готовность казачества вновь подняться на борьбу с большевизмом[612].

Германское руководство не приветствовало участия русских эмигрантов в этой войне, поскольку не собиралось делить с ними свою победу. Однако к 1943 году, осознав необходимость использования противников советского режима в своих интересах, оно пошло по пути военной и политической консолидации казачества. 27 июня 1943 года состоялась встреча астраханского, донского, кубанского и терского атаманов с начальником отдела связи с казачьими формирова-

ниями при Восточном министерстве Химпелем, заявившим, что «вопрос бытия казачества... разрешен в положительном смысле»[613]. В 1943—1944 году в пронемецких казачьих изданиях появляется ряд публикаций, адресованных астраханским казакам, служившим в составе Русского охранного корпуса и казачьей дивизии Гельмута фон Паннвица, действовавших на Балканах[614]. Ввиду малочисленности отдельных подразделений из астраханских казаков не создавалось. Астраханцы могли оказаться не только в казачьих частях. Например, в Югославии, в составе 1-го Юнкерского батальона Русского охранного корпуса (он же — «Дружина» Гордеева-Загорецкого) служил астраханский казак, выпускник Крымского кадетского корпуса (в Белграде) Н.В. Захаров (в 1925 г., будучи кадетом 1-го класса, он вдруг стал широко известен среди эмигрантов, сфотографировавшись с П.Н. Врангелем на плацу корпуса во время визита главкома; в 30-е годы Захаров был активным членом РОВС в Югославии; после окончания Второй мировой войны эмигрировал в США, проживал в Лос-Анжелесе, состоял членом местной общеказачьей станицы и кадетского объединения, преподавал русский язык и русскую историю детям эмигрантов в приходской школе при Спасопреображенском соборе[615].

В дивизии Паннвица всех казаков, не относящихся к Донскому, Кубанскому и Терскому войскам, в том числе астраханцев, собирали в Сибирский полк. В связи с этим имел место следующий казус: при посещении дивизии донским, кубанским, терским и астраханским атаманами и отражении этой встречи в немецких источниках генерал Ляхов был назван «сибирским атаманом»[616].

Были астраханцы и в обосновавшемся в начале 1945 г. на севере Италии (и, затем, в Австрии) Казачьем стане, объединявшем беженцев с Дона, Кубани и Терека, и казаков всех казачьих войск, ушедших из оккупированных территорий СССР вместе с отступавшими немецкими войсками[617]. Полковник Тяжельников был директором Казачьего кадетского корпуса[618]. Охраной Штаба походного атамана Казачьего стана, располагавшегося в городе Толмеццо, ведал также астраханец — полковник Чибинеев, являвшийся казачьим комендантом г. Толмеццо. За строгость и непреклонность казаки прозвали Чибинеева «желтой опасностью» (по цвету лампас у астраханцев). Под его началом казаки-астраханцы служили в комендантском дивизионе[619]. Есть сведения о службе астраханцев в автотранспортном полку «Восток» легиона «Шпеер»[620].

В феврале—марте 1944 года астраханский атаман Ляхов и терский атаман Вдовенко посетили казаков, служивших в корпусе Паннвица, провели воспитательные беседы с молодыми казаками — выходцами из СССР[621]. Молодые казаки в большинстве своем признавали авторитет духовных лидеров эмигрантского казачества, но этого было недостаточно для объединения под руководством старых атаманов.

К данному визиту относится одно из немногих публичных политических заявлений Ляхова. Казачество, наставлял он, уходит своими корнями в русский народ, является неотъемлемой частью России, и дорога в казачество открыта каждому русскому[622]; будущие казачьи войска явятся демократическими государственными образованиями, а не служилым сословием. Атаман выразил надежду на создание из освобожденной от большевиков России демократического федеративного государства, куда казачьи войска войдут в качестве автономных республик. Казачьи войска, по его мнению, следовало не просто возрождать, а воссоздавать, фактически создавать заново свободным набором всех желающих и достойных, в частности, тех неказаков, которые сражаются в рядах дивизии Паннвица[623].

Кстати, в годы Второй мировой войны порой по-прежнему употреблялось название «Астраханские казачьи войска», унаследованное от времен казачье-калмыцкого союза. Так, например, в ряды «Астраханских казачьих войск» просил зачисления доброволец 2-го Сибирского полка А.А. Свинарев[624].

По свидетельству современников, большинство Астраханцев, как родившихся в эмиграции, так и выросших в Советском Союзе, уже в годы Второй мировой войны не имели ясного представления об истории и традициях Астраханского казачьего войска[625]. Хотя подобная ситуация могла объясняться и тем, что причисление себя к казакам того или иного войска и вступление в формируемые немцами казачьи части среди русских военнопленных-коллаборационистов не было редкостью.

После разгрома Германии союзники выдали советским властям большую часть граждан СССР, воевавших в составе Вермахта и оказавшихся на оккупированной ими территории. Многие русские эмигранты, не являвшиеся советскими гражданами (в том числе 3—4 тысячи казаков), также подверглись насильственной репатриации. Последним местом пребывания некой группы астраханцев-коллаборационистов было местечко Азоппо в Италии, откуда они перешли в Австрию и были выданы в Лиенце[626].

Вторая мировая война разрушила единство казачьей эмиграции. Оккупация советскими войсками части Европы, Китая привела к рассеянию уцелевшей части казачества и массовому переселению казаков в Южную и Северную Америку, в Австралию. Прекратили свое существование последние объединения и организации астраханского казачества в эмиграции.

Дальнейшая судьба атамана Ляхова неизвестна. Исполняющим обязанности астраханского атамана после войны стал полковник Г.М. Астахов[627]. Некоторые из уцелевших астраханских казаков, подобно атаману Астахову или директору Кадетского казачьего корпуса в Италии Тяжельникову[628], людей весьма преклонного возраста, продолжали принимать участие в общеказачьей жизни. Например, астраханцы, проживавшие в США, ставших главным центром расселения послевоенной казачьей эмиграции, входили в состав Общеказачьей станицы и Донской станицы имени атамана Каледина в

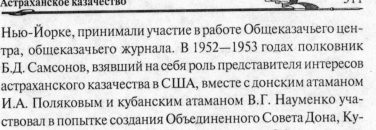

Нью-Йорке, принимали участие в работе Общеказачьего центра, общеказачьего журнала. В 1952—1953 годах полковник Б.Д. Самсонов, взявший на себя роль представителя интересов астраханского казачества в США, вместе с донским атаманом И.А. Поляковым и кубанским атаманом В.Г. Науменко участвовал в попытке создания Объединенного Совета Дона, Кубани и Астрахани как наследника довоенного Объединенного Совета Дона, Кубани и Терека, но из-за монархической ориентации организация не получила широкого признания казаков-эмигрантов[629]. Большинство же, отказавшись от активной деятельности, ассимилировалось, становясь итальянскими рабочими, канадскими профессорами и т.д. Со смертью последних участников революции и Гражданской войны астраханское казачество исчезло из эмигрантской общественно-политической жизни.

Что касается калмыцкой эмиграции, то ее общая численность после Новороссийской и Крымской эвакуаций составляла к концу 1920 года более двух тысяч человек. Оказавшись в эмиграции, большинство калмыков разорвало свои отношения с казачеством, обособилось по национальному признаку. Значительную часть эмигрантов уже в 1920—1921 годах захватила волна «возвращенчества», которая, постепенно затухая, существовала все 20-е годы, так что к началу 30-х годов калмыцкая эмиграция сократилась приблизительно до тысячи человек[630]. Те, кто предпочел остаться в изгнании, через год—два расселились из Турции по странам Европы: в Болгарии, Югославии, Франции и Чехословакии. Часть калмыков-донцов, имевших глубокие казачьи корни, предпочла в полной мере разделить общую судьбу казачьей эмиграции.

Основными центрами калмыцкой диаспоры стали Париж, Прага, Белград, в меньшей степени — София. К началу 30-х годов существовали семь крупных калмыцких колоний: по одной — в Чехии, Болгарии и Югославии и четыре — во Франции. Часть калмыков в поисках работы рассредоточилась по странам небольшими группами — от 20 до 50 человек. Например, во Франции насчитывалось до 13 таких групп: в Нанте, Десине, Лионе, Южине, Монтаржи и других. Несмотря на привычное калмыкам разделение на астраханцев, донцов, ставропольцев, формирование обособленных групп по улусному и аймачному признаку (таких, как группа астраханцев в Югославии, в Прачине) было нечастым.

Как и казаки, большинство калмыков работало на тяжелом, вредном производстве (в том числе на химических заводах), на постройке дорог и т.п. В 20-х годах при повышенном спросе на эти работы калмыки жили безбедно. Как докладывали сотрудники ГПУ, «благодаря своей организованности, благодаря сплоченности калмыки устраивались гораздо лучше, чем русские: они действовали скопом, помогая друг другу, стараясь не терять из виду своих, и, вследствие этого, они оказались в гораздо лучшем положении, чем русские»[631]. В Белграде ими на собственные деньги был даже построен Хурул (буддийский храм) — единственный в Европе; при храме открыли школу и библиотеку. Но в 30-е годы, в период экономического кризиса, на жизнь калмыков повлияла острая безработица. Большинство учившихся в Чехии студентов были вынуждены вернуться на Балканы.

Важнейшими центрами культурной и общественно-политической жизни калмыцкой эмиграции стали Прага и Париж, где сконцентрировались наиболее известные национальные лидеры, большая часть интеллигенции, учащейся молодежи. К концу 20-х годов в калмыцкой диаспоре окончательно оформились два политических течения — «националисты» и «козакоманы». У «националистов» особенно активную роль играли астраханские калмыки. Их концепцию, в общих чертах отразившуюся в издаваемых эмигрантами журналах, можно было свести к следующей формуле: пробуждение, возрождение, объединение всех калмыков; русский, большевик — враг, но если он поддерживает данную программу, — друг[632].

«Козакоманами» были в основном калмыки-донцы, представители калмыцкой интеллигенции, офицерства, которые придерживались идеи единения с казачеством, оказачивания калмыков. Они ратовали за создание из калмыков и казаков самостоятельного государства — Казакии. Лидеры казакующих — Ш. Балинов, С. Балыков были идейно близки с казаками-самостийниками, активно сотрудничали с казачьими организациями и периодическими изданиями самостийной ориентации[633].

Калмыки-националисты — сторонники буржуазно-демократической ориентации — опирались на поддержку калмыцких колоний; «козакоманы» — на калмыков-казаков, входивших в состав калмыцких станиц Казачьего Союза, какой была, например, знаменитая Платовская станица в Белграде, или донских, общеказачьих станиц. Наиболее консервативных калмыков-донцов, сохранивших связь с казачьими частями Русского Общевоинского Союза, возглавляли назначенные командованием офицеры, а беженцев — духовенство и интеллигенция.

Собственных политических партий калмыки не создавали. Наиболее значительными общественно-политическими организациями стали Калмыцкая комиссия культурных работников, действовавшая в 1920-е годы в Праге во главе с бывшим членом Донского войскового правительства Б. Улановым и бывшим председателем Астраханского войскового правительства С. Баяновым и существовавшая с 1930 года в Париже «Хальмг Тангчин Туг», почетным председателем которой числилась вдова князя Д. Тундутова — К.А. Тундутова, а лидерами — Шамба Балинов и Санджи Балыков.

В Праге уже в первой половине 20-х годов среди интеллигенции и студентов, обучавшихся в русских и чешских средних и высших учебных заведениях, развернулась активная работа под флагом «культурного и духовного объединения, возрождения калмыцкого народа, сохранения и передачи своей культуры, наследия, содействия в образовании калмыцкой молодежи». Санджи Баянов в 1922 году стал одним из организаторов калмыцкого отделения пансиона при Русской реальной гимназии в Праге, в которой и преподавал[634]. В 1924 году калмыки-студенты при поддержке д-ра Э. Хара-Давана выпустили рукописный журнал «Ойрат». А годом ранее здесь была образована Калмыцкая комиссия культурных работников, издававшая во второй половине 1920-х годов журнал «Улан Залат», а в 1930 году — непериодический журнал «Информация» и занимавшаяся публикацией своеобразной калмыцкой хрестоматии «Хонхо». В 30-е годы в связи с прекращением так называемой русской акции чехословацкого правительства, недостатком собственных средств, а также идейными расколами среди лидеров культурная и политическая активность калмыков в Праге пошла на убыль. Вместе с тем Комиссия дала толчок к появлению в те же годы в Париже союза «Хальмг Тангчин Туг» и его журнала «Ковыльные волны», причудливо сочетавшего в себе калмыцкий национализм и идеологию казаков-самостийников.

Другие общественные организации, такие как Калмыцкий комитет по делам беженцев в Болгарии и Союз калмыков в Париже, организовывались при наиболее многочисленных калмыцких колониях с целями более прагматическими — защита интересов и взаимопомощь беженцев, организация культурной и духовной жизни колонии.

Главная проблема, которая уже к началу 30-х годов обеспокоила националистов — рассеяние и растворение калмыков среди местного населения в странах проживания, то есть начало закономерного процесса ассимиляции эмигрантов. Этому способствовали малочисленность калмыков-эмигрантов, низкая доля среди них женщин, материальная необеспеченность, плохие условия жизни. Уже в начале 30-х годов в калмыцкой диаспоре стареющих было несравнимо больше, чем подростков[635].

Особенно сильно иноэтничное, инокультурное влияние сказывалось на детях, родившихся в эмиграции и практически лишенных национальной среды, калмыцких или даже русских школ. Они постепенно утрачивали национальные особенности: терялась сословность, умирала оригинальная этика. Обсуждение этой проблемы в калмыцкой печати нередко заканчивалось призывами изыскать возможность собрать всех калмыков воедино и вывезти их для компактного поселения там, где только это будет возможным. Например, в Южной Америке, а лучше — на Дальнем Востоке. Калмыцкая эмиграция в течение всех 20 — 30-х годов все же сохраняла свое единство, верность традициям и вписала важные страницы в летопись культурного и духовного развития своего народа.

Память о катастрофе Гражданской войны и ненависть к большевизму были характерны для калмыков в той же степени, что и для всей российской эмиграции, и национальный контекст только усиливал эти чувства. Общий настрой эмигрантов не менял даже мощный фактор создания в СССР калмыцкой национально-государственной автономии. Укрепляли эмигрантскую непримиримость и известия о полной трагичных событий коллективизации в калмыцкой степи. Поэтому идея сотрудничества с нацистами под флагом национально-освободительной борьбы в годы Великой Отечественной войны нашла активную поддержку среди калмыцких лидеров.

В 1942—1943 году, наряду с казачьими частями, в составе Вермахта было создано немало различных национальных формирований (из крымских татар, туркмен, калмыков и т.д.) — так называемые Восточные легионы. Активную помощь в создании этих частей германскому командованию оказали эмигранты соответствующих национальностей, образовавшие (с санкции министерства А. Розенберга) Туркестанский, Армянский, Грузинский и другие национальные комитеты.

Калмыцкие части Вермахта стояли особняком от национальных легионов. Немцы, активно используя калмыцких

добровольцев, военнопленных и перебежчиков, ценили их, как хороших разведчиков и храбрых бойцов. Сформированные в калмыцкой степи эскадроны действовали в советском тылу в качестве партизан.

В 1943 году кавалерийские части, созданные на оккупированной территории СССР в Элисте (столице Калмыцкой АССР), были объединены в корпус под командованием зондерфюрера О. Вербе (его знали также под псевдонимом «доктор Долл») общей численностью до 5 тысяч человек[636] . В конце войны это формирование оказалось на Балканах, где было влито в состав Казачьего корпуса Паннвица. В качестве идейных руководителей калмыков-коллаборационистов выступали эмигранты — Шамба Балинов, Санджи Балыков и другие. В 1945 году калмыки, как и казаки, подверглись выдаче в СССР, а уцелевшие остатки калмыцкой эмиграции рассеялись по другим континентам, где их потомки проживают и по настоящее время (в основном — в Северной Америке).

Глава V

СОВРЕМЕННОЕ АСТРАХАНСКОЕ КАЗАЧЕСТВО: ПОТОМКИ И АКТИВИСТЫ

> Астраханское казачье войско теперь уже
> в третий раз
> медленно, но неуклонно возрождается.
> Хотелось бы, чтоб путь этот был необра-
> тимым.
>
> *Н. Горбунов. Трижды рожденное. (Астраханскому*
> *казачьему войску исполнилось 180 лет //*
> *Астраханские известия, 5—11 июня, 1997. № 23)*

Движение возрождения казачества существует уже почти 20 лет и давно стало привычным явлением современ-
ной российской действительности. Тем не менее этот сложный социокультурный и общественно-политический феномен пока еще не достаточно изучен. И одна из наименее
известных страниц его летописи — движение возрождения
казачества в Астраханской области (в конце XX столетия
вновь ставшей пограничным регионом). Разворачивалось
оно в период с 1991-го по 2006-й год также под знаменем
возрождения именно исторического Астраханского казачьего войска как в форме общественных организаций, так
и в форме государственных реестровых обществ. К насто-
ящему моменту оно фактически прекратило свое существование.

Доступные исследователю источники (нормативно-правовые документы органов власти, материалы периодической печати, документы и официальные сайты казачьих организаций) оставляют пока нераскрытыми многие стороны казачьего возрождения (социально-профессиональный, этнический состав участников движения, участие казаков-астраханцев в межнациональных конфликтах и войнах в РФ и странах ближнего зарубежья), но все же позволяют воссоздать общую картину возникновения и становления движения возрождения астраханского казачества, восстановить его хронологию, ликвидировать информационный вакуум, вольно или невольно сложившийся вокруг астраханских казачьих организаций.

На первом этапе, в 1991—1995 годах, движение возрождения астраханского казачества развивалось в рамках общероссийского общественно-политического движения, ставящего перед собой задачи политической реабилитации казаков как репрессированного народа, культурного возрождения казачества, воссоздания исторических казачьих войск, возврата принадлежавших войскам имущества, прав и привилегий, восстановления казачьей службы.

Центром движения стала Астрахань; в Астраханской области оно развивалось, прежде всего, в среде городского населения, а не в бывших сельских станицах. Участниками движения стали потомки казаков (или считавшие себя таковыми) исторических казачьих войск (не только Астраханского), проживавшие в области. Наиболее активная роль на первых порах принадлежала местной интеллигенции.

В 1990—1991 году в областной прессе появились первые публикации по истории астраханского казачества, авторы которых, ссылаясь на активное казачье движение в Москве, Ростовской области и других регионах, выражали желание увидеть возрождение и астраханского казачества.

Весной—летом 1991 года стали организовываться немногочисленные группы энтузиастов, называвших себя потомками казаков и ратовавших за воссоздание Астраханского войска, например, группа С. Лохманова — А. Щербовских в селе Черный Яр, группа Ю.П. Русанова в Астрахани.

В сентябре—октябре 1991 года группа сотрудников Астраханского краеведческого музея, специализировавшихся на истории астраханского казачества: А.Ф. Милейковская, Т. Каравацкая, Е.В. Казакова, — при поддержке руководства музея приступила к работе по организационному оформлению казачьего движения — созданию Казачьего культурно-исторического общества. В средствах массовой информации стали регулярно появляться публикации по казачьей проблематике, зазвучали призывы к потомкам казаков и энтузиастам — объединяться и приступать к совместной работе по возрождению астраханского казачества. А.Ф. Милейковская, обладавшая организаторскими способностями и связями с местными властями, стала лидером движения.

20 октября 1991 года в Успенском соборе астраханского кремля состоялся первый «сход» — объединительный казачий круг — потомков казаков, на котором присутствовали около 30 человек, в основном — жителей Астрахани[637]. Круг принял обращение к казакам Астраханской области, наделил А.Ф. Милейковскую статусом «атамана-организатора», поручил ей руководить работой по созданию казачьей общественной организации и утвердил состав оргкомитета. Для работы инициативной группы администрация выделила комнату в областном Дворце пионеров. Здесь, а также на церковных службах в Успенском соборе кремля проводились еженедельные встречи участников движения. Была установлена связь с атаманом Союза казаков России А.Г. Мартыновым, от которого получены типовые документы и рекомендации.

8—10 ноября 1991 года делегация Астраханского областного культурного общества «Казачий круг» во главе с членом оргкомитета прапорщиком в отставке Ю.П. Русановым приняла участие во 2-м Большом круге союза казаков, прошедшем в Ставрополе[638].

26 ноября 1991 года второй «сход» казаков Астраханской области декларировал образование общественной организации — Астраханского союза казаков, принял устав союза, разработанный А.Ф. Милейковской и Ю.П. Русановым, избрал Милейковскую и.о. атамана.

Казачье движение в Астраханской области с самого момента своего зарождения пользовалось последовательной поддержкой областной и городской администраций, иерархов православной церкви, чему способствовал декларируемый участниками движения имидж казаков как православного рыцарства, поборников возрождения России и государственников. Епископ Астраханский и Енотаевский Филарет проводил духовные беседы с казаками, принял участие в 1-м Большом круге астраханских казаков (май 1992 г.). Духовным пастырем казаков он определил секретаря Астраханской епархии отца Михаила (Крутеня). Газета епархии «Свет православия» периодически печатала материалы о казаках.

Однако уже тогда, как отметил активный участник казачьего движения В.М. Адров (представитель Президента России в Астраханской области), стало очевидным: движение возрождения казачества в области возникло позже других казачьих регионов, не привлекло значительного числа участников, не вызывало у жителей города и области особого энтузиазма — «исчезли корни»[639]. «Собирали астраханских казаков с большим трудом, тем более что многие о своем происхождении накрепко забыли... За последние семьдесят лет наши мужчины — увы! уже не те, что были раньше... я же хочу довести дело до определенного этапа, а потом передать правление постоянному атаману...», — резюмировала в одном из первых своих интервью «атаман» Милейковская[640].

Следующий казачий «сход» (круг) прошел в Астрахани в январе 1992 года. Состав участников движения постепенно расширялся, в том числе и за счет представителей области. 7 февраля 1992 года, в годовщину подавления антибольшевистского казачьего восстания 1918 г. в Астрахани, казаки возложили венки на могилы погибших — как участников восстания, так и большевиков. В апреле 1992 года, к Пасхе, некоторые из участников движения сшили себе казачью форму по историческим образцам, приняли участие в охране общественного порядка во время праздничной церковной службы в Покровском соборе. Для жителей города периодические появления живописной группы в необычной военной форме стали событием. Кто-то относился к этому с интересом, некоторые иронизировали. Все больше внимания уделяла казачьей проблематике местная пресса.

18 февраля 1992 года устав Астраханского союза казаков был зарегистрирован администрацией Астраханской области, и 25 марта союзу было выдано свидетельство о регистрации. Однако во время прохождения указанной процедуры между союзом и отделом юстиции областной администрации возникли трения по ряду пунктов устава. Казаки, в частности, настаивали на праве свободно носить оружие и создавать собственные военизированные дружины[641]. С другой стороны, идея привлекать членов организации к конному патрулированию городских улиц, получив поддержку, оказалась невыполнимой, в том числе и из-за неготовности новых казаков к подобной службе. Среди программных заявлений казачьих лидеров наибольшее внимание общественности обратили на себя такие, как «казаки — особый этнос»[642] (казаки отказались от предложения войти в состав организуемого в это же время русско-славянского культурного общества), «предотвращение миграции лиц кавказского происхождения в нашу область»[643], «наша главная задача — это земельная реформа, возвращение земли в собственность казачьего круга»[644].

К маю 1992 года, по сведениям пресс-службы Астраханского союза казаков, в области насчитывались пять станичных организаций: три — в Астрахани (Форпостинская, Александровская, Бирюковская) и две сельские — Красноярская (с. Красный Яр) и Нововетлянинская (с. Ямное, Икрянинского района)[645].

Важным событием в истории движения стал 1-й Большой круг астраханских казаков, прошедший 23—24 мая 1992 года. В гарнизонном Доме офицеров, на территории кремля, собралось более 30 делегатов; в качестве гостей на круге присутствовала делегация донских казаков, представители Союза казаков России, областной администрации.

Круг объявил о создании общественной организации под названием «Астраханский союз казаков», утвердил его устав, избрал атаманом Союза преподавателя автодорожного колледжа подъесаула Е.А. Переловского, утвердил состав «атаманского правления» (кошевой атаман — С. Макаров, походный атаман — М. Чернов, казначей — С. Каширский, писарь — П. Макаров), заявил о вхождении Астраханского союза в Союз казаков А.Г. Мартынова.

В ходе работы круга среди его делегатов произошел раскол, и часть участников движения во главе с А.Ф. Милейковской вышла из состава союза. Обострению отношений большинства делегатов с Милейковской и ее единомышленниками способствовало стремление избавиться от излишнего контроля властей; кроме того, активисты решили, что казакам нужна, прежде всего, общественно-патриотическая организация, а культурой, фольклором должна заниматься отдельная специальная структура.

Астраханский союз казаков во главе с Е.А. Переловским призвал администрацию области препятствовать «передаче бывших казацких земель в пользование и аренду создаваемым крестьянским и фермерским хозяйствам» (ссылаясь на то, что к этому более других стремятся представители «неславянских национальностей») и потребовал предоставить в собственность казачьей общине бывшие казачьи земли и водоемы[646]. В развитии движения стала доминировать тенденция на политизацию, милитаризацию, обострение отношений с областной администрацией.

Между тем летом 1992 года вышедшая из Союза группа интеллигенции во главе с А.Ф. Милейковской (в это время —

сотрудником отдела по делам национальностей администрации Астраханской области) организовала самостоятельную казачью историко-культурную общественную организацию «Казачий клуб», расположившуюся в кремле. Целью клуба было заявлено восстановление и сохранение казачьей культуры, «культурная реабилитация казачества», изучение истории астраханских казаков.

25 августа на общем собрании был утвержден устав Общества истории и культуры казаков «Казачий клуб», вошедшего в состав общественного объединения «Астраханский фонд культуры»; сформированная обществом лекторская группа сразу же приступила к чтению лекций по истории и культуре казачества, основам православия. Однако общество также проявило себя достаточно политизированной организацией, что было довольно типично для начала 90-х годов. В частности, претендуя на финансирование из областного бюджета, члены общества высказывались против выделения средств на проведение праздника ногайской национальной культуры на том основании, что 80 процентов налогоплательщиков области — славяне[647].

Главной проблемой для членов «Казачьего клуба» стали противоречия с Астраханским союзом казаков. Впрочем, деятельность клуба оказалась кратковременной.

Необходимо все же отметить: в Астраханской области — многонациональном пограничном регионе — в этот период не наблюдалось, за исключением Лиманского района, заметного обострения межнациональных отношений, и казачество не стало существенным фактором, влияющим на развитие национальных отношений. Вместе с тем в прессе нашло отражение недовольство части населения жесткими высказываниями казачьих лидеров по национальному вопросу и такой характерной чертой современных казаков, как назойливое желание что-нибудь поохранять и навести где-нибудь порядок (в таком случае логично было бы разрешить и создание дружин из татар, казахов, евреев и т.д.)[648].

Тогда же, в 1992 году, в период первого раскола в казачьем движении и выяснения отношений между организациями Переловского и Милейковской, в средствах массовой информации была впервые озвучена версия об искусственном характере казачьего движения в Астрахани, о его насаждении сверху[649]. В качестве одной из причин рождения административной «казачьей инициативы» был назван территориальный спор между Астраханской областью и Калмыкией из-за земель по правому берегу Волги: казакам надлежало сдерживать сепаратизм проживающих в этих районах калмыков[650].

Об участии астраханских казаков и Союза казаков Калмыкии в этих территориальных спорах упоминает и известный исследователь современного казачества Т.В. Таболина, отмечая, что в ходе конфликта «радикально разошлись, вопреки всем заверениям о братстве, интересы казаков-калмыков и астраханских казаков»[651] и, наоборот, выявилось характерное единство казаков с администрациями своих субъектов федерации.

В качестве другой базовой причины называлось желание изначально поставить движение возрождения в приемлемые для администрации рамки, направить его в нужное русло: не допустить его выхода за пределы деятельности по возрождению культуры, не допустить появления самостоятельной «казачьей власти», как на Дону или Ставрополье, боязнь стихийного «оказачивания» русскоязычного населения (подобной формы его самоорганизации и консолидации), как фактора эскалации межнациональных конфликтов.

В конце 1992 — начале 1993 года руководство Астраханского союза казаков попыталось перевести в практическую плоскость решение одного из культовых для участников движения вопросов — о казачьей службе. 4 ноября 1992 года глава администрации области подписал постановление о создании казачьей дружины. В феврале 1993 года, завершив теоретическую подготовку под руководством офицеров УВД, группа казаков прошла стажировку на улицах города, поучаствовав в патрулировании совместно с сотрудниками милиции и отрапортовав в прессе о первом «улове» оружия и контрабанды[652]. 24 августа было даже подписано постановление главы областной администрации (№ 142) о создании казачьей сотни («как юридического лица») из прошедших соответствующую подготовку членов союза и выделении для ее финансирования 3,5 млн рублей. Побывав в Москве на заседании Совета атаманов союза казаков, Переловский заручился «приказом» походного атамана союза В.В. Наумова о формировании списка призывников из казачьей молодежи для комплектации одного из полков Астраханского гарнизона казаками и получил устную поддержку по этому вопросу местного гражданского и военного руководства. Однако наиболее интересное предложение казаков — «выделить нам один из рынков в Астрахани, с тем чтобы мы могли контролировать в нем общественный порядок»[653] было отклонено. Остались нереализованными, в конечном счете, и остальные инициативы.

В мае 1993 года очередной Большой казачий круг избрал атаманом Астраханского союза казаков прапорщика ФСБ С.А. Плотникова, впечатлившего астраханцев лидерскими качествами и планами экономического развития. Тогда же под руководством нового атамана была разработана амбициозная «Программа возрождения казачества в Астраханской области на 1993—1994 гг.», под реализацию которой планировалось получить средства от областной администрации и частных спонсоров.

В целом документ мало отличался от большинства подобных казачьих произведений, но в нем впервые официально прозвучала идея объединения в составе союза казачьих организаций, расположенных не только в Астраханской области, но и во всех вообще исторических астраханских станицах, включая расположенные на территории Волгоградской и Саратовской областей. Руководство движением возрождения казачества в Нижнем Поволжье должно было осуществлять войсковое правление Астраханского союза, преобразованное в отдел областной администрации. Другая характерная черта программы — осторожность: в качестве одного из основных авторы выделили принцип «долговременности, благодаря которому программа должна работать при любой смене власти». Третья характерная черта — слабое знание истории астраханского казачества: например, расформирование исторического Астраханского войска было отнесено авторами программы к 1917 году. Наконец, большое внимание было уделено планам развития хозяйственной деятельности, возвращению дореволюционной казачьей собственности и созданию собственных «военизированных формирований».

1 сентября 1993 года, в день войскового праздника исторического Астраханского казачьего войска (в честь иконы Донской Божьей Матери), Астраханский союз организовал в селе Копановка (бывшей станице Копановской) праздничные мероприятия, посвятив их памяти первого войскового атамана В.Ф. Скворцова[654]. На предполагаемом месте захоронения атамана был установлен памятный крест. Впоследствии в Копановке или в селе Грачи (бывшая станица Грачевская) подобные мероприятия проводились достаточно регулярно.

1993 год ознаменовался в области новым расколом в казачьем движении, который явился следствием общероссийского политического кризиса, вызванного кровавыми событиями в Москве. В начале октября, в период противостояния президентской власти и Верховного Совета, Астраханский союз казаков занял пропрезидентскую позицию. Но не все члены Союза поддержали это решение. Красно-белые противоречия в среде активистов организации достигли апогея. Второй проблемой, вносящей раздор в ряды участников движения, явилось недовольство части казаков деятельностью атамана Плотникова и его ближайшего окружения. Одним из проявлений кризиса стал фактический отказ астраханцев от участия в 3-м Большом круге союза казаков, прошедшем 8—10 октября 1993 года в Оренбурге[655].

В сентябре—октябре на базе трех из пяти зарегистрированных астраханских станиц — Бирюковской, Красноярской и Форпостинской сформировалась оппозиция действующим атаману и правлению, потребовавшая созыва внеочередного круга. Первым актом раскола стало проведение альтернативного казачьего праздника в Копановке. 3, 9, 17 и 22 октября оппозиция проводила заседания собственного круга, объявив «дальнейшее существование изжившего себя союза казаков... бессмысленным и даже безнравственным...», а 11 станиц, заявленных Плотниковым — бумаготворчеством. Оппозиция выразила недоверие атаману и потребовала «очистить движение от накипи...». Плотников и его сторонники были обвинены в моральном разложении, в том, что казачья дружина превратилась в «почетный караул атамана», что развитию станиц внимания не уделяется, а оппозиционные станицы пытаются распустить. Далее участники схода проголосовали «за восстановление Астраханского казачьего войска», приняли его устав и программу. Кроме того, казаки заявили о своем подчинении Союзу казачьих войск России и Зарубежья В.Н. Ратиева, — конкурирующей с союзом казаков организации, объединяющей в своих рядах сторонников «белого казачества». Представитель руководства СКВРЗ полковник Н.С. Моргунов, присутствовавший на круге, подтвердил его правомочность и легитимность. Оппозиционеры призвали всех «настоящих» казаков вступать в ряды создаваемой ими общественной организации[656].

23 октября атаман Плотников собрал своих сторонников на внеочередной Большой круг. Делегаты осудили оппозиционеров, констатировали, что общественная организация — Астраханский союз казаков выполнила свою миссию, «возродив и организовав в Астраханской и Волгоградской областях казачество». Делегаты приняли решение о «реорганиза-

ции общественной организации в орган административно-территориального управления — Астраханское казачье войско», избрав его атаманом Плотникова; "закрепили" за собой «права на преемственность не только названия, но и собственности, принадлежавшей Астраханскому казачьему войску, а также всей полноты власти... в своих административно-территориальных границах, которые будут уточняться с учетом миграции казачества...»[657]. Прозвучали требования возвращения астраханским станицам исторических названий. Этот лозунг был достаточно типичным для своего времени: «атаман» Милейковская, например, в 1991—1992 году в качестве одной из важных задач своей деятельности видела возвращение исторических названий улицам Астрахани.

Однако и на этом, плотниковском, круге среди собравшихся обозначились противоречия, переросшие в открытый конфликт. Часть делегатов, «красных» по убеждениям, покинула союз и заявила о создании собственной казачьей организации. Еще одна отколовшаяся группа во главе с уроженцем села Красный Яр авантюристом В. Кобзевым (он же князь Тундутов) приступила к созданию Астраханского казачьего войска в составе одиозного Всемирного братства казачьих войск В.В. Коваленко.

Радикализм и самостийность казачьих вожаков стали общей чертой всех конкурирующих между собой организаций. И все же программные установки ратиевцев, требовавших немедленного восстановления исторических казачьих войск и их автономии в составе России, обеспечения особого представительства казачьих войск в высших органах власти, создание казачьих частей как отдельного рода войск и т.п., казались властям более утопичными и экстремистскими.

В развернувшемся на уровне центра и станиц противостоянии победил Плотников, сумевший убедить главу областной администрации А.П. Гужвина в своей лояльности и полезности. В конце 1993 года, во время встречи Гужвина с атаманом, последний получил добро на реорганизацию Астраханского союза в Астраханское войско, введение в нескольких населенных пунктах — в виде эксперимента — атаманского правления, выделение казакам квоты на вылов полутора тысяч тонн рыбы частиковых пород, закрепление за ними шести ильменей для лова и воспроизводства рыбы[658].

22 февраля 1994 года постановлением главы администрации Астраханской области (№ 362) преобразованная общественная организация была зарегистрирована как Астраханское казачье войско; утвержден временный устав организации на базе Закона о местном самоуправлении. Войско подтвердило свое членство в союзе казаков.

Серьезным достижением плотниковцев и свидетельством доверия властей стали договоренности по организации пресловутой казачьей службы. Одна из воинских частей Астраханского гарнизона весной 1994 года «была реорганизована решением Генерального штаба Вооруженных сил РФ в отдельный радиотехнический Астраханский казачий батальон», и «по линии Астраханского казачьего войска» в батальон поступили на службу первые призывники — члены организации. Церемония присяги для новобранцев была организована с участием членов правления Астраханского войска и войскового священника[659]. В сентябре 1994 года постановлением главы администрации области на Астраханское войско была возложена «сторожевая охрана и охрана общественного порядка на территории астраханского кремля»[660]. На войсковом празднике в Грачах с казачьими песнями выступил самодеятельный коллектив астраханских казаков.

Оппозиционерам, лишенным административной поддержки и материальной базы, никакой реальной организации создать не удалось.

Однако деятельность войскового атамана Плотникова оказалась непродолжительной и закончилась скандалом. 19 ноября того же года прошедший в зале гарнизонного Дома

офицеров Большой войсковой круг отказал Плотникову в доверии и изгнал его из рядов казачьей организации. Новым войсковым атаманом был избран атаман станицы Казачебу-. горинской подъесаул В.П. Егоров. Отрешенного от должности Плотникова, находившегося к тому моменту под следствием, и кошевого атамана Чибрикова обвинили в махинациях, корыстном использовании спонсорских средств через создаваемые частным порядком товарищества с ограниченной ответственностью. Общая задолженность организации к ноябрю составила более 100 млн рублей[661]. На вопрос пытливых корреспондентов «Как же казаки могли доверить пост атамана такому проходимцу?» атаман Егоров заявил: «Плотникова выбрали главным образом благодаря его фамилии. В стародавние еще времена был такой казак Плотников, который возглавлял Астраханское казачье войско... ну и благословили миром на атаманство нашего Плотникова, как-то упустив из виду, что он сам родом с Украины и к тому Плотникову отношения не имеет»[662]. По традиции отстранять проштрафившегося атамана помогали представители администрации, усиленные членом Комиссии по безопасности Общественной палаты при Президенте РФ Б.М. Федоровым и представителями бизнесменов-спонсоров.

В конце 1994 — начале 1995 года, с развертыванием боевых действий в Чсчнс, в Астраханскую область резко увеличился приток беженцев с Северного Кавказа. На этот раз никаких громких заявлений по национальному вопросу и призывов от казаков не последовало. При войсковом правлении была организована группа по оказанию гуманитарной помощи для обеспечения беженцев-казаков пищей, одеждой, ночлегом. Поступило предложение сформировать в области из беженцев казачьи общины-поселения, помочь им в строительстве жилья и поиске работы.

Весной 1995 года атаман Егоров заявил, что в составе войска числились шесть зарегистрированных станичных обществ — три в Астрахани и три в области, а всего казаков в области насчитывалось около тысячи человек. Любимой темой периодических встреч энтузиастов в войсковом правлении оставалась «конкретизация территории исторических станиц» и бывшей войсковой недвижимости.

Смена руководства не привела к оживлению казачьего движения, общий настрой казачьих вожаков становился все более пессимистичным. Разбор «завалов», доставшихся от Плотникова, восстановление доброго имени казачьего общества не спорились. Звучали жалобы по поводу пассивности участников движения, нехватки средств, отсутствия материальной базы, неудовлетворенности политикой властей — разрешили казакам вылавливать 200 тонн рыбы частиковых пород в год, а мест для вылова не определили; организовали казаки свой хор — помещения не выделяют и т.д. Затея со службой казаков в радиолокационном батальоне, располагающемся в Астрахани, стала источником проблем и конфликтов. «В нынешнем году "милостиво" дали войску квоту на 10 парней... И сколько же вдруг обнаружилось в городе призывников — казачьих отпрысков! Вспомнили внезапно, с помощью чадолюбивых мамаш, что они казачьего роду!» — сетовал атаман[663]. Который год велись разговоры о необходимости всем миром собрать средства на ремонт церквей в казачьих станицах, но дело ограничивалось только разговорами[664].

Как правило, все эти события проходили незаметно для жителей Астрахани и области, так как активная казачья жизнь протекала в основном в помещениях войскового правления союза/войска (в астраханском кремле), а реальный, не списочный состав участников движения был весьма немногочисленным.

Вместе с тем в некоторых населенных пунктах возникли центры движения возрождения казачества, которые начали оказывать влияние на развитие движения в области в целом. Одним из них стала казачья организация села Черный Яр.

В Черном Яру движение возрождении началось в 1991 году и до середины 1990-х развивалось во многом независимо от

Астрахани. Инициативная казачья группа сформировалась вокруг заместителя военного комиссара С. Лохманова и «старейшины» А.А. Щербовских. Весной 1991 года состоялось первое организационное собрание черноярских казаков (строго говоря, это событие — первое в хронологии современного казачьего движения в области). В следующем году казаки провели первый станичный круг, избрали атамана — С. Лохманова, правление и совет стариков. Уже тогда в станичной организации числилось около 100 человек. К середине 90-х — уже более 200 человек[665].

Пик деятельности черноярской организации пришелся на первую половину 90-х годов. Казаки делали активные попытки возвратить дореволюционные станичные земли и имущество, успешно занимались коммерческой деятельностью (рыболовством). В общество потянулась молодежь: на каждом круге принимали в казаки до 30 человек. Для них организовывались торжественные церемониалы казачьей присяги, с молебном и праздничным застольем; на торжества приглашались гости из других казачьих организаций — астраханских и донских. В станичном обществе действовала дружина охраны общественного порядка, конноспортивная секция. К деятелям областной «кремлевской» организации черноярцы относились скептически, но в период создания реестрового казачьего общества поддержали объединение и огосударствление казаков, достаточно активно проявив себя, на первых порах, в составе нового окружного общества. Однако, пережив ряд кризисов (в том числе финансовых и связанных с отсутствием возможности госслужбы), к концу 90-х годов движение пришло в упадок. Среди казаков распространились даже настроения в пользу выхода из Астраханского войска и присоединения к Донскому.

Казачья организация села Красный Яр, созданная в 1992 году (ст. Красноярская, атаман В.Г. Рыкалин), напротив, с самого начала развивалась в тесной взаимосвязи с об-

ластным центром, при непосредственном участии представителей Астраханского союза / войска и поддержке районной администрации.

Неприятным сюрпризом для казачьих активистов первой половины 90-х стало общее равнодушие к движению возрождения населения бывших казачьих станиц в Енотаевском и Наримановском районах — территории с наибольшей до революции 1917 года плотностью казачьих поселений и долей казаков в населении. Возникающие здесь казачьи организации отличались малочисленностью и пассивностью. В течение всего общественного этапа казачьего движения здесь так и не появились зарегистрированные станичные общества, хотя отдельные энтузиасты принимали участие во всех значимых общеказачьих событиях.

Единственная серьезная попытка сформировать казачье общество была предпринята в 1992 году в селе Грачи. Располагавшийся здесь колхоз, подчиненный Астраханскому институту аридного земледелия, решил избавиться от ненужной в эпоху «развитого капитализма» институтской опеки и хозяйствовать самостоятельно. В развернувшемся конфликте «мятежникам» сопутствовал успех; после череды обращений к областным и федеральным властям их требования были удовлетворены. Однако мнения сельчан разошлись — около 90 дворов вышло из колхоза и образовало хозяйство под крылом института. Параллельно «на волне всколыхнувшегося самосознания» в селе прошел сход по вопросу возрождения казачества. Инициативная группа избрала атаманом И.И. Беспалова, утвердила состав атаманского правления, совет стариков. Всего в общество записалось около 60 человек, в том числе председатель колхоза. Казачество и колхоз — совместимы, решили сельчане. Нужно только пошить казачью форму, получить земли в собственность, а не в аренду, ввести станичное самоуправление. Некоторые фразы в интервью атамана станицы прозвучали весьма двусмысленно: «Наличие казачьего духа у жителей этого села отмечали издавна...

На престольные праздники... несмотря на уборочную страду, когда дорожат каждым днем, нельзя было заставить грачевца выйти на работу, — такое вот признание задолго до перестройки довелось услышать от одного из руководителей Енотаевского райисполкома»[666]. Но вот к вопросу участия в несении военной и милицейской службы жители сельских районов, в отличие от горожан, отнеслись прохладно: у нас и так все отслужили в армии, зачем еще? Помощь от Астраханского союза ожидалась именно в экономической сфере, и ее отсутствие вызывало закономерное разочарование: казаки — это труженики, им недосуг тратить время на пустую говорильню. «Настоящие казаки, не раз приходилось слышать мне, как раскидывали навоз за быками, так и занимаются этим», — подытожил свой визит в село Грачи корреспондент областной газеты[667].

Казачье движение в Лиманском районе, никогда не относившемся к районам исторического проживания казаков, наоборот, развивалось в первой половине 90-х активно и в сложных, порой драматичных, условиях. Во-первых, расположенные на территории района земли оказались предметом спора между Калмыкией и Астраханской областью. Во-вторых, с 1992 года отношения между русским, калмыцким и численно растущим чеченским населением района приняли характер затяжного межнационального конфликта, периодически сопровождавшегося кровопролитными столкновениями.

С 1992 года в Лимане существовала казачья группа во главе с атаманом Г.В. Смирновым, работником мастерской по ремонту бытовой техники, в помещении которой и проходили встречи казаков. В условиях разраставшегося конфликта русское население района — интеллигенция, предприниматели, рабочие, крестьяне колхозов и фермерских хозяйств — обратились к казачеству как легальной форме самоорганизации и самозащиты. Выросла численность получившей известность группы Смирнова; в ряде населенных пунктов были сформированы собственные казачьи дружины — в селах Оля, Зезнели, Бирючья коса, Яндыки, Михайловка, Караванное; в ряде случаев казаки приходили на подмогу соседям, для прекращения конфликтов и совместного с милицией патрулирования населенных пунктов[668]. 20 марта 1993 года был создан Лиманский союз казаков во главе с атаманом Смирновым, в состав которого вошли 62 человека. Желающих вступить в организацию оказались сотни, но, с одной стороны, часть кандидатов не устраивала союз «по своим моральным качествам», с другой — развитию организации препятствовали областная и районная администрации, отказывавшие союзу в регистрации, боявшиеся негативных для себя последствий оказания подобным образом поддержки русскому населению в данном конфликте. Но организация, не признанная властями, продолжала существовать вплоть до ликвидации Астраханского войска как общественной организации, будучи одной из самых активных и многочисленных в области.

В этот же период развернулось движение возрождения астраханского казачества на территории Волгоградской и Саратовской областей (в бывших станицах 2-го отдела Астраханского войска).

Движение возрождения казачества в этом регионе оформилось еще в 1990 — первой половине 1991 года и изначально тяготело к идентификации с историческими Донским и Волжским казачьими войсками. Но в 1993—1994 году группа потомков астраханских казаков попыталась создать собственно астраханскую казачью организацию как часть общей межрегиональной организации — Астраханского казачьего войска (как 2-го отдела Астраханского войска). Центром движения возрождения казаков 2-го отдела стал город Дубовка Волгоградской области.

В 1994 году в Дубовке состоялся «сход» казаков 2-го отдела Астраханского казачьего войска, на котором представители Дубовского, Пичужинского, Суводского, Балыклейского станичных обществ, а также общества хутора Садки утвердили и зарегистрировали в дубовской администрации устав общественно-политической организации «Второй отдел Астраханского Казачьего Войска». Целью его провозглашались возрождение исторических традиций астраханских казаков и государственная служба. Членами войскового общества стали потомки казаков, «считающих себя причастными к Астраханскому казачеству». Атаманом отдела был избран дубовчанин А.И. Поляков. Избрали правление отдела, совет стариков, суд чести, походного и кошевого атаманов[669]. Позже в станичных обществах были проведены казачьи круги, избраны атаманы, сформированы правления.

На следующем Большом круге, собравшемся в станице Суводской в 1995 году, атаманы станичных обществ 2-го отдела высказались за создание государственного казачьего войска. Перед участниками круга выступила станичная фольклорная группа. В станице Пичужинской участники движения поставили памятный крест на братском захоронении астраханских казаков, погибших в годы Гражданской войны в рядах белых войск.

Необходимо отметить, что в движении возрождения астраханского казачества принимали участие не все казачьи общества, возникавшие в исторических астраханских станицах и на хуторах 2-го отдела. Например, казачье общество станицы Букатинская (атаман А. Попов), образованное в городе Краснослободске (бывший хутор Букатин Астраханского войска), входило в состав СКОВД[670].

Однако проблемы у всех казачьих организаций Нижнего Поволжья были схожи: отсутствие интереса большинства потомков казаков к активному участию в казачьем общественном движении, незнание прошлого казачества. Появление публикаций об астраханских казаках в волгоградской и саратовской прессе было редкостью. Специально изучением истории астраханского казачества исследователи не занимались. Характерный факт: в 2002 году в Саратове вышла книга местных краеведов В.М. Цыбина и Е.А. Ашанина, посвященная истории волжского казачества, где авторы рассматривали историю Астраханского войска как составную часть истории волжского казачества. Основой для формирования представлений об истории Астраханского войска явилась, конечно, фундаментальная «История Астраханского казачьего войска» И.А. Бирюкова[671]. А посему о событиях истории астраханских казаков, произошедших после выхода его книги (1911 г.), авторы имели смутные и часто ошибочные представления[672].

В 1993—1995 годах представители астраханской областной казачьей организации достаточно регулярно участвовали в основных мероприятиях казаков 2-го отдела. Однако во второй половине 90-х годов, в период создания реестровых казачьих обществ, эти связи были утеряны, и казачьи общества 2-го отдела вошли в состав Донского и Волжского реестровых обществ.

В середине 90-х годов движение возрождения казачества в Астраханской области переживало серьезный кризис: активность замирала (особенно в сельских станицах), среди рядовых участников наблюдались усталость и разочарование, инициативные лидеры так и не появились. В итоге начался отток казаков из организаций: численность станицы Казачебугровской сократилась до пяти человек, хутора Разин — до семи, хотя по списку числилось 200, станица Атаманская (Городофорпостинская) и хутор Междуреченский практически прекратили существование.

В 1995 году казаки не собирали Большого круга, совета атаманов и совета стариков; перестали отмечать традиционный войсковой праздник. В июне следующего года атаманом Егоровым было распущено войсковое правление. Распадались связи между станичными обществами. Даже на заметном юбилее — 300-летии станицы Черноярской — никто из участников областного казачьего движения не присутствовал; отмечали знаменательную дату только сами станичники. Из 12 организованных казаками станичных и хуторских казачьих организаций оставались зарегистрированными только четыре. Замерла хозяйственная деятельность, хотя областная администрация выделяла казакам определенные денежные средства и лимиты на вылов рыбы в весеннюю и осеннюю путины. Войсковая казна опустела, и росла задолженность организации. Ситуацию осложняли бесконечные склоки внутри движения.

В этот же период вновь обострились территориальные споры между Астраханской областью и Калмыкией. Споры эти, естественно, не обошлись без участия калмыцких и астраханских казаков. В 1996 году в Лиманском районе Астраханской области, где располагалась часть спорных территорий, представители оргкомитета по организации Калмыцкого казачьего войска, прибывшие из Элисты, развернули активную агитацию среди местных жителей с целью организовать, собрав хотя бы 50 кандидатов, станицу Калмыцкого казачьего войска. Затея провалилась (едва удалось набрать пять человек), но действия «эмиссаров» из Элисты были расценены в администрации Астраханской области как очередная попытка решения территориальных споров. Ни одной астраханской станицы в районе, впрочем, тоже зарегистрировано не было.

Изменение политики российского государства (и руководства области соответственно) по отношению к казачеству и начало формирования государственного реестра казачьих обществ создали предпосылки для нового этапа движения за возрождение казачества в Астраханской области. Следующий, второй этап, развития этого движения (1996—2006 гг.), таким образом, оказался связан с созданием и развитием государственной реестровой организации астраханских казаков.

Летом 1996 года в одном из важнейших станичных обществ Астраханского войска — станице Казачебугровской (г. Астрахань) — оформилась оппозиция действующему руководству войска (атаману В.П. Егорову и его помощнику

И.А. Заплавному) во главе с А.И. Полежаевым и В.М. Мер-
кульевым. 26 июня 1996 года распоряжением А.П. Гужвина
была введена должность советника главы администрации
Астраханской области по работе с казачеством, которую занял И.Е. Селивестров. При поддержке областной и городской
администраций[673] оппозиционеры предприняли попытку
оживить казачье движение в крае и направить его в государственное русло.

17 июля 1996 года был организован круг в станице Казачебугровская с участием казаков хуторов Разин и Воздвиженский, отстранивший от должности станичного атамана
И.А. Заплавного. Атаманом станицы был выбран В.М. Мер-
кульев, создана инициативная группа по созыву Большого
войскового круга.

24 августа, в том же году, «по согласованию со станицами, администрацией области» был созван Большой круг Астраханского казачьего войска Союза казаков России. Присутствовало 95 делегатов от зарегистрированных станиц и
станиц, «находящихся на стадии регистрации» (Казачебугровская была представлена 36 делегатами, Форпостинская —
13, Красноярская — 14, Черноярская — 4, Бирюковская —
4, Нововетлянинская — 7, Грачевская — 5), а также от хуторов (Разин послал 4 делегата, Воздвиженский — 8, Междуреченский — 2). В качестве гостей на круге присутствовали
10 представителей областной и городской администрации[674].
Круг признал общественную организацию «Астраханское
казачье войско» не состоявшейся («находящейся в зачаточном состоянии»), избрал атаманом А.И. Полежаева, его за-
местителем — В.М. Меркульева и принял решение о формировании реестрового казачьего общества.

В сентябре — декабре 1996 года атаман Полежаев организовал работу войскового правления, совершил инспекци-
онные поездки по станицам с целью воссоздания угасающих
казачьих обществ, подготовки к вхождению астраханской
казачьей организации (Астраханского казачьего округа) в

государственный реестр (что он считал своей главной целью) и создания новых станичных обществ (например, станицы Икрянинская). Одно за другим действовавшие станичные общества принимали решение о вхождении в государственный реестр в составе Астраханской казачьей организации (а не Донского и не Калмыцкого казачьих войск, как это было возможно).

Заметным событием в жизни казаков стал праздник 60-летия казачьего хора станицы Дурновской в селе Рассвет 6 октября 1996 года. При хоре был создан станичный детский казачий хор.

Однако уже в первые месяцы своей деятельности атаман Полежаев вынужден был отметить инфантильность участников движения и признать, что население исторических астраханских станиц скептически относится к возрождению казачества[675].

26 ноября 1996 года от имени общественной организации — Астраханского казачьего войска Полежаев подписал «Договор об общественном и межнациональном согласии в Астраханской области», призванный (подобно общероссийскому договору) содействовать нормализации межнациональных отношений.

Тем временем отстраненный от должности атамана В.П. Егоров и его сторонники предприняли попытку, объединив недовольных идеей казачьего реестра, создать в Астрахани альтернативную общественную организацию. Ею должно было стать Астраханское отделение Общероссийского казачьего объединения — Союза казаков. Приказ атамана этого союза Мартынова об учреждении Астраханского казачьего войска Союза казаков и назначении его руководителем (атаманом) В.П. Егорова был подписан 5 января 1997 года.

В конце 1996 — начале 1997 года конфликт этот (в связи с выборами главы областной администрации) стал достоянием общественности. Действовавший «кремлевский» атаман поддерживал бессменного астраханского губернатора

А.П. Гужвина, тогда как отстраненный августовским кругом «общественник» Егоров призывал в местной коммунистической газете «Астраханская правда» голосовать за кандидата от КПРФ — В.П. Зволинского. Егоров «рассылал письма и назначал своих уполномоченных и заместителей при местных администрациях»[676]. Однако, кроме вышеуказанного факта, ничем другим организация Егорова себя в дальнейшем не проявила.

5 марта 1997 года распоряжением главы областной администрации А.П. Гужвина (№ 328-Р) была создана рабочая группа по организации реестрового казачьего общества на территории Астраханской области под руководством атамана А.И. Полежаева и выделены бюджетные средства. Вскоре, 21 июня, прошел Большой войсковой круг Астраханского войска, принявший решение об упразднении общественной организации «Астраханское казачье войско», создании Астраханского окружного казачьего общества и его вхождении в государственный реестр казачьих обществ, а также утвердил устав общества, войсковой герб и «гимн Астраханского казачества»[677]. Круг одобрил решение — установить в станице Копановской памятный крест первому атаману исторического Астраханского казачьего войска В.Ф. Скворцову.

16 августа, на расширенном совете атаманов Астраханского общества казаки решили просить Главное управление казачьих войск при Президенте РФ внести в государственный реестр на временной основе отдельное Астраханское окружное казачье общество (АОКО), а если это будет невозможно — внести в качестве самостоятельного подразделения Всевеликого войска Донского или даже объединить в одно реестровое войско с казаками Калмыкии.

2 декабря 1997 года решением ГУКВ (№ 13) АОКО было внесено в государственный реестр казачьих обществ в РФ с правом юридического лица на один год и получило свидетельство о регистрации за № 37 (зарегистрировано Министерством по делам национальностей и федеративным отношени-

ям РФ). В состав АОКО с центром в Астрахани) вошли семи станичных и одно хуторское общество, расположенные на территории восьми районов Астраханской области, со списочной численностью — 2001 казак.

15 февраля 1998 года Первый Большой круг АОКО избрал атаманом реестрового казачьего общества А.И. Полежаева и утвердил органы управления округом. 3 декабря Управление Президента РФ по вопросам казачества приняло решение о продлении срока регистрации АОКО на один год.

В связи с этими событиями активность астраханских казаков заметно возросла. В 1997 году под эгидой окружного общества действовали Центр казачьей культуры (Астрахань), казачий хор (село Черный Яр), общественный казачий фонд вдов, сирот, инвалидов — «Вдовий фонд»[678]. Войсковое правление выпустило несколько номеров собственной казачьей газеты — «Лава»[679]. В 1998 году совет атаманов Астраханского окружного казачьего общества принял областную целевую программу «Возрождение и развитие исторических, духовных, культурных традиций астраханского казачества» на 1998—2001 гг.», где одно из главных мест заняла проблема изучения истории астраханского казачества, создания казачьего музея и общества истории и культуры астраханского казачества — «Наследие».

В апреле 1998 года в Астрахани с участием представителей ГУКВ прошли торжества, посвященные созданию реестрового Астраханского казачьего общества. Войсковой священник — секретарь Астраханского епархиального управления М. Пристая — привел к присяге атамана Полежаева, освятил войсковое знамя и войсковую икону Донской Божьей матери[680]. С этого года правление АОКО совместно с астраханским облвоенкоматом начало работу по комплектованию казаками-призывниками 28-го отдельного Астраханского казачьего танкового батальона, дислоцированного в г. Буденновске Ставропольского края. В сентябре 2000 года на День танкиста батальону были вручены казачье знамя и войсковая икона. Администрация области оказывала батальону и 205-й отдельной мотострелковой казачьей бригаде, где также служили астраханцы, шефскую помощь[681].

В основных казачьих обществах, согласно договору, подписанному в 1998 году, атаманом округа и начальником УВД области были созданы казачьи дружины по охране общественного порядка[682]. Летом того же года казачьи патрули совместно с сотрудниками милиции поучаствовали в обеспечении общественного порядка на улицах Астрахани.

Активизировалось участие казаков-астраханцев и в общеказачьей жизни. 19 января 1997 года войсковое правление и совет стариков выступили с «Обращением к средствам массовой информации, государственной власти и общественности России в поддержку решений Чрезвычайного совета атаманов казачьих войск Юга России в Пятигорске». В обращении содержалось требование создания казачьих частей региональной самообороны. 29 января в связи с ситуацией на Северном Кавказе совет атаманов станиц и хуторов, войсковое правление и совет стариков Астраханского войска приняли решение о вступлении в союз казачьих формирований Юга России. Летом атаман Полежаев поддержал выступление казачьих атаманов против принятия законопроекта «О казачестве»[683].

К началу 1999 года, по отчетным документам АОКО[684], в действовавшем на территории Астраханской области реестровом обществе числилось (в составе 11 станичных и хуторских обществ) 4461 человек (из них 1502 готовых нести службу казака). Фактически же государственную службу казаки не несли. Целевой земельный фонд, выделенный администрацией для использования казачьими обществами, составлял на бумаге 1415 гектаров (в том числе 245 га для сельскохозяйственного использования)[685]. Были обозначены как действующие два казачьих класса (40 человек), 7 детских военно-патриотических организаций (140 человек), 5 секций и клубов (650 человек). По отчетам же, на территории Астраханской области действовали муниципальный центр казачьей культуры «Круг» в селе Копановка Енотаевского района (единственная в области казачья общественная организация)[686], два казачьих самодеятельных коллектива — «Берегиня» (село Енотаевка) и «Соседушки» (село Копановка) и казачий музей при копановском Доме культуры.

15 июля 1999 года представителями местной интеллигенции была создана астраханская областная общественная организация «Казачий культурный центр» (председатель — В.М. Адров; затем — В.А. Конопатов). Его создатели преследовали цель объединения потомков казаков, стремящихся к участию в движении возрождения казачества, но по тем или иным причинам не включенным в состав реестровой казачьей организации (возраст, состояние здоровья). То есть создавалась не конкурирующая, а дополняющая реестровое общество организация. 6 августа 1999 года она была зарегистрирована в управлении юстиции астраханской областной администрации (регистрационное свидетельство № 809).

Сотрудники Казачьего культурного центра разработали областную программу — «Возрождение, сохранение и развитие традиций и культуры Астраханского казачества», в которой на 1999—2001 год поставили своими задачами проведение совместно с реестровым обществом различных культурных мероприятий (например, юбилеев и праздников), подготовку и издание исследований по истории астраханского казачества, популяризацию казачьего движения через подготовку теле- и радиопередач, публикации в прессе.

5 апреля 1999 года распоряжением главы администрации Астраханской области А.П. Гужвина (№ 355-Р) был утвержден состав оргкомитета при областной администрации для проведения работ по привлечению астраханских казаков к государственной и иной службе. Но реальных результатов работа комитета не дала. К концу 90-х годов, по мнению участников движения, именно эта ситуация, наряду с недостаточным финансированием, стала камнем преткновения в развитии казачьего движения.

1 сентября 1999 года в селе Копановка Енотаевского района одновременно с проведением войскового праздника был созван Большой круг Астраханского окружного казачьего общества, который принял решение о его переименовании в Отдельное Астраханское окружное казачье общество (ОАОКО), утвердил его устав, избрал атаманом Полежаева и делегатов на всероссийский казачий круг[687]. На круге присутствовали делегаты станичных обществ Красноярского, Замьяновского, Казачебугровского и Городофорпостинского. Однако ряд станичных и хуторских обществ не приняли участия в мероприятиях.

Программа войскового праздника, по традиции, включила в себя молебен на могиле первого атамана В.Ф. Скворцова, праздничную службу в церкви, концерт станичного хора и застолье на площади перед Домом культуры. Представители Казачьего культурного центра выступили с очередным предложением сбора пожертвований на восстановление станичного храма. При этом, как отметил корреспондент областной газеты, описывавший праздник, жители Копановки к происходящему отнеслись достаточно скептически, говоря, что возрождение идет в основном на словах, а не на деле[688].

Решения круга были утверждены главой администрации области 4 февраля 2000 года. На основании распоряжения начальника Управления Президента РФ по вопросам казачества (№ 20 от 16 марта 2000 г.) Астраханское окружное казачье общество было переименовано в Отдельное Астраханское окружное казачье общество (с постоянным юридическим статусом). Министерство по делам федерации и национальностей РФ перерегистрировало его (свидетельство № 107 от 16 марта 2000 г.), утвердив устав и атамана в должности[689]. В составе ОАОКО значились в этот период шесть станичных и три хуторских общества, со списочной численностью 2001 человек[690].

Заметными событиями в жизни ОАОКО в том году стали создание войсковой газеты «Астраханский казачий вестник» (было выпущено несколько номеров) и организация казачьего класса в школе № 19 Астрахани. В октябре в Астрахани прошли торжества, посвященные 250-летию Астраханского войска, в которых принял участие Волгоградский казачий ансамбль[691] .

Глядя на парадные отчеты и газетные репортажи, можно было подумать — наконец-то «народная инициатива и мудрое руководство властей» привели к долгожданному возрождению астраханского казачества. Реальная картина состояния движения заставляла его руководителей говорить об очередном кризисе, как и кризисе всего казачьего движения в России в целом. Казачья активность явно пошла на убыль, произошел заметный отток разочарованных в движении и в его лидерах казаков из станичных обществ. К декабрю 2000 года в составе ОАОКО осталось менее 750 человек. «Статус реестрового казачьего общества не решил основных вопросов возрождения государственной службы казаков», — так оценил спустя три года А.И. Полежаев сложившуюся в движении ситуацию. Сказалось отсутствие «договора между Администрацией области и ОАОКО и достаточной нормативно-правовой базы, принятая, но не реализованная «Федеральная целевая программа государственной поддержки казачьих обществ на 1999—2001 гг.», а также невозможность решить проблему финансирования деятельности ОАОКО»[692] .

23 декабря 2000 года на Большом круге ОАОКО А.И. Полежаев сложил с себя полномочия атамана. Тот же круг избрал на пост атамана общества нового и мало знакомого делегатам «казачьего полковника», бывшего лейтенанта милиции В.П. Зотова, в 90-е годы — активного участника казачьего движения в Истринском и Подольском районах Московской области. Впервые в истории движения во главе астраханской организации оказался человек, не состоявший членом ни одной из станичных или хуторских организаций области, не астраханец. Факт сам по себе примечательный. Избрание на атаманство Зотова стало началом нового затяжного конф-

ликта в казачьей среде, завершившегося окончательным упадком казачьего движения и прекращением существования (по инициативе областной администрации) самостоятельной астраханской реестровой организации.

Первое появление будущего атамана перед астраханцами состоялось в октябре 2000 года на упомянутых выше юбилейных торжествах, где он сопровождал столичного гостя — чиновника Управления Президента РФ по вопросам казачества В. Кабанова. Качества харизматического лидера, внешность и повадки настоящего «батьки», имидж борца за веру, поддержка представителя центра, громкие радикальные лозунги снискали ему популярность среди участников движения.

Новый атаман заявил, что главные проблемы казаков — безбожие и нежелание работать, главная казачья задача — охрана границ, борьба с наркоманией и преступностью в крае. Он встретился с командиром Астраханского погранотряда и предложил взять на себя техническое оснащение казачьих погранзастав — при условии выделения казакам для самостоятельной охраны ответственного участка российско-казахской границы. Кроме того, повел кампанию за право ношения казаками огнестрельного оружия, доступа к таможенной службе, участия в борьбе с браконьерством (за половину конфискованного у браконьеров)[693]. Программа, предложенная Зотовым, пришлась казакам по вкусу. Впечатлило и улучшение материальной базы правления организации — Зотов привез из Москвы казачью форму, оргтехнику, машину, отремонтировал и оборудовал свой офис.

Новое руководство ОАОКО в 2000—2001 годах попыталось реанимировать казачье движение в области, активизировать связи с существующими хуторскими и станичными организациями, развернуло работу по созданию новых станиц. Не всегда эти попытки проходили успешно. Так, в середине февраля 2001 года делегация правления ОАОКО (товарищ атамана Тимонин, походный атаман С.И. Коноплев) приняла участие в станичном круге в Черноярской. Общение проходило в обстановке взаимных упреков: гости упрекали казаков за отсутствие активности, станичники обвиняли правление в разбазаривании денег и отсутствии помощи[694]. Взаимопонимание так и не было найдено.

Вместе с тем, по формальным показателям произошло заметное оживление деятельности ОАОКО. Для этого появились конкретные материальные предпосылки — законодательное оформление государственной поддержки казачьих обществ в рамках Федеральных целевых программ, развитие нормативной базы по вопросам казачьей службы. Зотов и его помощники разработали очередную программу развития ОАОКО. В 2001 году Управлением Президента РФ по вопросам казачества и Правительством РФ был утвержден план финансирования ОАОКО (на сумму более 2 млн руб.) с целью организации подготовки казаков к несению государственной службы и содействия возрождению казачьей культуры. 16 ноября 2001 года А.П. Гужвин издал постановление (№ 546) «Об областной целевой программе государственной поддержки отдельного Астраханского окружного казачьего общества на 2002—2004 годы»[695], предусматривающее выделение казакам из областного и федерального бюджетов около 15 миллионов рублей. 28 февраля 2001 года распоряжением главы администрации области был создан целевой земельный фонд площадью 12 617 га для организации казачьего землепользования.

Программой были предусмотрены развитие казачьих классов в школах, уже действующих в школе № 19 г. Астрахани и в селе Икряное; создание Астраханского кадетского корпуса имени атамана И.А. Бирюкова; строительство приграничных казачьих поселений, выделение кредитов и заключение договоров на производство и поставку сельскохозяйственной продукции для региональных нужд, выделение квот на вылов рыбы; создание охранного структурного подразделения и еще целый перечень пунктов по привлечению казаков к государственной и иной службе, возрождению культуры и т.д., и т.п. В результате реализации программы предполагалось привлечь к государственной службе около тысячи казаков, добиться укрепления российско-казахстанской границы, осуществить хозяйственное освоение неосвоенных и брошенных территорий[696].

Но практическая деятельность Зотова в первые же месяцы атаманства ухудшила отношения казаков с местными властями и православными иерархами, вызвала раскол среди участников движения. О новом атамане и его деятельности в астраханской прессе распространялась противоречивая, зачастую резко негативная информация — что он сектант, неуправляемый экстремист, авторитарный лидер. Выяснилось, в частности, что Зотов принадлежит к общине старообрядцев-беспоповцев, древлеправославной поморской церкви (о чем он умолчал, вступая в должность), тогда как атаманом по уставу может быть только член одной из местных станичных организаций и православный христианин. Вызывали отрицательную реакцию рассуждения атамана по поводу кавказской проблемы в России, наподобие такого высказывания: «Мы часто говорим: вот кавказцы нас обижают. Они обижают нас настолько, насколько мы позволяем это делать. Здесь же кроется причина, по которой тысячи таджиков живут на нашем железнодорожном вокзале — это наши добрососедские отношения. Мы со всеми лояльны, но нам садятся на спину»[697]. Кроме того, выдвигая свои радикальные лозунги, Зотов не боялся идти на обострение отношений с областной администрацией.

Осенью 2001 года сформировалась сильная оппозиция старообрядцу во главе с походным атаманом С.И. Коноплевым. 17 ноября в селе Енотаевка практически в полном составе собрался Совет атаманов ОАОКО, кроме атамана станицы Лиманской. Совет проходил без участия В.П. Зотова. Решением Совета его отстранили от должности; и.о. атамана был избран С.И. Коноплев[698].

18 ноября был экстренно созван внеочередной Большой круг ОАОКО, на котором присутствовали делегаты только трех станичных обществ — Черноярского, Красноярского и Енотаевского. Круг освободил Зотова от должности, избрал атаманом Коноплева, а товарищем атамана — М.Г. Косаренко. В интервью корреспонденту областной газеты, комментируя решение круга, М.Г. Косаренко высказал целый ряд обвинений в адрес Зотова. На первом же круге Зотов заявил, что изгонит с астраханских рынков всех кавказцев, он привлекал молодых казаков в старообрядческую секту, привлек старообрядца к преподаванию в казачьем классе закона Божьего; хотел лишить станицы юридической самостоятельности; предлагал казакам заняться конфискацией на рынках нелицензированного товара, реквизировать икру и рыбу у браконьеров; в станице Грачевской подстрекал казаков к захвату автозаправочной станции и т.д.[699].

К собранному Коноплевым компромату была приобщена жалоба казаков Истринского района Московской области в областное УВД и УФСБ на братьев А.П. и В.П. Зотовых, генералов от казачества, которые с группой казаков (предположительно, жителей Подольска) совершили «рейд» по Истринскому рынку, изъяв товар у граждан «кавказской национальности»; сведения о симпатиях атамана к РНЕ и подобным националистическим организациям и о том, что атаман организовал поездку астраханских фермеров с товарами на якобы контролируемый им подмосковный рынок и «фактически обобрал доверившихся ему людей»[700].

В ноябре 2001 года против Зотова было возбуждено уголовное дело по ст. 280 «Публичные призывы к свержению конституционного строя РФ». Атамана арестовали по подозрению в хранении и торговле огнестрельным оружием, три дня продержали в ИВС, а затем отпустили под подписку о невыезде[701]. Официальным поводом для начала расследования стали его резкие «антиконституционные» высказывания в адрес федеральных и местных властей в ходе выяснения отношений с коноплевцами. Местная администрация заморозила финансирование областной программы развития казачества. Были возбуждены уголовные дела по факту растраты целевых средств атаманами станицы Красноярской и хутора Разин[702]. Кроме того, альтернативный атаман Коноплев подал иск в суд Советского района Астрахани о признании избрания Зотова незаконным, возвращении атаманских регалий и помещений.

Эти события стали только первыми шагами двухлетней судебной тяжбы и противостояния атаманов. 13 июня 2002 года суд вынес решение об отклонении иска Коноплева. У казачьего полковника Зотова также нашлось достаточное число сторонников среди членов организации.

В декабре 2001 года В.П. Зотов через суд добился отмены решения ноябрьского круга как неправомочного и восстановил себя в правах атамана. На состоявшейся в том же месяце областной научно-практической конференции «Возрождение казачества в Астраханской области — важный фактор укрепления русской православной культуры» он выступил с главным программным докладом «О необходимости принятия закона о казачестве в Астраханской области» и ознакомил участников конференции с проектом закона об Астраханском казачестве, представленным им в областную думу[703]. Председатель Совета стариков ОАОКО И.Я. Чеботарев, положительно оценив деятельность нового атамана и правления, в своем выступлении призвал «укреплять сплоченность и культуру православного казачества»[704].

23 декабря сторонники Зотова провели свой Большой круг. Его делегаты, осудив оппозицию, одобрили деятельность атамана, подтвердили его полномочия, внесли изменения в действующий устав организации[705]. Заместитель атамана М.С. Сычев перечислил собравшимся достижения организации за прошедший год: продолжается выделение ежегодных квот на вылов рыбы (например, в 2002 г. — 500 тонн); оборудован школьный казачий компьютерный класс, оказывает-

ся гуманитарная помощь Астраханскому казачьему танковому батальону[706]. В начале 2002 года состоялся выпуск группы казаков — 25 человек, подготовленной на базе Международного юридического университета при Министерстве юстиции за счет средств федерального бюджета для участия в охране общественного порядка[707]. Зотов призвал соратников «очистить казачество от швали». Однако серьезным ударом по престижу зотовского круга стал отказ войскового священника отца Михаила Пристая (с санкции Владыки Астраханского и Енотаевского Ионы) освятить сход, возглавляемый старообрядцем (и все последующие круги под его началом), а без освящения, по уставу организации, круг неправомочен, нелегитимен. Нелегитимным оказался и сам атаман, которого Владыка не благословил на атаманство[708]. «Зотов, раздосадованный отказом владыки прислать священника для благословления, назначил таковым себя, чем вызвал немало шуток противников, и объявил войско «в походе»[709]. В таком случае, согласно правилам, участие священника в сходах не требовалось.

Зотов подал параллельный иск против Коноплева в суд Кировского района Астрахани — об оскорблении чести и достоинства в газетной публикации и выиграл дело, получив постановление суда о взыскании с Коноплева трех тысяч рублей в возмещение морального ущерба. Однако одновременно, в ходе того же процесса, судьей было вынесено решение о признании избрания В.П. Зотова атаманом ОАОКО незаконным, так как он не являлся членом ни одного астраханского станичного общества, что противоречит Уставу организации.

В защиту Зотова высказались представители общественных организаций националистического толка: мол, только казаки воспряли духом, «приструнили малость распоясавшихся инородцев», тут же «чекисты вспомнили директиву об уничтожении казачества»[710].

Тяжба набирала обороты. Убедительной победы не достигла ни одна из сторон. У реестрового казачества сложилось двоевластие — два атамана, два правления, два круга, не признающие полномочий друг друга. Раскол проходил и на уровне станичных и хуторских организаций.

Учитывая тот факт, что атаман Зотов оставался держателем основных атрибутов официальной атаманской власти, удерживал помещения войскового правления, пользовался поддержкой значительного числа казаков и имел покровителей в Управлении Президента РФ по вопросам казачества, губернатор Гужвин во время затяжной войны между атаманами не мог полностью уклониться от взаимодействия с В.П. Зотовым (и уставные документы организации были утверждены администрацией в редакции именно зотовского круга). Последний, в свою очередь, стремился продемонстрировать максимум результативности в своей работе в качестве главного аргумента в атаманском споре.

В 2002 году число станичных и хуторских обществ (по сравнению с концом 2000 г.) заметно увеличилось; в округе в начале года насчитывалось шесть зарегистрированных станиц (Казачебугровская, Красноярская, Черноярская, Енотаевская, Городофорпостинская, Лиманская) и четыре хутора (Замьянский, Разинский, Басинский, Прикаспийский). К концу года в состав ОАОКО входили уже 17 станичных и четыре хуторских общества (станицы Лиманская, Красноярская, Черноярская, Енотаевская, Замьяновская, Атаманская (Астрахань), Казачебугровская (Астрахань), Володаровская, Харабалинская, Копановская, Заречинская, Вольнинская, Аксарайская, Капустиноярская, Волго-Каспийская, Яндыковская, Посольская (Москва); хутора: Басинский, Разинский (Астрахань), Воздвиженский (Астрахань), Прикаспийский). Активизировалась деятельность и выросла численность некоторых старых станичных обществ[711]. К началу 2003 года добавились еще четыре хуторских общества — Щучий, Тевяшов, Прибрежный, Бахтемир[712]. В 2001 году атаман озвучил, что в области проживает около трех тысяч казаков с семьями[713].

В соответствии с областной целевой программой с сентября 2002 года в 46 школах области («в основном в местах компактного проживания казаков») ввели преподавание истории казачества в объеме 36 часов[714]. На выделенные бюджетные средства было подготовлено и опубликовано учебное пособие по истории астраханского казачества для 10—11 классов общеобразовательных школ[715]. В рамках традиционных областных фольклорных конкурсов коллективы обязательно исполняли и казачьи песни. Заметным событием 2002 года для ОАОКО стало принятие к обсуждению областной думой проекта «Закона о казачестве в Астраханской области».

Однако все это не сделало казачье движение в Астраханской области заметным и значимым явлением в общественно-политической, социально-экономической и культурной жизни региона и перспективы его дальнейшего развития по-прежнему зависели, прежде всего, от областной администрации.

Зотов боролся за свой пост до последней возможности. Большой войсковой круг ОАОКО, прошедший 6 апреля 2003 года, подтвердил его полномочия; атаман нанес визит в Москву, был представлен новоназначенному советнику Президента РФ по вопросам казачества Г.Н. Трошеву. Но решающую роль в исходе противостояния сыграл, как и прежде, так называемый административный ресурс.

В начале 2003 года судебные инстанции окончательно решили атаманскую тяжбу в пользу С.И. Коноплева. По постановлению Астраханского областного суда от 7 апреля 2003 г. Зотов должен был до конца месяца сдать Коноплеву свои атаманские полномочия[716]. Все это позволило Коноплеву, организовав операцию с участием судебных приставов, выдворить зотовцев из помещений, принадлежащих ОАОКО, и получить атаманские регалии.

17 мая в зале кинотеатра «Комсомолец» коноплевцы созвали так называемый объединительный круг. Заседание круга превратилось в столкновение сторонников Коноплева и Зо-

това, причем заметная часть делегатов от станиц, некоторые члены совета старейшин, обвиненные в заговоре в ходе сложного действа по признанию делегатов правомочными, споров по вопросу об атаманстве и вмешательстве в казачьи дела местных властей демонстративно покинули круг[717]. Кроме того, часть делегатов удалилась из зала, когда сторонники Коноплева отказались санкционировать вхождение в общество некоторых станиц, образованных при поддержке Зотова.

Оставшиеся делегаты продлили полномочия атамана Коноплева до ноября 2004 года, избрали товарищем атамана представителя областной администрации — начальника управления по государственной поддержке органов местного самоуправления В. Сорокина[718]. Каждая из сторон представляла себя победителем: зотовцы объявили круг несостоявшимся, незаконным на том основании, что большинство делегатов покинули заседание и не было кворума; мол, казачество — с Зотовым, а его оппонент — атаман без войска. Коноплевцы сочли возможным утверждать, что раскол в организации преодолен, узурпатор атаманской власти повержен, и закрепили свою победу символическим актом возвращения «милости властей» — встречей 1 июля 2003 года Совета атаманов ОАОКО с губернатором Гужвиным.

Участники встречи посетовали, что за период конфликта движению нанесен урон — численность ОАОКО не превышала 1,5 тысячи человек, тогда как федеральным законодательством для окружных обществ было предусмотрено не менее двух тысяч казаков, готовых к государственной службе, и эту цифру следовало ежегодно подтверждать. Хотя в Черноярском, Харабалинском, Енотаевском районах и в Астрахани существовали крепкие и достаточные по численности казачьи общества, несколько станиц прекратили свое существование, только одна станица — Вольненская Харабалинского района активно занималась сельскохозяйственным производством, поставляя продовольствие военнослужащим местной воинской части.

Было официально заявлено о возобновлении финансирования целевой программы государственной поддержки ОАОКО на 2002—2004 годы, о всяческой поддержке казаков со стороны областной администрации; главной задачей взаимодействия объявлялась организация казачьей службы. В аппарате администрации области была вновь введена должность советника губернатора по казачеству, которую занял А.И. Бутко (в дополнение к уже занимавшемуся казачьей проблематикой начальнику управления по связям с воинскими подразделениями В. Жилинскому). В августе 2003 года делегация ОАОКО во главе с Коноплевым приняла участие в первом Всемирном конгрессе казаков в Новочерскасске[719], а в сентябре в Красном Яру вновь с помпой отметили войсковой казачий праздник. Фигура Зотова исчезла из казачьего движения.

Одним из результатов затянувшегося конфликта среди реестровых казаков и активизации деятельности общероссийских вольных казачьих организаций стало оживление в 2003—2004 годах в Астраханской области общественного казачьего движения (как альтернативы дискредитированному и непопулярному реестровому пути развития казачьего движения), представленного сразу несколькими общественными организациями различной идейной ориентации, но единых в своем отрицательном отношении к реестровикам и областной администрации. К общественным организациям примкнули или стали их организаторами часть бывших реестровиков, разочаровавшихся и отшатнувшихся от официальных структур. Не играя заметной роли в общественно-политической жизни региона, они, тем не менее, оттянули на себя часть казачьих активистов и периодически напоминали о своем существовании проведением мероприятий общественно-политического или культурного характера.

Среди таких объединений находилось и отколовшееся от Коноплева созданное на базе Водяновского станичного общества Астраханское городское казачье общество атамана

Ф.М. Федорова, и позиционирующие себя участниками движения возрождения казачества организации националистического толка, такие как Русское национальное общество «Русский уклад» под председательством С. Сычева[720], Астраханское славяно-русское сообщество предпринимателей «Велес» (и.о. председателя Д.В. Фролов) и созданное после визита в 2002 году в Астрахань известного авантюриста от казачества В. Коваленко Астраханское региональное отделение Великого братства казачьих войск России и зарубежья (атаман — «казачий генерал» В.В. Алтунин, выпускник астраханской школы милиции, директор охранной фирмы «РАДОН»).

Большинство казачьих руководителей маргинальных организаций в своих программах эксплуатировало тот же набор громких патриотических слоганов, что и реестровые казаки (патриотизм, «возрождение традиционной казачьей культуры» в пику тлетворному влиянию Запада и т.п.), только без призыва к государственной службе и дружбе с властями, а развивая тему казачества как особого вольного народа. Наиболее радикально антигосударственный пафос был озвучен в заявлениях руководителей общества «Велес», где имелось еще одно существенное отличие от всех остальных организаций — место православия («религии еврейских рабов») занимало язычество. Они утверждали, что казаки — это славяне-воины, «казак, состоящий на службе у государства, является не кем иным, как наемником, контрактником, рекрутом... А это... прямое противоречие сути казака. Казак — человек вольный!», «отсутствие управления с Москвы, равенство» есть основополагающее понимание сути казака... Непонимание сути казачества, наоборот, видится в вашем «стремлении объединить казачество и подчинить его центру». Являясь пропагандистами «древней арийской культуры», руководители общества высмеивали приверженность своих оппонентов «иудохристианству»[721].

Наконец, весной 2007 года была создана общественная организация «Станица Посольская» (и.о. атамана В.В. Вдо-

вин), которая провозгласила себя объединителем граждан, проживающих в Астраханской области, но причисляющих себя к казакам других казачьих войск и желающих принимать участие в движении возрождения казачества, не вступая в астраханскую реестровую или общественную организацию[722]. Вместе с тем из интервью атамана следовало, что помимо общественно-политической активности, включая поездку в Крым для поддержки русскоязычного населения в борьбе против захватов земель крымскими татарами, создаваемая организация намеревается вступить в договорные отношения с реестровыми казаками для организации охранной и коммерческой деятельности.

Указанная поездка казаков в Крым в мае—июне 2007 года была преподнесена общественниками в качестве своей самой громкой акции за последние годы. Один из казачьих лидеров — В. Плеханов с гордостью поделился результатами поездки: «Российская дивизия, в составе которой был и отряд астраханских казаков, перейдя российско-украинскую границу, после непродолжительного марш-броска высадилась в Крыму, недалеко от места, где в прошлом году черноморские казаки и пришедшие им на помощь казаки Всевеликого войска Донского... не пропустили войска НАТО от места их высадки на территорию Украины. Крымские казаки встретили казаков из России российским гимном и гимном Крымского казачьего союза... В Феодосии астраханские казаки приняли участие в концерте по случаю празднования дня открытия купального сезона»[723]. Кроме того, в Симферополе отметили с крымскими казаками 15-летие создания местной казачьей организации.

Отношение реестровиков к общественникам колеблется от насмешливого — «ряженые, им только фольклором заниматься», до обвинений в антироссийской подрывной деятельности. Общественники считают реестровиков «списками мертвых душ», членами искусственно созданной марионеточной организацией[724].

Общей чертой всех казачьих организаций явился радикализм в национальном вопросе, рассуждения на тему защиты «русскоязычного населения» от мигрантов с Кавказа и Средней Азии. Даже атаман самой умеренной подконтрольной реестровой организации ОАОКО стремился соответствовать образу «защитника русских от инородцев». Он заявлял: «Опасной тенденцией, на мой взгляд, является вытеснение русскоязычного, казачьего населения из приграничных регионов. Это особенно наглядно проявляется на Северном Кавказе»[725]; казачество должно «включиться в жестокую непримиримую борьбу за спасение нашего государства»; «Мы нормально относимся к представителям других национальностей... но лишь бы они в наши дела не лезли и не учили нас, что нам нужно делать»[726]. Общественники были более радикальны в национальном вопросе — объединяя в своих рядах сторонников и русского, и так называемого казачьего национализма, они с возмущением относились к возможности принятия не славян в казачьи организации[727].

Наиболее представительной и многочисленной организацией среди общественников стала областная казачья организация «Астраханское казачье войско», позиционировавшая себя как организация патриотов-государственников и претендовавшая на внимание и поддержку властей. Эта структура была зарегистрирована в апреле 2003 года как областная общественная организация «Астраханское казачество» под руководством наказного атамана казачьего полковника А.А. Головко, преподавателя истории и географии в средней школе № 36 Астрахани, происходившего, с его слов, из семьи «казаков Астраханского казачьего войска и Запорожской сечи (Украина, Днепропетровская область)». Тогда же организация заявила о своей ориентации на Союз казаков Мартынова.

1 февраля 2004 года Совет атаманов организации — В.В. Крайников (Приволжское казачье общество), М.Ф. Смир-

нов (Енотаевское казачье общество), Р.В. Митрофанов (Ха-
рабалинское казачье общество), В.В. Плеханов (Крестовозд-
виженский хутор, Астрахань) — принял решение о вхождении в Союз казаков России. В июне того же года делегация
организации, переименованной в «Астраханское казачье войско», в составе которого к тому времени были «воссозданы»
Енотаевский, Камышинский (Волгоградская область), При-
волжский и Икрянинский отделы (хотя по регистрационным
документам официальным являлось прежнее название), приняла участие в очередном форуме «вольного казачества» —
IV Всероссийском круге казаков в Омске. Здесь атаман Головко получил из рук Верховного атамана союза А. Мартынова освященное Войсковое знамя[728] . По словам руководителей организации, в «войске» к концу 2005 года насчитывалось около трех тысяч человек[729] . В марте следующего года
организация провела Большой круг Астраханского казачьего войска Союза казаков России, продливший атаманские
полномочия А.А. Головко.

В 2005 году представители двух общественных организаций — Астраханского городского казачьего общества и Астраханского регионального отделения Всемирного братства казачьих войск приняли участие во Втором Всемирном конгрессе казаков, состоявшемся 9—11 сентября в Новочеркасске. Но
общественно-политическая и «культурническая» активность
казачьих организаций, по едкому замечанию местных журналистов, была заметна и интересна только самим казакую-
щим[730] . А несостоятельность и несерьезность реестровых казаков стала уже притчей во языцах: Астраханские казаки —
это «мрачные сутяги с замашками заскорузлых чинуш»[731] .

Заключительный этап существования астраханской реестровой организации (2003—2006 гг.) прошел под самой активной опекой губернатора А.П. Гужвина и его преемника на
этом посту А. Жилкина. Многократные встречи с казаками,
обсуждение очередных планов, увеличение финансирования,
а также чиновничья активность, направленная на приведе-

ние казачьей организации в соответствие с требованиями столичного начальства и привлечение казаков к службе, позволили посылать наверх бодрые рапорты:

— в 2004 году казаков привлекли к охране части лесного фонда в Енотаевском, Харабалинском и Красноярском районах;

— три погранзаставы ФПС на российско-казахской границе (на сероглазинском и красноярском направлениях) на контрактной основе комплектуются членами ОАОКО. «Единственное отличие от обычных контрактников будет заключаться в том, что вокруг этих погранзастав, возможно, создадут подсобные хозяйства, где будут работать свободные от службы пограничники. В перспективе здесь появятся помещения, в которых поселяться семьи проходящих службу казаков», — увлеченно планировал атаман Коноплев[732];

— сформированные добровольные народные дружины на общественных началах помогают нарядам милиции в охране общественного порядка (в частности, на астраханском городском пляже);

— члены общества несут службу по охране кремля и создали охранное агентство «Ермак», 50 казаков которого на договорной основе охраняют территорию одного из астраханских заводов;

— станичные общества в Красноярском и Черноярском районах стали привлекать к борьбе с производством и сбытом наркотиков (например, в Красноярском районе в июне 2006 года казачий отряд в 100 человек принял участие в уничтожении выращиваемой и дикорастущей конопли в рамках ежегодной операции Федеральной службы по наркоконтролю[733];

— во время летних каникул организуются лагеря военно-патриотического воспитания, прежде всего — для трудных подростков, где ведется обучение истории России, истории казачества, военному делу, основам православной культуры и этики;

— ОАОКО взяло шефство над несколькими детскими домами, охраняет их, помогает продуктами, деньгами[734]. Казаки, участвуя в природоохранной деятельности, смогли перечислить в астраханские детские дома в 2005 году 90 тысяч рублей[735].

Однако качественных изменений в развитии казачьего движения в области не произошло. Население региона не испытывало интереса к участию в движении; казакующие не испытывали интереса к хозяйственной деятельности и государственной службе. В 2003—2004 годах даже списочный состав ОАОКО оказался значительно ниже законодательно установленной нормы (порядка 1300 чел.[736]), хотя реестровые казачьи организации формально существовали во всех районах области, кроме Ахтубинского и Камызякского[737]. Только к концу 2005 года, по утверждениям атамана Коноплева, численность ОАОКО повысилась до полутора тысяч казаков[738], что для губернии с населением более миллиона человек — цифра скромная. Репутация самого атамана оказалась подмоченной после убийства в 2005 году в городской больнице заместителя атамана ОАОКО В. Белоненко, который, по распространенной милицией информации, имел отношение к криминальным кругам[739].

Весьма примечательную характеристику казачье движение получило в беседе атамана Коноплева с корреспондентом местной газеты в конце декабря 2005 года (помимо воли самих собеседников)[740]. В рассуждениях атамана о прошлом сквозило незнание истории родного войска, а его рассказ о деятельности ОАОКО представлял собой набор бравых и оптимистичных общих фраз: «Живут наши казаки, работают на земле, ловят рыбу, растят детей в казачьих традициях».

Вступление корреспондента газеты к интервью прозвучало просто-таки как некое невольное «откровение» — «Разговор пойдет сегодня о казаках. Сейчас мы о них почти ничего не знаем. Но нет, они живут среди нас, занимаются своими казачьими делами». Главное, считал атаман, — «мы поддерживаем с властью нормальные теплые отношения» и «Казачество успешно развивается только там, где власти воспринимают его всерьез»[741].

Не занимаясь серьезным анализом проблем движения, не мудрствуя лукаво, руководство ОАОКО увидело причины своих неудач во влиянии внешних факторов, прежде всего, — в отсутствии поддержки федеральных и местных властей: «Поддержки властей мы не ощущаем... Дело не в том, что мы работаем на общественных началах, а в том, что нам не дают возможности служить нашему Отечеству... Одна из задач казачества... — поставка сельхозпродукции на нужды армии. Казалось бы, что может помешать воплощению этого замысла в жизнь? Воинских частей в регионе хватает, земли у казаков есть, есть желание помогать армии, но... нет тракторов, нет техники для обработки земель, нет возможности перерабатывать урожай, а цены, по которым покупают сельхозпродукцию, делают производство бессмысленным»[742].

Среди традиционных жалоб имелись ссылки на отсутствие законодательства, хотя с середины 90-х годов были разработаны и приняты принципиальные документы — о государственном реестре казачьих обществ, о государственной поддержке и государственной службе казаков. Жаловались на утрату казачьих корней, хотя этот фактор никак не мог мешать развиваться организациям в регионах, которые никогда не имели отношения к историческому казачеству.

В ходе еще одной беседы с представителем прессы атаман постарался систематизировать причины казачьих бед и свести их к трем генеральным факторам: «Главная проблема в том, что казачество долгое время не было востребовано в решении глобальных вопросов в нашем государстве. В связи с "цветными революциями" государство постепенно стало понимать, что одной из стабилизирующих сил может стать казачество. Вторая серьезная проблема — это разрыв так называемой цепи. Казачество существовало веками и от переходов одной власти к другой постоянно страдало, сейчас очень трудно найти казаков, которые жили еще при царе. Цепь преемственности поколений, традиций, повторяю, разорвана. Меня лично воспитывали казаки: моя бабушка, в какой-то степени отец — он меня никогда не бил, не повышал голоса, но я его боялся как огня. Третья проблема — в казачество идут люди, которые никакого отношения к казакам не имели и стараются использовать казачество в своих корыстных целях»[743]. Из всего сказанного наибольший интерес представляет тот факт, что Коноплев интуитивно уловил зависимость казачьего движения от социально-экономических и общественно-политических кризисов в России.

Дали публичную оценку состояния дел и местные власти. «Губернатор с сожалением признал, что процесс возрождения казачества в Астраханской области идет с трудом, хотя он как глава субъекта федерации не чинит никаких препятствий для того, чтобы выполнялся соответствующий Указ Президента России. Астраханские казаки погрязли в распрях, дележе званий и портфелей. В результате пришли к тому, что — как выразился Александр Жилкин, — «атаманов много, а толку мало»[744].

В 2006 году «главные казаки области» губернатор А. Жилкин и мэр Астрахани С. Боженов взяли курс на полное сращивание казачьего общества с административными структурами. Показательно, что членами правления и помощниками нового атамана ОАОКО подъесаула А.М. Латышева стали С.Н. Котяев, заместитель начальника отдела охраны общественного порядка МОБ УВД Астраханской области и О.Ю. Макеев, главный специалист УФСНК РФ по Астраханской области[745]. Кроме того, не видя перспектив активизации казачьего движения (не соответствующего ни количественно, ни качественно заданным в законодательстве параметрам), обеспечения единства и управляемости, способности к госслужбе, они дали добро на вхождение астраханской организации во «Всевеликое войско Донское», благо, опыт подобных слияний в других регионах уже имелся, например, присоединение к ВВД казачьей организации Калмыкии. Кстати, к лету 2006 года «главные казаки области» стали таковыми официально: губернатор А.А. Жилкин получил чин «казачий полковник» и числился главным советником атамана войскового казачьего общества «Всевеликое войско Донское» по вопросам государственной службы Астраханского казачества, а мэр Астрахани С.А. Боженов заимел чин войскового старшины и должность советника донского атамана Водолацкого по вопросам местного самоуправления. Чины эти были присвоены распоряжением полномочного представителя Президента РФ в ЮФО Д. Козака[746].

Справедливости ради отметим, что слияние с донцами также не было собственно астраханской инициативой. Просто бюрократический центр — органы управления казачеством — в связи с упадком движения и сокращением численности организаций взял курс на объединение и укрупнение казачьих структур, приводя их в соответствие с действующими нормативно-правовыми документами.

21 октября 2006 года, через 15 лет после первого казачьего круга в Астрахани, Большой войсковой круг ОАОКО принял решение «о вхождении в состав Всевеликого войска Донского». А 23 апреля 2007 года губернатор А. Жилкин и донской атаман В. Водолацкий подписали договор об организации государственной и иной службы членами казачьих обществ Войскового казачьего общества «Всевеликое войско Донское»[747].

Таким образом, собственно астраханская самостоятельная казачья организация прекратила свое существование, и хотя формально в области продолжают существовать несколько малочисленных казачьих структур — реестровая и общественные — можно сделать вывод, что движение возрождения казачества в области находится в стадии постепенного угасания. И только резкое обострение межнациональных конфликтов в регионе, ухудшение социально-экономической и общественно-политической ситуации, кризис государ-

ственности и ослабление государственной власти, способны вдохнуть в казачье движение новую жизнь и привлечь к нему внимание общества. Российская история знала три примера стихийного массового оказачивания русского населения, когда в местах, даже никак не связанных с вольными или воровскими, городовыми или указными казаками, появлялись вдруг многочисленные атаманы, казачьи отряды и организации, игравшие самую активную роль в событиях переломных эпох — в период смутного времени начала XVII века (Михаила Романова не напрасно называли казачьим царем и царем, возведенным на престол казачеством), в годы революции и Гражданской войны 1917—1922 годов, и в «смутные» 1990-е годы… Думается, что именно в ряду этих явлений русской истории обретет свое «место и время» постсоветское казачество, имеющее весьма отдаленное отношение к казачьим войскам начала XX века.

ПОСЛЕСЛОВИЕ

«Роскошный убор высоких трав покрывал целину — степь, не знавшую плуга. Всадник скрывался в этой траве совершенно, утопал, как в зеленом море. И волновалась, и играла степь под порывами ветра, как море. Вдоль рек росли дремучие леса; дубы, вязы, клены, ясени, грабы, тополя, дикие яблони были оплетены цепким плющом, между ними теснились кусты колючего терновника, калины, бузины, крушины... Там скрывались дикие звери, оттуда выскакивали стада быстроногих диких коз, туда, ища тени, убегали сайгаки, там хоронились хищный барс, медведь и волки, оттуда выбегали пугливый заяц и красная лиса. В этом охотничьем раздолье искали спасения и люди, боровшиеся за свою жизнь, за свои дома»[748]; «...во дни порабощения России, ее бессилия и неустройств, на южных пределах ее, без ее участия и ведома, сама собой встала живая стена, составленная из воинов, удальством своим долго изумлявших окрестные края»[749], — писал в 1900-е годы о начале казачьей истории горячий патриот донского казачества, будущий атаман П.Н. Краснов.

Вольные казачьи войска, городовые и воровские казаки, служилые войска Российской империи, современные общественные и государственные казачьи организации... все это грани уникального явления российской истории — казачества, которое не может быть понято вне конкретного исторического контекста. И всё это принадлежит русской истории XVI—XX веков. Казакам довелось сыграть яркую роль в становлении и развитии страны как великой евразийской державы, в событиях переломных эпох. Стоит ли удивляться, что история казачества столь политизирована и мифологизирована!

Но казачество — не вещь в себе, и понимание его судеб зависит более даже не от степени изученности событий собственно казачьей истории, но от взглядов на русскую историю в целом. Расхожие суждения о казачестве (противоречивые и эмоциональные) начала XX века, советского и постсоветского периода, отражали специфику культурного и общественно-политического развития страны, эволюцию научного знания. Но сам феномен казачества, его героическая воинская традиция, колоритная культура, самобытная история всегда пробуждали живой интерес (и не только в России). Думается, что причины нового всплеска популярности казачества на излете XX столетия были во многом иррациональны, обусловлены влиянием мощных архетипов русского национального самосознания, актуализирующихся в экстремальных ситуациях.

В 1917—1920 годы неудержимый поток социальной революции смел исторические служилые казачьи войска, уничтожив сословные перегородки и особую войсковую организацию, разрушив патриархальную казачью повседневность, культурно-бытовую особость, расколов и разобщив станичников и затянув их, как и все русское общество, в кровопролитное противостояние сторонников и противников советской власти и социализма, уничтожив одних и перековав других в советских рабочих, крестьян и интеллигенцию. Нельзя сказать, что судьба астраханцев была более или менее трагичной, чем судьба донцов или уральцев, или что драма казачества принципиально отличалась от драмы крестьянства, что к калмыцкому народу Гражданская война была более сурова, чем к русскому.

Малочисленное астраханское казачество не играло самостоятельной роли в противостоянии мощных социально-политических сил, и антибольшевистская борьба его, при всех нюансах, объективно носила общероссийский добровольческий характер. И в эмиграции, и в Советской России остатки казаков Астраханского войска не сумели избежать рассеяния и ассимиляции. Многовековая традиция прервалась.

Какая судьба ждала бы астраханское казачество, не будь рокового 17-го года? История не дает на этот вопрос однозначных ответов.

Некоторые прозорливые современники атамана Бирюкова считали, что объективный ход развития страны вел к упразднению астраханского казачества. И эти предположения находят свое подтверждение при комплексном, системном изучении исторических событий. Но вместе с тем именно накануне и в годы революции и Гражданской войны появилась тенденция осознания казачеством самого себя как особой этнической группы, в наиболее радикальной форме выразившееся в деятельности казаков-самостийников, не говоря уже о феномене так называемого казачьего национализма в среде казачьей эмиграции.

Как бы то ни было спустя семь десятилетий после ликвидации казачьих войск десятки, а на определенном этапе — и сотни тысяч советских граждан заявили вдруг о своем праве быть донскими, кубанскими, терскими, астраханскими казаками. Летопись современного казачества запечатлела и трагичные страницы казачьего движения на Кавказе и в республиках СССР, в одночасье ставших странами ближнего зарубежья, и костюмированные действа жителей мегаполисов...

Вызванные к жизни глубоким социокультурным кризисом, кризисом самоидентификации и ценностной ориентации «русскоязычного» (как любили говорить в СМИ) населения, деиндустриализацией и кризисом государственности, общественные и реестровые казачьи организации возникли в 1990-е годы в большинстве регионов Российской Федерации и, прежде всего, в среде городского населения, а не в бывших казачьих станицах. Начавшись с деятельности историкокультурных клубов эпохи перестройки, современное казачество пережило взлет общественного «движения возрождения» под флагом реабилитации репрессивного народа, красно, белый раскол, участие в межнациональных конфликтах и локальных войнах, криминализацию и маргинализацию периода «дикого капитализма» 90-х, борьбу за огосударствление и государственную службу, под флагом державного патриотизма, православной духовности и русско-советского традиционизма, наконец—кризис и спад «движения возрождения» в период социально-экономической и общественно-политической стабилизации последних лет.

Движение возрождения астраханского казачества в 1990-е годы, возникшее под влиянием общероссийского казачьего движения, вопреки ожиданиям его лидеров, оказалось более сходно с казачьим активизмом вне традиционных казачьих областей. В Астраханском крае раньше и ярче, чем на Дону и на Кубани, проявились характерные черты и закономерности развития общероссийского казачьего движения в целом. Будучи зажат между лозунгами возрождения «астраханского казачества», малоизвестного и малопонятного участникам движения, и их повседневными практическими интересами, процесс этот — казачьего возрождения — быстро превратился в ритуал, в особую квазипрофессиональную деятельность, требующую постоянной поддержки административного ресурса, постоянных финансовых вливаний. Борьба за монополию на право обладания символическим капиталом ритуала возрождения, возвращающего к «золотому веку» России, с переходом к огосударствлению казачьих организаций осложнилась борьбой за посты и выделяемые материальные ресурсы.

Разочарование и отказ от активности большинства современных казаков, дрязги многочисленных конкурирующих за казачье наследие структур на фоне общего угасания движения представляются закономерными, обусловленными общими тенденциями социально-экономического и общественно-политического развития постсоветской России. Но это не значит, что казачество стало лишь достоянием истории...

Астраханское войско вписало в историю казачества в XX веке свою важную самобытную страницу. Проявлявшаяся по мере продвижения работы картина оказалась сама по себе весьма динамична, насыщена обилием острых сюжетов, полными драматизма событиями, так что автору не было нужды прибегать к помощи беллетризации и домыслов.

Книга не претендует на исчерпывающий рассказ. Ждут своего часа неоткрытые еще исследователями документы, а сторонники иных взглядов на казачью историю могут представить собственную версию событий. И каждое поколение потомков героев и жертв этих лет сделает, глядя на деяния предков, свои собственные выводы...

ПРИМЕЧАНИЯ

1. Донсков А.Н. На путях изгнания. Ottawa: Legas, 1992. С. 41—42.

2. Все даты в главах, посвященных событиям начала XX века, революции и Гражданской войны, приводятся по старому стилю (юлианскому календарю); в главах 4 (параграф 2) и 5 — по новому стилю.

3. Астраханские казаки в эмиграции // Вопросы истории. 1997. № 11. С. 137—142; Калмыки в Астраханском казачьем войске // На казачьем посту. 1997—1998. № 2—3. С. 6—12; Общественные организации астраханского казачества в эмиграции//Россия в XX веке: Проблемы изучения и преподавания. Материалы науч. конф., Москва, 2 дек. 1998 г. — М.: РГГУ. 1999. С. 94—95; Астраханское казачье войско в первой трети XX вска: Опыт социал.-ист. анализа: Дис. на соиск. учен. степени канд. ист. наук. — М., 1999; Астраханская армия: война и политика // Новый исторический вестник. 2000. № 1. С. 39—62; Движение возрождения казачества в Астраханской области в 1990-е гг. // Новый исторический вестник. 2003. № 1 (9). С. 46—68; Отдельное Астраханское окружное казачье общество: возникновение и становление Астраханского казачьего войска; состояние и основные тенденции развития Астраханского казачьего войска в начале XX в. (1901—1916 гг.); астраханское казачество в революции, Гражданской войне и в эмиграции (1917—1945 гг.); движение возрождения казачества в Астраханской области в

1990-е гг. // Российское казачество. Науч.-справ. изд. / Отв. ред. Т.В. Тоболина. М., 2003. С. 448—474; К вопросу о взаимоотношениях астраханских казаков и калмыков в годы революции, Гражданской войны и в эмиграции (1917—1939 гг.) // Материалы регион. науч.-практ. конф. «Пальмовские чтения». Элиста, 9—10 июня 2003 г. / Сост.: Шалданова Л.Б., Никитина Л.Д., Максимов К.Н., Митиров А.Г. — Элиста, 2003. С.30—39; Антибольшевицкое движение в Астраханском казачьем войске // Белая гвардия: Альманах 2005. № 8. Казачество России в Белом движении. С. 149—152; 153—155; Астраханское казачье войско и революция 1917 г.: К вопросу о развитии казачьего самоуправления на Юге России // Белая гвардия: Альманах. 2005. № 8; Казачество России в белом движении. Астраханский отряд подъесаула Сережникова: к истории антибольшевистских формирований астраханского казачества в гражданской войне на Юго-Востоке России // Россия в XX — начале XXI века. История, экономика, образование, право: Материалы межвуз. науч.-практ. конф. Воскресенск. 2006 г. / Ред. коллегия: Г.Ю. Курскова, О.А. Черемных, Л.В. Серковская, О.О. Антропов, И.А. Белоконь. М., 2006. С. 19—33.

4. Бирюков И.А. История Астраханского казачьего войска. Т. 1. Саратов, 1911. С. 16.

5. Бирюков И.А. Указ соч. С. 17.

6. Казачьи войска. Хроника. — М.: Акционерное общество «Дорваль», 1992. С. 209.

7. Бирюков И.А. Указ. соч. С. 39.

8. Казачьи войска. ... С. 205—206.

9. Бирюков И.А. Указ. соч. С. 113.

10. Казачьи войска. ... С. 206.

11. Атаманы Астраханского казачьего войска с 1818 г. до Февральской революции 1917 г: войсковые атаманы: войсковой старшина В.Ф. Скворцов (1818—1822 гг.); войсковой атаман полк. П.И. Петров (назначен из неказаков) 1826—1834); наказные атаманы — полковник И.В. Носов (1834—1836 гг.);

генерал-майор И.И. Левенштерн (1836—1837 гг.); генерал-майор Э.Д. фон дер Брюгген (1837—1848 гг.); генерал-майор А.М. Яфимович (1848 г.); генерал-майор М.А. Врубель (1849—1857 гг.); генерал-майор А.Е. Терпелевский (1857—1858 гг.); генерал-майор Н.П. Беклемишев (1858—1862 гг.); генерал-майор М.Н. Толстой (1862—1864 гг.); генерал-майор Г.В. Молоствов (1864—1867 гг.); генерал-майор А.В. Гулькевич (1867—1875 гг.); генерал-майор В.Б. Линденер (1875—1876 гг.); генерал-майор К.Ю. Фосс (1876—1880 гг.); генерал-лейтенант граф Н.А. Протасов-Бахметьев (1880—1882 гг.); генерал-майор Е.О. Янковский (1882—1883 гг.); генерал-майор Н.И. Петров (1883—1884 гг.); генерал-майор Н.М. Цеймерн (1884—1888 гг.); генерал-майор А.А. Вяземский (1888—1990 гг.); генерал-майор Н.Н. Тевяшов (1890—1895 гг.); генерал-лейтенант М.А. Газенкампф (1895—1903 гг.); генерал-майор Б.Л. Гронбчевский (1903—1906 гг.); генерал-майор И.Н. Соколовский (1906—1917 гг.).

12. Бирюков И.А. Указ. соч. С. 541.

13. Казачьи войска. ... С. 207.

14. Бирюков И.А. Указ. соч. Т.3. С. V—VI.

15. Бирюков И.А. Там же. Т. 3. С. 776.

16. Бирюков И.А. Там же. Т. 3. С.702—703.

17. РГВИА. Ф. 330. Оп. 61. Д. 1896. Л. 3 об.

18. Там же. Л. 8 об.

19. Там же. Л. 5.

20. Там же.

21. Там же. Л. 7 об.

22. Там же. Л. 8.

23. I отдел: станицы: Красноярская (хутор Черемхинский, Николаевский (Ватажный), Александровский (Кобылин), Барановский, Альчинский, Бугрик), станица Казаче-бугровская (хутор Разин), станица Атаманская (бывшая Городофорпостинская), Дурновская, Лебяжинская (хутор Новолебяжий (с 1914 г. — станица Астраханская)), Замьяновская (хутор Щучий, Наседкин, Тевяшов), Сероглазинс-

кая (хутор Митинский, Ахтубинский), Косикинская, Михайловская (бывшая Енотаевская казачья городовая команда), Копановская, Ветлянинская, Грачевская, Черноярская (хутор Черемин — Болдырев, Бирюков).

II отдел: станицы: Царицынская (хутор Букатин, Гончаров и Кузьмин), Пичужинская (хутор Садки, Желтухин, Громки, Изюмский, Скляров, Чепраков, Нагорный), Николаевская (до 1909 г. — хутор Николаевский (Субботин), Александоровской), Александровская (хутор Ильин, Лепилкин, Хлюпин, Зайцевский, Львов, Диков, Носов, Полунин, Растрыгин), Александро-Невская (бывшая Камышинская казачья городовая команда; хутор — Старолебяжий, Кокушкин, Канов, Барановский), Саратовская, Бирюков И.А. Указ. соч. Т. 2. С. 20—57.

24. РГВИА. Ф. 1720. Оп. 6. Д. 49. Л. 145.

25. Отчет о состоянии Астраханского казачьего войска за 1914 г. — Астрахань, 1915. С. 14.

26. Там же. С. 1.

27. Там же. С. 116.

28. Там же. С. 11.

29. Там же. С. 15.

30. Там же. С. 13—14.

31. Там же. С. 22.

32. Лакин Г.И. Применим ли у Астраханских казаков выдел на отруба на правах собственности // Астраханский вестник. № 6795—6796.

33. РГВИА. Ф. 1720. Оп. 6. Д. 49. Л. 33.

34. Там же.

35. РГВИА. Ф. 330. Оп. 61. Д. 1896. Л. 29.

36. Там же. Л. 22.

37. Там же. Л. 16 об.

38. Там же. Л. 25 об.

39. Бирюков И.А. Указ. соч. Т. 3. С. 204.

40. Там же. С. 212.

41. Бирюков И.А. Указ. соч. Т. 3. С. 854.

42. Бирюков И.А. Там же. С. 861.

43. РГВИА. Ф. 330. Оп. 61. Д. 1896. Л. 8 об.

44. РГВИА. Ф. 1720. Оп. 6. Д. 49. Л. 49.

45. РГВИА. Ф. 330. Оп. 61. Д. 1896. Л. 6 об. — 28.

46. Келлер Артур Артурович (13.05.1868 — 8.03.1915). Граф. Из дворян Смоленской губ. Окончил Тверское кав. юнкерское училище (1891). Полковник (ст. 29.04.1910). Командовал 1-м Верхнеудинским каз. полком. С 23.09.1912 командир 1-го Астраханск. каз. полка. 5 марта 1915 г. за отличие в боях произведен в генерал-майоры, назначен начальником 4-й Донской казачьей дивизии. Умер от ран, полученных в бою.

47. РГВИА. Ф. 2007. Оп. 1. Д. 55. Л. 3.

48. Там же. Л. 6 об.

49. Там же. Л. 6 об., 17.

50. Там же. Л. 4.

51. Там же. Л. 6.

52. Там же. Л. 1.

53. Там же. Л. 24.

54. Там же. Л. 72.

55. 1-я сотня состояла из казаков Саратовской губернии, 2-я — Черноярского уезда Астраханской губернии и Царицына, 3-я — Енотаевского уезда, 4-я — Астраханского и Красноярского уездов. Вследствие всплеска патриотизма, притока добровольцев в полку был избыток обер- и унтер-офицеров, служивших из-за этого в младших должностях.

56. РГВИА. Ф. 2007. Оп. 1. Д. 55. Л. 74.

57. Там же. Л. 74 об.

58. Там же. Л. 85.

59. Там же. Л. 86.

60. Там же. Л. 86 об.

61. Там же. Л. 87.

62. Воскобойников Г.Л. Казачество в Первой мировой войне, 1914 — 1918. М., 1994. С. 25.

63. Там же. С. 80.

64. РГВИА. Ф. 2007. Оп. 1. Д. 23.

65. Слезкин. Последний конный бой прошлой войны // Воен. журналист. — Белград, 1940. № 21.

66. РГВИА. Ф. 2007. Оп. 1. Д. 55. Л. 91.

67. Астраханский листок. 1916. — № 172. — 11 авг.

68. РГВИА. Ф. 2007. Оп. 1. Д. 19. Л. 2.

69. РГВИА. Ф. 1720. Оп. 1. Д. 190. Л. 25.

70. РГВИА. Ф. 2007. Оп. 1. Д. 28. Л. 109—110.

71. РГВИА. Ф. 2007. Оп. 1. Д. 12. Л. 12—12 об.

72. РГВИА. Ф. 2007. Оп. 1. Д. 19. Л. 2.

73. Г.В. Рябов-Решетин и хорунжий Б.Д. Самсонов, служившие офицерами в Астраханском взводе, не были внесены в списочный состав лейб-гвардейцев и числились как прикомандированные к полку. Самсонов Борис Дмитриевич (1885—?) — казак станицы Казачебугровской. Выпускник Санкт-Петербургского университета, Николаевского кавалерийского училища (по 1 разряду). В 1913 г. — хорунжий, младший офицер 1-го Астраханского полка. Накануне войны по собственной просьбе переведен в лейб-гвардии Сводно-казачий полк. Рябов-Решетин Гавриил Васильевич (1890—1919) — казак станицы Атаманской I отдела АКВ. Окончил Михайловское артиллерийское училище, Академию генштаба. В Первую мировую войну — подъесаул, офицер Астраханского взвода (затем полусотни) лейб-гвардии Сводно-казачьего полка; старший адъютант штаба Походного атамана всех казачьих войск вел. кн. Бориса Владимировича; в октябре — декабре 1917 г. — есаул, нач. штаба Астраханской казачьей бригады. Участник январского 1918 г. восстания в Астрахани. В июне 1918 — январе 1919 г. — г-ш подполковник, нач. войскового штаба Астраханского войска. После включения Астраханского войска во ВСЮР и расформирования Астраханского корпуса, с марта 1919 — полковник, начальник штаба 3-й Кубанской казачьей дивизии. Умер от тифа в Одессе.

74. РГВИА. Ф. 2007. Оп. 1. Д. 19(I). Л. 17.

75. РГВИА. Ф. 2007. Оп. 1. Д. 12. Л. 48.

76. РГВИА. Ф. 2007. Оп. 1. Д. 12. Л. 271.

77. Астраханский листок. 1916. № 159.

78. Виктор К. Мятеж астраханцев // Клич трудовых казаков. 1918. № 19. С. 4—6.

79. РГВА. Ф. 5264. Оп. 1. Д. 32, Л. 54—56.

80. Там же. Л. 63.

81. Там же. Л. 87.

82. РГВА. Ф. 5264. Оп. 1. Д. 37. Л. 2 об. — 3.

83. Воскобойников Г.Л. Казачество в Первой мировой войне, 1914—1918. М., 1994. С. 126.

84. РГВИА. Ф. 2007. Оп. 1. Д. 81. Л. 184—185.

85. Там же. Л. 176.

86. РГВИА. Ф. 404. Оп. 1. Д. 2986. Л. 9.

87. РГВИА. Ф. 2007. Оп. 1. Д. 85. Л. 71.

88. РГВИА. Ф. 2007. Оп. 1. Д. 28. Л. 88 об.

89. Народная газета. 1917. № 11. — 17 марта.

90. Ляхов Николай Васильевич (1878—?) — казак станицы Черноярской I отдела АКВ, юрист по образованию (окончил Петербургский университет), в 1902—1904 гг. работал помощником секретаря в Петербургском окружном суде, в 1904—1916 гг. был присяжным поверенным Астраханского окружного суда, гласным Астраханской городской думы; накануне Февральской революции 1917 г. — лидер астраханских кадетов, городской голова г. Астрахани; накануне январского восстания 1918 г. — председатель казачьего войскового круга и правительства. После подавления восстания через Москву перебрался на территорию Оренбургского казачьего войска, присоединился к атаману А.И. Дутову; летом—осенью 1918 г. представлял АКВ на белом Востоке, участвовал в Уфимском государственном совещании, Конференции восточных казачьих войск, добивался создания центра антибольшевистской борьбы астраханцев и астраханских структур на Востоке (в составе Восточного союза казачьих войск), под крылом атамана Дутова, в декабре 1918 г. перебрался на Дон, возглавив здесь астраханские войсковые структуры.

91. Астраханский листок. 1917. № 53. 7 марта.

92. Астраханский листок. 1917. № 59. 15 марта.

92а. Сережников Николай Константинович (1887-?). Старший сын генерала К.Ф. Сережникова. Выпускник Оренбургского Неплюевского кадетского корпуса (1906), Николаевского кавалерийского училища (1908). В период I мировой войны — подъесаул, нач. штаба 3-го Астраханского казачьего полка.

93. Астраханский листок. 1917. № 53. 7 марта.

94. Астраханский листок. 1917. № 70. 30 марта.

95. Греков А.Н. Союз Казачьих войск в Петрограде в 1917 г. //Донская летопись, № 2. Белград, 1923. С. 229, 231.

96. Ганин А.В. Атаман А.И. Дутов. — М., 2006. С. 75.

97. Астраханский листок. 1917. № 75. 9 апр.

98. Астраханский листок. 1917. № 76. 11 апр.

99. Астраханский листок. 1917. № 110. 25 мая.

100. Астраханский листок. 1917. № 126. 13 июня.

101. Астраханский листок. 1917. № 133. 21 июня.

102. Деникин А.И. Крушение власти и армии / Очерки Русской смуты. — М., 1991. С. 347.

103. Харламов В. А. Юго-Восточный Союз в 1917 г. // Донская летопись, № 2. Белград, 1923. С. 238—239.

104. Там же. С. 254.

105. Там же. С. 268.

106. Там же. С. 278.

107. Оба генерала относились к наиболее уважаемым деятелям астраханского казачества. Константин Федорович Сережников (1856—1918), окончил Астраханскую классическую гимназию, Новочеркасское юнкерское казачье училище; командовал сотней 2-го полка в Русско-Турецкой войне 1877—1878 гг., был отмечен орденом св. Анны (за храбрость), Станислава и Владимира 4-й степени, Анны и Станислава 3-й степени с мечами и бантом и наградной шашкой «За храбрость»; после выхода в отставку, в 1904—1912 гг., был атаманом 2-го отдела. Бирюков Иван Алексеевич (1856—1919) —

казак станицы Грачевской I отдела АКВ; выходец из простой казачьей семьи; окончил Новочеркасское казачье юнкерское училище, в 1882—1888 гг. проходил службу в 1-м Астраханском казачьем полку, в 1889—1901 гг. был правителем канцелярии Войскового правления, затем правителем Атаманской канцелярии и гласным городской думы. В 1905—1907 гг. командовал 2-м Астраханским казачьим полком, в 1908—1912 гг. — 1-м Астраханским казачьим полком; в 1912 г. вышел в отставку; в 1912 — начале 1917 гг. состоял гласным Астраханской городской думы и членом городской управы. Автор и соавтор нескольких бесценных работ по истории астраханского казачества и монументального 3 томного труда «История Астраханского казачьего войска»; накануне Февральской революции 1917 г. — генерал-майор в отставке, член Астраханской городской управы, гласный городской думы; весной 1917 г. — временный гражданский губернатор и комиссар временного правительства в Астраханской губернии, летом — председатель Войскового круга АКВ; с октября 1917 г. — войсковой атаман АКВ; после поражения восстания выдан казаками Астраханскому ВРК; в мае 1918 г. по приговору Астраханского ревтрибунала осужден на 25 лет тюремного заключения, отправлен для отбывания наказания в саратовскую тюрьму, где был расстрелян в октябре 1919 г. «в порядке красного террора».

108. Астраханский листок. 1917. № 153. 21 июня.

109. Астраханский листок. 1917. № 133. 21 июня.

110. Астраханский листок. 1917. № 149. 11 июля.

111. Астраханский листок. 1917. № 134. 22 июня.

112. Астраханский листок. 1917. № 171. 5 авг.

113. Астраханский листок. 1917. № 167. 1 авг.

114. Астраханский листок. 1917. № 170. 4 авг.

115. Астраханский листок. 1917. № 172. 6 авг.

116. Астраханский листок. 1917. № 194. 6 сент.

117. Харламов В. А. Юго-Восточный Союз в 1917 г. // Донская летопись. Белград, 1923. № 2. С. 284.

118. Там же. С. 286.

119. Астраханский листок. 1917. № 210. 26 сент.

120. Астраханский листок. 1917. № 217. 5 окт.

121. Астраханский листок. 1917. № 210. 26 сент.

122. Астраханский листок. 1917. № 211. 28 сент.; № 216. 4 окт.

123. Астраханский листок. 1917. № 213. 30 сент.

124. Тундутов Данзан Давидович (Дмитрий Давыдович) (1889—1923) — нойон Малодербетовского улуса. Глава самого знатного калмыцкого нойонского (княжеского) рода, выпускник Катковского лицея и Пажеского корпуса. В Первую мировую войну — корнет лейб-гвардии Гродненского гусарского полка, адъютант нач. штаба Ставки Верховного главнокомандующего ген. Н.Н. Янушкевича; ротмистр, ординарец главнокомандующего Кавказским фронтом вел. кн. Николая Николаевича; после Февральской революции — член ЦИК по управлению калмыцким народом; главный инициатор вступления калмыков в Астраханское войско; с декабря 1917 г. — помощник войскового атамана АКВ по калмыцкой части (с присвоением чина полковника), активный участник январского 1918 г. восстания в Астрахани.

125. Астрахань и январские дни 1918 г. — Астрахань, 1925. С. 11.

126. Астраханский листок. 1917. № 212. 29 сент.

127. Астраханский листок. 1917. № 170. 4 авг.

128. Астраханский листок. 1917. № 69. 29 марта.

129. Иванько Н. , Наберухин А. Великий Октябрь и гражданская война в Калмыкии. — Элиста, 1968. С. 16.

130. Глухов И. И. Очерки по истории революционного движения в Калмыкии. — Астрахань, 1927. С. 17.

131. Борисенко И.В., Горяев А.Т. Очерки истории калмыцкой эмиграции. — Элиста, 1998. С. 14.

132. Каклюгин К.П. Донской Атаман П.Н. Краснов и его время// Донская летопись. Белград, 1924. № 3. С. 98—99.

133. Каклюгин К.П. Указ. соч. С. 98—99.

134. Астраханский листок. 1917. № 167. 1 авг.

135. Деникин А.И. Указ. соч. Т. 5. С. 139.

136. Иванько Н., Наберухин А. Указ. соч. С. 35.

137. Вестн. Астраханского казачьего войска. 1917. № 4. 12 нояб.

138. Астраханский листок. 1917. № 237. 28 окт.

139. Астраханский листок. 1917. № 239. 31 окт.

140. Астраханский вестник. 1917. 27 окт.

141. Очерки истории Астраханской партийной организации // Под. ред. А.В. Соколова. — Волгоград, 1971. С. 121.

142. Три года борьбы астраханского пролетариата. Сб. статей и материалов / Под ред. А. Барова. — Астрахань, 1920. С. 4.

143. Очерки истории Астраханской партийной организации. С. 127.

144. Деникин А.И. Крушение власти и армии // Очерки русской смуты. — М., 1991. С. 379.

145. Борьба за власть Советов в Астраханском крае: Ч. 1 (март 1917 — ноябрь 1918) //Сб. / Под ред. Б.Н. Бабина. — Астрахань, 1958. С. 130—131.

146. АГИАМЗ. Инв. № 1734.

147. Астраханский листок. 1917. № 262. 28 нояб.

148. Астраханский листок. 1917. № 265. 8 дек.

149. Рейли Д.Д. Саратов и губерния в 1917 г.: события, партии, люди. — Саратов, 1994. С. 98.

150. Астраханский листок. 1917. № 257. 24 нояб.

151. Там же.

152. Астраханский листок. 1917. № 259. 24 нояб.

153. Астраханский листок. 1917. № 253, 254, 258. —16, 17, 23 ноября.

153а. Аристов Мина Львович (1887—1942). Казак ст. Красноярской I отдела АКВ, в период I мировой войны — подъесаул, командир 2-й сотни 2-го Астраханского казачьего полка, начальник команды связи 1-го Астраханского казачьего полка; член РСДРП(б) с 1905 г.; в апреле — августе

1917 г. есаул, член исполкома Совета солдатских депутатов Западного фронта; в конце 1917 — начале 1918 гг. — председатель Астраханского ВРК, один из организаторов и руководителей борьбы за установление советской власти в Астраханской губернии. С февраля 1918 г. первый военный комиссар, председатель Военного совета Астраханского края. С окт. 1919 г. командир Московского коммунистического полка, с октября 20-го — 1-й бригады 5-й кавдивизии, в 1921 г. — начальник 7-й кавдивизии.

154. Борьба за власть Советов... 4.1 С. 140—141.

155. Очерки истории Астраханской... С. 125.

156. Вестник Астраханского казачьего войска. 1917. — № 14. 17 дек.

157. Иванько Н., Наберухин А. Указ. соч. С. 40.

158. Астраханский листок. 1917. № 262. 28 нояб.

159. Там же.

160. АГИАМЗ. Инв. № 195.

161. Там же. Инв. № 190.

162. Три года борьбы... С. 6.

163. Астраханский листок. 1917. № 270. 14 дек.

164. Вестник Астраханского казачьего войска. 1917. № 14. 17 дек.

165. Там же.

166. Там же.

167. Аристов М.Л. Январские дни 1918 г. в Астраханской губернии. — Астрахань, 1925. С. 18.

168. Вестник Астраханского казачьего войска. 1917. № 14. 17 дек.

169. Астрахань и январские дни 1918 г. — Астрахань, 1925. С. 11.

170. Донская волна. 1918. № 9. — 5 авг. С. 3—4.

171. Донсков А.Н. На путях изгнания. — Ottawa: Legas, 1992. С. 38.

172. Каклюгин К.П. Указ. соч. С. 98—99.

173. Там же.

174. Деникин А.И. Очерки Русской смуты. — Берлин, 1926. Т.3. С. 139.

175. Иванько Н., Наберухин А. Указ. соч. С. 41.

176. Установление и упрочение Советской власти в Калмыкии (январь 1918 — апрель 1919 гг.) //Сб. док. / Под ред. Д.А. Чугаева. — Элиста, 1973. С. 8—9.

177. Иванько Н., Наберухин А. Указ. соч. С. 41.

178. Вестник Астраханского казачьего войска. 1917. № 14. 17 дек.

179. Там же.

180. Герасименко Г.А. Победа Октябрьской революции в Саратовской губернии. — Саратов, 1968. С. 22.

181. Выдрин А.К. В Царицынском уезде: За Советскую власть: Сб. воспоминаний участников рев. событий в Царицыне. — Сталинград, 1957. С. 183.

182. Вестник Астраханского казачьего войска. 1917. № 14. 17 дек.

183. Три года борьбы... С. 8.

184. Аристов М.Л. Указ. соч. С. 8.

185. Там же. С. 12.

186. Там же. С. 10.

187. Там же. С. 8.

188. Три года борьбы... С. 14.

189. Деникин А. И. Указ. соч. Т. 2; Борьба генерала Корнилова. Август 1917 г. — апрель 1918 г. — М.: Наука, 1991. С. 141.

190. Три года борьбы... С. 8.

191. Деникин А. И. Указ соч. С. 195.

192. Там же. С. 340.

193. Хаджиев, Хан. Великий Бояр. — Белград, 1929. С. 293.

194. Вестник Астраханского казачьего войска, 1917. № 14. 17 дек.

195. Астрахань и январские дни... С. 59—60; Три года борьбы ... С. 7—8.

196. Борьба за власть Советов... С. 153—154.

197. Очерки истории Астраханской... С. 132—133.

198. Астрахань и январские дни... С. 45—46.

199. Донская волна. 1918. № 9. 5 авг. С. 3—4.

200. Донсков А.Н. Указ. соч. С. 38.

201. Аристов М.Л. Указ соч. С. 18.

202. Там же. С. 12.

203. Три года борьбы... С. 14.

204. Борьба за власть Советов... С. 158.

205. Астрахань и январские дни... С. 24.

206. Борьба за власть Советов... С. 376—377.

207. Очерки истории Астраханской... С. 155.

208. Астрахань и январские дни... С. 103.

209. Там же. С. 105.

210. Там же. С. 50.

211. Там же. С. 65.

212. Астрахань и январские дни... С. 24.

213. Ляхов Н. Мои воспоминания с 1917 года//Дети русской эмиграции. — М., 1997. С. 115—116.

214. РГВА. Ф. 40213. Оп. 1. Д. 1641. Л. 60. Есаул Кукушкин был пленен и расстрелян во время отступления отряда на ст. Верблюжья.

215. Астрахань и январские дни... С. 24.

216. АГИАМЗ. Инв. № 191.

217. Коммунист. 1927. — 4 нояб.

218. Там же.

219. Установление и упрочение Советской власти... С. 21—22.

220. Борьба за власть Советов... 41 С. 358—359.

221. Астрахань и январские дни... С. 29.

222. Три года борьбы... С. 28.

223. АГИАМЗ. Инв. № 1861.

224. Аристов М.Л. Указ. соч. С. 23.

225. АГИАМЗ. Инв. № 1851.

226. Аристов М.Л. Указ. соч. С. 31.

227. Очерки истории Астраханской... С. 152.

228. Борьба за власть Советов... С. 171.

229. АГИАМЗ. Инв. № 1875.

230. Три года борьбы... С. 14.

231. Очерки истории Астраханской... С. 149.

232. Три года борьбы... С. 14.

233. Борьба за власть Советов... С. 361.

234. Драниенко В.Н. Формирование белоказачьих фронтов на Юго-Востоке страны. — Херсон, 1987. С. 4.

235. Афанасьев Н. Борьба партии большевиков за установление и упрочение Советской власти в Саратовской губернии. — Саратов, 1947. С. 123.

236. Оренбургский казачий вестник. — 1918. № 57. — 11 сент. (29 авг.). № 58. — 14 сент.

237. РГВА. Ф. 40213. Оп. 1. Д. 1641. Л. 36.

238. Герасименко Г.А. Астраханское казачество в октябрьские дни//Казачество в революциях и гражданской войне/Материалы 2-й Всесоюзной научной конференции. Черкасск, 9—11 сентября 1986 г. — Черкасск, 1988. С. 114.

239. Донсков А.Н. Указ. соч. С. 38.

240. Оренбургцы потеряли за два дня боев двоих казаков убитыми, шесть казаков и одного офицера раненными (один из раненных попал в плен).

241. Афанасьев Н. Указ. соч.. С. 150.

242. ГАУО. Ф. 253. Оп. 1. Д. 123. Л. 1 об. — 2.

243. Установление и упрочение Советской власти в Калмыкии. С. 37—39.

244. Донсков А.Н. Указ. соч. С. 38.

245. Там же. С. 37.

246. Там же. С. 37, 39.

247. Там же. С. 38—39.

248. Там же. С. 40—43.

249. № 225 Саратовские Известия. 1919. — 11 окт.

250. Установление и упрочение сов. власти... С. 8—9.

251. Три года борьбы... С. 35.

252. Герасименко Г.А. Указ. соч. С. 113—114; Борьба за власть Советов... Ч. 1. С. 142—143, 192, 195.

253. Там же. С. 186, 211.

254. Там же. С. 210—211.

255. Борьба за власть Советов... Указ. соч. С. 236—237.

256. Трудовое казачество. 1918. № 4. 1 июня,

257. Борьба за власть Советов... Указ. соч. С. 35; ГААО. Ф. 1. Оп. 1а. Д. 4. Л. 1—3.

258. Там же. С. 270.

259. Калашников С.И. Развитие революции в астраханском войске // Трудовое казачество. 1918. № 5.

260. В.И. Ленин и Астраханский край// Сб. документов и материалов / Под ред. А.В. Соколова. — Волгоград, 1970. С. 78.

261. Клич казачьей бедноты. — 1918. № 46.

262. Клич трудовых казаков. 1919. №5 (72). 12 янв.

262а. Деникин А.И. Очерки Русской смуты: В 3 книгах. — Книга 3 / Т. 4, т.5. Вооруженные силы Юга России. М., 2003. С.522.

263. Клич трудовых казаков. 1918. № 23. 29 авг. С. 13.

264. Клич трудовых казаков. 1918. № 28. 15 сент. С. 7—8.

265. Борьба за власть Советов в Астраханском крае (1917—1920 гг.). Ч. 1. С. 317—318.

266. В.И. Ленин и Астраханский край. Указ. соч. С. 86.

267. Клич казачьей бедноты. 1918. № 48. 15 нояб.

268. Клич казачьей бедноты. 1918. № 47. 13 нояб.

269. Клич казачьей бедноты. № 61. 15 дек.

270. Клич трудовых казаков. 1919. № 1(68). 1 янв.

271. Клич трудовых казаков. 1919. № 9(76). 22 янв.

272. Клич трудовых казаков. 1919. № 9(76). 22 янв.

273. Клич казачьей бедноты. 1919. № 2. 18 февр.

274. Клич трудовых казаков. 1918. № 47. 13 нояб.

275. Борьба за власть Советов... С. 334.

276. Там же.

277. Клич казачьей бедноты. 1919. № 2. 18 февр.

278. Клич трудовых казаков. 1919. № 9(76). 22 янв.

279. Клич трудовых казаков. 1919. № 4(71). 10 янв.

280. Клич трудовых казаков. 1918. № 54. 29 нояб.

281. Мушкатеров Н. Оборона Астрахани и разгром контрреволюционных сил в Астраханском крае (1919—1920 гг.). — Астрахань, 1961. С. 9.

282. Балинов Ш. О княжеском роде Тундутовых // Ковыльные волны (Жонвиль), 1936. № 13—14. С. 12.

283—284. Авалов З. Независимость Грузии в международной политике 1918—1921 гг. — N. Y., 1982. С. 64.

285. Авалов З. Указ соч. С. 78—79.

286. Балинов Ш. Указ. соч. С. 13.

287. Деникин А.И. Указ. соч. Т3. С. 67—68.

288. РГВА. Ф. 40213. Оп. 1. Д. 1641. Л. 20.

289. Дело генерала Л. Г. Корнилова: Материалы Чрезв. комис. по расследованию дела о б. Верховном главнокомандующем ген. Л.Г. Корнилове и его соучастниках, август 1917 — июнь 1918 г.: В 2 т. Т. 2 // Сб. док. и материалов / Под ред. Г. Н. Севостьянова. — М., 2003. С. 71.

290. Дело генерала Л.Г. Корнилова. Указ. соч. С. 16.

291. Дело генерала Л.Г. Корнилова. Там же. С. 209.

292. Каклюгин К.П. Указ. соч. С. 96—97.

293. РГВА. Ф. 40238. Оп. 1. Д. 29. Л. 57 — 57 об.

294. Ф39457. Оп. 1. Д. 56. Л. 1.

295. Ф. 40238. Оп. 1. Д. 29. Л. 57 — 57 об.

296. Ф. 39457. Оп. 1. Д. 24. Л. 1—3.

297. Поляков И.А. Донские казаки в борьбе с большевиками. — Мюнхен, 1962. С. 276.

298. Ф. 40213. Оп. 1. Д. 1641. Л. 60.

299. Там же. Л. 29, 66.

300. Там же. Л. 19.

301. РГВА. Ф. 40238. Оп. 1. Д. 29. Л. 53.

302. Донская волна (Ростов-на-Дону). 1918. № 17.

303. Трубецкой Г.Н. Годы смут и надежд, 1917—1919. — Монреаль, 1981. С. 106.

304. Там же. С. 108.

305. Ф. 40280. Оп. 1. Д. 14. Л. 1—1об. Л. 4.

306. Ф. 40280. Оп. 1. Д. 10. Л. 21—22, 23.

307. Ф. 40238. Оп. 1. Д. 29. Л. 42, 58.

308. Черячукин А. В. Донская делегация на Украину и в Берлин в 1918—1919 гг. // Донская летопись. Кн. 3. Белград, 1924. С. 211, 214.

309. Документы и материалы по внешней политике Закавказья и Грузии. — Тифлис, 1919. С. 378—379.

310. Калинин И.М. Русская Вандея. М.—Л., 1926. С. 13, 26.

311. Ф. 40280. Оп. 1. Д. 11. Л. 67—68.

312. Ф. 40280. Оп. 1. Д. 10. Л. 8.

313. РГВА. Ф. 40238. Оп. 1. Д. 29. Л. 58.

314. РГВА. Ф. 40213. Оп. 1. Д. 1641. Л. 21—64 об.

315. Трубецкой Г.Н. Указ. соч. С. 107.

316. Деникин А.И. Указ. соч. Т. 3. С. 118.

317. Там же.

318. Калинин И.М. Указ. соч. С. 56—57.

319. Ф. 40213. Оп. 1. Д. 1641. Л. 60.

320. Деникин А.И. Указ. соч. Т. 3. С. 118.

321. РГВА. Ф. 39720. Оп. 1. Д. 6. Л. 5.

322. Ф. 39457. Оп. 1. Д. 24. Л. 1—3. Ф. 193. Оп. 5. Д. 28. Л. 39. Ф. 40213. Оп. 1. Д. 1641. Л. 3.

322а. Павлов Александр Александрович (1867—1935). В I мировую войну — ген.-лейт. (состоял в свите Е.И.В., георгиевский кавалер), командовал 2-й Сводно-казачьей див., 6-м Кавказским корп.; Кавказским кавалерийским корп. в Персии. В период с августа 1918 — по февраль 1919 гг. — командующий Астраханской армией, руководитель военного и морского отдела Астраханского краевого правительства, командующий Астраханским корпусом.

323. Деникин А.И. Указ. соч. Т. 3. С. 119.

324. Там же.

325. Там же. С. 256.

326. РГВА. Ф. 40213. Оп. 1. Д. 1641. Л. 50.

327. Ф. 40213. Оп. 1. Д. 1641. Л. 51. Ф. 39457. Оп. 1. Д. 24. Л. 20, 23.

328. Ф. 39457. Оп. 1. Д. 24. Л. 13.

329. Иванько Н., Наберухин А. Указ. соч. С. 81.

330. Ф. 40213. Оп. 1. Д. 1641. Л. 15—15 об.

331. Мартыненко Г. Комкор Дмитрий Жлоба. — М., 1985. С. 22.

332. Отчет управляющего Военным и Морским отделами и командующего Донской армией и флотом. — Новочеркасск, 1919. С. 8.

333. Ф39457. Оп. 1. Д. 56. Л. 5.

334. Ф. 39457. Оп. 1. Д. 24. Л. 49—50.

335. РГВА. Ф. 39457. Оп. 1. Д. 24. Л. 24—25.

336. РГВА. Ф. 40113. Оп. 1. Д. 3. Л. 1—2, 6—7.

337. Ф. 39457. Оп. 1. Д. 24. Л. 55.

338. Там же. Л. 52 — 52 об.

339. Ф. 40113. Оп. 1. Д. 17. Л. 16.

340. Там же. Л. 33 — 33об.

341. Деникин А.И. Указ. соч. Т. 3. С. 124.

342. Там же.

343. РГВА. Ф. 40213. Оп. 1. Д. 1660. Л. 29—30.

344. РГВА. Ф. 39456. Оп. 1. Д. 72. Л. 194.

345. Ф. 39457. Оп. 1. Д. 24. Л. 61, 113.

346. Краснов П.Н. Всевеликое войско Донское // Белое дело. Кн. 3. М., 1992. Кн. 3. С. 245.

347. РГВА. Ф. 40238. Оп. 1. Д. 29. Л. 68.

348. Ф. 40113. Оп. 1. Д. 17. Л. 41.

349. Ф. 39457. Оп. 1. Д. 24. Л. 88.

350. Ф. 40280. Оп. 1. Д. 14. Л. 48 — 48 об.

351. Ф. 39457. Оп. 1. Д. 25. Л. 76—78.

352. Ф. 39457. Оп. 1. Д. 24. Л. 107—111. Ф. 40113. Оп. 1. Д. 17. Л. 66.

353. Ф. 39457. Оп. 1. Д. 24. Л. 93— 96, 97—98.

354. РГВА. Ф. 39457. Оп. 1. Д. 25. Л. 76—80.

355. Там же.

356. РГВА. Ф. 40280. Оп. 1. Д. 5. Л. 4.

357. Там же. Л. 19.

358. Деникин А.И. Указ. соч. Т. 3. С. 67—68, 119.

359. Деникин А.И. Указ. соч. Т. 5. С. 193—194.

360. РГВА. Ф. 39457. Оп. 1. Д. 24. Л. 80.

361. РГВА. Ф. 39457. Оп. 1. Д. 86. Л. 16.

362. Там же. Л. 16—18.

363. Там же. Л. 14.

364. РГВА. Ф. 39540. Оп. 1. Д. 164. Л. 1—1об.

365. Краснов П.Н. Указ. соч. Дон и Добровольческая армия. — М., 1992. С. 91—92.

365а. Баянов Санджи Баянович (1884—?). Видный представитель калмыцкой интеллигенции; адвокат; член кадетской партии. После февральской революции 1917 г. — товарищ председателя ЦИК по управлению калмыцким народом; накануне январского восстания 1918 г. — член войскового правительства Калмыцкой части АКВ, представитель калмыцкой части войска в Юго-Восточном союзе; лидер «кадетствующего» крыла калмыцкой интеллигенции.

366. Морковчин В.В. Три атамана. — М., 2003. С. 262, 292.

367. РГВА. Ф. 39540. Оп. 1. Д. 5. Л. 43 — 43 об.

367а. Зыков Сергей Петрович (1873—?). В I мировую войну командовал 5-м уланским полком, Текинским конным полком; генерал-майор, георгиевский кавалер; в ноябре 1918 — феврале 1919 гг. — начальник Астраханской казачьей дивизии Астраханского корпуса; в марте — мае 1919 г. командир Астраханской конной бригады.

368. Ф. 39457. Оп. 1. Д. 86. Л. 4.

369. Ф. 39457. Оп. 1. Д. 24. Л. 120, 122.

370. Ф39457. Оп. 1. Д. 86. Л. 20.

371. Балыков Санжа. Воспоминания о Зюнгарском полку // Белая гвардия. — 2005. № 8. С. 45, 48, 49.

372. Краснов П.Н. Указ. соч. С. 150—151.

373. Поляков И.А. Донские казаки в борьбе с большевиками. — Мюнхен, 1962. С. 342, 344.

374. ГА РФ. Ф. 5827. Оп. 1. Д. 103. Л. 1—6.

375. Там же.

376. Елисеев Ф.И. С Корниловским конным. — М., 2003. С. 561.

377. Поляков И.А. Указ. соч. С. 337.

378. Деникин А.И. Указ. соч. Т. 5. С. 74.

379. РГВА. Ф. 39540. Оп. 1. Д. 34. Л. 147—147 об.; Д. 5. Л. 110 об.

380. РГВА. Ф. 40280. Оп. 1. Д. 35. Л. 28—29.

381. Там же. Л. 8, 10, 11, 13.

382. Там же. Л. 21.

383. Там же. Л. 3.

384. Борисенко И.В., Горяев А.Т. Очерки истории калмыцкой эмиграции. — Элиста, 1998. С. 12.

385. Морковчин В.В. Указ. соч. С. 293.

386. РГВА. Ф. 40280. Оп. 1. Д. 35. Л. 22 об., 29—29 об.

387. Там же. Л. 20 об. — 21, 29.

388. РГВА. Ф. 39759. Оп. 1. Д. 8. Л. 2.

389. Елисеев Ф. И. С Корниловским конным. — М., 2003. С. 588.

390. Балыков С. Указ. соч. С. 50.

391. РГВА. Ф. 39540. Оп. 1. Д. 34. Л. 16, 54 об., 57.

392. Врангель П.Н. Воспоминания. Южный фронт (ноябрь 1916 г. — ноябрь 1920 г.). Ч. I. М., 1992. С. 233.

393. Деникин А.И. Указ. соч. С. 81.

394. Врангель П.Н. Указ. соч. С. 226.

395. Там же.

396. Там же. С. 233—235.

397. Там же.

398. Там же. С. 243.

399. Там же. С. 244—245, 260—261.

400. Савельев Виктор Захарьевич (1875—1943) — казак ст. Ермаковской Донского войска. В Первую мировую войну командир 9-го уланского Бугского полка, генерал-майор, кавалер ордена Святого Георгия 4-й и 3-й степеней; осе-

нью 1918 — весной 1919 гг. командовал конными частями в Донской и Добровольческой армиях (Сводный корпус 2-й Донской армии); в мае—июне 1919 г. командир Сводно-Донского корпуса Кавказской армии, в июне — августе 1919 г. начальник Астраханской конной (с 8 августа — Астраханской казачьей) дивизии; приказом Главкома ВСЮР от 10 сентября 1919 г. за боевые отличия произведен в генерал-лейтенанты.

401. Врангель П.Н. Указ. соч. С. 260; Борьба за власть Советов... С. 36.

402. РГВА. Ф. 39763 Оп. 1. Д. 2. Л. 71.

403. ГАРФ. Ф. 9100. Оп. 1. Д. 6. Л. 29.

404. Деникин А.И. Указ. соч. С. 100.

405. Там же. С. 201.

406. Врангель П.Н. Указ. соч. С. 281.

407. Неделимая Россия. 1919. 31 июля. № 35; Вестник Астраханского казачьего войска. 1919. № 167. 21 дек.

408. Деникин А.И. Указ. соч. Т. 5. С. 108.

409. Деникин. Указ. соч. С. 112; Врангель П.Н. Указ. соч. С. 286—288.

410. РГВА. Ф. 39920. Оп. 1. Д. 7. Л. 4.

411. РГВА. Ф. 39763. Оп. 1. Д. 2. Л. 90, 92.

412. РГВА. Ф. 39763. Оп. 1. Д. 2. Л. 33; Ф. 39937. Оп. 1. Д. 2. Л. 6 об. Ф. 39920. Оп. 1. Д. 7. Л. 2.

413. РГВА. Ф. 39763. Оп. 1. Д. 2. Л. 51об.

414. Белая гвардия, 1997. № 1. С. 88; РГВА. Ф. 39763. Оп. 1. Д. 2. Л. 136.

415. РГВА. Ф. 195. Оп. 3. Д. 894. Л. 1, 4, 7 — 8 об., 9—10, 15.

416. ГААО. Ф. 396. Оп. 2. Д. 13. Л. 10—195. Иванько Н., Наберухин А. Указ. соч. С. 114; Очерки по истории Калмыцкой АССР. Эпоха социализма. — М., 1970. С. 82—83.

417. Белая гвардия, 1997. № 1. С. 86; РГВА. Ф. 39540. Оп. 1. Д. 35. Л. 147 об.; Ф. 39937. Оп. 1. Д. 2. Л. 60.

418. РГВА. Ф. 39759. Оп. 1. Д. 8. Л. 2 об.

419. Борьба за власть Советов... 4.2 С. 516; Исламова Х. Крепость на Волге (о борьбе большевиков Астрахани за упрочение Советской власти в 1919 г.) // Полит. агитация, 1987. № 19—20. С. 43.

420. Деникин А.И. Вооруженные силы Юга России // Белое дело: Избр. произв. в 16 кн. Поход на Москву. М., 1996. С. 56.

421. Врангель П.Н. Указ соч. С. 341—342.

422. Борьба за власть Советов... С. 400, 404.

423. Врангель П.Н. Указ. соч. С. 347, 349.

424. РГВА. Ф. 39763. Оп. 1. Д. 2. Л. 110—112, 116.

425. ГААО. Ф. 396. Оп. 2. Д. 13. Л. 66.

426. Борьба за власть Советов... Ч. 2.

427. РГВА. Ф. 39763. Оп. 1. Д. 2 Л. 29.

428. Там же. Л. 176—176 об.

429. Там же. Л. 71, 107—109, 116, 203.

430. Чапчиков Г. Красная конница в гражданской войне (по советским официальным данным) // Младоросс. 1931. № 14. С. 11—13.

431. Деникин А.И. Указ. соч. Т. 5. С. 141.

432. Врангель П.Н. Указ. соч. С. 280.

433. Деникин А.И. Указ. соч. С. 194.

434. Врангель П.Н. Указ. соч. С. 294.

435. РГВА. Ф. 39763. Оп. 1. Д. 2. Л. 63—63 об.

436. РГВА. Ф. 40213. Оп. 1. Д. 399. Л. 2; Д. 1724. Л. 26 об — 27.

437. ГАРФ. Ф. 9100. Оп. 1. Д. 6. Л. 29, Л. 48.

438. Там же.

439. Там же. Л. 29—30.

440. Вестн. Астраханского казачьего войска. 1919. № 126. — 15 авг.

441. ГАРФ. Ф. 9100. Оп. 1. Д. 6. Л. 31.

442. ГААО. Ф. 396. Оп. 2. Д. 13. Л. 55, 63 об., 66, 93, 116, 140, 184 об.

443. РГВА. Ф. 39763. Оп. 1. Д. 2. Л. 90, 92.

444. Иванько Н., Наберухин А. Указ. соч. С. 114.

445. ГАРФ. Ф. 9100. Оп. 1. Д. 6. Л. 31.

446. Вестник Астраханского казачьего войска. 1919. № 126. 15 авг.

447. ГАРФ. Ф. 9100. Оп. 1. Д. 6. Л. 29—31.

448. Иванько Н., Наберухин А. Указ. соч. С. 115—116; Очерки по истории Калмыцкой АССР... С. 83.

449. Наберухин А.И. Номто Очиров: К 105-летию со дня рождения // Номто Очиров: жизнь и судьба. Ч. I. Элиста, 2001. С. 15.

450. Деникин А.И. Указ. соч. С. 193.

451. Саратовские известия. 1919. № 225. 11 окт.

452. РГВА. Ф. 39937. Оп. 1. Д. 2. Л. 54.

453. Борисенко И.В., Горяев А.Т. Указ. соч. С. 28.

454. Джалаева А.М. Не быть в плену у времени... // Номто Очиров: Жизнь и судьба. Ч. I. Элиста, 2001. С. 45.

455. РГВА. Ф. 39920. Оп. 1. Д. 7. Л. 21.

456. Деникин А.И. Вооруженные силы Юга России // Белое дело: Избр. произв. в 16 кн. Поход на Москву. М., 1996. С. 101.

457. Колосовский Андрей Павлович (1870—1941). В Добровольческой армии с 1-го Кубанского («Ледяного») похода, офицер Партизанского полка; полковник; в 1918 г. — командир 1-го Конного полка, Приморского добровольческого отряда в Новороссийске, генерал-майор; весной 1919 г. — начальник 1-й пехотной дивизии. В октябре 1919 — марте 1920 гг. начальник Астраханской казачьей дивизии.

458. Врангель П.Н. Указ. соч. С. 347—349.

459. Там же. С. 352.

460. Боевые расписания белых армий // Белая гвардия. 1997. № 1. С. 82, 86, 89; РГВА. Ф. 195. Оп. 3. Д. 894. Л. 1, 4, 7—10, 15; Ф. 39540. Оп. 1. Д. 35. Л. 145—160; Ф. 39920. Оп. 1. Д. 5. Л. 127, Д. 7. Л. 5, 13, 20; Ф. 40213. без оп. Л. 227—238.

461. РГВА. Ф. 39920. Оп. 1. Д. 7. Л. 5.

462. РГВА. Ф. 4. Оп. 1. Д. 12. Л. 354. Вестн. Астраханского казачьего войска 1919 г. № 167. 21 дек.

463. РГВА. Ф. 39937. Оп. 1. Д. 2. Л. 7 об., 11 об., 60.

464. Врангель П.Н. Указ. соч. С. 356; РГВА. Ф. 40213. Оп. 1. Д. 1762. Л. 191.

465. Деникин А.И. Вооруженные силы... Указ. соч. С. 144.

466. Борьба за власть Советов... Ч. 2. С. 308.

467. РГВА. Ф. 39937. Оп. 1. Д. 2. Л. 11—18.

468. Там же. Л. 31 об.

469. РГВА. Ф. 39920. Оп. 1. Д. 5. Л. 2.

470. РГВА. Ф. 39937. Оп. 1. Д. 2. Л. 77; Ф. 39920. Оп. 1. Д. 5. Л. 58, 72.

471. РГВА. Ф. 39920. Оп. 1. Д. 2. Л. 72.

472. РГВА. Ф. 39937. Оп. 1. Д. 2. Л. 103—103 об.

473. РГВА. Ф. 39920. Оп. 1. Д. 5. Л. 71, 109, 104 об. — 105.

474. Там же.

475. РГВА. Ф. 40213. Без оп. Д. 4. Л. 227—238.

476. Деникин А.И. Указ. соч. С. 268; РГВА. Ф. 39920. Оп. 1. Д. 5. Л. 76 — 76 об., 114.

477. Врангель П.Н. Указ. соч. С. 496.

478. Деникин А.И. Указ соч. С. 193.

479. ГАРФ. Ф. 9100. Оп. 1. Д. 6. Л. 7—8.

480. Оба члена правительства относились к видным представителям калмыцкой интеллигенции данного периода (в 1917 г. участвовали в создании и работе ЦИК по управлению калмыцким народом, калмыцкого войскового правительства): Номто Очирович Очиров (1886—1960) — собиратель и публикатор калмыцкого эпоса «Джангар», ученый-ориенталист, создатель (в 1917 г.) первой калмыцкой газеты «Ойратские известия», близкий друг и сподвижник нойона Д.Д. Тундутова; Эренджен Хара-Даван — врач по образованию, известный представитель евразийства, автор первого научного исследования, созданного калмыком — работы «Чингисхан как полководец и его наследие»

(Белград, 1929 г.), в 1920-е гг. — профессор Белградского университета (в 1918 г. стоял на позициях сотрудничества с Советской властью, работал в Калмыцкой секции Астраханского губисполкома).

481. ГАРФ. Ф. 9100. Оп. 1. Д. 6. Л. 9.

482. Там же. Л. 10—11.

483. Очерки по истории Калмыцкой АССР... С. 87.

484. Деникин А.И. Вооруженные силы Юга России // Белое дело... С. 228.

485. ГАРФ. Ф. 9100. Оп. 1. Д. 6. Л. 13, 19.

486. Очерки по истории Калмыцкой АССР... С. 89.

487. Калинин И.М. Под знаменем Врангеля. // Белое дело: Избранные произведения в 16 книгах. Кн. 12: Казачий исход. М, 2003. 12. С. 13.

488. РГВА. Ф. 39748. Оп. 1. Д. 1. Л. 201 — 201 об.

489. Врангель П.Н. Записки (ноябрь 1916 — ноябрь 1920 гг.). Кн. 2. Берлин, 1928. С. 43—44.

490. Оренбургский Казачий вестник 1918. № 83. 17 окт.

491. Сахаров Константин Вячеславович (18.03.1881. Оренбург — 23.02.1941. Берлин). Генерал-лейтенант (10.10.1919). Окончил Оренбургский Неплюевский кадетский корпус, Николаевское военно-инженерное училище и Академию Генерального штаба (1908). Участник Русско-японской войны. Служил старшим адъютантом штаба 47-й пехотной дивизии (1912), капитан. Участник Первой мировой войны. В 1916 г. — полковник, начальник штаба 3-й Финляндской стрелковой дивизии. Награжден орденом св. Георгия 4-й степени и Георгиевским оружием. Февральскую революцию встретил, находясь на службе в Ставке Верховного главнокомандующего. Участвовал в работе Московского государственного совещания в августе 1917 г. как представитель от Союза георгиевских кавалеров. После выступления генерала Корнилова, в конце августа 1917 г., был арестован в Могилеве, но вскоре освобожден. В конце 1917 г. прибыл в Астрахань как представитель Корнилова, во время антиболь-

шевистского восстания руководил Астраханской офицерской организацией. После поражения восстания — пленен и заключен в астраханскую тюрьму. После освобождения из тюремного заключения, в сентябре 1918 г., через Уральское войско перебрался в Уфу, где поступил на службу в войска Директории. Состоял в распоряжении начальника штаба Верховного главнокомандующего генерала В.Г. Болдырева, произведен в генерал-майоры (15.11.1918). 23 ноября 1918 г. назначен начальником гарнизона острова Русского, с 5 декабря — начальником учебно-инструкторской школы во Владивостоке.

492. РГВА. Ф. 39778. Оп. 1. Д. 1. Л. 2—3 об.

493. Там же. Л. 2—3 об.

494. Там же. Л. 68—68 об.

495. Донсков А.Н. Указ. соч. С. 58.

496. Деникин А.И. Очерки русской смуты. Т. 3. С. 257; Каклюгин К.П. Указ. соч. С. 98—99.

497. РГВА. Ф. 39759. Оп. 1. Д. 14. Л. 3.

498. Оказавшись на Урале, в ст. Сламихинской, Сережников и Иванов обратились с просьбой об устройстве и выделении средств для организации работы к Сахарову, и тот немедленно отреагировал — ходатайствовал перед начальником штаба Верховного главнокомандующего полковником Лебедевым, перед Уральским правительством (РГВА. Ф. 39778. Оп. 1. Л. 34—35).

499. РГВА. Ф. 40213. Оп. 1. Д. 1765. Л. 27—28.

500. РГВА. Ф. 39759. Оп. 1. Д. 14. Л. 1.

501. Там же. Л. 3—3 об.

502. Там же. Л. 2.

503. Ф. 39778. Оп. 1. Д. 1. Л. 67—68 об.

504. Ф. 40213. Оп. 1. Д. 2301. Л. 82.

505. Там же. Л. 109.

506. Ф. 39759. Оп. 1. Д. 14. Л. 55, 59, 60.

507. Ф. 40213. Оп. 1. Д. 1724. Л. 19 об.; Ф. 39759. Оп. 1. Д. 14. Л. 108.

508. Ф. 39759. Оп. 1. Д. 14. Л. 80—80 об., 86.

509. Там же. Л. 120—121.

510. Там же. Л. 101; Д. 14. Л. 167.

511. Там же. Л. 110; Оп. 1. Д. 14. Л. 139.

512. Ф. 40213, Оп. 1. Д. 1724. Л. 26 об. — 27.

513. Ф. 39759. Оп. 1. Д. 14. Л. 135. Л. 138.

514. Там же. Л. 163.

515. РГВА. Ф. 196. Оп. 1. Д. 51. Л. 10.

516. Ф. 39759. Оп. 1. Д. 14. Л. 140 об, 143.

517. Там же. Л. 142, 172.

518. Там же. Л. 164, 165, 167; Ф. 40027. Оп. 1. Д. 8. Л. 1.

519. Тетруев Николай Гаврилович (16.08.1864—1920) — генерал-майор (1916). Окончил реальное училище (1886), Михайловское артиллерийское училище (1889) и Академию Генерального штаба (1899). В 1916 г. — начальник штаба 67-й пехотной дивизии. С 17 февраля 1919 г. — в резерве при штабе Главнокомандующего ВСЮР. В июле 1919 г. назначен командующим Урало-Астраханским корпусом Отдельной Уральской армии, находившейся в оперативном подчинении ген. Деникина. Сдался в плен под гарантии сохранения жизни в Форте-Александровском в апреле 1920 г., но вскоре был расстрелян.

520. Ф. 40213. Оп. 1. Д. 399. Л. 1, 2.

521. Хайрулин М.А., Пешков В.С. Авиационные формирования Уральской армии 1918—1919 гг. // Белая гвардия, 2005. № 8. С. 175.

522. Ф. 40213. Оп. 1. Д. 399. Л. 4; Д. 2301. Л. 17 — 17 об.

523. Ф. 39709. Оп. 1. Д. 28. Л. 6—9, 13, 15, 20, 21.

524. Ф. 40213. Оп. 1. Д. 2301. Л. 4. об.; Ф. 39759. Оп. 1. Д. 14. Л. 173.

525. Ф. 39937. Оп. 1. Д. 2. Л. 111—111 об.

526. Борьба за власть Советов... 4.2. С. 510, 512—513.

527. Там же. С. 505, 510.

528. Там же. С. 512.

529. Там же. С. 554.

530. Там же. С. 521.

531. Толстов В.С. От красных лап в неизвестную даль (поход уральцев). Константинополь, 1922. С. 23, 57—59, 78, 80.

532. Там же. С. 97—99, 102; Масянов Л. Гибель Уральского казачьего войска. — Нью-Йорк, 1963. С. 136—138; Акулин И.Г. Уральское войско в борьбе с большевиками // Белое дело: Летопись белой борьбы. Кн. II. Берлин, 1927. С. 146.

533. ГАРФ. Ф. 9100. Оп. 1. Д. 6. Л. 13, 19, 23.

534. Там же. Л. 20, 31.

535. Там же. Л. 35.

536. Там же. Л. 29—31.

537. Карпенко С.В. Очерки Белого движения на Юге России (1917—1920 гг.). М., 2003. С. 327.

538. ГАРФ. Ф. 9100. Оп. 1. Д. 6. Л. 37, 44.

539. Карпенко С.В. Указ. соч. С. 328.

540. РГВА. Ф. 40213. Оп. 1. Д. 1714. Л. 249; Ф. 39457. Оп. 1. Д. 371. Л. 141 об.

541. РГВА. Ф 39540. Оп. 1. Д. 178. Л. 179.

542. Там же. Д. 45. Л. 2 об.

543. РГВА. Ф. 40213. Оп. 1. Д. 1714. Л. 488.

544. Калинин И.М. Под знаменем Врангеля. С. 89—90.

545. Врангель П.Н. Воспоминания. Южный фронт (ноябрь 1916 г. — ноябрь 1920 г.). ЧII. М., 1992. С. 160.

546. Врангель П.Н. Указ. соч. С. 166—168.

547. Раковский Г. Конец белых. От Днепра до Босфора: (Вырождение, агония и ликвидация). — Прага, 1921. С. 62—63.

548. Врангель П.Н. Указ. соч. Ч.II. С. 167—168.

549. РГВА. Ф. 40213. Оп. 1. Д. 1714. Л. 488.

550. РГВА. Ф. 39540. Оп. 1. Д. 179. Л. 20.

551. Раковский Г. Указ. соч. С. 123; Врангель. Указ. соч. С. 275.

552. Дерябин А. Белые армии в Гражданской войне в России: Ист. очерк. — М., 1994. С. 20.

553. Врангель П.Н. Указ. соч. С. 335.

554. Там же. С. 364—368.

555. Там же. С. 369.

556. Там же. С. 398.

557. Там же. С. 403—404.

558. Уход в изгнание. Из дневника Терско-Астраханской бригады // Терский казак, 1938. № 28. С. 14.

559. Там же.

560. Там же. С. 15.

561. Раковский Г. Указ. соч. С. 192—193.

562. ГАРФ. Ф. 5853. Оп. 1. Д. 504. Л. 505.

563. Русская военная эмиграция 20 — 40-х гг. Документы и материалы. Т. 1. Кн. 2. М., 1998. С. 118.

564. Некоторые казаки и калмыки оказались в Турции, на Балканах, в Польше еще ранее — после новороссийской эвакуации, в качестве военнопленных в ходе Советско-Польской войны. Абсолютное большинство астраханцев-эмигрантов оказалось после окончания Гражданской войны в странах Европы, но были они и в составе казачьей диаспоры на Дальнем Востоке, в Маньчжурии и Китае.

565. Уход в изгнание // Терский казак, 1938. № 30. Сент. С. 15.

566. Там же. С. 14.

567. Казаки в Чаталдже и на Лемносе в 1920—1921 гг. — Белград, 1924. С. 56—57.

568. Там же. С. 56.

569. Уход в изгнание // Терский Казак, 1938. № 30. Сент. С. 15.

570. Казаки в Чаталдже и на Лемносе в 1920—1921 гг. — Белград, 1924. С. 35.

571. ГАРФ. Ф. 5909. Оп. 1. Д. 4. Л. 64.

572. ГАРФ. Ф. 6046. Оп. 1. Д. 1. Л. 25.

573. Вечная память: Список чинов Дон. корп. и их семей, умерших за границей с сент. 1921 г. по дек. 1925 г. // Родина, 1992. № 7—9. С. 65.

574. ГАРФ. Ф. 6046. Оп. 1. Д. 1. Л. 39—40.

575. Русская военная эмиграция... Указ. соч. С. 337.

576. Там же. С. 384; Каченко Т. Мои воспоминания от 1917 г. до поступления в гимназию // Дети русской эмиграции. — М., 1997. С. 239.

577. Русская военная эмиграция... Указ. соч. С. 385, 390, 391.

578. Каченко Т. Указ. соч. С. 239.

579. Мельников Н.Н. Краткая история расселения казачества и его деятельность за рубежом // Кубанец. —1993. № 4. С. 78.

580. ГАРФ. Ф. 6461. Оп. 1. Д. 274. Л. 3 — 3 об.

581. ГАРФ. Ф. 9100. Оп. 1. Д. 6. Л. 64—65.

582. Марковчин В.В. Указ. соч. С. 304—305.

583. ГАРФ. Ф. 9100. Оп. 1. Д. 6. Л. 67.

584. Русская военная эмиграция... Т. 1. С. 167—168.

585. ГАРФ. Ф. 6461. Оп. 1. Д. 247. Л. 97.

586. Русская военная эмиграция... Т. 3. — М., 2002. С. 51—53.

587. Брусилов А.А. Мои воспоминания // Военно-исторический журнал, № 2. 1990. С. 56—63.

588. Марковчин В.В. Указ. соч. С. 270.

589. Русская военная эмиграция... Т. 1. Кн. 2. С. 558.

590. ГАРФ. Ф. 5853. Оп. 1. Д. 13. Л. 507; Русская армия в изгнании. — Берлин, 1923. С. 2.

591. Там же.

592. Казаки за границей, 1921—1925 гг. — София, 1925. С. 5.

593. Русская военная эмиграция... Т. 1. Кн. 2. С. 645.

594. ГАРФ. Ф. 6711. Оп. 3. Д. 47. Л. 14.

595. ГАРФ. Ф. 6711. Оп. 1. Д. 323. Л. 29.

596. Там же. Л. 5.

597. Там же. Л. 5.

598. Крестная ноша // Трагедия казачества. — М., 1994. — С. 407.

599. Казаки за границей: март 1932 — март 1933 г. — София, 1933. С. 30.

600. Казаки за границей, 1935 г.: Донской атаман ген.-лейт. граф Грабе в Болгарии, 10—20 сент. 1935 г. — София, 1935. С. 11.

601. ГАРФ. Ф. 9116. Оп. 1. Д. 58. Л. 176 об.

602. ГАРФ. Ф. 6679. Оп. 1. Д. 4. Л. 1—5.

603. ГРАФ. Ф. 9116. Оп. 1. Д. 58.

604. Казаки за границей: март 1933 — март 1934. — София, 1934. С. 96.

605. РГВИА. Ф. 407. Оп. 1. Д. 2986. Л. 12; Донсков А.Н. Указ. соч. С. V—VIII.

606. Последние Новости. 22 февраля 1938.

607. Возрождение. 1935. 8 ноября 1931, 5 марта 1935; Последние новости. 1935. 4 марта.

608. Говердовская Л.Ф. Общественно-политическая и культурная деятельность русской эмиграции в Китае в 1917—1931 гг. — М., 2004. С. 67—69.

609. Говердовская Л.Ф. Указ. соч. С. 70, 101.

610. Хисамутдинов А.А. Российская эмиграция в Азиатско-Тихоокеанском регионе: Биобиблиогр. словарь. — Владивосток, 2000. С. 278—279.

611. Там же.

612. Шкаренков Л.К. Агония белой эмиграции. — М., 1986. С. 217.

613. ГАРФ. Ф. 5761. Оп. 1. Д. 10. Л. 78.

614. Казачий вестн., 1944. № 7—9; На казачьем посту. 1943. № 5.

615. Кадетская перекличка. 1990. № 48.

616. Deutche Soldatenjahrbuch. —1964. — Р. 126.

617. Pier Arrigo Carnier. L'Armata Cossaca in Italia 1944—1945. Milano, 1990. Р.41.

618. Ленивов А.К. Под казачьим знаменем в 1943—1945 гг. Материалы и документы. — Мюнхен, 1970. С. 89.

619. Там же. С. 90, 106.

620. На казачьем посту. 1943. № 5. 1 июля. С. 15.

621. Черкассов К.С. Генерал Кононов. Т. 2. — Мюнхен, 1965. С. 32—59.

622. Там же.

623. Там же. С. 44—46.

624. Алферьев Б., Крук В. Походный атаман батько фон Паннвиц: Док. повесть. — М., 1997. С. 87.

625. Казачий вестник, 1944. № 7.

626. Arrigo Carnier P. Op. cit. —Milano, 1990. P. 52.

627. Часовой. 1956. № 364. С. 9; Вестн. Совета Российского зарубежного Воинства. — 1956. № 2. С. 5.

628. Родимый край. 1971. № 94. С. 46.

629. Общеказачий журн. — 1953. № 20. Авг. С. 48—58.

630. Ковыльные волны. 1930. № 1. Нояб.

631. Морковчин В.В. Указ. соч. С. 306—307.

632. Ковыльные волны. 1930. № 1. Нояб.

633. Балинов Ш. Русское «оборончество» и казачье «пораженчество». — Париж, 1936.

634. Борисенко И.В., Горяев А.Т. Указ. соч. С. 105.

635. Ковыльные волны. 1930. № 1. Нояб.

636. Hoffman J. Deutsche und Kalmyken 1942 bis 1945. — Freiburg, 1974.

637. Астраханские известия. 2000. 13 апр.

638. Таболина Т.В. Возрождение казачества: истоки, хроника, перспективы, 1989—1994. М., 1994. С. 315.

639. Волга (Астрахань). — 1991. 19 нояб.

640. Сабешкина В. Казачий круг созвали атаманши // Комсомолец Каспия. Астрахань. 1991. 30 нояб.

641. История Астраханского края. — Астрахань, 2000. С. 926.

642. Волга. 1992. 29 апр.

643. Сидорова И. Вольному — воля, спасенному — рай // Комсомолец Каспия. 1992. № 4.

644. Сабешкина В. Казачий круг созвали атаманши // Комсомолец Каспия. 1991. 30 нояб.

645. Комсомолец Каспия. 1992. № 45.

646. Ковальская Г. Астраханский мир лучше доброй ссоры // Новое время. 1992. № 39. С. 10—11.

647. Там же.

648. Виноградов В.В. В ДНД — с казачьим кнутом? // Комсомолец Каспия. 1970. № 1. 31 декабря 1992.

649. Ковальская Г. Указ. соч. С. 10—11.

650. Территориальные споры между Астраханской областью и Калмыкией продолжались до января 2003 г., когда президиум Высшего арбитражного суда РФ признал незаконными претензии Калмыкии и прекратил производство по данному делу (Астраханские известия. 2003. 16—22 янв.).

651. Таболина Т.В. Казачество: формирование правового поля. — М., 2001. С. 13.

652. Волга. 1993. 27 февр.

653. Там же.

654. Астраханские известия. 2007. № 13—14 (844—845). 29 марта.

655. Таболина Т.В. Возрождение казачества... Указ. соч. С. 388, 419.

656. Казаков П. Казаки поймут, за кем правда // Астраханские известия. 1993. № 47. 25 нояб.

657. Волга. 1993. 8 дек.; Волга. 1993. 23 окт.

658. Волга. 1993. 8 дек.

659. Волга. 1994. № 148—149. 6 авг.

660. Волга. 1994. № 173—174. 10 сент.

661. Астраханские известия. 1994. № 48. 1 дек.; Пульс Аксарайска. 1995. № 7(57). 23 февр.

662. Пульс Аксарайска. 1995. № 7(57). 23 февр.

663. Астраханские известия. 1995. № 9(217). 2 марта.

664. Волга. 1994. 9 сент.

665. Астраханская держава. — 2001. № 13.

666. Торопицын И. Станут ли Грачи станицей // Волга. 1993. 29 мая.

667. Там же.

668. Парамонов В. Казаки усатые, казаки безусые... // Астраханские известия. 1993. № 40. 7 нояб.

669. Дубовские вести. 1996. 28 дек.

670. Казачий круг. 1997. № 30.

671. Бирюков И.А. Указ. соч.

672. Цыбин В.М., Ашанин Е.А. История волжского казачества: (К 300-летию Саратовской, Камышинской и Царицынской казачьих станиц). — Саратов, 2002.

673. В 1996—1998 гг. в администрации Астраханской области работу с казаками курировали 1-й заместитель главы администрации Э.М. Володин и ведущий специалист отдела по работе с воинскими формированиями, частями и правоохранительными органами П.И. Болдырев (См.: Государственное становление казачества (1996—1998 гг.) // Информ. бюл. ГУКВ при Президенте РФ. 1998. № 3. С. 14). Специальных подразделений для работы с казаками в 90-е гг. в области не создавалось.

674. Лава. 1997. № 1.

675. Каспиец. 1997. 19 марта.

676. Из листовки войскового правления Астраханского войска (Архив автора).

677. В качестве гимна астраханского казачества в 1996—1997 гг. окончательно утверждается стихотворение видного представителя дореволюционной казачьей интеллигенции астраханского войска А.А. Догадина «Слава казачьим войскам», положенное на музыку его автором.

678. Казаки на службе России // Информ. бюлл. ГУКВ при Президенте РФ. 1997. № 2. С. 32, 49.

679. Газета выходила только в 1997 г.

680. Свет православия. 1998. № 6.

681. Горбунов Н.П., Кучерук И.В., Афанасьев С.Н. История казачества в Астраханском крае: Учеб. пособие для ст. кл. общеобразоват. шк., образоват. учреждений нач. и сред. проф. образования. — Астрахань, 2002. С. 208.

682. Там же.

683. Казачий круг. 1997. № 29.

684. Копии документов хранятся в личном архиве автора.

685. Вернее, Комитетом по земельным ресурсам и землеустройству Астраханской области и правлением округа был подготовлен пакет документов по формированию целевого земельного фонда.

686. В Копановке же проводился единственный в области День казака, приуроченный к войсковому празднику 1 сентября.

687. Волга. 1999. 9 сент.

688. Там же.

689. Астраханский казачий вестник. 2000. № 1.

690. Астраханские известия. 2000. 13 апр.

691. Астраханские казаки отметили в 90-е гг. сразу несколько юбилеев, исходя из трех основных дат: 1737 г. — создание трехсотенной казачьей команды, 1750 г. — создание казачьего полка и 1817 г. — создание войска. Подобная любовь к юбилеям не осталась незамеченной местными журналистами-острословами (См.: Горожанин. 2000. 27 окт.).

692. Горбунов Н.П., Полежаев А.И. История станиц Астраханского казачьего войска. Астрахань, 2003. С. 78.

693. Сергеев А. Кто верховодит астраханскими казаками // Астраханский край. 2001. 5 дек.

694. Волга. 2001. 27 марта.

695. В развитие Федеральной целевой программы государственной поддержки казачьих обществ на 1999—2001 гг.

696. Астраханские известия. 2001. № 50. 14 дек.

697. Милиция и гласность. (Астрахань) 2001. № 50. 6 дек.

698. Сергеев А. Указ. соч. // Астраханские известия. 2001. 6 дек.

699. Астраханские известия. 2001. 6 дек.

700. Горожанин. 2002. 26 июля.

701. Сергеев А. Указ. соч.

702. Горожанин. 2002. 26 июля.

703. Волга. 2001. 20 дек.

704. Волга. 2001. 20 дек.

705. Астраханские известия. 2002. 18 апр.

706. Волга. 2003. 7 мая.

707. Горожанин. 2002. 18 янв.

708. Там же.

709. Горожанин. 2002. 26 июня.

710. http://www. rv. ru/content. php3?id=92; http://www. russkie-idut. ru/vesti/ataman. htm.

711. Волга. 2003. 10 янв.

712. Горбунов Н.П., Полежаев А.И. Указ. соч. С. 79.

713. Милиция и гласность. 2001. № 50. 6 дек.

714. Астраханские ведомости. 2002. 28 нояб.

715. Горбунов Н.П., Кучерук И.В., Афанасьев С.Н. Указ. соч.

716. Астраханские ведомости. 2003. 17 апр.

717. Милиция и гласность. 2003. 21 мая.

718. Астраханские ведомости. 2003. № 21 (626). 22 мая.

719. Волга. 2003. № 96. 4 июля; Волга. 2003. № 132. 5 сент.

720. Волга. 2005. № 151. 13 окт.

721. Факт и компромат. (Астрахань). 2005. № 42 (188). 26 окт.

722. Факт и компромат. 2007. № 20 (267). 24 мая.

723. Плеханов В. Астраханские казаки в Крыму // Астраханские известия. 2007. № 23—24. 7 июня.

724. Триголосова И. Казачий многоугольник // Хронометр. Астрахань. 2006. № 7(98). 14 февр.

725. Астраханские известия. 2004. № 41 (714). 30 сент.

726. Триголосова И. Казачий многоугольник // Хронометр. Астрахань. 2006. № 7(98). 14 февр.

727. Там же.

728. Казачество — Щит Отечества. — М., 2005. С. 238; Астраханские известия. 2004. № 31 (704). 29 июля.

729. Триголосова И. Казачий многоугольник//Хронометр. Астрахань. 2006. № 7(98). 14 февр.

730. Там же.

731. Факт и компромат. 2007. № 17(264). 3 мая.

732. Астраханские ведомости. 2004. № 33(690). 12—18 авг.

733. Аргументы и факты: Астрахань. 2002. № 29(42). Июль.

734. Триголосова И. Указ. соч.

735. Каспиец. 2005. № 49. 15 дек.

736. http://www. cosacks. info/news/n0104. html.

737. Астраханские ведомости. 2004. № 33(690). 12—18 авг.

738. Волга. 2005. № 176. 25 нояб.

739. Триголосова И. Указ. соч.

740. Каспиец. 2005. № 49. 15 дек.

741. Триголосова И. Казачий многоугольник. // Хронометр — Астрахань. №7(98). 14 февраля 2006.

742. Там же.

743. Каспиец. 2005. № 49. 15 дек.

744. Факт и компромат. 2007. № 17(264). 3 мая.

745. http://kazak-news. jinfo-net. ru.

746. Волга. 2006. № 105 (25000). 25 июля.

747. Астраханские известия. 2006. № 43(822). 26 окт.; Факт и компромат. 2007. № 17(264). 3 мая.

748. Картины былого Тихого Дона: Крат. очерк истории Войска Донского. Т. 1. М., 1992. С. 7.

749. Там же. Т. 2. С. 195.

СОДЕРЖАНИЕ

Научно-популярное издание
История казачества

Антропов Олег Олегович

АСТРАХАНСКОЕ КАЗАЧЕСТВО.
НА ПЕРЕЛОМЕ ЭПОХ

Генеральный директор *Л.Л. Палько*
Ответственный за выпуск *В.П. Еленский*
Главный редактор *С.Н. Дмитриев*
Редактор *Н.П. Ефремова*
Корректор *Л.А. Лебедева*
Дизайн обложки *Д.С. Грушин*
Верстка *М.Г. Хабибуллов*

ООО «Издательство «Вече 2000»
ЗАО «Издательство «Вече»
ООО «Издательский дом «Вече»

129348, Москва, ул. Красной Сосны, 24.

Санитарно-эпидемиологическое заключение
№ 77.99.98.953.Д.012232.12.06 от 21.12.2006 г.
E-mail: veche@veche.ru
http://www.veche.ru

Подписано в печать 23.10.2007. Формат 84×108 $^1/_{32}$.
Гарнитура «NewtonC». Печать офсетная. Бумага офсетная.
Печ. л. 13. Тираж 3000 экз. Заказ 2298.

Отпечатано в ГУП РК «Республиканская типография
им. П. Ф. Анохина»,
185005, г. Петрозаводск, ул. Правды, 4

ИЗДАТЕЛЬСТВО «ВЕЧЕ»

ООО «ВЕСТЬ» является основным поставщиком
книжной продукции издательства «ВЕЧЕ»
129348, г. Москва, ул. Красной Сосны, 24.
Тел.: (495) 188-88-02, (495) 188-16-50, (495) 188-40-74.
Тел./факс: (495) 188-89-59, (495) 188-00-73
Интернет: www.veche.ru
Электронная почта (E-mail): veche@veche.ru

По вопросу размещения рекламы в книгах
обращаться в рекламный отдел издательства «ВЕЧЕ».
Тел.: (495) 188-66-03.
E-mail: reklama@veche.ru

ВНИМАНИЮ ОПТОВЫХ ПОКУПАТЕЛЕЙ!

Книги издательства «ВЕЧЕ» вы можете приобрести также
в наших филиалах и у официальных дилеров по адресам:

В Москве:
Компания «Лабиринт»
115419, г. Москва,
2-й Рощинский проезд, д. 8, стр. 4.
Тел.: (495) 780-00-98, 231-46-79
www.labirint-shop.ru
В Санкт-Петербурге:
ЗАО «Диамант» СПб.
г. Санкт-Петербург,
пр. Обуховской обороны, д. 105.
Книжная ярмарка в ДК им. Крупской.
Тел.: (812) 567-07-26 (доб. 25)
В Нижнем Новгороде:
ООО «Вече-НН»
603141, г. Нижний Новгород,
ул. Геологов, д. 1.
Тел.: (831 2) 63-97-78
E-mail: vechenn@mail.ru
В Новосибирске:
ООО «Топ-Книга»
630117, г. Новосибирск,
ул. Арбузова, 1/1
Тел.: (383) 336-10-32, (383) 336-10-33
www.top-kniga.ru
В Киеве:
ООО «Издательство «Арий»
г. Киев, пр. 50-летия Октября, д. 2б, а/я 84.
Тел.: (380 44) 537-29-20,(380 44) 407-22-75.
E-mail: ariy@optima.com.ua

Всегда в ассортименте новинки издательства «ВЕЧЕ»
в московских книжных магазинах:
ТД «Библио-Глобус», ТД «Москва», ТД «Молодая гвардия»,
«Московский дом книги», «Букбери», «Новый книжный».

ЗЕМЛЯ НЕПОЗНАННАЯ

ПЯТЬ КНИЖНЫХ СЕРИЙ

МЕГАПРОЕКТ – TERRA INCOGNITA

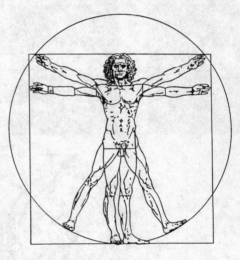

ЗА СЕМЬЮ ПЕЧАТЯМИ...

СЕРИЯ КНИГ

- Полные загадок судьбы известных исторических лиц

- Загадки древних цивилизаций и народов

- Оригинальное оформление

- Множество иллюстраций и рисунков

- Более 70 томов в серии

ВЕЛИКИЕ ГОСУДАРСТВА ВЕЛИКИХ ЭПОХ

СЕРИЯ КНИГ

ГИДЫ ЦИВИЛИЗАЦИЙ

Сведения по культуре, религии, экономике, военному делу, повседневной жизни исчезнувших цивилизаций в изложении крупнейших европейских историков.